NOTICE HISTORIQUE

DE LA MAISON DE

SAINT-MARTIN DE BAGNAC

avec la généalogie

1° des **Barberin**; 2° **Papon** de Virat; 3° des **de Bagnac** (1re race)

et 4° des **Sornin**

PAR

J.-B. CHAMPEVAL DE VYERS

LIMOGES

IMPRIMERIE ET LIBRAIRIE LIMOUSINES

Vᵉ H. DUCOURTIEUX

7, RUE DES ARÈNES, 7

1897

NOTICE HISTORIQUE

DE LA MAISON DE

SAINT-MARTIN DE BAGNAC

Château de Bagnac, façade sud-ouest.

NOTICE HISTORIQUE

DE LA MAISON DE

SAINT-MARTIN DE BAGNAC

avec la génealogie

1° des **Barberin**; 2° **Papon** de Virat; 3° des **de Bagnac** (1re race)

et 4° des **Sornin**

PAR

J.-B. CHAMPEVAL DE VYERS

LIMOGES

IMPRIMERIE ET LIBRAIRIE LIMOUSINES

Ve H. DUCOURTIEUX

7, RUE DES ARÈNES, 7

1897

PRÉFACE

Nous exprimerons ici tout d'abord nos plus cordiaux remercî-
ments à M. *Albert* Cérède, licencié en droit à Figeac (Lot), dont
l'habile crayon a dessiné la présente carte avec une obligeante
prestesse et une sûreté de main que notre graveur de Limoges n'a
rendue qu'insuffisamment cette fois dans sa hâte commerciale, avec
sa touche pétrifiante. Aussi faut-il y joindre les rectifications ci-
après.

Nous n'avons pas moins à cœur de consigner, en tête de ce travail, un nouveau témoignage de bien ancienne gratitude à l'adresse
de MM. Ernest Rupin de l'Auteyrie, le sympathique et savant
auteur de l'*Œuvre de Limoges* (émaillerie limousine), etc., notre
zélé et distingué président de la *Société archéologique et historique
de la Corrèze* (siège à Brive), — et du baron Marc de Maynard, de
Caupeyre, notre aimable collaborateur en topographie féodale.
Enfin, quelques plans ou dessins d'écussons émanent d'une plume
discrètement mise en goût à son tour par ces généreux exemples.
Son aide n'a pas peu contribué à infuser la sève chrétienne dans
les pages qui vont suivre, et si elles opèrent quelque bien, selon

l'effet habituel d'une digne vie racontée (1) à fortiori d'une longue
série de vaillantes âmes décrites plus loin, nous lui en reportons
hautement tout l'honneur : à partager, il est vrai, à titre d'inspi-
rateurs principaux principaux, avec les nobles défunts évoqués en
dernier lieu.

(1) Plus spécialement dans une attachante plaquette due à un autre
concours encore, sous la signature d'*Un curé voisin : J.-B. A. de S*t*-Mar-
tin, marquis de Bagnac* (1826-1892) (Limoges, imp. P. Dumont, in-8 de
47 p.)

M. Paul Ducourtieux, il est juste aussi de le reconnaître, a secondé de
son mieux, quant aux corrections d'épreuves, au tirage et à la disposition
typographique, avec sa compétence d'imprimeur et d'archéologue, nos
intentions communes, de donner à ce volume bonne et loyale figure devant
le public.

CARTE

FÉODALE POLITIQUE & ECCLÉSIASTIQUE

DE LA
BASSE MARCHE

arrêtée en 1790

par J.B. CHAMPEVAL de Vyères

LÉGENDE

HAUT POITOU

DE

BAS BERRY

MONTMORILLON

LIMOUSIN

Le Dorat

Bellac

BASSE MARCHE

POITOU

Confolens

Charroux

CIVRAY

Rochechouard

Chabanais

LIMOGES

St Léonard

Aixe

HAUTE MARCHE

REPRODUCTION INTERDITE

EXPLICATIONS DE LA CARTE

Il va sans dire que ma carte de la *Basse-Marche*, avec sa simple visée de démêler seulement cette région dans ses grandes lignes, omet intentionnellement quantité de fiefs ou d'indications de l'ordre ecclésiastique. Outre l'accroissement de format et de frais qu'une énumération complète eut entraîné (elle sera d'ailleurs l'objet d'une prochaine publication par moi projetée), c'était sortir du cadre imposé par cette notice généalogique.

On trouvera soulignées sur la carte la plupart des seigneuries possédées par la maison de St-Martin ; il suffit de les chercher en cinq groupes principaux : 1° le noyau, autour de St-Bonnet-de-*Bellac* ; 2° aux environs de Fromental ; 3° au voisinage d'Arnac-la-Poste ; 4° entre Bellac et Nantiat ; 5° en amont de Confolens ; sans parler de l'attribution encore insuffisante pour les abords de Limoges, ni des biens et fiefs poitevins qui par suite de l'échelle adoptée n'ont pu trouver place ici.

J'ai été contraint aussi, à mon grand regret, pour maintenir lisible et nette à l'œil la dite carte, de refouler dans leurs dossiers force notions anciennes : nombre d'utiles partitions, dans Limoges principalement ; quantité de fiefs secondaires, de chapelles, etc., dont il eût fallu semer à poignées comme du gros sel tout l'intérieur du présent document, tant abondèrent nos institutions de défense corporelle ou spirituelle.

Mais c'est surtout pour l'Indre et la Vienne que j'aurais tenu à combler bien des lacunes, loin de me borner à renvoyer le lecteur aux précieux travaux topographiques (*Dictionnaires*) de MM. E. Hubert et Rédet. Néanmoins, à titre de renseignements complémentaires de la carte, j'indiquerai ces

ADDITIONS

⊣ ⊣ du Fan, près Verneuil-Moutier. — La Côte au-Chapt, avec sa chapelle, près Darnac. — Et à propos de La Côte, cⁿᵉ de Mézière (H.-V.), il nous plaît de faire honneur à notre érudit autant qu'aimable confrère, M. Autorde, archiviste de la Creuse, de son heureuse explication pour l'inscription jusqu'ici mystérieuse dudit château du comte Henri de Montbron de Chauffaille. Cette inscription du cadran solaire porte :

Quit sit tibi
Mors Triplex
a solle trophœum

Qu'il faut restituer : *Quid sit tibi mors?* — *Triplex aselle! tropheum!* et entendre : Que t'importe la mort? triple sot (ânon)! N'est-ce pas un trophée, un triomphe, au contraire?

Notons ⊙ : Adriers, Droux, Orsenne, etc., en signalant, à propos d'autres lieux, il est vrai, que les centres féodaux uniquement constitués dans un objectif de protection militaire recherchèrent dès le haut moyen-âge, non point le lieu déjà occupé par un clocher (ou 1er groupement religieux), mais sans égard au chef-lieu de paroisse, l'assiette d'un terrain fortifié par la nature, sauf à le remparer par l'industrie défensive du temps.

Parmi les *errata* du graveur sur pierre, rectifiez : le Châtaignier, cne d'Orsenne ; et plus loin, vers Dun-le-Palleteau : Collondanes, Mandrezat, Lubignac, Sagne-Moussouze.

Vers Montmorillon : La Jarrie ; vers Confolens : Htes-Mesures ; vers le Dorat : Mounismes ; vers Limoges : Balagis pour Balazis, etc.; ajoutez nombreux points sur les i, ou traits d'union.

Dans mon texte, par xme, entendez dîme ; sgie, traduisez seigneurie. Le nom de paroisse est mis entre parenthèses.

Ajoutez à l'actif des cnes suivantes : pour *St-Sébastien*, le prieuré St-Marien de la Betouillie ; pour *Fresselines*, les châteaux-forts de Vervy; du Puyguillon, aujourd'hui à M. le cte de La Celle, chambellan du St-Père, et le castel de Pierrefolle.

Et dans l'Indre, pour les cnes : 1° de *Pomiers* : la chapelle rurale de Ste-Radegonde, celle du Porteau, celle castrale de Bethenet, racine, *bouleau;* avec fiefs d'En Guillebert, Longue-Vie et Ville-Genest. 2° d'*Orsenne* : les sgies : des Marches-d'Orsenne, au sud dud. bourg ; du Breuil-Yvain, au N., au cte de Lacelle ; des Lignes, La Roullière, etc. 3° de *St-Plantaire* (jadis St-Pantaléon, m.) : les chapelles (et château rasé) de Ste-Catherine de Murat, aux de Preaux; de S.-J-Bte de L'Age-Fer (gde assemblée champêtre 24 juin), de Ste-Madeleine de Bonneville, etc.; fief de St-Jallet (diminutif de St Gal? évêque de Clermont). 4° de *Chaillac*, paroisse (alternativement?) des diocèses de Limoges et Bourges, car tous 2 la revendiquaient. 5° de *Sacierges,* prieuré et paroisse, avec prieuré St-Antoine de La Lande ; et chapelle St-Nicolas dans Chenier. 6° *Prissac,* pour son ⌐ et ✝ de Fontmorand sur l'Abloux ; sa ✠ Ste-Madeleine de la Charpagne, sur la Sonne ; son ⊣ et † de La Garde-Giron ; ⊣ et † St-Louis à La Roche-Chevreux. 7° *Roussines*, pour ⊣ ✳ de La Grange-au-Gouru. 8° *Bazaige*, pour ⊣ de Vasvre. 9° *Baraize*, pour ⊣ Cluzeau-Gaulier, ⊣ de Ruzay. 10° *Cuzion*, quant au ⊣ de La Gaulière. 11° *Ceaulmont*, pour ⊣ de La Prune-au(x)-Pot (de Rhodes), relevant de ⊙ Gargilesse. 12° *Vouhet*, ⊣ et paroisse. 13° *Vigoux*, église paroissialle et prieuré en l'archiprêtré d'Argenton et l'élection de La Châtre, avec ses chapelles : de St-Paul, de Villebussière (⊣), de Montflery, vocable Ste-Catherine ; son ⊣ de Ponseuil. 14° du *Pin*, en l'archiprêtré d'Argenton, cure St-Denis, St-Barthélemy, prieuré Notre-Dame, et sa chapelle rurale (et ⊣) St-Joseph de Bas de Con, collecte en l'élection de La Châtre. 15° de *Mouhet*, paroisse et prieuré, en l'élection du Blanc, archiprêtré d'Argenton, diocèse Bourges. 16° de *St-Civran*, avec son ⊣ et forges d'Abloux ; son pèlerinage et † de St-Gilles.

Ajoutez en la cⁿᵉ de *Rancon*, H.-V., la forteresse du Bois-Linard, au nom redondant. ⊣ du Mas-de-Lavaud (Roussac), etc., etc. Expliquez le qualificatif de blanc ou noir pour *Montaigut* ; comme pour le *Sarladais*, la *Saintrie* et autres régions naturelles, par l'abondance ou rareté relative des bois qui assombrissent ou non le sol.

Enfin, considérez que d'une façon générale, notre *haut*-LIMOÙSIN (le *bas* étant formé du N.-E. Centre et Ouest seulement de la Corrèze ; en excluant le N., le N.-O. et le S., attribués à la Marche Limousine, au Hᵗ-Limⁿ et à la vicomté de Turenne), ne se trouvait représenté au 18ᵉ siècle dans le territoire actuel du département de la Hᵗᵉ-Vⁿᵉ, que par une assez faible partie du limousin proprement dit, car 1° le *Limousin* n'y figurait à la veille de la Révolution que pour 3/8, savoir Limoges (et St-Junien, La Souterraine, Gᵈ-Bourg, St-Léonard, à titre de biens épiscopaux ou de St-Martial), comme tête de la vicomté (jadis membre de St-Martial) dont le corps véritable s'allongeait par Nexon, Château-Chervix, Masseret, Thiviers, et Exideuil, dans la Corrèze occidentale et principalement sur la lisière du haut-Périgord oriental.

Tandis que le grand surplus de la Hᵗ-Vⁿᵉ actuelle a été formé : 2° des *enclaves poitevines* de Rochechouard, Mortemart 1/8 et ¹/₂ ; 3° de la *basse-Marche* (Bellac, Dorat) 3/8 ; et 4° de la Hᵗᵉ-Marche 1/8 et 1/2 (Le Dognon, Moissannes, Bujaleuf, etc.)

En résumé historique, le vaste îlot granitique du versant occidental du massif central, composait entier le *Limousin originaire* ; plus tard subdivisé pour sa défense, en *basse-Marche* sur sa bordure argileuse N.-O., elle-même démembrée, cette basse-*marche* Limousine en 2 petits noyaux, devenus apanages vicomtaux de par nos vicomtes de Limoges (Rochechouard, Bridiers), puis inféodés à la *comté royale* du *Poitou*, de par la couronne et comme pour achever de contenir et d'affaiblir ces vicomtes de Limoges, déjà serrés de près par les possessions ecclésiastiques de l'évêque (Limoges-Cité, S^t-L^d, St-Junien), et de l'abbaye de St-Martial (Limoges-château en suzeraineté ; La Souterraine, nuement). Ces biens religieux maintinrent seuls (quoiqu'entamés par la quasi annexion royale des insidieux paréages (xive siècle) : de St-Yrieix, Limoges-cité, S^t-L^d), quelque cohésion au territoire du *haut-Limousin*, qui ne garda plus dans son dernier état : que : 1° la *moyenne Vienne* prise en son cours d'Eymoutiers à St-Junien, avec son enclave vicomtine de Limoges-château et d'Aixe, vassalle des bénédictins de St-Martial et Solignac ; 2° la région de St-Yrieix, Ségur, respectée grâce à cette abbaye ; 3° les biens des vicomtes de Limoges en amont d'Uzerche ; 4° ceux des moines de Solignac et des grandes seigneuries de Châlucet, Pierre-Buffière, Magnac-Bourg, Châteauneuf-la-Forêt, etc.

Enfin, il faut dire, même en débordant notre cadre politique, que la ville du Blanc, si couramment appelée cependant par les soldats : « le Blanc en Berry », répartissait sa population en trois groupes d'habitants, guettables dans plusieurs châtellenies :

1° en Poitou : la *ville haute* du Blanc, sur la rive gauche de la Creuse, relevant de la tour royale de Maubergeon, à Poitiers. et composée des châtellenies : de *Naillac*, des *Bordes* et du *Donjon*, s'étendant sur les paroisses Oblinquoises de St-Etienne, de St-Cyran et de Notre-Dame du Donjon ;

2° en Berry : *A.* de la *Ville-Neuve* de St-Génitour du Blanc, sur la rive droite de la Creuse (le gros de la ville actuelle, en amont du beau viaduc), mouvant du duché de Châteauroux ;

3° *B. en Berry*, sous même mouvance de Châteauroux, la seigneurie dite : de la *Terre-commune*, savoir : *a*, la ☉ de Crissé ; *b*. la ☉ de Coiré-Naillac.

NOTICE HISTORIQUE

DE LA MAISON DE

SAINT-MARTIN DE BAGNAC

EXPOSÉ GÉNÉRAL

La maison de *Saint-Martin*, marquis *de Bagnac*, a été, de très vieille date (comme l'affirmera sur bonnes preuves la suite du présent travail), des plus considérables de la province du Limousin.

Bien qu'on en perde un peu la trace dans les hauts siècles, on la voit néanmoins, malgré ses lacunes de filiation pour cette période reculée, transparaître fréquemment par divers membres isolés, soit dans les montres d'armes, sous le casque d'acier de chevalerie, soit mieux encore selon mention de pieuses libéralités des de Saint-Martin, dans les plus anciens nécrologes de nos abbayes, ces vénérables rouleaux des morts *pro Deo, pro Patria!* pour leur foi catholique et royaliste : du premier (que nous ayons noté vers 1160?) jusqu'aux derniers marquis de Saint-Martin de Bagnac, 1784 et 1892.

Après l'avoir rencontrée longuement sur les marches secondaires poitevines qui avoisinaient ou même embrassèrent quelques unes de ses anciennes terres : de Rochelidoux, près Nouic, *Haute-Vienne*, et de Luchat, St-Martin-La Rivière, etc., *Vienne*, — *Lussac*-le-Château, vers 1390 et en 1401 — nous verrons cette famille distinguée, principalement fixée dans la Basse-Marche, sur cette frontière défensive du Limousin, jadis exposée à toutes les agressions et qui demandait en ses manoirs une vaillante race, toute militaire, comme celle qui nous occupe.

Parmi nos de Saint-Martin, il faudra inscrire, ainsi que tout l'indique, et de même qu'il a pris place au livre d'or de nos guerres anglaises, le fier héros de 1370, Jacques de Saint-Martin, le vainqueur de Chandos, contre lequel il lutta longtemps corps à corps, sur l'arche la plus haute du pont de *Lussac*, comme un autre Bayard. Nos de Saint-Martin ont fourni d'autre part au pays, et cela précisément durant ses plus impérieux besoins, successivement trois sénéchaux d'épée royaux pour le gouvernement politique du dit comté de Basse-Marche, au moment de ses grands troubles civils et religieux de 1541, 1563, 1575 et vers 1601.

C'est aux environs de 1510 que nous les voyons prendre assiette définitive au château de Bagnac, devenu présentement le bijou de la contrée, en même temps qu'un spécimen achevé de l'architecture féodale castrale de la région. Quelle hospitalière et somptueuse demeure, en effet, avec ses deux vastes corps de bâtiments carrés reliés en équerre, encadrés de trois grosses tours cylindriques, d'une tour carrée et d'une élégante chapelle ogivale au midi, du pied de laquelle s'élance svelte un haut donjon, dominant ce bel ensemble, fleuri et sculpté : de pavillons aigus, de neuf tourelles en encorbellement, de clochetons, ou d'échauguettes crénelées ! Tout cela monte gracieusement vers le ciel avec des allures de forêt vivante et drue, à mi-côteau de ce fertile et riant bassin de la Gartempe, qui laisse traîner nonchalamment sa robe moirée, le long des plus verdoyantes prairies de son cours. Elle limite au levant, du côté de La Croix, la terre de Bagnac bordée de futaies séculaires où se cache l'oratoire rustique de Notre-Dame-des-Bois, un peu en amont du fief et moulin du Breuil-Ferrand et du beau parc ou dépendances du château de Montagrier.

Au début du XVIe siècle le noble franc-archer, Gratien de Saint-Martin, seigneur de Froger, etc., comme le prouvent diverses mainlenues de noblesse de 1584, etc., d'ailleurs fort inutiles avec semblable maison de la plus haute chevalerie, s'établit donc à Bagnac, par le fait de son entrée dans la famille de La Touche, de la branche de Bagnac, qui comptait parmi ses ancêtres maternels : les de Bagnac, le cardinal Pierre de Bagnac, né vers 1330 audit château de Bagnac (1), et mort en 1369.

La suite de cette généalogie fera connaître par le détail, quantité d'officiers fournis par nos de Saint-Martin ainsi qu'un certain nombre de prieurs, de curés, de religieuses au Dorat et à Montmorillon, de bienfaiteurs notables d'églises. Bornons ici nos citations à quelques uns de leurs membres les plus distingués et aux faits de marque :

Gabriel de Saint-Martin, gouverneur pour le roi de sa châtellenie du Dorat et pays de Basse-Marche, levait à ses frais, en l'année 1575, une compagnie de « 50 harquebuziers à cheval pour la garde et deffense desdits pays ». L'année suivante, Pierre de Saint-Martin, était nommé, pour bons services, gentilhomme ordinaire de la chambre du roy. En l'an 1575, le roi Henri accordait au même Pierre, seigneur de Bagnac, « cinquante pieds d'arbres, chesne, à bastir, à prendre en sa forêt des Coutumes, afin de lui donner moyen de rebastir aucunes (c'est-à-dire quelques unes) de ses maisons qui ont esté ruinées et bruslées durant les troubles ».

Noble Pierre de Saint-Martin, écuyer, seigneur de Bagnac, la Rouille, était en 1599, chevalier de l'ordre du roi et gentilhomme de sa chambre; emploi occupé aussi en 1632, par Philippe de Saint-Martin, dont la descendance compta bientôt après deux capitaines, l'un desquels fut tué à Dettingen, 1743, « d'un coup de feu dans le genouïl » après avoir eu deux chevaux tués sous lui, et l'autre mourut de ses blessures.

Jean de Saint-Martin expirait en 1745, à Valenciennes, à vingt-

(1) Notice de M. l'abbé ARBELLOT, président de la Société historique et archéologique du Limousin, en la *Semaine religieuse* du diocèse de Limoges du 30 avril 1868, et *passim*.

quatre ans, d'une blessure qu'il avait reçue à Fontenoy. M. de Saint-Martin de Sarzai reçut, en 1774, une épée en présent du roi, pour ses bons services dans les pages de la petite écurie. Au 23 février 1825, le conseiller d'état du Coëtlosquet, directeur général du personnel au ministère de la guerre, annonce « à la marquise de Bagnac, alors en courte résidence à Paris, rue-Royale-Saint-Honoré, n° 9, l'envoi du certificat constatant que M. de Bagnac (Michel-Victor) son beau-frère, chef de bataillon du génie, à l'armée d'Espagne, chevalier de la Légion d'honneur, a été tué le 2 mars 1814 (il eut la tête emportée) par un boulet de canon, à la sortie du village de Cazères.

En 1784, Jean de Saint-Martin, marquis de Baignac, Bellenesse, etc., ancien page du roi et l'un des deux cents anciens mousquetaires noirs de Sa Majesté, est dit fils héritier de Louis Benoit, ancien capitaine au régiment de Chevreuse-cavalerie, lieutenant-colonel à la suite des chevau-légers de la garde. Voici maintenant Michel de Saint-Martin, officier en 1791, dans Royal-Bourgogne cavalerie, pendant que son frère servait aussi comme officier dans Lorraine-Dragons. Jean de Saint-Martin, cadet, emprisonné au Temple, à Paris, en fut délivré le 16 prairial an IX.

ARMES

La maison de Saint-Martin de Bagnac portait encore en 1892 : *bandé d'argent et de gueules de six pièces; les bandes d'argent semées de mouchetures d'hermine.* Supports : *deux lions grimpants.* Couronne de marquis.

A différentes époques, les supports ont été deux sauvages armés d'une massue, une main posée sur l'angle de l'écu.

Dans les dossiers bleus du cabinet des titres à la Bibliothèque nationale, en la liasse manuscrite n° 431, d'Hozier indique ainsi les armes : *de gueules à trois bandes d'argent, chargées d'hermines de sinople,* pour de Saint-Martin seigneur de Baignat, paroisse de

Saint Bonnet-*la-Marche* ; et blasonne : *de sinople, à trois gan-telets d'argent, 2 et 1,* pour de Baignat, seigneur de la Bastide, Ricoux, Grand-Roche (1). La maintenue de d'Aguesseau de 1666-69, dont le registre authentique se trouve dans la collection de J.-B. CHAMPEVAL *de Vyers,* donne mêmes armes officielles que dessus : *de gueules à trois bandes d'argent, chargées d'hermines de sinople.* La famille se plaît à reconnaître dans ce bandé d'argent et de gueules, comme une reproduction en raccourci de partie de la chape de Saint-Martin de Tours, de cette chape ou châsse de l'oratoire portatif royal qui a tant figuré, palladium catholique, sur nos plus beaux champs de bataille.

ALLIANCES

La maison de Saint-Martin de Baignac a successivement pris alliance, principalement (et pour ne parler que de la période de filiation rigoureusement suivie) avec les familles de *La Touche* (branche de Montagrier et de Bagnac) ; — *Bermondet* du Boucheron et Saint-Laurent ; — de *Villedon* du Monteil ; — *Couraudin* ; — Giraud de l'Augellerie ; — de *Montloys* ; — de *Neuchèze* de la Brulonnière ; — *Barberin* du Chambon-Paulte, etc.; — les *Papon* de Viral ; — *Sornin* du Martineix ; — *Barberin* du Bost ; — *Bonneval* des Roches (branche des Coussac-Bonneval) ; — du Chazeau ; — *Blondeau* de Laurière ; — La Couture-Renon de Beireix ; — Gentil de La Borderie ; — Lévis ; — Gaudiés ; — Barberin ; — et de Preaulx.

SEIGNEURIES

Elle a possédé, en se bornant à la même période, les châtellenies et fiefs considérables suivants : en *Basse-Marche* : Bagnac, Beille-

---

(1) Dossier bleu n° 50. — Ces deux maintenues abondent en inexactitudes et confusions, comme il sera démontré plus loin.

nesse, la Rochette, le Breuil-Ferrand, Châteauneuf (Saint-Bonnet-la-Marche) ; en *Poitou* : Fromental, Sarzay (Pliboux) ; en *Saintonge* : Saint-Symphorien, etc.; en *Angoumois* : Asfys (Chabanais) ; en *Bourbonnais* : Montvy ; et aussi dans notre région : le Mas-Vieux, le Martineix (Darnac), les dîmes de Saint-Martial, Escurat (Voulon), Tauverat (Blond), les terres des Mazeyras, vers Melle ; Forzès ; Virat, la Lande (Berneuil), le Serveix (Saint-Amant), etc., etc.; Villemaixent, Puichemin (Arnac), la Roulhe, etc.

PRÉAMBULE GÉNÉALOGIQUE

Le roi Louis XI au cours d'un de ces pieux accès de vénération qui l'amenèrent à divers pèlerinages lointains et lui firent étendre sa dévotion jusqu'en notre Limousin, à Notre-Dame-du-Pont, de Saint-Junien, sur les bords de cette Vienne gracieuse où de saints solitaires se donnèrent quasi rendez-vous de si bonne heure, Louis XI fit composer la généalogie de Saint-Martin de Tours, par Ambroise de Cambray, maître des requêtes de son hôtel (1). Sans être aussi hérissée de difficultés qu'une semblable mission, notre-tâche ne laisse pas d'être assez ardue, bien qu'elle n'ait pas pour visée de remonter aussi haut, et se borne modestement aux données historiques tirées des chartes de la région pour nos de Saint-Martin. Le saint guerrier, qui après avoir si généreusement partagé son manteau à Amiens, devait prendre place glorieuse sur les autels, devenir le patron titulaire de tant d'églises, préparait par là bien des tortures d'esprit, non point « aux Saumaise futurs », mais aux simples généalogistes chargés d'accorder ou plutôt de démêler tant d'homonymies à survenir.

C'est pourquoi nous circonscrivons sévèrement nos investigations pour les de Saint-Martin de Bagnac, aux de Saint-Martin de la région, sans aller rechercher en quoi que ce soit, à l'exemple de maint nobiliaire indiscret, parmi les mêmes dossiers bleus où ils figurent côte à côte : les Saint-Martin d'Aglié, marquis de Riva-rolles ; les Saint-Martin, de Châlons-sur-Marne ; les Saint-Martin, sieurs de La Motte, dans le Boulonnais ; ceux de la Biscaye ; ceux de Rainville cantonnés entre les ballons des Vosges.

(1) Voyez aux archives départementales d'Indre-et-Loire, série G, cote 365.

Même en se limitant aux de Saint-Martin que l'histoire locale signale çà et là à piste perdue, soit autour de Poitiers, soit aux environs de Limoges, seul champ d'études indiqué dans l'espèce, il demeure une extrême difficulté quant aux origines. On va bientôt s'en faire une idée, d'après nos petites confidences très librement faites au lecteur, d'ailleurs trois fois sage, à son tour s'il sait se défier des filiations sans lacune de ces généalogies, tout uniment conduites, où le malheur des temps et l'usure des siècles n'ont fait ni trous ni accroc irréparable.

Ecartons encore du chemin les de Saint-Martin Taverny très éphémères dans leur possession de Scorbé et du marquisat de Clairvaux, en l'élection de Châtellerault. Ce dernier marquis mourut à soixante-dix-sept ou soixante-dix-huit ans, le 29 août 1732, à Paris, dans sa charge de conseiller au Parlement, n'ayant eu d'autre rapport avec notre contrée que ce fait isolé de détention passagère d'un fief de dignité, terre titrée : marquisat, qui fut longtemps aux mains, durant le xviiie siècle, des comtes de Montbron, barons de Marthon, Thuré, etc., aujourd'hui fixés dans l'Aunis et le Limousin, dans les châteaux de La Jarne, Montagrier, Chauffaille et Forsac.

Il y a lieu en outre, d'isoler de notre sujet : 1° les de Saint-Martin, seigneurs du Parc et du Puy-Certeau, 1581, en Saintonge, et de La Vilvetrie, — La Monjatière et Vieilleville près Civray, 1527, qui nous sont insuffisamment connus, mais ne paraissent guère avoir eu communauté d'origine avec la maison de Bagnac (1) ; 2° les de Saint-Martin, jadis seigneurs de Saint-Martin-La-Méanne, chef-lieu de commune du canton de La Roche-Canillac (Corrèze), éteints dès longtemps.

Ces éliminations faites, il nous restera comme berceaux vraisemblables, mais avec beaucoup plus de probabilité selon nous pour cette dernière paroisse, les clochers de Saint-Martin-L'Ars, dans la Vienne, non loin de Charroux, et de Saint-Martin-le-Vieux (Haute-Vienne), en l'extrême voisinage et au sud de Limoges.

Aucun autre lieu homonyme du Limousin, du Poitou, du Périgord, de l'Angoumois, ni du Bas-Berry, ne peut servir, en effet, à

(1) Voyez dossiers bleus susdits et le ms 368 de la biblioth. de ville à Poitiers. — *Dictionnaire des familles du Poitou*, par MM. Beauchet-Filleau (Poitiers, Oudin), et notre plaquette généal. plus détaillée de la maison de Montbron. — Vers 1610 Jacques de Saint-Martin, seigneur de Puy-Certeau, époux de Jeanne Carré.

identifier le point d'origine des de Saint-Martin de Bagnac. Dans le circuit géographique comprenant Nontron, Civray, Poitiers, Le Blanc, Châteauroux, Guéret, Bourganeuf et Limoges, pour se refermer ensuite à Nontron, nous n'apercevons d'autre point de départ présumable (en dehors de Saint-Martin-la-Rivière qui ne semble pas devoir attirer l'attention autrement ; du Pont-*St-Martin*, H^to-V^ne, qui fut aux De Larye, xviie siècle ; et en dehors de Saint-Martin-le-Mault (Haute-Vienne), qu'il faut négliger et dont furent seigneurs les nobles Couraud (1) vers 1500, seigneurs aussi de Vérines, 1590) nous ne voyons, disons-nous, que :

1° Saint-Martin-Lars *(Vienne)* ;

2° Saint-Martin-le-Vieux *(Haute-Vienne)*.

Même concentrée sur ces deux points d'attaque, la recherche offre, comme on s'en convaincra plus bas, un ensemble de difficultés d'autant plus considérable qu'on n'a point encore inventorié définitivement, aux archives départementales de la Haute-Vienne, les fonds de titres de l'abbaye de Saint-Martial de Limoges et des bénédictines de la Règle, non plus que la plupart des séries de parchemins d'ordre ecclésiastique mais où l'élément civil se trouve abondamment mêlé. Nous y avons dépouillé sans nous laisser rebuter par la poussière séculaire qui les recouvre, grand nombre de liasses (2), trop peu néanmoins pour être pleinement éclairci sur la jonction, malgré les précieuses constatations relevées ci-après.

Pour ce qui est de Poitiers, les archives de la Vienne, assez pourvues semble-t-il en titres de familles et en pièces féodales (Grand Gauthier, aveux à la tour comtale de Maubergeon, etc.), seront encore déclarées pauvres, eu égard à ce qui leur a échappé de l'héritage du xviiie siècle. Quant à la bibliothèque de ville, il n'a encore été dressé que des tables vraiment trop sommaires des manuscrits touffus et savoureux de dom Fonteneau, en grande partie inexplorés et d'ailleurs sobres pour les questions de famille proprement dites. Les notes inédites de M. de La Porte nous y ont fourni quelques additions jointes aux extraits qu'a bien voulu nous communiquer très obligeamment M. l'abbé de Clisson.

(1) *Dictionnaire des familles du Poitou*, par Beauchet-Filleau ; réédition in-4° ; — et notes de M. l'abbé Lecler.

(2) Soit pour nos études de géographie limousine, soit à l'occasion de nos recherches pour la maison ducale des Cars-Peyrusse, soit pour les Lur-Laluces ; de Bony ; les barons de Nexon ; de La Pomélie, etc.

Le lieutenant général Robert, du Dorat (1), et son fils, l'historien du Dorat (xviie et xviiie siècles), quoique très soucieux de recueillir aussi des notices développées de familles marquantes, et très à portée de le faire pour nos de Saint-Martin, ont si bien compris la difficulté d'en remonter la filière au-delà des notions courantes et officielles qui en restent et qui étaient déjà en circulation après leur maintenue de noblesse de 1584, qu'ils se bornent à cette note concise, même un peu inexacte, à propos du cardinal de Baignac, page 523 du vol. 45 de dom Fonteneau :

« La maison de *Baignac* a dès longtemps fleuri en la Basse-Marche, laquelle est de présent possédée par ceux de Saint-Martin. Mais il y a d'autres gentilshommes qui portent le nom de Baignac, ainsi que messire de Ricoux. » *D'autres*, est un dire qui trouvera son explication naturelle par la suite. Aussi l'hésitation de MM. Robert à aborder ce débrouillement s'est-elle traduite finalement par une abstention, et ils en ont abandonné l'écheveau à de plus patiemment informés.

* * *

§ I. — Les de Saint-Martin de Saint-Martin-le-Vieux

Voici les notes isolées que nous avons pu recueillir au cours de recherches qui cependant ont été faites à diverses reprises ou qui ont mûri pendant près de six ans. Leur groupement fait maintenant corps de preuves pour notre objet.

Vers 1160 ; et en 1251.

Premier extrait du Cartulaire de l'abbaye des bénédictins *de Solignac*, près de Limoges et de Saint-Martin-le-Vieux, autour de laquelle paroisse ces moines eurent des rentes foncières et leurs prévôtés de Faye et Arthou.

CCXLIV. — An. Petri de Sancto Martino monachi et camerarii qui aportavit una cum dno Archambaudo abbate, apud Sollempniacum, brachium

(1) Qui vivait au pays en un temps où les chartriers privés abondaient, et qui n'a pas dédaigné de se rattacher aux Robert-de-Murc-Saint-Jal (les de Ligneyrac). Voyez leur généalogie par H. Aubugeois de La Ville du Bost.

dextrum beatissimi patris nostri sancti Elegii ; et est sepultus in cimiterio ante vitream altaris Beati Dyonisii et vitream altaris Sancti Elegii.

CCXLV. — An. Gerardi Bernardi monachi, etc.

An. P. de S° Martino, militis, qui sepultus est in claustro, ante ostium capituli prope pratum, p. 254 (avec renvoi à la page 253).

Ce fragment d'obituaire est tiré des manuscrits latins de la Bibliothèque nationale, à Paris. En ce vol. 12748, de dom Etiennot, l'annotateur, qui est apparemment le même religieux, a écrit en marge : de Saint-Martin, *de gueules à trois bandes d'or chargées d'hermines de sinople*. Dans sa pensée, le savant moine qui compilait ses recueils, au temps de Louis XIV, identifiait avec la race des Saint-Martin de Bagnac ce chambrier et ce chevalier.

Voici la traduction commentée de son texte :

Nº 244ᵉ. — Anniversaire de Pʳᵉ de Saint-Martin, moine et chambrier (de Solignac) qui porta ici à notre abbaye de Solignac, accompagnant l'abbé Archambaud (lequel régissait ledit monastère en 1160), la relique du bras droit de notre bienheureux père saint Eloi, et le dit Pierre de Saint-Martin est inhumé dans le cimetière (claustral) devant le vitrail de l'autel de saint Denis et le vitrail de l'autel de saint Eloi.

245ᵉ. — Anniversaire de Géraud de Bernard, moine, etc. (1).

Anniversaire de P[ierre] de Saint-Martin, chevalier, qui est enseveli dans le cloître devant la porte du chapitre voisine du pré (de l'enclos abbatial).

Le *Deuxième extrait* du même nécrologe nous révèle la suite de l'obit incomplet ci-dessus :

Le ms. latin 9193 de dom Col, Bibl. nat. porte à la p. 506 :

XLVI. — Anniversarium P. de S° Martino, militis, qui sepultus est in claustro ante ostium capituli prope pratum, x solidi de censu in manso deu Surbier, sito in parroch. de Burnhac, reddendos in festo Sancti Aredii.

XC. — Anniversarium dominæ Ayssalina de S° Martino, quæ est sepulta in claustro ante capitulum, prope pratum, cujus tumba est florata, V. solid. de censu in m. deu Surbier (Burnhac) reddendos in festo Magdalenæ.

Ce qui veut dire : sous le nº 46 du nécrologe, est inscrit l'anniversaire de Pierre de Saint-Martin, chevalier, qui est enseveli dans le cloître, au devant de l'entrée du chapitre, voisine du pré, avec dotation de 10 sols de cens et rente assise sur le mas du Sorbier situé en la paroisse de Burgnac, [contigue à celle de Saint-Martin-le-Vieux, jadis si importante

(1) Ms. Dom Estiennot et *Bulletin de la Société archéol. et historiq. du Limousin*, t. 43, p. 662. *Chronique de Solignac*, éditée par l'abbé Lecler en 1895. Limoges, Ducourtieux.

qu'elle eut son diminutif le clocher paroissial de Saint-Martinet], la dite rente payable à chaque fête de Saint-Yrieix, c'est-à-dire fin d'août.

Nᵒ 90. — Anniversaire de dame Aysseline de Saint-Martin, qui repose dans le cloître devant le chapitre, proche du pré, et dont la tombe est fleurie (ornée d'une frange à fleurons sculptée sur la pierre), acquitté au moyen de 5 sous de rente sur le manse susdit, qui échéoit à la fête de Sainte-Magdeleine, 22 juillet (1).

3ᵉ *extrait* : Anniv. dni Guidonis de Sᵒ Martino, militis, qui est sepultus in claustro, prope pratum.

4ᵉ *extrait* : Anniv. dni Geraldi de Sᵒ Martino, x. solid., super domum et pratum Johannis Solier; et jacet in claustro in tumba ubi est scutum.

Suit l'anniv. de la dite dame Ayceline. Il s'agit là de Gui de Saint-Martin, chevalier, qui a sépulture au cloître, au voisinage du pré.

Et de Géraud de Saint-Martin, sans date aussi, mais fort avant 1350, qui gît au cloître, dans une tombe marquée de (son) écu, et dont l'obit s'acquitte avec 10 sous de redevance sur la maison et pré de Jean Soulier.

Les trois mentions suivantes nous proviennent des chroniques de l'abbaye de Saint-Martial de Limoges, publiées par Duplès-Agier, et dont nous avons édité le complément posthume, au *Bulletin* susdit de la Société archéologique et historique en 1893.

1213, W. de S. Marti instituitur prepositus de Vernuol. En 1213, Guillaume de Saint-Martin est nommé, prévôt de Verneuil, près Aixe. Ce moine, peut très bien n'être plus de la lignée, quoiqu'il y ait plus d'apparence qu'il fut noble que d'extraction vulgaire, vu ce bénéfice ecclésiastique. En 1220, Pierre de Saint-Marti, devient prieur (abbé) d'Aureil (Haute-Vienne), p. 106.

L'obituaire de Saint-Martial de 1218, marque Boso de Saint-Marti, le samedi de la 3ᵉ semaine de décembre, p. 267. — Il fut chevecier de Saint-Martial, à une date qui se place entre 1177 et 1212; p. 256. — Avant 1221, étant moine de Saint-Martial, il acquit à ce monastère, pour 400 livres de rente. — Sur un lambeau de nécrologe, il est marqué au 5 des ides d'octobre, et fit « faire unam capsulam argenteam », sorte de petite châsse d'argent, à mettre dans le sépulcre de Saint-Martial. — et p. 288, étant grand chevecier, il en fit faire une autre et il fit argenter le crucifix de la Sainte-Croix.

Le jour des nones de novembre 1251, don est fait par Pierre de Saint-Martin, chevalier d'Aixe(-sur-Vienne), au chevalier Gérald de Rochefort, son neveu (2), de ses biens situés à Noaillias (Beynac, H.-V.) au devoir d'un sextier de seigle et de quelques deniers d'acaptemeni, (de mutation).

(1) M. Alfred LEROUX a publié partie de ce texte et les suivants, sous la rubrique : Nécrologe de Solignac des xiii° et xiv° siècle, dans ses *Documents et Nouveau choix de documents historiques sur le Limousin*, Limoges, Plainemaison, 1895, in-8°, p. 340, 345, 354.

(2) Fonds des Cars, aux archives de la Haute-Vienne, liasse 4334. — On

Au 6 septembre 1250, transaction intervient sur les dîmes de la paroisse de Séralhac susdite, entre, Hugues de Saint-Martin, curé de Séralhac, et Gérald de Séralhac, damoiseau (1).

Avant 1265, Raymond de Saint-Martin (apparemment originaire, celui-là, de Saint-Martin-le-Peint, Dordogne), avait des rentes dans les paroisses de Saint-Martin-le-Peint, Saint-Etienne-Ledros et Pleviers, et avait la villa et terre de Saint-Pardoux-la-Rivière, en Périgord, qu'il vendit à la vicomtesse de Limoges (2).

A la même souche périgourdine se rattache probablement le donzel Guinot de Saint-Martin, qui avec x... étaient déjà morts en 1428 et paraissent avoir vécu au xiiie siècle. Ils eurent pour héritier Jean des Barris ou de Barry (peut-être de Brie) (3).

Le fonds de Saint-Martial dans sa vaste collection devenue propriété départementale recèle des actes d'hommage à ces vénérables religieux, rendus par des de Saint-Martin, en 1316 et 1339, (4). Le fonds dit de la Règle, dont les bénédictines avaient droit à l'hommage des dîmes de Saint-Martin-le-Vieux, aurait aussi d'autres nobles Saint-Martin à nous révéler (5).

En novembre 1275, le comte de la Marche, Hugues XII, permit un duel entre Renaud de Montrocher (près de *Nouic*), et Pierre de Saint-Martin, chevaliers, pour être exécuté au Dorat. Ce rude combat singulier eut lieu en effet dans cette ville, en présence du dit comte, qui *ne* PERMIT *pas* qu'il fut poussé jusqu'à la mort de l'un des combattants, [Ms anonyme, p. 3. — BONAVENTURE SAINT-AMABLE, t. III, p. 583. — NADAUD, *Nobiliaire limousin,* t. III, p. 167. — DUROUX, *Essai historique sur la sénatorerie de Limoges*, p. 253. — AUBUGEOIS DE LA VILLE DU BOST, *Histoire du Dorat*, p. 45. — et *Notes sur le Dorat,* par M. l'abbé ROUGERIE, aujourd'hui évêque de Pamiers.

Tout indique, pour ne pas dire démontre, que le champion Pierre de Saint-Martin est le même (que sinon le père, de) Pierre de Saint-Martin, le demandeur au procès en revendication seigneuriale du four de Nouic : mais du bourg même de Nouic, à regarder les choses par le fonds.

sait que la maison ducale des Cars, dont nous avons longuement dépouillé les titres, résidait l'été vers, 1787, dans son château de Rochefort (Séreilhac). Or Sereilhac et la petite ville d'Aixe, ancienne baronnie des Peyrusse des Cars, avoisinent Saint-Martin-le-Vieux.

(1) Dossier sans cote, au dit fonds des Cars, vers le n° 3449, Archives Haute-Vienne.

(2) *Nobiliaire du diocèse et de la généralité de Limoges,* par les abbés NADAUD et LECLER, t. III, p. 98.

(3) *Ibid.* t. I, p. 108.

(4) *Ibid.* t. IV, p. 340.

(5) Cote 9667, fonds de la Règle, Archives Haute-Vienne.

Nous avons trouvé en effet dans les dossiers publics de la Règle, le titre suivant, très important, parce qu'il montre nos Saint-Martin possessionnés autour de Nouic, qui n'est guère qu'à trois lieues de Bagnac et touche à Rochelidoux et à Montrol-Senard, paroisse dont faisait partie la vieille baronnie de Montrocher. Procédure sur parchemin, suivie d'accord, entre l'abbaye de la Règle de Limoges et Pierre de Saint-Martin, chevalier, au sujet de la servitude du four banal de Nohic, à laquelle le dit gentilhomme voulait contraindre ces pieuses filles, « qui s'en défendoient sur ce » que leur abbaye et ses membres (parmi lesquels le prieuré de » Nouyc) sont francs et immunes de toute servitude, tenus du roy » en franche ausmosne et sous la garde particulière du roy ».

Acte passé en l'assise de Montmorillon, le mercredi lendemain de la nativité de Notre-Dame (9 septembre) 1293. La prieuresse de Nouy, bourgade dont le dit Saint-Martin se prétendait donc avec elle le coseigneur laïque principal, disait n'être tenue à banalité de four, mais en pouvoir bâtir un dans ses préclôtures (1).

En 1312, vente à Jean (Bajuli), de Baju, de 8 sols 2 deniers de rente, assignée sur tous les biens de noble Jean de Saint-Martin, damoiseau, vendeur ; reçue P^{re} Fabri, notaire (2).

Achat (d'après la même source) par Jean Bajuli, clerc, de Saint-Hilaire près Lastours, de 3 septiers de seigle et 10 sols de rente, fait de noble Hugues de Saint-Martin, sur le mas de La Garnest et la borderie de la Chassagne (La Meize) ; passé devant Gui Celarier, n^{re}. Il vend encore en 1329 et 1332.

Le vendredi après le dimanche où on chante à la messe : *Invocavit me* (1er dim. car^{me}) 1329, le « pistancier (moine charge du » réfectoire) de Saint-Martial assensa (donna en bail à ferme) à » Guérin de Saint-Martin, damoiseau, certaines maisons qui furent » d'Agnès de Saint-Ylaire, situées aux Combes (quartier, près de » la caserne actuelle des pompiers) à Limoges, confrontant à des » maisons sises dans la rue Sainte-Valérie (3) ».

Le même Guarin, baile en 1334, de la confrérie des pauvres à vêtir, de Limoges, s'y fit reconnaître des rentes par emphytéose sur un jardin de la rue du Pont-Saint-Martial. [B. 194, Archives hospitalières Haute-Vienne].

(1) Archives Haute-Vienne, fonds de la Règle, liasse 9883.

(2) *Inventaire des titres de Pompadour* par BONNOTTE, apud me ; et édités par l'abbé POULBRIÈRE, au *Bulletin des sciences, lettres et arts de la Corrèze*, Tulle, Crauffon, 1894.

(3) Archives Haute-Vienne, série G. fonds Saint-Martial, reg. 9469, cote provisoire, t. I, p. 26. — Nadaud mentionne sèchement ce Guérin, sous les dates de 1339-66.

Nous avons maintenant à citer : du lundy avant l'Assomption 1360, la vente par Hélie Lambert, damoiseau de Nexon, (probablement un ancêtre du marquis actuel de Lambertie de Cons-la-Grand-Ville), faite à Guérin (1) de Saint-Martin, de 4 setiers de seigle, à mesurer à la mesure d'Aixe, et 25 sols de cens qu'il levait sur le mas et lieu de l'Osmonarie confrontant à Bastencho, Maziéras et fleuve de Vienne, paroisse d'Aixe(-sur-Vienne) près de Saint-Martin-le-Vieux ; ce lieu seigneurial est le château actuel de l'Aumonerie) ; et s'y réservant la fondalité. Acte signé : *Adhemarus de Manso*. Et le 3 juin 1363, ce Guérin de Saint-Martin les céde à son tour à prix d'argent à Messieurs de Saint-Martial. Signé Hélias Bolho (2). Ce n'est pas tout, le 1er octobre 1409, noble Jacques Béchade, écuyer (des Béchade de Lastours) reconnaît que le chambrier de Saint-Martial a les droits de seigneurie foncière et directe sur une vigne au territoire d'Aixe, appelé de Tarn, entre le ruisseau des Prats et le claux des héritiers de *Guérin de Saint-Martin*.

Le 2 mai 1366, reçu « Petro Bermondeti, notario Lemovicis, Garino de Sto Martino, domicello, commorante in Combis castri Lemovicensis, vendidit Petro Botini, burgensi ejusdem castri, bordariam de Bosco-Agulho (Burnhaco, paroisse contigue à Saint-Martin-*le-Vieux*), moyennant 22 livres. Il y levait 4 setiers froment *Eychès*, c'est-à-dire, mesure d'Aixe ; et il l'en investit (met en possession) en lui livrant certain papier, promettant le garantir de tous troubles et évictions, mais il y réserve la dîme, et une quarte ou émine de blé de rente, que lui damoiseau doit aux chanoines de l'église *Bi Martini veteris,* sic. de Saint-Martin-le-Vieux. Cette rente lui est due selon qu'il est dit dans des lettres du vendredi avant Sainte-Luce (décembre 1335, lettres à lui accordées par défunt Guillaume du Barri (de Barrio) damoiseau. Suit mention de la reconnaissance par les tenanciers (les David) à l'acquéreur (3).

1403. Nob. vir Garinus de Sto Martino domicellus castri Lem. accipit assensam. 23 octobre 1403. (Extrait du trésr de Saint-Martial de Limoges, ex meis).

(1) Le dit damoiseau Guérin de Saint-Martin est noté en 1360, dans l'inventaire sommaire publié des archives hospitalières de Limoges, série B., layette 214.

(2) H. 9470, fonds Saint-Martin ; p. 375 et 416. Archives Haute-Vienne.

(3) Ce dernier acte de 1366 a été par nous analysé sur une copie en ce papier bleuté mis en usage d'environ 1785 à 1810. La transcription *in extenso,* quoique non authentiquée, figurant au chartrier de Bagnac, porte en soi tous les caractères de pièce probante néanmoins, par sa concordance avec les extraits ci-avant. Elle indique que les dites minutes Bermondet étaient (v. 1785) en partie chez Me Duroux.

§ II. — LES DE SAINT-MARTIN DE SAINT-MARTIN-L'ARS (Vienne)

L'acte ci-après de 1316 nous déterminerait à identifier avec cette bourgade, le nom du personnage suivant de 1208.

En 1208, sans quantième, Guillaume le Chauve (*Willelmus Calus*, ailleurs *Calvi*), partant pélerin, donne des héritages à un prieuré dépendant du monastère de La Réau, nommé Saint-Jean-l'Habit-Beaumont, près Usson, en Haut-Poitou. Acte passé à Saint-Germain-(sur-Vienne), en la maison du donateur; présents : l'archiprêtre d'Ambernac, et *Petrus Bedestrans, miles, Joscerandus de Turre, Bernardus de Sancto Martino* (Bernard de Saint-Martin, que M. Brouillet nomme Raymond, par erreur, en son *Indicateur de Civrai*, p. 362). *Airaudus de Avallia,* et autres, *Bernardus de Commarcac* (1).

En 1316, Jean de Saint-Martin-l'Ars, valet, c'est-à-dire noble (2). — Mais avant lui Petrus de Sancto Martino, *vasletus*, avait été témoin, le 8 novembre 1311, d'un accord passé en la cour du comte de la Marche, devant Guillaume Arbert, clerc de Lesterpt, fait entre Adémar d'Archiac, seigneur de Saint-Germain-sur-Vienne et Aimeric de Moilhac ou de Marcilhac, sergent, auquel il donne l'exploit en la forêt d'Azac (3).

Gaufridus Bertrandi, de Confluento, valetus, avoue à l'abbé de Noaillé, en 1312, un fief sis à Mortemer (Vienne). Il dût avoir pour fille, Jeanne de Confolens, mariée à Guy de Cognac, chevalier, qui fut à cause d'elle, seigneur du fief de Mortemer (ou tour de Cognac), d'après un aveu fait à Nouaillé, en 1372, par Alix de Saint-Martin, leur héritière. [Latin 5450. — 124. — Dict. Beauchet, t. II, p. 590, col. 1ʳᵉ] (4).

(1) Bibl. municipale de Poitiers, mss de dom Fonteneau, vol. 24, p. 265. Il n'est pas douteux que tous ces témoins ne fussent des personnages, et vraisemblablement damoiseaux. Voyez le Diction. Beauchet : aux mots : Availle, — Badestrand, seigneurs de Rochemeau près Charroux.

(2) Mss de dom Ville-Vieille, vol. 12, généal. Badestran. Bib. nat. — En 1395 et 1409, les Boniface font aveu de Saint-Martin-l'Ars au comte de Poitou, comme châtelain de Civray. [Beauchet, mais sans expliquer comment les Bonifaces y devinrent seigneurs].

(3) Bib. nat, pièces originales, titres d'Archiac, vol. 85 — Communication de M. l'abbé de Clisson, l'âme du scrupuleux et savant dictionnaire de MM. Beauchet-Filleau.

(4) En 1620. La seigneurie de Saint-Martin-l'Ars, était tenue par noble X. de Moussi, seigneur aussi de La Bussière. T. 45, des mss Fonteneau, roolle; en la p. 781.

§ III. — LES DE SAINT-MARTIN DE ROCHELIDOUX; près Nouic; non loin de Bagnac.

Toute la difficulté consiste maintenant à répondre à cette question, encore insoluble : Les de Saint-Martin de Rochelidoux, de 1300, dont descendent bien ceux de Baignac, viennent-ils du Poitou ou du Haut-Limousin, des lieux d'origine déjà indiqués ?

Voici, d'ailleurs, copie d'un parchemin du chartrier de Bagnac, du feu marquis de Saint-Martin, mais qui par malechance est rongé par les rats, en six endroits du début et du milieu. Nous remplacerons par des points et restituerons entre crochets les mots absents de ce titre vidimé, dont l'original est de 1399 et le vidimus de 1443, émanant du garde du scel de la ville et châtellenie de l'Isle-Jourdain. Il y est parlé de Guillaume Taveau (une des bonnes maisons du Poitou, s'il en fut !) et de Sebylle de Saint-Martin son épouse, seigneur et dame de Mortomer.

A touz ceulx qui ces présentes letres verront et orront, Guill[aume ? La ?] fou, clerc, garde du scel establi aux contraictz en la ville et chastellanie de Lille Jordain par messires du dit lieu et le [clerc] de venerable homme monsieur l'arceprebtre de Lussac; *salut* en Dieu, messeigneurs pardurable.

Sachent touz par ainsin que....... es [ès-letres comunes ? ne soet] l'une par l'autre desrogée en rien mes plus à plain conffermée et con'ortée, nous avons veu....... (leu ?) regardé, touché et dilligentement préveu, visité et collationné unes certaines letres passées par Piarre....... [Pioneau clerc ?] par le temps qu'il vivoit de la court du scel establi aux contraictz à Poictiers par lors par monseigneur le duc de Berry ? et ? Auvergne conte de Paictou, de Bouloygne et d'Auvergne, sy ? comme de prime face nous est clerement apparu, non [cancellées ?] es non rassés, non viciés (*sic*) non obolies ne adnichillées, en rien suspectes ne viciés, mes du tout saines et en ?....... [tières de]ffaillens de touz vices et suspection, desquelles la tenour s'ensuist :

A touz ceulx qui ces présentes letres verront et o....... [rront je ?] Jehan de Foyz, garde du seel aux contraictz à Poict[iers] establi pour mons-[eigneur] le duc de Berry et d'Auvergne, com[te de P]aictou....... et d'Auvergne ; *salut*.

Sachent touz que en droit en la dicte court personnellement establiz no[bles] personnes [sc]avoir Guillaume Taveau et Sebille de Saint-Martin, seigneur et dame de Mortemer et mesmes la dicte Sebille ou l'auctorité do....... [deuement par ??] son dit seigneur à lie donnée premierement et avant toute euvre qu'ont à fere, passer et..... [ac]corder les chou... [ses conte]nues en ces présentes; *d'une part*.

— Et Symon de Saint-Martin, seigneur de Rochelidox; d'autre.. ..... [part les quel-]les parties....... [advoue]rent et confesserent avoir fait

2

et accordé, firent et acordérent en la présence du notayre....... [et des tesmoins?]....... ty ? les....... [traités??] acors et convencions qui s'ensuivent :

C'est assavoir que comme noble homme messire Jehan d[e?.......] [Saint-Martin? [sei]gneur de Rochelidox en faveur et tracté du mariage du dit Guillaume Taveau et de la dicte Sebille .... cheval[ier?]....... et pour le droit de la succession et eschoite qui à icelle Sebille povoit conpecter [et?]....... [appertenir dans la succession de ??] feu messire Pierre de Saint-Martin, seigneur de Rochelidox, ayoul paternal de la dicte Sebille et p....... [pour le droit de ??] [Saint] Martin et de Gadiffer de Saint-Martin, père de la dicte Sebille ; et duquel messire Pierre ledit Gadiffer estoit....... [ici un faux renvoi ou plutot un signe d'attention] la dicte Sebille héritière seule et en tout du dict Gadiffer son père, et par le moyen dudit Gadiffer, héritier d'iceluy..... en la moitié ...... quel messire Jehan de Saint-Martin oncle d'icelle Sebille, ledict Symon de Saint-Martin est héritier principal par le moy [....... en de] Bertrand de Saint-Martin son père, et tenens et exploictens le dit lieu appartenences et appendences de Rochelidox avec le plus..... [part des biens?] ns qui furent du dit....... [messire?] Pierre de Saint-Martin et dudit messire Jehan.

Eust, iceluy messire Jehan, pour le droit [que a Sebille ?]....... par le moyen [de ce que pouvait lui??] conpecter et appartenir ès biens dudit feu messire Pierre de-Saint-Martin, promis poier d[ix liures] [dix livres] de rente à usage....... [et coustu]me du pais, moitié en blé et en deniers, et icelles dix liures de re[nte à promis? i]celluy messire Jehan rendre et poier à certains termes à la dicte Sebille et ès siens et qui cause auront d'elle....... res chouses que ledit messire Jehan bailla, compta et délaissa à ladicte Sebille pour son droit de succe[ssion....... dix liures de rente reudre et poier chascun an à certains termes obligea le dit messire Jehan tous....... qu[elcon]ques ainxi qu'il apparoissoit plus à plain par les letres fctes et passées sur le te....... Jehan vendu et octroyé à feu Jehan Taveau, père du dit Guillaume Taveau uniq?....... d'argent; et à icelles rendre et poier obligea icelluy messire Jehan, touz et chacuns....... [ses biens? quelconques?] et desquelles rentes les arrérages estoient escheuz et dehuz depuis le temps....... [peut y a ?] voir trante ans ou plus; et aussi eust congneu et confessé devoir à feu Jehan Taveau....... est héritier seul et en tout, la somme de deux cens liures bon? leis? tournois et icelle promist re... pour ses! héritiers et successifz et qui cause auront de lui : lesquelles promesses ventes et obl[igations? passées? soubs] bz seelz autantiques, en icelles confessa le dit Symon estre vrayes re....... Sebille sa famme que comme pour le vymayre de la guerre et au[trement? les biens de?....... Je]han de Saint-Martin fussent moult diminuez et à présent en très petite va....... [leur   dic? tes rentes et le convendroit mandier si poier les luy convenoit et....... aup....... en mariage pour doubte desdites obligaçons que lesdits Guillaume et Sebille .... [recognois?] sent fere grace [desdites?] rentes et arrérages et debtes, affin que luy et ses héritiers procreez de sa char peussent avoir et souztenir leur vie [hormis ??] et que ledit Symon peust trouver mariage condécent et honeste selon l'eslat de la lignée dont il estoit, l[es dits] Guillaume et Sebille considérans et regardans la prochéneté du lignage en quoy la dicte Sebille et le dict Symon [de Sai]nt Martin sont, et qu'ils sont descenduz du filz aisné du dit messire Pierre de Saint-Martin ayoul d'icelle Sebille et que les diz Guillaume et Sebille ont ledit Symon nourry en leur hostel à leurs despens par moult long temps, et pour l'amour et affection qu'il avoient et ont en dit Symon, ont volu, consenti et acordé que le dit Symon et ses hoirs à procréer de sa char et les héritiers à procroier de la char d'iceulx soient quiptes et déliurés des dictes rantes et arrérages et debtez et font pac [pour pacte] et expresse convenance de non en fere demande au dit Symon, ny à ses dits hoirs, pourveu et expressement convenancé par le dit Symon, tant pour luy que pour ses héritiers et successeurs et qui cause auront de luy que s'il avenoit icelluy Symon de Saint-Martin aler de vie à trespassement sans hoirs procroiez de sa char ou ses hoirs à procroier ou les hoirs [de ses] hoirs sans héritiers procroiés de leurs chars, que en icelluy cas ledit lieu de Rochelidox, ses appartenences et appendences et autres biens quelconques que le dit Symon a et tient qui furent dudit feu messire Pierre de Saint-Martin et dudit messire Je[han ?] et Gadiffer son frère, enffens dudit messire Pierre, comme dit est, et qui leur obvindrent par la succession d'icelluy [? Pierre ?] sont et seront dès maintenant comme pour lors et pour lors comme dès maintenant esdiz Guillaume et Sebille et de leurs ? héritiers procroiez ou a procroier de leurs chars et aux héritiers et successeurs d'iceulx, et en icelluy cas dès maintenant [....... comme p]our lors et pour lors come dès maintenant en a laiz les diz Guillaume et Sebille et leurs diz hoirs vrays seigneurs maîtres ? pocesseurs et pertinems come de leur propre chouse, et en icelluy cas a constitué soy et ses ditz hoirs usefruicteurs et ? exploicteurs pour et en nom et au prouflit desdiz Guillaume et Sebille et de leurs diz hoirs et au droit et conservacion du dit ? droit de propriété que ou dit cas leur appartient ou appartiendroit et néantmoigns a promis le dit Symon non fe[re ven]tes aliennations, dons, cessions ne tramsports des biens et successions susdites et qui luy sont obvenues par les success[ions et autres ?] moyens que dessus ne d'aucun d'iceulx à que comques (sic) personnes que ce soit ne pour quelcomque cause et [.. promet ? sy aucuncment ?] le fasoit de le réparer et fere mettre au premier et dehcu estat, retenu, réservé et expressément convenancé que [s'il ad] venoit que ledit Symon de Saint-Martin ou ses hoirs procroiez de sa char alat de vie à trespassement par avant Margarite de Colunbers, fille de messire Brient de Colunbers, chevalier, avec laquelle est traité et parlé meriage du dit Symon et d'elle, et que le dit mariage soit faict et accompli, que non obstant le contenu en ces présentes icelle Margarite aura et prandra douayre coustumier esdiz biens le cours de sa vie seulement, tel que la coustume du pais où les biens sont situés [et assis, en interligne] le veust.

Et en oultre est dit, parlé et accordé et convenancé entre les dites parties, qué si l'effet et contenu en ces présentes estoit aucunement vicié, corrumpu ou anichillé et que les hoirs dudit Symon autres, que les procroïés de sa char ou des hoirs procroïés d'icelle vouldroient aucuuement venir contre ces présentes, le contenu et effet d'icelle, que les dites letres obligations dont pardessus est faicte mention, la teneur et effet d'icelles demeurent avec leur force et vertuz, non obstant le contenu en ces présentes, et que les diz Guillaume et Sebille se puissent ayder des letres et obligacions susdites et demander es hoirs dudit Symon ou autres qui vouldroient venir contre la teneur decestes les dictes debtes, rentes et arrérages qui cheuz en sont et qui en pouroient choir pour le temps advenir vers touz et contre touz par demande personnelle ou ypothèque autres que ledit Symon et ses hoirs ou des hoirs procroïés de la char de ses diz hoirs.

Et les chouses susdites ont les dictes parties promises, jurées et convenancées et à ycelles tenir et guarder et sans enfraindre, ont les dictes parties obligé eulx, leurs hoirs héritiers et successeurs et biens quelxcomques présents et futurs, renunçants ycelles parties en cetuy leur fait à toutes exceptions de dol, de fraude, de barat, de machination, de circonvention et au droit disans generale renonciation non valoir et à toutes autres exceptions quelconques par lesquels ces presentes la teneur et effait d'icelles pouroit estre dicte adnullée, viciée ou corrumpue en tout ou en partie. — De et sur lesquelles choses dessus dictes les dictes parties ont esté jugées et condempnées de leur consentement et à leur requeste, par le lieuten? ent de la court dudit séel, de la juridiction et cohercition de laquelle court ilz ont submis et supposé eulx et touz leurs biens quant ad ce.

En tesmoign desquelles choses, nous dit Jehan de Fois, garde dudit seel, icellui seel que nous gardons à ces présentes orriginal double avons mis et appousé.

Donné et fait, présens messire Brient de Colunbers, chevalier, Jehan Daissay, mieux Dinssay ou Dursay, escuer, Jehennot Vidal, chevalier? et Guillaume de Poiz, le vendredi emprès la saint Cipriain xbIIIe jour de juillet, l'an mil CCC. IIIIxx dix et neuf. Ainsin signé ou marge, de soubz : *Pioneau.*

En tesmoign de la coppie ou vidissé desquelles letres dessus trescriptes et inserés, nous le dit garde dudit séel et nous le vicaere du dit [arce] prebtre, et la supplication et instance de nobles messire Jehan de Lille, chevalier, seigneur dudit lieu et de dame Ayde de Saint-Martin sa famme, auctorizée du dit chevalier, son seigneur, en forme de droit, lesquelx ont requis ledit vidise et à la vraye et féal relacion de Jehan de Villodier et Symon Fesnea et de Jehan Leclerc, jurez et notayres cy desoubz escriptz des dictes cours, lesquelx ont extraict féablement cest vidise ou coppie de l'orriginal des dictes letres de mot à mot et de point en point en nostre présence, escriptes les dictes letres de la main dudit Jehan Leclerc notayre susdit, et consignées de leurs signes manuelx, les diz seelz des dictes cours ad ces présentes letres de coppie ou vidise, avons mis et apposé en tesmoingn de vérité des dictes chouses contenues et déclairées es dictes letres orriginalles et de ces présentes letres extraictez et collacionés d'icelles comme dessus.

Donné et fait et extrait de l'orriginal des dictes letres ceste présente coppie ou vidise co? en? aprouvens le dit instrument cebille Lois et Assas, le premier jour de juign l'an mil quatre cens quarante trois. Jehan Leclerc par coppie ou vidise des dites lettres et par collation faite avec l'original avec le dit garde et notayres susdits.

Signé : J. de Viloder, par copie ou vidisse des dites [letres et] par collacion faite ave[c l'or]iginal avec le dit gard[e et not]ayres susdits.

Signé : S. Fesnelly par coppie ou vidissé des dites lettres et par collacion faite avec l'original, avec les dit garde et notaires susdits.

Au dos est écrit : coppie de letre par messire Jean de Lille, chevalier et puissante dame Ayde de Saint-Martin sa fame.

[Parchemin long d'environ 0,60 sur 0,25, auquel on a accolé dans ce siècle une fausse analyse généalogique, faute d'avoir bien compris cet acte rendu obscur, en outre par les trous de rats].

De cette donation faite à Simon de Saint-Martin par Sibille de Saint-Martin, sa cousine et Taveau son mari, des droits successifs de Sibille dans la maison de leur aieul Pierre de Saint-Martin, seigneur de Rochelidoux, et de sa portion de cette terre, en 1399, se dégage comme acquise la filière suivante, complétée en conciliant diverses notes de MM. Beauchet, de Laporte, ou des abbés de Clisson et Lalanne (1).

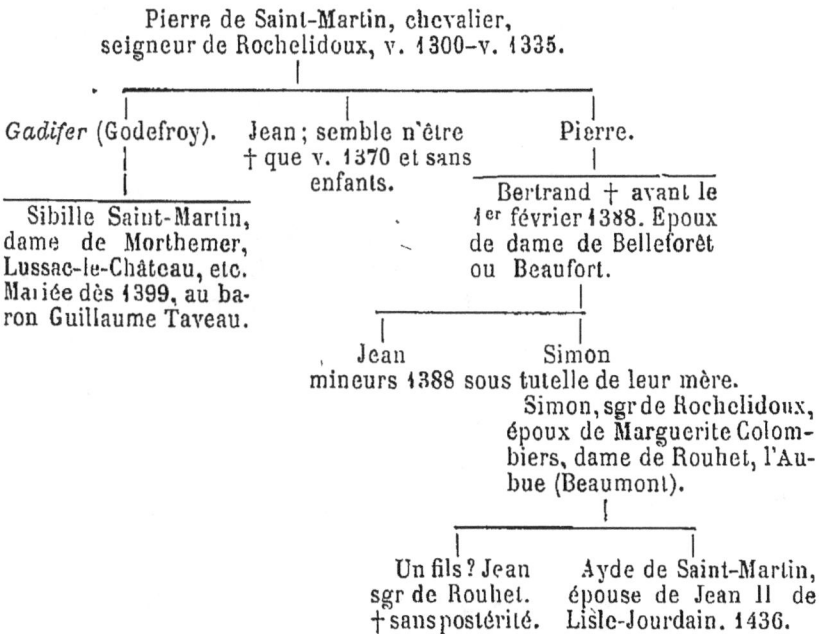

Pierre de Saint-Martin, chevalier,
seigneur de Rochelidoux, v. 1300–v. 1335.

Gadifer (Godefroy).   Jean ; semble n'être   Pierre.
                        † que v. 1370 et sans
                        enfants.

Sibille Saint-Martin,   Bertrand † avant le
dame de Morthemer,   1er février 1388. Epoux
Lussac-le-Château, etc.   de dame de Belleforêt
Mariée dès 1399, au ba-   ou Beaufort.
ron Guillaume Taveau.

                   Jean   Simon
              mineurs 1388 sous tutelle de leur mère.
                   Simon, sgr de Rochelidoux,
                   époux de Marguerite Colom-
                   biers, dame de Rouhet, l'Au-
                   bue (Beaumont).

Un fils? Jean   Ayde de Saint-Martin,
sgr de Rouhet.   épouse de Jean II de
† sans postérité.   Lisle-Jourdain. 1436.

(1) Voyez aussi *Château-Larcher*, par M. l'abbé DROCHON, *Mémoires des antiquaires de l'Ouest*.

Ce tableau ne laisse pas encore figurer le preux de Lussac, Jacques de Saint-Martin, qui succomba.en 1370, mais Sibille, selon la ferme conviction de M. l'abbé de Clisson, qui la trouve par note erronnée fille de Jean, *son oncle seulement*, en réalité, était bien de la lignée du héros, très probablement écuyer de Harpedanne, duquel Harpedanne la veuve, Catherine Sénéchal, dame de Mortemer, eut pour héritière Sybille de Saint-Martin, vers 1389. Sybille portait : *bandé d'argent et de gueules de six pièces*, les bandes, *d'argent semées de mouchetures d'hermines*. [Notes de feu M. de Laporte, n° 341].

Sibille Saint-Martin était dame châtelaine de Mortemer, de Lussac-le-Château, 1401, en Basse-Marche (Lussac appartint aux de Lavergne et aux Cimal et Chenin, XIIIe siècle, plus tard aux Saint-Martin, enfin aux Taveau) et seigneuresse de Dienné, Verrières hautes et basses, Normandin, Empuré, Saint-Martin-la-Rivière, Vengues, etc. [Thibeaudeau].

Nous avons dû insister sur Sibille, ses ascendants et ses collatéraux, pour couper court aux contradictions des auteurs, et aux questions que se posait en 1887-89 M. le baron du Hart, au cours de son étude sur Persac, Lussac, etc.

Quant à Simon de Saint-Martin, seigneur des grandes Fayolles, M. l'abbé de Clisson lui supposerait pour armes, assez peu distinctes sur un sceau : *deux fasces et trois besants*, dans le haut de l'écu. Par sa femme, dame de Rouhet et de la Mothe de Beaumont, dans la châtelleraudais, Rouhet passa à Jean II de Lisle-Jourdain, époux d'Ayde (Adelaïde) sa fille, chevalier seigneur du dit. Il fit aveu à cause d'elle à l'abbé de Noaillé, le 10 février 1436 (1) corrig. 1336, et fut tué à la bataille de Poitiers 19 septembre 1356 (2). Simon Saint-Martin et Marguerite Colombier transigent 10 juillet 1411, avec les maire et échevins de Poitiers; sans cesser d'être en litige en 1415. Il paraît que Simon décéda vers cette fin d'année. — Reg. 17, n° 59, des relevés Beauchet.

ÉPISODE DU COMBAT DE JACQUES DE SAINT-MARTIN

Histoire et chronique mémorable de messire Jehan Froissart. Reveu et corrigé par Denis Sauvage, quart volume, p. 350. — *Paris, Sonnius*, in f°, 1574.

(1) Fonds latin, n° 5450, p. 124, Bib. nat.
(2) M^s. Fonteneau, t. 45, p. 295,

Comment messire Jehan Chandos fut navré à mort, en une rencontre, et comment finalement les François, estans demourez victorieux de ceste rencontre, se rendirent à ceux que mesmes ils avoient prins. Chap. 277°

Trop touchoit, et grevoit au cœur, la prinse de Saint-Salvin à messire Jehan Chandos : qui estoit, pour ce temps, seneschal de Poictou. Si mettoit toutes ses imaginations à ce qu'il la peust r'avoir : fust par emblée, ou par eschelles, il n'avoit cure comment. Or en fit-il plusieurs fois des embusches de nuict, et à toutes failloit, car messire Louis (qui la gardoit) en estoit moult songneux : et bien savoit qur la prinse de S. Salvin déplaisoit mout à messire Jehan Chandos. Or advint ainsi, que (1), la nuict de devant la nuit du chef du mois de janvier, messire Jehan Chandos (qui se tenoit en la cité de Poictiers) avoit fait une semonse, et un mandement des barons, chevaliers, et escuyers de Poictou : et leur avoit dit qu'ils venissent là tout secrettement, car il vouloit chevaucher. Les Poictevins ne l'eussent jamais refusé, car moult l'aimoient. Si s'assemblèrent en la cité de Poictiers, et y vindrent messire Guichard d'Angle, messire Louis de Harcourt, le sire de Pons, le sire de Partenay, le sire de Pinane, le sire de Tonnebouton, messire Geoffroy d'Argenton, messire Maubruny de Liniers, messire Thomas de Persy, messire Baudouin de Fefville, messire Richard de Pontchardon et plusieurs autres. Quand il furent tous assemblez, ils estoient bien 300 lances : et se partirent de nuit de Poictiers, et ne savoient (exceptez les seigneurs) où on les vouloit mener : et avoient les dits Anglois leurs eschelles, et tout leur arroy pourveu. Si vindrent tous jusques au dit lieu. Là furent-ils informez de leur fait : et descendirent de leurs chevaux : et les baillèrent à leurs garsons. Si entrèrent les Anglois dedans les fossez : et estoit environ minuit. En celuy estat où ils estoient, et lors briefvement ils eussent fait, et fussent venus à leur instention, ils ouirent le guet du fort qui corna. Je vous diray pourquoy.

Celle propre nuit estoit parti de la Roche-de-Pouzay (2) Carlouet, à tout 40 lances : et venoit à Saint-Salvin (Saint-Savin), pour querre messire Louis de Saint-Julian, pour chevaucher en Poictou, si réveilla le guet, et ceux du fort. Or cuidoient les Anglois (qui estoient à l'opposite, et qui riens ne savoient de cela, ne que François voussissent entrer au fort) qu'ils fussent apperceus, ou par gardes, ou par espies, qui sceussent leur venue et emprise. Si se tirèrent tantost hors des fossez, et dirent. Allon, allon, nous avons pour ceste nuit, failli à nostre fait. Si montèrent sur leurs chevaux : et retournèrent tous ensemble à Chauvigny, sur la rivière de Creuse, à deux petites lieües près de là. Quant ils furent là tous venus, les Poictevins demandèrent à messire Jehan Chandos, s'il vouloit plus riens, et il leur dit que non. Or retournez, au nom de Dieu : et je demourray

(1) Sala dit la nuit devant du jour de l'an, et Lachaux, environ la nuit de l'an qui fut 1370. — L. Tonnay-Boutonne.

(2) Ailleurs Carnet-Lachaud écrit Carnolet et Sala Karaolot.

meshuy en ceste ville. Lors se departirent les Poictevins, et aucuns chevaliers d'Angleterre avec eux : et estoient bien 200 lances. Si entra le dit messire Jehan chandos en un hostel et fit allumer le feu. Là estoit encores demouré delez luy messire Thomas de Persy, seneschal de La Rochelle, et sa route. Si dit à messire Jehan Chandos. Sire, est-ce vostre intention de demourer meshuy icy? Ouy, (dit messire Jehan Chandos) pourquoy le demandez vous? Sire, pour ce que je vous prie (puisque chevaucher ne voulez) que vous me donniez congé, et je chevaucheray quelque part avecques mes gens, pour savoir si je trouveroye aucune adventure. Allez au nom de Dieu, dit messire Jehan Chandos. A ces mots se partit messire Thomas de Persy, et 30 lances en sa compaignie.

Ainsi demoura le dit messire Jehan Chandos entre ses gens, et messire Thomas passa le pont, à Chauvigny : et print le long chemin à Poictiers, ayant laissé le dit Jehan Chandos tout mélancolieux de ce qu'il avoit failly à son intention, et sur ceste imagination estoit en une grande cuisine, ou foyer, et là se chauffoit de feu d'estrain (*de paille*), que son heraut lui faisoit, et jangloit à ses gens, et ses gens à luy : qui volontiers l'eussent osté de sa mélancolie. Après une grande espace qu'il fut là venu, et que il s'ordonnait pour un peu dormir, et avoit demandé s'il estoit jour, il entra un homme à l'hostel, qui vint devant luy, et luy dit. Monseigneur, je vous apporte nouvelles. Et quelles? répondit-il. Monseigneur, les François chevauchent. Comment le sais-tu?

Monseigneur, je suis parti de Saint-Salvin avec eux. Et quel chemin tiennent-ils? Monseigneur, je ne say de vérité, fors qu'ils tiennent (ce me semble) le chemin de Poictiers. Et lesquels sont-ce des François? Monseigneur, c'est messire Louis de Saint-Julian et Carlouet le breton, et leurs routes. Il ne m'en chaut (dit messire Jehan Chandos) je n'ay meshuy volonté de chevaucher : et aussi pourront-ils bien trouver rencontre sans moy.

Si demoura une grande espace moult pensif en ce propos, et puis s'advisa et dit. Quoyque j'aye dit, c'est bon que je chevauche. Tousiours me faut-il retourner à Poictiers : et tantost fera jour. C'est veoir : dirent les chevaliers, qui là estoient. Lors fit le dit messire Jehan Chandos appareiller son arroy, et se meit en point pour chevaucher : et aussi firent tous les autres. Si montèrent tous à cheval, et se partirent, et prindrent le droit chemin de Poictiers, en costoyant la rivière : et si pouvoient bien estre les François, en ce propre chemin, une grande lieüe devant eux, qui tiroient à passer la rivière à un pont que l'on appelle Leusac (Lussac) : et, en ce, les Anglois eurent cognoissance des François, par leurs chevaux : qui entrèrent au fray des chevaux des dits François. Si dirent les Anglois, l'un à l'autre, ou les François, ou messire Thomas de Persy, chevauchent devant nous. Tantost après ces deviz la nuit adjourna, et fut incontinent haute matinée (car, à l'entrée du mois de janvier, les matinées sont tantost despendues et passées) et pouvoient bien estre les François et bretons environ à une lieüe du dit pont de Leusac, quand ils apperceurent, de l'autre costé de la rivière, messire Thomas de Persy, et toute sa route, et le dit messir Thomas et les siens les avoient jà apperceus, tellement qu'ils avoient chevauché les grans galops, pour avoir l'advantage du pont dessusdit : et avoient dit, Veez là les François, ils font une grosse route contre nous : et pourtant faut que nous ayons et prenions l'advantage du pont.

Quand messire Loys et Carlouet apperceurent que les Anglois, qui estoient de l'autre part de la rivière se hastoient pour venir au pont, si s'advancèrent aussi. Toutesfois les Anglois y vindrent devant : et en furent maistres · et descendirent tous à pié, et s'ordonnèrent, pour le pont garder et deffendre. Quand les François furent venus jusques au pont, si se meirent à pié, et baillèrent leurs chevaux à leus vaslets et les firent traire arrière : et prindrent leurs lances : et se meirent en bonne ordonnance, pour aller gaigner le pont, et assaillir les Anglois qui se tenoient franchement sur leur pas, et n'estoient de riens effrayez, combien qu'ils ne fussent qu'un petit, au regard des François.

Ainsi que ces François et bretons estudioient et imaginoyent comment, ne par quelle manière, à leur plus grand advantage, ils pourroient envahir et assaillir les Anglois, veez cy arriver messire Jehan Chandos et sa route, à bannière déploye(ée), et toute vantelante (flottante) (qui estoit d'argent à un pel aguisé de gueulles) laquelle Jaques Alery, un vaillant hommes-d'armes, portoit. Si pouvoient estre environ 40 lances, qui approchoient moult fort les Erançois. Ainsi que ces Anglois, de messire Jehan Chandos estoient sur un tertre, environ trois bannières (bonniers) de terre en sus du pont, les garsons des François (qui les apperceurent, et qui se tenoient entre le dit pont et le dit tertre) furent tous effrayez : et dirent. Allon, allon sauvon noz corps et noz chevaux. Si s'en partirent, et fuirent et laissèrent là leurs maistres.

Quand messire Jehan Chandos, ayant sa bannière deployée devant luy fut venu jusques aux François, si n'en tint pas grand compte (car petit les aimoit et prisoit) ains, tout à cheval les commença à escharnir (reprocher), en disant. Entendez-vous ? François, vous mallement bonnes gens d'armes, vous chevauchez à vostre volonté et à vostre aise, de nuit et de jour, vous prenez villes et forteresses en Poictou : dont je suis séneschal, vous rançonnez pauvres gens, sans mon congé, vous chevauchez partout, à teste armée, il semble que le pays soit tout vostre : et par Dieu, non est, Messire Louis, messire Louis, et vous, Carlouet, vous estes maintenant trop grans maistres. Il y a plus d'un an et demi, que j'ay mis mon entente à ce que vous peusse trouver, ou rencontrer. Or vous voy-je, Dieu mercy, et parlerons à vous, et si saurons lequel est le plus fort en ce pays, ou moy ou vous. On m'a dit, par plusieurs fois, que me desirez moult à trouver et à veoir, si m'avez trouvé. Je suis Jehan Chandos : se bien me ravisez, vos grans appertises d'armes (qui sont si bien renommées) si Dieu plaist nous les éprouverons

De tels langages les recueillit messire Jehan Chandos : qui ne vousist estre en autre part, fors que là : tant les desiroit à combattre. Messire Louis et Carlouet se tenoient tous quois : ainsi que tous reconfortez qu'ils seroient combattus, et riens n'en savoit messire Thomas de Persy, ne les Anglais, qui delà le pont estoient.

Car le pont de Leusac est haut, à bosse au milieu : et cela leur en tol-
loit la vëue. Entre ces parolles et ramposnes (reproches) (1), que messire
Jehan Chandos disoit et faisoit aux François, un breton print son glaive :
et ne se peut abstenir de commencer meslée. Si vint assener un escuyer
Anglois (qui s'appelloit Sunckins Dodalle) et luy arresta son glaive en la
poictrine : et tant le tira et bouta, qu'il abbatit le dit escuyer, jus de son
cheval, à terre. Messire Jehan Chandos (qui ouit l'effroy derrière luy) se
tourna sur son costé, et veit son escuyer à terre gésir, et qu'on frappoit
sur luy. Si s'échauffa en parlant plus que devant, et dit à ses compaignons
et à ses gens. Comment? lairrez vous ainsi cest homme tuer? à pié, à pié.
Si saillit tantost à pié, et aussi firent tous les siens : et fut Sunckins
récoux, et la bataille commencée.

Messire Jehan Chandos (qui estoit fort chevaliers, et hardi, et conforté
en toutes ses besongnes) avoit sa banniere devant luy, environnée des
siens, et l'escu dessus ses armes, estant luy-mesme aorné d'un grand ves-
tement (qui luy battoit jusques à terre) armoyé de son armoirie, d'un
blanc samit, à deux paulx aguisez de gueulles, l'un devant et l'autre
derrière. et bien sembloit suffisant homme, entreprenant, et adventureux :
et en celuy estat, pié avant autre, le glaive au poing, s'en vint sur ses
ennemis. Or faisoit à ce matin un petit de rosée; dont estoit la voye
mouillée, tellement qu'en marchant il s'agenouilla en son parement (qui
estoit sur le plus long) tant qu'un petit il trébucha : et ce pendant *un
escuyer* (qui s'appelloit Jaques de Saint-Martin, et estoit fort homme et
appert [habile au maniement de ses armes] luy lança un coup de glaive
qui le print en la chaire (en la face), et s'arresta dessous l'œil, entre le
nez et le front : et ne veit point messire Jehan Chandos le coup venir sur
luy, de ce lez là, car il avoit l'œil esteint : et y avoit cinq ans qu'il l'avoit
perdu, ès Landes de Bordeaux, en chaçant un cerf : et avec tout ce
méchef, messire Jehan Chandos ne porta onc de visière : de sorte qu'en
trébuchant il s'appuya sur le coup, et aida lui-mesme à s'enferrer : et le
glaive (qui estoit getté de bras roide) l'attaignit tellement, que le fer luy
entra jusques au cervel : et puis retira l'escuyer son glaive à luy; et
messire Jehan Chandos, pour la douleur qu'il sentit, ne se peut tenir en
estant : mais cheut à terre, et tourna deux tours moult douloureusement :
ainsi que celuy qui estoit féru à mort, car oncques, depuis le coup, il ne
parla.

Quand ses gens veirent celle adventure, ils furent tous forsenez. Adonc
saillit son oncle Edouard (de) Cliffors : qui le print entre ces cuisses (car
les François taschoient à l'avoir devers eux) et le deffendit de son glaive
très vaillamment : et lançoit les coups si grans et si arrestez, que nul ne
l'osoit approcher. Là estoient deux autres chevaliers (c'est assavoir messire
Jehan Chambo, et messire Bertrand de Casselies) qui sembloient bien
estre hors du sens, pour leur maistre, qu'ils veoient là gesir. Les bretons

---

(1) *Rampogna* signifie encore « grognon » en patois de Corrèze (Corrèze).
— Fray = flair ; jangler, folâtrer, badiner ; route = troupe ; bonnier,
mesure agraire.

(qui estoient plus que les Anglois) furent grandement reconfortez, quand ils veirent le capitaine de leurs ennemis à terre : et bien pensoient qu'il estoit navré à mort. Si s'advancèrent, en disant. Par Dieu, seigneurs Anglais, vous nous demourrez tous, car vous ne nous pouvez échapper. Là firent les Anglois merveilles d'armes, tant pour eux garder du danger où ils estoient, que pour contrevenger leur seigneur, messire Jehan Chandos : lequel ils veoient en dur parti.

Celuy *Jaques de Saint-Martin* (qui donné avoit le coup) fut advisé d'un escuyer de messire Jehan Chandos, si vint sur luy mout irément, et le ferit, en courant, de son glaive, et le tréperça tout outre, parmi les deux cuisses : et puis retira son glaive, mais pour ce ne laissa mie encores iceluy Jaques de Saint-Martin à combattre. Etc., et plus bas (p. 353).

Or firent trop dolens et déconfortez ces barons et ces chevaliers de Poictou, quand ils veirent leur sénéchal, messire Jehan Chandos, gesir en celuy estat, et qu'il ne pouvoit parler. Si commencèrent moult amèrement à le regreter, en disant, fleur de chevalerie, messire Jehan Chandos, bien mal fut le glaive forgé, dont vous estes navré, et mis en péril de mort. Là plorerent mout tendrement ceux, qui là estoient entour luy : et bien les entendoit, et se complaingnoit, mais nul mot ne pouvoit parler. Là tordoient leurs mains, et tiroient leurs cheveux, et gettoient grans cris et grans plains, et par espécial, ceux de son hostel. Là fut le dit messire Jehan Chandos de ses gens désarmé moult doucement, et couché sur larges et sur pavois, et amené et apporté tout le pas, à Mortemer, la plus prochaine forteresse de là, et les autres barons et chevaliers retournèrent à Poictiers : et là ils amenerent leurs prisonniers.

Si entendi que celuy Jacques de Sainct-Martin (qui avoit navré le dit messire Jehan Chandos) fut si mal visité de ses playes, qu'il mourut à Poictiers. Le dit gentil chevalier [Chandos] dessus nommé, ne vesquit de ceste navreure, qu'un jour et une nuit, et mourut. Dieu en ait l'ame, car onc, depuis cent ans, ne fut plus courtois, ne plus plein de toutes bonnes et nobles vertus et conditions, entre les Anglois, de luy (archaisme, pour *que luy*).

Au village du Pont de Lussac-le-Château, à droite, il existe un sarcophage dressé sur un chevalet, restauré naguère et dit de Jean Chandos, mais l'illustre capitaine anglais et connétable d'Aquitaine, l'un des guériers les plus respectés de l'époque, est enterré à Mortemer, où il expira. MM. Beauchet-Filleau, en leur cabinet d'archives, de leur château de Potonnier, Deux-Sèvres, possèdent un dessin de ce mausolée. Jacques de Saint-Martin, s'il obtint jamais un monument funèbre de ses compagnons d'armes, n'a plus d'autre souvenir au cœur de ses compatriotes, qu'une glorieuse page dans l'histoire (1).

Guillaume II Taveau, b⁰ⁿ de Mortemer, et Sybille, conjoints,

---

(1) Voyez aussi Thibaudeau.

fille de Jean Saint-Martin, dit à tort Nadaud, *Nobil.* t. IV, p. 584, assistèrent au mariage de Sybille, leur petite fille avec Maubrun de Liniers, seig^r b^{on} d'Oirvault ; sans date.

Le baron du Hart, signale Philippe de Saint-Martin, unie dès 1388 à Guichard de Bussurs. MM. Beauchet mettent en Périgord le fief de *La Romigière*, possédé par Olivier de Saint-Martin, écuyer, qui épousa avant 1445, Isabelle Brulon, fille de Hugues, éc^r sgr de la Brulonnière (Persac, en Basse-Marche) et de Marguerite Savary (Dict. II, rééd. p. 36, col. 1.

Cette restitution ne semble pas heureuse, car elle a contre elle l'aveu, et nommée détaillée, tirée des archives de la Vienne : série C. n° 317.

P. CVI du Grand Gaulier, livre en parchemin.

De vous très hault et puissent prince, monseigneur le duc de Berry, et d'Auvergne comte de Poictou, d'Estampes, de Bouloigne.

Je Guillame de Saint-Martin, escuyer, cognoys, confesse et advouhe à tenir à foy et homage lige, et au devoir de uns esperons dorez ou pris de trois souls ou 3 souls pour les dites esperons à payer toutesfois que le dit homage est fait.

A cause du chastea et chastellenie de Montmorillon, les chouses qui sensuyvent :

C'est assavoir mon harbergement de Sauget (paroisse du dit), lequel fut de messire Guillem de Torssac, chevalier, avecque le coulomber et vergier, les deux petites pescheries et l'usage de pescher en la Gartempe hors de deffence appart^t audit harbergement et en toutes autres rivieres et son chaser à toutes bestes hors de deffence, et un prévendier de froment sur les vignes qui furent jadis de feu Berthome Symon près dudit Colomber, baillé par unze souls et demi de rente.

Item une desme de blés, de vins, de aigneaux, de porceaux, de veaux, de chanvres et d'autres chouses où appartient dismes ès lieux et terraux qui c'est assavoir :

Mon barberg^t de Sauget, etc. et ou terrouer de la Chaussonere... et toute dime ou terrouer des Sables de la Roche Jarrou.

Item un quart de xme de Jaillet et de Corner et du mas de Gante... et rente sur la xme du Mas et toute xme de plusieurs terres gaignées et à gaigner appart^t à mondit harbergt de Sauget assis ès mas de Bearegart et du Chillot... et toutes x^{mes} de plusieurs appartenances assis dès le cementière de Sauget en allant droit le chemin au gua de Cornes envers la rivière de Gartempe, et à l'Age de Vaur...

Item mon harberg^t de la *Romigère*, + xme en l'enclos de Malevau (Sauget) en la chastellenie de Montmorillon et terrages et quars (Sauget et environs) le mⁱⁿ de Sauget, rompu, les tenues de la Ribérie et la Loberie, la Bourge, la Pelathone, etc.

Le segons jour du moys de x^{bre}, l'au de grâce mil quatre cens et six.

Le même avait déjà fait pareil hommage de Saugé le 17 x^bre 1403.

D'après une simple note, mais qui soumise à divers moyens de contrôle, apparaît véridique, et qui provient, du reste, du vieux et très important chartrier du château du Fraysse, les transmissions successives du fief de Rochelidoux seraient :

Après Pierre de Saint-Martin, chevalier, sgr de R. 1300, et après Bertrand, dont était veuve Cath^ne de Beaufort, 1388 ; Simon Saint-Martin [parfois nommé Cymes et même Aymon par M. Beauchet, (Dict. 2e éd. t. II, p. 301, col 1) qui le relate à l'occasion de la vente du Montet, faite par lui à Hélie du Chastenet, éc^r s^r de Villars [Monterol-Sénard, le 4 juil. 1399]. Simon, éc^r s^r de R., qu'il hommagea au 28 avril 1400, à Jeanne d'Angle, dame de Mortemart.

Ayde, épouse de l'Isle, remplit semblable formalité, 28 8bre 1433 ; imitée le 31 juin 1473 par leur fille Huguette, alors mariée, et dès environ 1430, au chevalier Pierre de Combarel (1), du Bas-Limousin. Néomaye de Combarel unie en 1463 à Jean de La Béraudière, vendit Rochelidoux le 26 7bre 1520, à Guillaume de Lavau, duquel la dite terre entra, par alliance et achat dès 1560, pour n'en plus sortir, dans cette considérable maison : les des Montiers de Mérinville.

Voici maintenant plusieurs Saint-Martin isolés : Les archives de La Charente, E. dossier 11e gardent, sous la date probable de 1458, les fragments d'un procès entre Jean de Sainte-Maure et Jehan de Saint-Martin, éc^r sgr de Luchat, au sujet de la nommée de cet hébergement. — La riche collection de papiers de Mme v^ve Glangeaud, née du Montet de Malussen, conservée dans son château du Mazet (Janaillac H.-V.) relate sur une copie présumée bonne, quoique informe, l'arrentement de la Borderie de Béchadie (Chamsac) du 4 8bre 1468, reçue Fabri, consenti à un paysan tenancier, par *nobili* viro Saligneto de Fontlebon, damoiseau, habitant du dit lieu (Chastaing) (2) dioc. de Poitiers, agissant pour lui et sa femme noble Huguéte de Saint-Martin.

Geofroy Saint-Martin, éc^r faisait une accense, ou bail terrien, 25 fév 1479, en présence des nobles Brulon. [Beauchet II, 36]. —

___

(1) *Dict. hist. et généal. des familles du Poitou*, t. II, p. 580, et t. I, p. 59. N. de St-Martin dame de Rochelidoux, épousa prob. et avant le 20 avril 1452, Hugues Aubasmat, sgr de Planchecourte. D'après le chartrier du Fraysse, selon M, Tisseron, *Annales histor.* 54e vol, p. 82. Nous bornerons à ce détail nos emprunts à cette 2e source toute moderne et mondaine dans le goût du jour.

(2) Nous mettons toujours entre parenthèses, notre identification, c'est-à-dire, le nom de paroisse.

Le Dr de Laporte, en sa généal. du Pin, dit que Jean de Saint-Martin, sgr de BAGNAC (*sic*) donna la main de sa fille Catherine, le 9 x[bre] 1482, à Jean du Pin, éc[r] sgr de la Guerivière. La même source, Beauchet, énumère dans une note récente : Regnault de Saint-Martin, chevalier, lequel doit service d'ost et chevauchée, aux dépends du roi, en Poitiers seulement, et non ailleurs, 1270; (reg. 18, p. 67), Jehan de Saint-Martin, faisait partie de la montre (revue) de Guillaume Larchevêque, reçue à Saint-Jean-d'Angély, le 13 août 1353. — J[n] St M. éc[r] passa revue à Poitiers, 6 mai 1355. J[n] S. M., homme d'armes aussi, 15 janv[r] 1370. — J[n] S. M., éc[r], passait revue 1er 8bre 1371. — Odart S. M. éc[r] de même, 1371. — Jacq. St M. éc[r] passa revue 1er juil. 1375. — et Guil[me] St M. chev[r] au 13 juil. 1376 [Montres et revues, reg. 17; n°s 40; 50 et 54]. Le reg. 17. n° 54, répète qu'Aide St M. épousa J[n] de Lisle J. qui fut tué à la bat[lle] de Poitiers, 19 7bre 1356. — J[n] passa revue les 16 fév. 1409 et 4 7bre 1410. — Ce fut Guil[me] le 5 juin 1419, reg. 17, n° 34.

On a lettres de partage entre Olivier St M. et Mad..... de la Roche et Marie de Saint-Martin, sa femme, du 10 x[bre] 1463, signé P. Ribereau et P. Amouroulx. reg. 10, f° 245, originaux. Ollivier était sgr de la Romigière, le 23 9bre 1470; comme le fut Geofroy, le 25 févr. 1474. — Guil[me] S. M. passa revue même année, 17 avril, comme archer. Helie St M. était 1467 ferm[r] au gref. de Montmorillon. — Guil[me] St M. et Guil. de La Barde, éc[rs] combattent contre Mathurin Fochier et Perot de Rechigne-Voisin, hommes d'armes qui les avaient injuriés. [Arch. Nat. J. 204-186].

Catherine Saint-Martin, fille de J[n], des sgrs de Bagnac, épousa par contrat passé à Champagné-St-Hilaire, le 9 x[bre] 1482, Jean du Pui, éc[r] sgr du Breuil-Cartau et de Courgé. reg. 7; 745. — F[ois] St M. était homme d'armes dans la c[ie] de M. de La Trémoille, le 16 x[bre] 1492, et Loys St M. était homme d'armes au 15 7bre 1506, reg. 17, n° 54.

Jacq. de St-Martin, sgr de la Jarrie (Montmorillon) était arbalétrier au ban des nobles Poitevins de 1533. Il servait en archer à la montre d'armes du 15 janv. 1555, effectuée à Chauvigny de Poitou. — Reg. 15, n°s 8 et 10, f° 490. Jacques de St-Martin, éc[r], était sgr de Pellegrolle (Leigné), au ressort de Montmorillon, en 1559. — Reg. 18, n° 67.

De la première maison DE BAGNAC.

Avec l'année 1490, nous allons voir entrer en possession de la seigneurie de Bagnac, nos de Saint-Martin, par le mariage de

Françoise de La Touche, dame de Bainhac avec Gratien de Saint-Martin, seigneur de Froger, capitaine d'*Escroyne* (*sic*), terme qu'il faudra peut-être rectifier en *Turène*, nommé plus bas. La vicomté-principauté de Turenne (Corrèze), avec ses droits régaliens, ses Etats particuliers parlementaires, sa franchise de taille, timbre, et de tous impôts royaux, eut en effet, pour gouverneurs militaires des personnages, tel que les Vassignac, etc.

Arrivant donc à traiter directement de Bagnac, il convient d'en faire connaître les maîtres primitifs : des seigneurs du nom au xive siècle, car Pierre de Banhac, en la paroisse de Saint-Bonnet, près Bellac, avait épousé dame X. Gauvain, sœur d'un des plus hauts dignitaires de l'Eglise (1).

Pierre Gauvain, beaucoup plus désigné sous le nom de cardinal Mortemart, était le beau-frère de noble dame N. de Bagnac (2). Selon Baluze, un maître historien qui ne vieillit pas et ne se laisse guère prendre en défaut, la sœur de Pierre Gauvain avait épousé le père du cardinal de Bagnac, qui pour ce motif appelle « son oncle », le cardinal de Mortemart. Mais d'après le manuscrit de F^ois de Verdilhac, avocat, d^r en théologie, sénéchal de Mortemart, son pays d'origine, il y aurait déjà eu au moins une première parenté entre le cardinal Gauvain et la maison de Bagnac.

Le *cursus vitæ* du dit Gauvain le montre : profess^r distingué de droit civil et canonique ; chantre de la cathéd. de Bourges, évêque de Viviers, 1320 ; d'Auxerre, 1326 ; conseiller du roi, 1325 ; revêtu de la pourpre cardinalice le 15 des calendes de janv. 1327, il transporta à Bellac, les reliques des Sts Abdon et Sennen, patrons de cette capitale de la Basse-Marche, et dota la cure de Montrol-Sénard d'une redevance de 525 liv. à prendre sur les Augustins par lui fondés à Mortemart, où ils tenaient collège de douze jeunes gens (Robert dit 13 clercs de sa lignée), selon son intention. Il établit aussi en sa bourgade natale une chartreuse à vingt-quatre moines, qui se retirèrent à Glandier (Corrèze) près Pompadour, en 1413. Mortemart lui dût encore un couvent de vingt-cinq frères carmes, tous prêtres, chargés de tenir l'hôpital qu'il y fonda, le dotant avec ses biens ou rentes de Lisle-Jourdain, ses terres de Limalonge, près Civray et de Saint-Amand-Magnazeix. Il y voulut

_____

(1) *Nobiliaire* de Nadaud, t. I, 2º éd., p. 97. Généal. Bagnac.

(2) Baluze, *Vies des papes d'Avignon*. Notes : t. I, col. 761 et p. 129. — Lebœuf, *Hist. des évéq. d'Auxerre*. — *Semaine religieuse* du dioc. de Limoges, du 30 avril 1868, *et passim* articles de M. le chanoine Arbellot, président de la Société archéol. et histor. du Limousin. — *Hist. de Mortemart*, par Lorgue. (Limoges, Ducourtieux, 1893).

aussi assurer douze chapellenies en l'église dite du Milieu, au moyen de l'union, projetée des églises de Blond et Javerdat. Décédé le 14 avril 1335, il fut inhumé à Mortemart en la grande église du Moutier. Une bulle du 14 des calendes de juin, l'an Ier du pontificat de Clément VI, 1342 ou 1343, vérifia et confirma ce pieux et généreux testament.

Dom Fonteneau, transcrivant l'œuvre de Robert, t. XXIV, p. 797, à propos des contrats simulés auxquels recourut Raoul de Nesle, c[te] de Civray, confisqué de ses biens, dit qu'il feignit deux ventes « avec un cardinal natif de Morthemar et d'une fille de la maison de *Baignac dont il auroit pris le nom* ». S'il prit aussi parfois ce nom, comme il est vraisemblable pour mieux faire figure dans ce monde féodal, les historiens étaient condamnés d'avance à brouiller par écrit l'oncle et le neveu ci-après. Gauvain eut un autre neveu, Jean évêque d'Arras, 1334-38.

§ I. — LE CARDINAL PIERRE DE BAGNAC

Né vers 1330, au présent château de Bagnac, de noble Pierre de Bagnac, seigneur dudit et d'une sœur du cardinal Mortemart, il étudia à Toulouse, devint abbé de Montmajour, près d'Arles, en 1367, après le noble Limousin Jaubert de Livron ; fut nommé évêque (non installé) de Castres ; enfin cardinal-prêtre du 22 7bre 1368, du titre de St-Laurent *in Damaso*. Il fut emporté par la peste le 25 7bre 1369, inhumé à Viterbe, en l'église des frères mineurs, et transféré en la chapelle funéraire de son oncle à Mortemart, où il avait fondé deux vicairies à une messe chacune par jour (1). On lisait sur son tombeau en l'église des Augustins, avant 1793 : *Hic Jacet D. D. [P] de Bagnaco, S. Romanæ eccl. card. qui obiit die XXV. 7[bris], anno Domini M. CCC. LXIX. Anima ejus requiescat in pace.* AMEN. Armes : *un lion rampant.* Frizon, *Gallia purpurata*, p. 386. — Quoique son testament du 3 des nones (27 7bre) d'octobre 1369 ait été publié, nous croyons utile à l'histoire du pays de le rééditer, d'après deux vieilles copies latine et française auxquelles se joint celle du texte de la bulle traduite par M. Lorgue, p. 53 à 61.

(1) Voyez *Notice* par M. l'abbé Arbellot, etc. et *Bulletin de la Soc. hist. du Lim.*, 1891, p. 143. — *Manuel d'épigraphie* par l'abbé TEXIER, ancien précepteur à Montagrier et supérieur au Dorat.

Exemplar testamenti illustrissimi cardinalis Petri de Baniaco, tituli sancti Laurentii in Damaso, anno domini, 1369, in Viterbio facti.

In nomine Domini amen. Quia præsentis vitæ conditio statum habet invisibilem et ea quæ habent euidentiæ essentiam, tendunt invisibiliter, ad non esse, quod reverendissimus in Christo pater et dominus Petrus de Banhiaco, tituli S^{ti} Laurentii in Damaso, præsbiter cardinalis, licet eger corpore, tamen, per Dei gratiam, sanus mente ac in suâ sanâ et perfecta memoria persistens, volens et considerans diem mortis suæ per ordinationem et testamentariam dum sibi licet prævenire, Christi nomine invocato et sanctæ crucis signaculo signato, suum numcupativum testamentum sive suam ultimam voluntatem, ex potestate sibi, per sanctissimum nostrum dominum Urbanum divinâ providentia papam quintum, seu per ejus litteras apostolicas infrascriptas cujus vera bulla plombea in filis sericis, more Romanarum curiæ bullarum concessa ac etiam ex mandato suo nomine vocis oraculo, in pecto, quod etiam possit de bonis per ipsum dominum testatorem habitis et acquisitis de ablatia Condini sita (1) Montis Maioris testari fecit et condidit ut sequitur seriatim. Et primo idem dominus Petrus cardinalis testator recommendavit animam suam et corpus suum domino nostro Jesu Christo et Beatæ Virgini Mariæ matri ejus et toti curiæ omnium civium supernorum.

Item voluit et ordinavit quod si ipsum de huiusmodi infirmitate in Viterbio mori contingerit, seu contingat quod ejus corpus in et sub custodia in ecclesia fratrum minorum de Viterbio custodi ac guardiano et fratribus conventus ejusdem ecclesiæ, et dum consumptum fuerit vel placuerit eius exequtoribus vel infrascriptis ipsum corpus tradant et restituant ipsis exequtoribus vel alteri eorumdem dum exquisiti fuerint custos et guardianus vel fratres prædicti per ipsos exequtores vel eorum alter prout eis videbitur in loco de Mortuomari, Lemovicensis diœsesis, fundato per recolendæ memoriæ Dominum Petrum cardinalem de Mortuomari, eiusdem domini cardinalis testatoris avunculum transportandum, et ad pedes eiusdem domini cardinalis prout dictis exequtoribus placuerit tumulandum.

Item voluit et ordinavit quod eo casu quo ut permittetur ipsum de hac infirmitate mori contingat quod ejus exequiæ fiant in die sui obitus vel in crastinam, in ecclesia fratrum minorum prædictorum ad ordinationem et monitionem dictorum suorum exequtorum infra scriptorum absque eo quod nullæ raubæ lugubres sive nigræ fiant.

Item voluit tot pauperes in die sui obitus refici sicut placuerit suis exequtoribus prædictis, et tot presbiteros præsbiteratus habentes qui pro eo psalterium dicant et missas celebrent sicut eisdem exequtoribus videbitur.

Item voluit et mandavit quod omnibus eis debitis persoluantur, ex speciali, debita prioratuum de Petracui et de Torreto et de Abatia Montis Maioris, si qua eis per ipsum debentur.

_____

(1) Ces copies latine et française sont assez défectueuses. La première porte : abatia *sita, sic.*

Item voluit quod cuique, de ipso iusté conquerenti fiat satisfactio debita quibus de modicis et debitis credatur simplici iuramento eorum, si aliàs probare legitime non valerent. De magnis vero debitis de quibus constare non potest, fiat et ordinetur per ejus exequtores taliter quod ejusdem domini testatoris anima non sit onerata.

Item legavit conventui prædictæ ecclesiæ minorum Viterbii, ut Deum rogent pro anima, videlicet centum Florenos auri semel soluendos dumtaxat, et quod aliud non petant neque possint petere occasione seu alio quovis modo sed quod libere permittatur exequtoribus aut uni eorum eius ossa assumere quando voluerint.

Item legavit Joanni de Baniaco eius consanguineo quadringentos florenos auri semel solvendos ultra ea quæ dicto Joanni erunt necessaria pro nuptiis contrahendis, aut cum uxorabit, dum tamen contrahat vel uxoret de consilio et voluntate seu consensu domini Petri Batallionis Cameracensis et consanguinei dicti domini cardinalis testatoris, aut Jacobi de Brolio consilio, Bononiæ studenti, aliàs dictum legatum revocat et revocavit.

Item legavit et solvi uoluit domino Aimerico Gandec, monaco, operario monasterii S^{ti} Orionis, et ut operario dicti monasterii, videlicet sexaginta florenos auri semel solvendos in opere dicti monasterii per ipsum operarium aut ejus successores, si ipse non videret convertendos dumtaxat et dé hoc eiusdem domini Aimerici animam oneravit aut ejus in dicto officio successorem pro quibusdam arboribus domesticis de quodam orto seu viridario dudum Tolosæ ablatis voluit fieri restitutionem, et mandavit per suos exequtores infrascriptos ut eius anima non remaneat onerata, et quod dicta restitutio pauperibus Tolosæ commorantibus fiat, quod nomen et cognomen cuius erant arbores, ignorat.

Item voluit quod dictum corpus suum dum consumptum fuerit, transportetur, ut supra dictum est, in seu ad locum de Mortuomari prædictum minoribus sumptibus quibus construi poterit ad cognitionem dictorum exequtorum.

Item legavit pro reparatione hospitii prioratus de Toreto centum florenos auri semel solvendos et in reparationem dicti hospitii convertendos, et voluit quod qui dictam pecuniam recipiet obliget se cum instrumento publico ad convertendum dictam pecuniam in reparatione dictorum.

Item legavit fratri Arnaldo de Grano, magistro in theologia, ministro provintiæ Aquitaniæ, si vivat, ut Deum oret pro ipso videlicet quinquaginta florenos auri semel solvendos.

Item fratri Columbo dicti conventus fratrum minorum Tolosæ, ut roget Deum pro anima ejusdem domini cardinalis testatoris, legavit quinquaginta florenos auri semel solvendos, si idem frater Columbus vivat, aliàs non, et si ambo mortui sunt, vel alter ipsorum, voluit, quod legatum deffuncti fratris vel amborum si mortui sint, amore Dei, et pro anima dicti domini cardinalis testatoris, hujus legatum seu legata dictorum duorum fratrum minorum amore Dei Christi pauperibus, vel pro missis celebrandis, aut aliis piis usibus tribuantur seu convertantur ad arbitrium suorum dictorum exequtorum.

Item legavit uni de filiis hæredibus Simonis Ainelli de Insulà Jordani, Pictaviensis diœsesis, magis idoneo et apto ad studendum, et qui majorem habebit voluntatem studendi, pro sustentatione vitæ suæ in studio, annis singulis, vigenti florenos auri, quandiu studium frequentabit, et quousque beneficium ecclesiasticum competens obtinuerit, de quo studere possit, quibus evenientibus dictum legatum revocavit et ademit ab eodem.

Item voluit et ordinavit et ordinare fecit, dari et fieri mandavit in prædicto loco de Mortuomari unam perpetuam capellam amortissatam per suos exequtores aut unum ex eis in qua duo sufficientes capellani instituantur qui perpetuo successive habeant missas celebrare pro anima ipsius cardinalis testatoris, et parentum suorum, pro quorum victu et sustentatione congrua legavit dictus dominus cardinalis tot de suis bonis propriis quot sufficiant ad emendum et solvendum quadraginta florenos perpetuo renduales amortissatos cujusquidem capellæ jus patronatus præsentandi capellanos sufficientes et idoneos quod eam voluit ad proximiorem de genere suo perpetuo pertinere.

Item voluit quod capellani præsentandi et instituendi in dicta capella seu ad eam præ cæteris sint de genere suo, dum tamen sint sufficientes et eam velint percantare sin cauté alios sufficientes et idoneos præsentent ad eam qui in ea instituantur et eam percantent, regant et gubernent.

Item dixit dictus dominus cardinalis testator quod ex eo quod bona sua erant rara et modica in tantum quod timebat ea non sufficere ad complendum ejus exequtionem testamenti, neque enim poterat legare suis familiaribus secundum velle suum voluit et mandavit suis omnibus servitoribus quibus legatum non est factum in hoc testamento, satisfieri per ejus executores de eorumdem servitorum serviliis, inspecta qualitate executionis et quantitate bonorum ipsius cuilibet servitori prorata temporum et qualitate servitii et personarum conditione et statu de bonis suis secundum ordinationem et voluntatem dictorum suorum executorum ordinationi quorum hujusmodi satisfactionem remittebat et commitebat.

Item legavit Joanni Boniviri, servitori, diœcesis Ruthenensis, centum florenos auri semel solvendos et nihilominus idem dominus cardinalis testator liberè et ex certa sua scientia absolvit penitus et quitavit dictum Joannem Boniviri ac hæredes et successores suos de omnibus et singulis per ipsum Joannem de bonis dicti domini cardinalis de toto tempore quo secum fuit, administrando, soluendo, distribuendo vel aliàs quomodolibet disponendo, et de huiusmodi administratis, receptis, solutis, distributis, vel aliàs quomodolibet dispositis pactum faciens de ulterius aliquid non petendo ab eodem vel agendo, occasione rationum reddendarum aut agendarum aut reliquorum ratione quouismodo.

Item legavit domino Bernardo Tornerii, præsbitero, Ruthenensis diocesis, procuratori suo centum florenos auri semel soluendos.

Item leguavit domino Petro Batalionis, eius consanguineo et camerario, quingentos florenos auri semel soluendos dumtaxat.

Item Joanni de Bornarello consanguineo suo, attentis pluribus ibidem per dictum dominum cardinalem testatorem dictis, nihil, sed prædicto domino Batalionis mandavit et dixit, quod si idem Joannes vellet recedere in partibus suis vel remanere in curia, quod daret sibi illud quod sibi placeret, et hæc posuit in eiusdem domini Petri ordinationi ac placito et voluntate.

Item legavit Petro Fourgaudi, priori Sti Ursini Bituricensis, cubiculario suo, centum florenos auri semel solvendos.

Item legavit domino Bernardo Geraldi, domini papæ scriptori, antiquo amico suo, centum florenos auri semel solvendos.

Item legavit magistro Paulo phisico domini papæ quinquaginta florenos auri semel soluendos.

Item legavit Joanni Jacobi Melioris, ypotecario suo, viginti quinque florenos auri semel solvendos.

Item voluit et mandavit restitui et tradi domino Hugoni, cardinali Sti Marcialis, Tullium in duobus voluminibus quem sibi mutuaverat dictus dominus cardinalis Sti Marcialis Tholosæ.

Item voluit et mandavit solvi domino Joanni Garrigiæ, canonico Narbonensi, viginti quinque florenos auri, in quibus sibi tenetur pro uno rosario ab eodem domino Joanne empto.

Item voluit et mandavit tradi et restitui domino Stephano priori de Bayrenchis libros naturalis philosophiæ et logicos et tractatus logicales quos habet ab eo.

Item voluit et dixit quod de his quæ dictus dominus cardinalis habet agere cum Joanne Baroncelli et Michaele ejus fratre et etiam de debitis condictorum domini Guillelmi Laboria, priori prioratus de Mari, Bertrandus Gaufredi et Petrus Bassionis, eiusdem domini cardinalis testatoris cubicularius, et relationi stetur et credatur, computatis triginta quinque florenis auri restantibus soluendum seu deberi dicto domino cardinali per dictos dominos Joannem et Michaelem Baroncelli de pentione unius anatæ Sti Antonii Viennensis per eos hactenus levata et recepta ultra alias duas anatas per ipsos levatas et receptas.

Item etiam septuaginta florenos auri vel circa quos idem Joannes Baroncelli seu ejus frater recepit nomine dicti domini cardinalis testatoris à quodam homine vocato Contemplati qui portabat blada dicti domini cardinalis testatoris in alueos Montis Maioris annatarii pro quo fidejusserat et fideiussit præfatus Joannes Baroncelli.

Item voluit et mandavit quod omnia debita sua et credita et legata et alia omnia ad quæ tenetur satisfacere præfatus dominus cardinalis testator solvantur integraliter cum effectu semel dumtaxat ut præscriptum est per executores suos infrascriptos de suis bonis et etiam de fundis, si alia bona non sufficiant, et cuilibet legatorum de suo legato contentetur et quod de domino testatore nihil aliud petere possit ad quæ solvenda facienda et plenarie perficienda et exequenda ac penitus et totaliter adimplenda eo meliori modo et forma quibus melius potuit et debuit fecit, nominavit et constituit ibidem dictus dominus cardinalis testator suos exequtores præsentis testamenti seu ultimæ voluntatis, videlicet reverendissimum in Christo patrem Raymondum Ballais abbatem Montis Conchei, Ruthenensis diocesis, venerabiles et discretos viros dominum Petrum Batallionis eiusdem domini cardinalis camerarium et consanguineum, Petrum Fourgaudi, priorem Sti Ursini Bituricensis, Petrum de Villâ Nova, sacristam Adriensis, jurisperitos et Bernardum Gerardi præcentorem ecclesiæ Regensis, et quemlibet eorum in solidum quibusquidem executoribus

et cuilibet eorum in solidum præfatus dominus cardinalis testator dedit et
concessit, dat et concedit plenariam potestatem et mandatum speciàle
exequendi, complendi, perficiendi et ad bonum finem et perfectum dedu-
cendi omnia et singula supradicta per dominum dictum cardinalem legata
facta et ordinata de bonis ipsius domini cardinalis, ipsa que bona sua ubicumque sint recipiendi propria auctoritate reali et cum efectu, tam præ-
sentia quam futura, ubicumque sint et reperiantur, et in quibuscumque
consistant sive in pannis auri vel argenti, vasis ac vaccellis argenteis, an-
nulis jocalibus, pannis seu indumentis aureis, libris, equitatui ornamentis,
supellectilibus debitis aut rebus aliis quibuscumque ac restarum etiam
debitarum etiam de capello seu emolumentum debitum aut debendum de
ipso capello dicto domino cardinali et pro jure suo deberi poterit in futurum eaque solvendi, distribuendi, assignandi et tradendi et aliquomodo
disponendi pro ut supra explicatum est ordinata legata et data ad utilitatem dictæ exequtionis ac applicandi et interprœtandi obscura si qua sint
pro complemento dictæ voluntatis dicti domini testatoris et ad utilitatem
et commodum dictæ exequtionis et animæ dicti domini cardinalis testatoris
secundum voluntatem eorum, quæ ampliata et interpretata et delata habere
voluit pro sua ultima voluntate usque ad perfectum complementum inten-
tionis et voluntatis dicti domini cardinalis testatoris, dans et concedens
dictus dominus cardinalis testator dictis executoribus suis in solidum ple-
num perfectum et speciale mandatum omnia et singula debita sua et restam dicti capelli quandiu durabit et ad eum pertinebit de consuetudine seu
more recuperandi, petendi, levandi, recipiendi, petendi et exigendi et de
receptis, levatis, et recuperatis, quantitatem faciendi, et pactum expressum
et validum de ulterius non petendo et non agendo, et alias faciendi et
agendi ac defendendi in judicio et extra judicium quæ boni executores
legitimi et fideles facere possunt et debent, ac unum vel plures procuratores ad petendum, exigendum et recuperandum bona sua debita et credita qualitercumque sint ac essent, ad agendum ac defendendum, ad con-
veniendum et reconveniendum in judicio et extra judicium facere dicti executores et quemlibet eorum, ac constituere et destituere possint.

Item voluit dictus dominus testator cardinalis quod dicti executores,
sive ex eis unum vel duos alios executores, si eis expediens videatur, sibi
adjungere possint et facere, qui similem in præmissis et aliis agendis habeant potestatem.

Item voluit dictus dominus cardinalis testator quod dictus dominus
Petrus Batallio solus possit et valeat si velit, exequi et vacare et complere
omnia supra dicta nullo alio executore vocato ad utilitatem et executionem
et commoditatem dictæ executionis et animæ dicti domini cardinalis testatoris habens ratum et gratum quidquid per dominos suos executores præ-
dictos et quemlibet eorum ac per procuratores et substitutos ac adjunctos
eorum factum fuerit, aut alias ut supra ad utilitatem prædictæ executionis
et animæ dicti domini cardinalis testatoris fuerit executum : transferens in
dictos executores et per eos adjungendos possessionem, dominium bonorum suorum, præsentium, futurorum, ac omne jus et omnem actionem
quæ sibi adversus debitores suos competit aut possunt competere quovismodo, donec præsens sua voluntas fuerit plenarie executa.

Item ad defensionem et protectionem dicti testamenti et ejus executionis contentorum in eo protectores et deffensores dictorum executorum testamenti et juris ipsius executionis, præfatus dominus cardinalis testator, confidens et attendens summam dilectionem quam erga ipsum gerunt reverendissimi patres domini Petrus Bellifort et Philippus Jerosolimitani et Hugo de Scommarum sacræ Romanæ ecclesiæ cardinales ac pietatem et curam quam erga defunctos habent et eorum bonitates quorum bonitatibus semper afficiebat ipsos et ipsorum quemlibet ausu præsumptuoso in tam pauperrimam executionem protectores elegit, supplicans eis humiliter et benigne, ut hujus protectionis onus assumere velint ac in ea et curam laborare et eam protegere et deffendere ac executores dirigere, et quod non permittant aliqua prætermittere scilicet quod omnia ad bonum statum et finem deducantur quod a Deo mereantur prœmiari. De aliis autem bonis omnibus et singulis dicti domini testatoris quæ restabunt, solutis omnibus supradictis, et completa executione et voluntate dicti domini testatoris, juxta formam superius ordinatam et expressatam, ubicumque dicta bona sint et inveniri possint, et à quibuscumque et per quoscumque detineantur, cujuscumque conditionis existant, et qualitercumque ad dictum dominum cardinalem testatorem si viveret aut aliàs possent pertinere, et de capello et resta sibi pertinente ex eo et debebit pertinere, fecit eo meliori modo, forma, colore quibus rebus potuit et debuit suos hæredes universales, videlicet religiosos viros fratres, conventum *de Mortuomari*, Lemovicensis diœcesis, quibus et eorum cuilibet et in solidum dat et dedit potestatem restarum dictorem bonorum recipiendi, petendi et exigendi, tanquam sua propria, et quod bona quæ exinde receperint in reparationem seu clausuram dicti loci ut melioribus ac equalibus portionibus convertantur. Et hoc voluit dictus dominus cardinalis testator suum ultimum testamentum numcupatum (*sic*) et suam ultimam voluntatem quod seu quam idem dominus testator voluit perpetuo valere, jure testamenti numcupati, et si non valet jure testamenti, voluit valere jure codicilli seu codicillorum, et si jure codicilli seu codicillorum non valeat, voluit valere jure donationis causâ mortis aut epistolæ, aut jure alio canonico seu equitate juris canonici sicut ac si omnis solemnitas juris civilis esset observata, seu consuetudinarum.

Item voluit dictus dominus cardinalis testator quod illud testamentum dictetur, grossetur et ordinetur ut valere possit et opus sit quoties necesse fuerit per me nottarium infrascriptum ad dictum et consilium sapientis, formâ tamen scilicet in aliquo non mutata.

Tenor vero litterarum apostolicarum de quibus supra est facta mentio talis est :

Urbanus, episcopus, servus servorum Dei, dilecto filio Petro tituli Sancti Laurentii in Damaso, præsbitero cardinali, salutem et apostolicam benedictionem. Cum nihil sit quod magis hominibus debeatur quam ut supræmæ voluntatis liber sit status, quod iterum non reddit arbitrium, nos tuis supplicationibus inclinati testandi, ordinandi, et disponendi liberè de omnibus bonis ad te pertinentibus cujuscumque quantitatis seu valoris fuerint, etiamsi illa ex proventibus ecclesiasticis seu ecclesiis tibi commissis

vel alias personæ tuæ vel tui cardinalatus intuitu, ratione aut contemplatione ad te pervenerint et pervenient in futurum prius tamen de omnibus
prædictis bonis vere alieno et his quæ reparandis domibus seu ædificiis consistentibus in locis ecclesiarum vel beneficiorum tuorum culpa vel negligentia tua seu tuorum pastorum destructis vel deterioratis necnon restaurandis
aliis juribus earumdem ecclesiarum vel beneficiorum de prædictis ex culpa
vel negligentia supradictis facere oporteret deductio, plenam et liberam
tibi nonobstante quod ordinis Sancti Benedicti professor existis licentiam
tenore præsentium elargimur. Nulli ergo omnino hominum liceat in pagine
nostræ concessionis infringere vel ausu temerario contraire. Si quis autem
hoc contraire præsumeret ipse indignationem omnipotentis Dei et beatorum apostolorum ejus Petri et Pauli se noverit incursurum.

Datum apud Montem Flasconem, tertio nonas octobris, pontificatus nostri anno sexto.

Acta sunt hæc Viterbii, in domo fratrum minorum et in camera in quâ
jacebat dictus dominus cardinalis, anno nativitatis Domini millesimo tre-
centesimo sexagesimo nono, indictionis septimæ, et mensis septembris
die vigesima septima, pontificatus præfati domini Urbani divinâ providen-
tiâ papæ quinti anno septimo ; præsentibus venerabilibus et discretis viris
domino Petro Batallio, priore de Sedonii, Petrocoriensis diœcesis, Petro
Fourgaudi, baccalaureo in legibus, Joanne Bornaselli et Joanne Boniviri,
Lemovicensis diœcesis et Ruthenensis diœcesis, testibus ad præmissa
vocatis specialiter et rogatis.

Renvois (sans point de repère sur la copie) : aut Christum depræcare.

Item legavit monasterio Sancti Onetii Auritani, pro ejus anima, centum
florenos semel solvendos pro uno obitu annuali in reddítibus annalitis perpetuo pro eodem convertendis.

† Et ego Bernardus Gerardi publicus apostolica et imperiali auctoritate
nottarius præmissæ ultimæ voluntatis et bonorum dispositioni ordinationi
executorum constitutioni ac omnibus et singulis aliis suprascriptis dum
per præfatum dominum cardinalem ordinatorem suæ ultimæ prædictæ voluntatis agerentur una cum dictis testibus præsens interfui, ea que recepi,
publicavi et in hanc formam publicam redegi, signoque meo solito signavi
vocatus per dictum dominum cardinalem testatorem specialiter rogatus
ecclesiastici Ruthenensis diœcesis. Datum ut supra.

Testament du cardinal de Bagnac, du 27ᵉ septembre 1369.

Au nom du Seigneur, ainsi soit-il : Par ce que la condition de la vie
présante a un estat inuisible et que toutes les choses qui paraissent
visibles tendent inuisiblement ou non estre, ce que le Révérendissime père
en Jésus-Christ et seigneur, Pierre de Baignac, cardinal prestre du tiltre de
St-Laurent in Damaso, malade à la vérité de corps, sain toutesfois, par la
grâce de Dieu, d'esprit, et en bonne et parfaite mémoire, considérant, et
voulant prévenir le jour de sa mort, par sa disposition testamentaire, pendant
quil luy est loisible. Après avoir invoqué le nom de J.-C. et s'estre muni

du signe de la Sainte Croix, en vertu du pouvoir et permission ou lettres apostoliques à luy consédées par notre très sainct et révérendissime père en J.-C. le seigneur Urbain cinq, pape par la providence divine, cy bas escriptes duquel la vraye bulle en plomb, à cordons de soie, à la façon des bulles de la cour Romaine, et aussi par exprès commandement l'oracle de sa voix et propre bouche en son nom, *in petto*, à ce que ledit seigneur testateur puisse disposer et tester de tous et chaquuns les biens qu'il a eus et qu'il a acquis de l'abbaye de Condini, sise au Mont-Majeur, il a faict et nommé son dit testament et disposition de sa dernière volonté de mot à mot comme il s'en suit :

Et premièrement, le même dit seigneur Pierre, cardinal, testateur, a recommandé son âme et son corps à N. S. J.-C. et à la bienheureuse Vierge sa mère et à tous les sitoiens de la Cour céleste.

Item il a voulu et commandé qu'au cas qu'il viene à mourir à Viterbe, de la maladie dont il est travaillé, que son corps soit donné et mis dans l'église et soubs la garde du custode et gardien des frères mineurs de Viterbe frères du dit couvent de la même église, et lorsqu'il sera consommé ou qu'il plaira à ses exéquteurs cy bas-nommés, ils donnent son même corps et le rendent à ses mêmes exéquteurs ou à l'un d'eux, lorsque le custode gardien ou les subsdits frères en seront requis par les memes exéquteurs ou l'un d'eux, comme il leur semblera bon, pour estre porté au lieu de Mortoumar, du diocèse de Limoges fondé par défunct le seigneur cardinal Pierre de Mortoumar d'heureuse mémoire, oncle du mesme seigueur cardinal testateur, et y estre enterré aux pieds du même oncle cardinal, comme il plaira à ses dits exéquteurs.

Item il a voulu et ordonné qu'au cas que Dieu permette qu'il meure de cette maladie qui le travaille, ses funérailles soient faictes le jour de sa mort, ou le lendemain, dans l'église des susdits frères mineurs par ordre de l'advis de ses dits exécuteurs bas nommez sans qu'on fasse aucunes robes de deuils ou noires pour cela.

Item a voulu qu'on donne à disner à autant de pauvres qu'il plaira à ses dits exécuteurs le jour de son déceds, et qu'ils ayent autant de prestres qu'ils jugeront à propos, lesquels prestres diront le psautier pour luy et célèbreront les messes pour le repos de son âme.

Item a voulu et commandé qu'à tous soit payé ce qui leur est deu et spécialement ses debtes (aux) prieurez de Petravii, et de Torreto et de l'abbaye de Montmajeur, si tant est qu'il leur soit redevable de quelque chose.

Item il a voulu qu'il soit deuement satisfait à quiconque se plaindra de luy avec raison ou luy demandera quelque chose, au simple jurement desquels il veut qu'il soit creu pour ce qui est des dettes modiques ou choses de modique valeur qui ne pourront, autrement estre légitimement prouvées; mais à l'égard des debtes considérables desquelles on ne pourra pas clairement prouver, qu'il en soit faict et ordonné par les dits exécuteurs, en telle sorte que l'âme du dit seigneur cardinal testateur n'en soit point chargée.

Item il a légué au couvent de la dite église des frères mineurs de

Viterbe affin qu'ils prient Dieu pour son âme, cest à sçavoir cent florins d'or une fois paiez et pour qu'ils ne demandent rien autre chose ny ne puissent demander soit par occasion de commande ou telle (*sic*) autre moien que ce soit, mais affin qu'ils permettent librement à ses exécuteurs ou à un d'eux de prendre ses os quand il voudra.

Item il a légué à Jean de Baignac son cousin, quatre cents florins d'or une fois payés oustre les choses qui seront nécessaires au dit Jean pour se marier, ou lorsqu'il prandra femme, pourveu toutes fois qu'il se marie et prene femme par conseil et volonté ou du consentement du sieur Pierre Bataillon, chambrier et cousin du dit seigneur cardinal testateur, ou par conseil de Jacques du Breuil qui estudie à Boloigne, sinon et autrement il révoque le dit légat.

Item a légué et veut estre paié au sieur Aiméry Gande, moine et entrepreneur du monastère de Sᵗ-Orion, et comme entrepreneur du dit monastère, scavoir est soixsante florins d'or une fois payéz pour estre par le dit entrepreneur, ou autres ses successeurs au dit office, s'il n'est vivant, convertiz et amployez aux ouvrages du dit monastère, et de ce charge l'âme du dit Aimery ou son successeur au dit office. A ordonné que restitution soit faite de certains arbres domestiques enlevez depuis longtemps de certains jardrain ou verger de Tolose, par ses dits exécuteurs bas nommez, et a voulu que la dite restitution soit faicte aux pauvres, résidans et demeurans dans la ville de Tolose, parce qu'il ne sçait, ny ne connoist à qui appartenoient les dits arbres, en telle sorte que son âme n'en demeure chargée.

Item a voulu que son dit corps estant consommé, soit transporté dans le dit lieu de Mortoumar, ainsi qu'il a esté dit cy dessus, pour y estre enterré, aux moindres frais que faire se pourra, selon la connoissance des dits exécuteurs.

Item pour la réparation de l'hospice du prieuré de Toreto, il a légué cent florins d'or une fois payez et estre convertis aux dites réparations par celuy qui recevra le dit argent, lequel il veut et antand que par instrument public, il s'oblige à ce desus.

Item a légué au frère Arnaud de Grano, docteur en théologie, ministre de la province d'Aquitaine, s'il est vivant, pour qu'il prie Dieu pour luy, sçavoir est, cinquante florins d'or une fois payez.

Item à frère Coulomb du dit couvent des frères mineurs de Tolose, afin qu'il prie Dieu pour l'ame dudit seigneur cardinal testateur, il a légué cinquante florins d'or une fois payez, supposé que le dit frère Coulom est vivant, *alias* non. Et si les dits deux frères sont morts, ou l'un des deux, il veut et antend que le légat du défunt ou les légats des deux, si tous deux le sont, soient donnez pour l'amour de J. C. aux pauvres, ou soit employé pour faire célébrer des messes, ou à tel autre usage pieux que ses exécuteurs adviseront.

Item il a légué à un des enfens héritiers de Simon L'Aîné de l'Isle-Jourdain, du diocèse de Poitiers qui sera le plus idoine et plus propre pour l'estude et qui aura meilleure volonté d'estudier, vingt florins d'or par chasqu'un an pour son entretien pandant le temps qu'il estudiera jusques à ce qu'il aye obtenu et soit pourveu d'un bénéfice ecclésiastique compétant, duquel il puisse estudier, ce qui estant arrivé et obtenu, il révocque et oste le dit légat au susdit.

Item il a voulu et ordonné, et a fait ordonner qu'il fut donné et commandé de faire par ses exécuteurs ou un d'iceux la fondation ou amortissement d'une chapelle perpétuele ou chapellenie dans le lieu sus-dit de Mortoumar, dans laquelle on eust à establir deux chappelains suffisants qui célèbrent en ce même lieu perpétuellement, l'un après, l'autre, successivement, pour l'âme du mesme dit cardinal testateur et de ses parents pour le vivre et congru entretien desquels, le dit seigneur cardinal a légué autant de ses biens propres qu'il en faudra pour achepter et payer quatre cents florins de rente perpétuelle et amortissable : le patronage de laquelle chapelle et droit de présentation, il a véritablement voulu qu'il appartient perpétuellement au plus proche de sa lignée pour présenter des chapelains idoines et suffisants.

Item a voulu que des chappellains qui seraient présentez à la dite chappelle, ceux de sa rasse et lignée fussent préférez à tous autres, pourveu toutefois qu'ils en fussent capables, et qu'ils la voulussent deservir, sinon qu'il en soit présenté d'autres suffisants et idoines, pour y estre installez, et qui la déservent et gouvernent au mesme lieu.

Item le dit seigneur cardinal testateur a dict que d'autant que ses biens estoient rares et modiques en telle façon qu'il creignoit qu'ils ne suffissent pas pour l'accomplissement de l'exécution de son testament et qu'il ne pouvoit autant léguer à ses domestiques qu'il voudroit, il a voulu et commandé à ses exécuteurs de satisfaire à tous ses serviteurs auxquels il n'a point esté fait de légat dans ce sien testament pour leurs services par raport et eu esgard à la qualité de l'exécution, à la quantité de ses biens, et à chasque serviteur au prorata des temps et de la qualité du service, des personnes, de la condition et de l'estat de chasquun de ses biens selon la volonté et ordonnance de ses dits exécuteurs, l'exécution de laquelle ordonnance de satisfaire il remet et recommande à ses dits exécuteurs.

Item il a légué à Jean Bonhomme, son serviteur, du diocese de Rodès, cent florins d'or une fois payez : et ce non-obstant le dit seigneur cardinal testateur a librement et par sa science certaine, absous, remis et quitté le dit Jean Bonhomme et ses héritiers et successeurs de l'administration, maniment, recepte et gouvernement de tous, et chascuns les biens du dit seigneur cardinal, pandant tout le temps que le dit Jean Bonhomme a régi, manié, gouverné, administré, et en quelque manière que ce soit disposé de tous et chasquns des dits biens du dit seigneur, soit en recevant ou en distribuant, payant, acheptant, vendant, ou en quelque autre façon que ce soit, disposant de la dite administration des choses receues, payées, acheptées, vendues, données, prestées, ou en toute autre manière disposées, promettant de ne luy en demander jamais rien à l'advenir, ny par les siens, soubs prétexte de reddition de compte, reste de recepte, négotiation ou toute autre sorte d'action ou demande qu'on se pourroit imaginer, ou occasion quelconque pour raison de ce.

Item, il a légué au sieur Bernard Tornier, prestre du diocèse de Rhodets, son procureur, cent florins d'or une fois payés.

Item a légué au sieur Pierre Bataillon, son cousin et chapellin, *sic*, cinq cents florins d'or, une fois payéz seulement.

Item à Jean Bournaseau, son cousin, eu égard à plusieurs choses là même dites par le dit seigneur cardinal testateur, il ne luy a rien légué, mais a dit et recommandé au sieur Pierre Bataillon, que si le dit Jean vouloit se retirer en son pays, ou demeurer dans la cour, il lui donnast ce qui luy plairoit, ce qu'il a remis à la volonté et au bon plaisir du dit sieur Pierre.

Item à Pierre Fourgaud, prieur de St-Ursin de Bourges, son chambrier, cent florins d'or une fois payez.

Item légué à Pierre Basson, son chambrier, cent florins d'or une fois payez.

Item a légué au sieur Bernard Gérald, escrivain du seigneur le Pape, son ancien amy, cent florins d'or une fois payez.

Item a légué à maistre Paul, officier du seigneur pape, cinquante florins d'or une fois payez.

Item a légué à Jean-Jacques Meilleur, son apotiquaire, vingt-cinq florins d'or une fois payez.

Item il a voulu et a commandé de rendre et restituer au seigneur Hugon, cardinal de St-Martial, *Tullius*, en deux volumes, que le dit seigneur cardinal de St-Martial luy avoit presté à Tolose.

Item a voulu et commandé de payer au sieur Jean Garrigue, chanoine de Narbonne, vingt-cinq florins d'or, auxquels il est obligé pour raison d'un chappellet ou rosaire qu'il avoit acchepté du dit sieur Jean.

Item il a voulu et commandé de rendre et restituer au sieur Estiene, prieur de Rayrenchis les livres de la philosophie naturelle et logique, et les traictez de logique qu'il a de luy.

Item le dit seigneur cardinal a dit et a voulu qu'à l'égard des afaires qu'il a antre Jean Baroncelli et Michel son frère, et aussi des debtes assignez du sieur Guillaume Laborie, prieur du prieuré de Mer, on en croye Bertrand Gaufredi et Pierre de Bascon, chambrier du dit seigneur cardinal testateur, et au rapport, qu'ils en feront, et que on s'en tiene là des cinquante florins d'or qui restent au dit seigneur cardinal à payer par les dits sieurs Jean et Michel Baroncellis de la pension d'une Anate de St-Anthoine de Vienne qu'ils ont reçeue et leuée, iusques à présant oustre deux austres anates qu'ils ont reçeu et leué.

Item septante florins d'or ou un cofre que le dit Jean Baroncelli ou son frère ont reçeu au nom du dit seigneur cardinal testateur, d'un certain homme nommé Contemplati, qui portoit les bleds du dit seigneur cardinal testateur dans les nasselles des annates du Montmaieur pour lequel le dit Jean Baroncelli s'estoit obligé ou estoit obligé.

Item a voulu et commandé le dit seigneur cardinal testateur susdit que toutes ses debtes, creances, légats et toutes autres obligations et devoirs auxquels il est tenu de satisfaire, soient entièrement et de fet acquistez de ses biens et mesme de son fonds, si ses autres biens n'y suffisent, par ses

exécuteurs soubs-nommez, à chasqu'un des légateres, chasqu'un se contan-
tant de son légat sans qu'ils puissent demander aucune autre chose du dit
seigneur testateur : pour toutes lesquelles choses faire payer et exécuter
entièrement parachever et de tout en tout accomplir en la meilleure
forme et manière que le dit seigneur cardinal testateur a peu et deu faire :
Il a faict, nommé et estably pour exécuteurs de son présant testament et dernière volonté c'est à seavoir le reverendissime père en J.-C. Raymond de Ba-
lhaco, abbé du mont Conchæi de l'évesché de Rodctz, vénérables et discrettes
personnes les sieurs Pierre Bataillon chapelain et cousin du même sieur
cardinal, Pierre Fourgaud, prieur de Sᵗ-Ursin de Bourges, Pierre de Ville-
neuve, sacristain d'Adriens, (ers?) jurisconsultes, et Bernard Geraldi, grand
chantre de l'église de Rion, chasqu'un d'eux solidairement, auxquels et
à chasqu'un d'eux pour tous, il a donné et consédé, donne et consède
pleine puissance et mandement spécial de faire parfaire, accomplir, exécuter et mettre à bonne, entière et parfaicte fin toutes et chasqu'une les
choses susdites faictes et ordonnées et léguées par le dit sieur cardinal et
de ses biens et de les recevoir partout et en quelque lieu qu'ils soient, de
leur propre authorité réelle et de fet, tant présans que futurs et à venir,
en quelque lieu qu'ils puissent estre trouvez, et en quelque manière qu'ils
se comportent ou puissent être et consister ; soit en draps, or, argent,
vases, vaisselie d'argent, aneaux, joyaux, draps, vestements d'argent, livres,
chevaux ou équipage, ornements, ammeublements, debtes ou autres
choses quelconques restées même deues de son chappeau ou émo-
lument deub ou à devoir au dit seigneur cardinal, de son dit chapcau
et de son prieuré, qui luy pourront estre deubs à l'advenir, et de les
payer, distribuer, assigner et donner et enfin disposer en quelque sorte
que ce soit, ainsi qu'il a esté cy-desus auparavant expliqué, légué et
ordonné pour l'utilité de la dite exécution, comme d'interpréter et ampli-
fier ce qu'il y aura d'obscur pour l'accomplissement de la volonté du dit
seigneur testateur, et utilité et commodité de la dite exécution, et de l'âme
dudit seigneur cardinal testateur, selon leur volonté, a volu le dit seigneur
cardinal testateur que ce qui aura esté amplifié, interpretté et déclaré, soit
teneu pour amplifié, interprété et déclaré par sa dernière volonté jusque
au parfaict accomplissement de sa dernière volonté. Le dit seigneur cardinal
testateur donnant à ses dits exécuteurs solidèrement et à chascun d'eux
en particulier, plain pouvoir et spécial mandement de recouvrer, demander, lever et recevoir toutes et chascunes ses debtes, restes de son chapeau, tant qu'il durera et luy appartiendra, selon la coustume, et de faire
pacte exprès et valide de ne le demander plus désormais, et autrement
de faire, agir et deffendre, en et hors de jugement tout ce que de bons,
légitimes et fidèles exécuteurs peuvent et doivent faire, que ses dits
exécuteurs puissent establir un ou plusieurs procureurs pour demander,
exiger et recepvoir ou recouvrer ses biens, debtes, créances de quelque
qualité qu'elles soient ou pussent estre, pour agir et défendre, convenir
ou disconvenir en jugement et hors de jugement tout ce que les dits exécuteurs pourroient faire ou l'un d'eux, et de les destituer pareillement
comme de les establir.

Item le dit seigneur Cardinal testateur a voulu que ses dits exécuteu rs puissent assosier un, deux ou trois autres exécuteurs, s'ils le jugent expédiant, qui puissent faire et ayent semblable pouvoir à eux, en ce que dessus.

Item le dit seigneur testateur a voulu que le sieur Pierre Bataillon puisse seul, s'il lu (*sic*) plaict, sans appeler aucun des autres faire et accomplir, tout ce que desus pour la commodité et utilité de la dite exécution et de l'âme du dit seigneur cardinal testateur ; ayant pour agréable, fixe et arresté, faict et parfaict tout ce que ses dits exéquteurs ou lequel que ce soit d'eux ou de leurs procureurs et substituts ou adjoints auront faict ou defet comme desus pour l'utilité et commodité de la dite exécution, et pour l'âme du dit seigneur Cardinal testateur.

Transportant la possession et le domaine de tous ses biens présants et futurs, tous ses droits, noms, raisons et actions qui lui peuvent appartenir et compéter contre ses débiteurs en quelque manière que ce soit, à ses dits exécuteurs ou leurs adjoints jusques à ce que sa volonté soit plenement accomplie et exécutée.

Item le susdit seigneur cardinal testateur se confiant et eu esgard à la grande affection que luy portent les Révérendissimes pères en Dieu, Pierre Bellifort et Philippe Jerosolimitani et Hugon de Schommarum, cardinaux de la Sainte Eglise Romaine, leur grand soin et dévotion pour les deffunctz, leurs grandes bontez, desquelles bontez il estoit toujours touché, il les a élus et choisis pour protecteurs et deffenseurs des exécuteurs de son testament et des droits d'iceluy, les priant par une présomptueuse audace, et les suppliant humblement de vouloir bénignement et de bon gré prandre le soin de cette pauvre exécution, la soigner, **y** travailler, la protéger et deffendre et diriger les exécuteurs, ne permettant pas qu'il se fasse quelque chose au préjudice ; mais bien que toutes choses soient conduites à bonne fin et bon estat d'où ils mériteront d'estre récompensez de Dieu. Or pour tous les autres bins (*sic*) et chasquns d'iceux du dit seigneur cardinal testateur qui resteront, toutes les susdites choses payées, et la dite exécution et volonté du dit testateur parfaicte et accomplie en la forme cy desus ordonnée et exprimée, en quelque lieu que les dits biens soient et puissent estre trouvez et à qui que ce soit et par qui que ce soit qu'ils soient détenus, de quelque condition qu'ils soient ou de quelque manière qu'ils puissent appartenir au dit seigneur cardinal testateur, ou luy pourroient appartenir, s'il vivoit, de son château et reste d'iceluy qui luy appartient et a deu luy appartenir, il a faict ses héritiers universels : scavoir les Religieux frères des couventz de Mortoumar, en la meilleure forme et couleur qu'il a pu et deub, situez au diocèze de Limoges, auxquels et à chasquns d'eux solidérement, il a donné et donne pouvoir de recevoir, demander et exiger les restes des dits biens comme leurs propres biens, à ce que les biens qu'ils recevront de là, soient convertis par égalles portions, le mieux que faire se pourra, aux réparations des dits lieux. Et le dit seigneur Cardinal testateur a voulu que cetuy ci fut appellé son dernier testament et sa dernière volonté, lequel ou laquelle le dit seigneur testateur a voulu avoir force perpétuelle et valoir pour tousiours par droit de testament nommé, et s'il ne valoit par droit de testament a voulu qu'il vaille par droit de codicille ou de codicilles ; sinon de codicille ou codicilles, par droit de donation pour cause de mort, ou de lettre ou qu'il vaille et aye force par tout autre droit ou équité canonique, comme si toutes les solemnitez du droit civil y avoient esté observées ou des coustumes des lieux.

Item le dit seigneur testateur a voulu que cestuy cy son testament soit dicté et grossoyé et ordonné toutefois et quantes que besoin sera, affin qu'il puisse valoir, par moy nottaire soubssigné, au dire et conseil d'un homme sage, la forme toutesfois gardée, sans estre changée en quoique ce soit. Or la forme et teneur des lettres apostoliques desquelles a esté faict mention est telle :

Urbanus Episcopus, servus servorum Dei, dilecto Filio Petro, tituli sancti Laurentii in Damaso, presbitero cardinali, salutem et apostolicam benedictionem, cùm nihil sit quod magis hominibus debeatur quam ut supræmæ voluntatis liber sit status, quod iterum non redit arbitrium nos tuis supplicationibus inclinati, testandi, ordinandi, et disponendi libere de omnibus bonis ad te pertinentibus cujuscumque quantitatis seu valoris fuerint, etiam si illa ex proventibus ecclesiasticis seu ecclesiis tibi commissis uel alias personæ tuæ vel tui Cardinalatus intuitu ratione aut contemplatione ad te pervenerint et pervenient in futurum priuæ tamen de omnibus prædictis bonis aere alieno et his quæ reparandis domibus seu ædificiis consistentibus in locis ecclesiarum vel beneficiorum tuorum culpa vel negligentia tua seu tuorum pastorum destructis vel deterioratis nec non restaurandis aliis juribus earumdem ecclesiarum vel beneficiorum de prædictis ex culpâ vel negligentiâ supradictis facere oporteret deductio plenam et liberam tibi non obstante quod ordinis S^ti Benedicti professor existis, licentiam tenore præsentium elargimur. Nulli ergo omnino hominum liceat in pagina nostræ concessionis infringere vel ausu temerario contraire. Si quis autem hoc contraire præsumeret ipse indignationem omnipotentis Dei et beatorum apostolorum eius Petri et Pauli, se noverit incursurum. Datum apud montem Fesconem, tertio nonas octobris, pontificatus nostri anno sexto.

Ces choses ont esté faictes à Viterbe, dans la maison des frères mineurs, dans la chambre dans laquelle le dit seigneur Cardinal gisoit, l'an de la nativité du seigneur, mil trois cent soixante-neuf, le septiesme de l'indiction, le vingt-septieme du mois de septembre et le septiesme du pontificat du susdit seigneur Urbain cinq, pape, par la providence divine, ez présences de vénérables et discrètes personnes, le sieur Pierre Bataillon, prieur de Sedonii du diocèse de Perigeux, Pierre Fourgaudi, bachelier ez loix, Jean Bornacelli et Jean Bonhomme, des diocèses de Limoges et de Rodès, témoins à ce appellez et spécialement priez.

Aut Christum deprecare !

Item a légué au monastère de Saint-Ouen Auretin, pour son âme, cent florins une fois payez, pour estre convertis en rente perpétuelle et annuelle pour un obit luy estre faict par chasqu'un an.

Et je Bernard Geraldi, nottaire public apostolique et impérial ay esté présent, et ay receu, publié et rédigé en la forme que desus publique, lors que le dit seigneur Cardinal testateur a faict dicté, disposé et ordonné de ses biens à sa dernière volonté, et a ordonné et estably les exécuteurs comme toutes les autres choses cy desus escriptes, ayant esté spécialement appelé pour cest effaict par le dit seigneur Cardinal testateur et j'ay signé comme tel le dit testament et dernière volonté, ensemble avec les dits témoins, de mon sein ordinaire, de ce spécialement prié. — Ecclesiatique de Rodetz. — Donné comme desus.

§ II. — BAGNAC DE RICOUX

Bien que la paroisse d'Usson (Vienne) ait eu un petit fief de Bagné [jadis latinisé sans doute *de Baignec*, et antérieurement *de Bagnaco*, cartulaire de S¹ Cyprien de Poitiers], lequel fief était tenu par un noble Bagné, en 1703, et que la paroisse d'Espenède (Charente) eut une sgie de Baigney, on n'y saurait songer pour ce qui a été ou va être dit :

Extrait des dossiers bleus, vol. 50, Bib. nat.

De BAIGNAT, *ou de* BAIGNAC.

Porte : *de sinople, à trois gantelets d'argent, 2. 1.*

1º Pierre *De Baignat*, escʳ, sʳ de La Bastide (Tersannes) et de Chazault ; marié le 27 may 1549 à Anne de Ricoux, dont :

2º Balthazar *de Baignac*, écʳ, sʳ de Ricoux (Tersannes, Hᵗᵉ-Vⁿᵉ) et de la justice de Tersannes pour 2/3 ; marié le 14 xᵇʳᵉ 1592 à Renée de Brujas, fille de Jacques, sgr de l'Age-Malcouronne, sénéchal du Dorat. (Elle convola en 1600 avec Claude Richard, écʳ, sgr de La Vallade (Moutier, près Verneuil), dont :

3º Jⁿ (Fᵒⁱˢ, biffé ?) *de Baignat*, sʳ de Ricoux (Tersannes, élection du Blanc) et de la Grande Roche ; marié 1637 à Marie de Rouziers. Renvoié comme noble, sur le désistement et conclusions du procureur du roy, le 5 aoust 1669. Ils vivent époux en 1652. Dont :

4º Fᵒⁱˢ *de Baignat*, né en... 1667 (erreur, *sic*), sʳ de Ricoux et de la Gᵈ Roche, comparut pour lui et son père, Jean, en 1669. — Un noble Fᵒⁱˢ de Bagnac vivait en la parˢˢᵉ de Tersannes, en 1671.

« En 1698 imposée à la capitation, en la dite parˢˢᵉ, dˡˡᵉ Margᵗᵉ Richard, vᵛᵉ du sʳ de Ricoux, sgr de Baignac, demᵗ à Montmorillon. »

A cet emprunt fait à D'Hozier, complété par Nadaud, il convient d'ajouter les notes suivantes du chartrier de Montagrier :

Jⁿ de Baignac, écʳ, sʳ de Ricoux, tuteur des enfants mineurs de feu sʳ Jacques de S¹ Laurens, écʳ, sʳ de La Bouloys et de dˡˡᵉ Marie de Baignac, sans date vers le 26 7ᵇʳᵉ 1642. — Charles Chauvet, éc^r, s^r de la Brunèterie (La Bazeuge, au ressort de la B. Marche) est tuteur des enfants mineurs de feus X. Coustin, s^r de Forges et de d^{lle} Marie de Baignac, femme en 2es noces de Jacques de St Laurent, s. d., v. 1630.

Au 6 juil. 1637, on trouve Marie de Baignac, mère et tutrice d'Anne de Chailons, ailleurs Chaloux. Enfin Nadaud, t. IV, p. 559, donne Marie de Baignac pour 1re femme à Guil^{me} de Rofignac de Grimodie, s^r de Fursac, v. 1670, qui épousa ensuite F^{oise} d'Arfeuille.

Le défaut de renseignements nous contraint d'en rester là pour ce rameau des Baignac, apparemment détaché des de Bagnac du château de Bagnac près St Bonnet.

§ III. — NOS BAGNAC DE BAGNAC, *près St-Bonnet, alliés des de La Touche et de St-Martin.*

La pièce la plus ancienne du chartrier actuel de Bagnac, grandement éprouvé d'ailleurs par les guerres calvinistes et la Révolution, est un échange et partage du 21 9bre 1394. Par cet acte, intervenu entre Jean de Bernard, fils à défunt Guil^{me} de B. de la par^{sse} S^{tt} Boniti *la Marcha*, et à Marguerite de Banhac, consentante, mineur de 25 ans, majeur de 20, d'une part, et Guillot de Bernard, clerc, leurs frère et fils, mineur de 25, majeur de 20 ans, comme il y paraît à l'inspection de leurs corps : Guillot aura dans son lot, la maison de la Fue (apparemment seigneuriale comme l'indique ledit colombier) située à St-Bonnet, avec autre sur la place du dit *burgus,* près le cimetière devant la porte de l'église, et près du g^d cimet. de l'égl. et la maison des Malibaux. Plus il aura *duo mairellos terre, sitos in territorio St Bon.;* dont un près la m^{on} au Roy, de St-B.; plus un pré *in manso de Ponteilh,* etc.; plus il aura locum de BANHACO, en la même paroisse. — Parchⁱⁿ; reçu par Johannes *Pinaudi,* presbyter, custos sigilli constituti in castellaniis de Belaco, de Ranconio et de Champaignaco, pro comite Pictaviensi, qui a néanmoins signé : *Pinelli.* Sceau disparu.

Le 10 mars 1424, le garde du scel ésdites châtellenies pour le c^{te} Palatin du Rin, duc de Bavière (1), ayant l'administⁿ de Louis de Bavière, son fils, sgr de ces chât^{les}, notifie que *Catarina, fillia Nonoti* (Jeannot prob^t) *de la Tulhe (Tuche?) uxore Johannis Sarailh*

---

(1) Désormais le lecteur devra tenir pour extrait des archives castrales de Bagnac toute analyse dont la source ne sera pas indiquée.

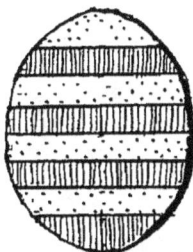

1

2

3

4

5

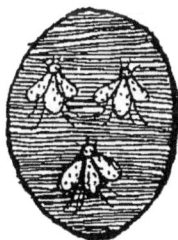

6

7

8

1 Bagnac (ancien). 2 Cardinal de Bagnac. 3 Saint-Martin. 4 La Touche.
5 Bermondet. 6 Barberin. 7 Nuchèze. 8 Papon.

de S*to* Marciale, licenciata à dno marito suo, reconnaît avoir reçu de Jean le Bayle (*Bajuli*) de Banhac, le droit lui revenant *in hospicio dicti Joannis. Hospicium* a-t-il ici, comme en bas Limousin le sens d'*hôtel noble*?

Au 21 9bre 1429, Simon, Vachon, clerc, garde dudit sceau pour les mêmes duc et fils, fait connaître que selon partage de ce jour devant lui entre noble *Meilhoto de* BAIGNACO, *domicello* et Raoleto Robbert ac Maria de Baignaco uxor Raoliti, sororque Meilhoti, de la succession de Guillaume de Bagnac, et d'Esnoz de Peytaveau (*Pictavello*, repaire noble (c^{ne} de Buss^{re}-Poit^{ne}), aujourd. appart^t à M. le c^{te} J^h de Montbron), leurs père et mère, Meilhot a pour sa part les lieux, *loca, de Chemes et de Larier* ou *Larres, in paroch. de Cheilhie, Turonensis dyocesis,* avec rentes, dîmes, etc., et tout ce qui est au duché de Touraine.

Marie aura tous autres biens, plus comme soulte sur Meilhot, et cela avant Noël venant, à peine de 6 marcs d'argent, *videlicet unum flouquart et unum frontale* (ferronnière?) *que quondam fuerunt eorum matris,* et une vache évaluée 3 écus d'or du coing royal; en présence de noble P^{re} Dimier, damoiseau (1).

Il est certifié (2) pareillement le 2 juin 1433, par Simon d'Arnaud, gardien du sceau à contrats, des châtellenies de Karrofio, S° Germano, Daurato et Qualezio, Charroux, S^t-G^n-sur-Vienne, Dorat et Calais (dans Isle Jourd^n) pour les mêmes prince, et fils Louis, mineur d'âge, seig^r d'icelles chât^{ies}, et faisant fonction d'archiprêtre de Lussac (le-Chât., V^{ne}) que devant P^{re} de Combaud, prêtre, n^{re} juré des dites cours (heureux temps, où les notaires moins sujets à décamper avec la caisse, presque tous pris parmi les prêtres, exerçaient ce double sacerdoce!). J^n Guillon, demeurant à Milhac, époux de J^{ne} de La Fuie (*Fuhe*), cède pour elle une maison à St-Bonnet, une pièce de pré sise à *Viellallé*, à Rollet de Robert, valet (vasselet), demeurant à St-Bonnet avec sa femme Maria Esturelle, domicella, domina de Beygnaco, et en reçoit autre chose en compensation; présents noble Jobert Bonau, seig^r de Messignac, et frère J^n Chazaud, prieur du Pont-St-Martin.

Le 9 août 1433, Rolet de R. donzel, et Marie de Banhac, sa femme, font un acte relatif au Cros, avec J^n Le Bayle de Banhac. — Hélies Le Verrier, gardien, etc., certifie à tous... le 27 9bre 1436, que devant feu J^n Dubois, n^{re}, Guillemin de Bagnac, éc^r, acheta de Cath^{ne} Raymondelle, femme de J^n Parrot, fils de J^n Parrot, moyen-

(1 et 2) Archives du château de Montagrier, qui nous ont été très libéralement ouvertes par M. le comte Joseph de Montbron.

4

nant 10 liv. tournois, 1/3 des meubles dont mourut vestue et saisie feue Hélis de Baignac, ayeulle de Catherine susdite, lesquels sont en la possession de Jean Besle. On y mentionne Marie de Baignac, d^{lle}, femme de Rollet R., éc^r, fille héritière du dit Guillemin de B. — Ces conjoints Marie et Raulet ayant fait convenir et appeler en l'assise de la chât^{ie} de Belac, le 22 may 1439, Jⁿ *Baile* de Bagnac (1), défendeur, contre lequel il eust esté dit, — pour employer selon notre usage les termes et graphie savoureux du temps, — par eux, qne tant eulx que leurs prédécesseurs sont et ont esté en bonne possession et saisine de Baignac. Le défendeur prétend droit sur un pré des appartenences du lieu de Baignac, en vertu du partage de Guillaumin de Baignac, son frère, à cause de feue leur mère. Signé : *Pocheti*, greffier.

Le 13 du mois suivant, « Roullet Roubert, éc^r, sgr de Baignac, à cause de ma chère et bien aimée Marie de B., dame dudit, ma femme, confesse tenir à homage lige ou plain, au devoir d'ung paire d'esperons blantz, en valeur de 5 sols, — de noble homme Jehan de Beilhenesses, sgr du dit (St-Bonet).

1° L'hostel et obergement de Baignac, et 1/3 de Baignac qui fut de feu *Philipes* (l's reparait par réminiscence de l'*us* latin) de Baignac et à présent à Cath^{ne} de Reymondelle, et qui vaut 100 sols de rente ; plus sur le *vieilh*-Baignac, rente d'une émine de seigle ; et en outre sur le Vignaud, l'Eschalarderie, Barrauderie, Cros, Varenne et Sarrailhac, des grains à percevoir — à la mesure du Dorat, preuve d'une vieille dépendance de ses chanoines.

P^{re} de Barthon, cheval^r, chancellier de la Marche, notifie que devant son commissaire juré, selon acte passé à Beillenesses, chéri dans le Christ, messire *Martiale Boiione de Beillinesses* (nom composé de *baillia*, comme premier terme) *domicello*, prêtre, fils

---

(1) Nom tiré évidem^t de quelque ancienne charge de *bailli*, d'où Beillenesses (grosse seigneurie voisine, maintenant tombée en roture, à l'état de ferme bourbeuse, inabordable), par inféodation des chanoines du Dorat dont les prébendes procédaient par *beylies*. Il faut prendre garde à la partition ci-dessus du *vieux* Bagnac, d'où peut-être dualité de seigneurs, sans omettre que la ville de St-Junien eut un hôtel noble et *maison forte*, bientôt hommagée à l'évêque par nos de s^t Martin, lequel fief portait aussi le nom *de* BAGNAC (*bis*), pour compliquer la question. Nous avons la satisfaction de pouvoir ici placer sous les yeux du lecteur, pour meilleure intelligence des faits, la carte féodale que nous dressons de la Basse-Marche, où figurent les environs de Baignac, quantité de lieux existants ou disparus, avec le grade politique de chacun, au temps où la terre était embrigadée comme l'homme pour la défense du sol.

majeur, naturel et légitime de noble Johannis Albi de Beillinesses, domicelli, pour lui et ses *fratres dubii et compartionarii*, d'une part et Catharina, filia conjugata quondam Johannis Bajuli de Baignaco, relicta, délaissée (v^{ve}) à feu Jⁿ de Bertelot pour elle et ses fratres dubii et comparsoniers d'autre part.

Elle expose au dit Martial qu'elle et ses dubii tenaient de vieux temps du dit Martial, à hommage, tout Bagnac, etc. et une eminée de terre sise à..... joignant à celle du damoiseau Raudulphi Pictavini (Peytaveau). On voit que chaque scribe latinisait à sa taille et qu'il ne faudrait point tant ergoter sur les noms, ni partir à cheval sur des virgules et finales. Elle offre donc sa foi pour elle et ses dubiis (prob^t au sens d'indivis) et la rend avec un baiser de paix (non de guerre) au dit ecclésiastique, genoux fléchis devant lui, avec mains jointes et sans capuchon, et elle lui acquitte les 5 sols de devoir, ce qui implique mutation récente pour le fief dominant (Boijon, dans l'espèce, puisqu'elle tenait Baignac ab antiquo). La fin de la date est emportée, 14.. ? Au dos, une note dit : 1462 ; exactement, croirions-nous, puisque *Pierre* Barthon, vic^{te} de Montbas, dont le père était chancelier, 1446, le fut après lui vers 1460 et mourut, dit Beauchet, le 26 mars 1491. En effet Jⁿ de Barthon, chev^r chancelier de la Marche, authentiqua, 29 août 1446, l'admission par noble Johanne de Belhenessas, fils à feu (quondam) Massias de Belh. de Johanne Baiuli de Baignhac, à homage pour le dit lieu, sans ceinture, etc. Quant aux époux Radulphe Roubert, (*alias* la Touche) et Marie de B., ils donnent signe de vie le 20 novembre 1442 ; et aliénèrent trois ans auparavant aux drapiers du Dorat, Barbou et Banchou, quelques rentes sur Champagnac et sur la Villeneuve (Buxeria Pictavina).

Une vendition fut faite par noble Rollet, ailleurs Raullet de la Touche, éc^r sgr dudit et Marie de Baignat, conjoints, à leur fils, P^{re} de la Touche, éc^r 13 mars 1463, de leur lieu noble de Baignac (St-Bonet) avec la place du mⁱⁿ de Bagnac, avec les étangs, garennes, colombiers, etc. moy^t IX^{xx} livres (180 liv.) et cela pour marier leurs filles : Françoise et Marguerite. P^{re} aîné a gagné cette somme au service du roy. Marg^{te} dès le 12 janvier 1477 était femme de noble Guil^{me} Mesgret le jeune, dem^t à La Lambertière (Mauprevoir). F^{ois} La Touche leur frère et beau-frère se titrait alors d'éc^r, s^r de St-Bonet; ayant pour autre frère Jⁿ La T. vivant en 1478.

Voici enfin que le 24 février 1482, noble femme Katerine Duratonne, d^{lle} relicte de noble P^{re} de La Touche, éc^r sgr de Baignac, pour elle et comme tuteresse (1) de leurs enfants : F^{oise}, J^{ne}, Jac-

---

(1) Dès le 14 mars 1482, Françoise avait épousé Pierre Deaux, éc^r, sgr en partie de Soloingnac et de Pinateau.

quette et Jacques de La Touche, donne à ferme à J^n Bayle et à J^n Palhier, le m^{in} de Baignac, sur la rivière de Gardempe, au prix annuel de 15 setiers from^t et 15 de seigle. Passé au lieu de La Touche. Ce serait le m^{in} actuel des Prades, selon l'analyse dorsale. C'est à leur mari et père que, le 31 décembre 1470, Jacques de Nemours, c^{te} de la Marche, accorda de fortifier plus spécialement Baignac, dès longtemps déjà refuge de guerre : accédant, dit le duc, « à la supplication de son écuier, P^{re} de La T. contenant » qu'il a un lieu noble, appellé de Baignac, en nostre chastel^{ie} de » Belac, où il bastiroit (entendez rétabliroit) voulentiers une m^{on} » pour faire sa demeurance, se nostre plaisir estoit lui en donner » congié et licence, et qu'il y peust faire murailhes (d'enceinte), » fossés, pont-leviz, canonières, machicolz et autres choses né- » cessaires à hostel et maison forte. »

DE SAINT-MARTIN DE BAIGNAC

Gratien de St-Martin, éc^r cap^{ne} de francs-archers, 30 décembre 1480, épousa en 1480 (1) F^{oise} de la Touche, fille de P^{re} et de Cath^{ne} Duratonne (sic sur 2 origin^x). Il était qualifié le 12 9bre 1496 d'éc^r, s^r de Baignac, capitaine descroyne ; et au 16 août 1499 de noble et sgr de Baignac. On voit combien Nadaud se trompe en rajeunissant cette alliance de 45 ans ! (t. IV, p. 337). — *Mémoire* des adcorz faiz entre Françouesse de La Touche, fame de feu Grasuen de St Martin, s^r de Baignac, en l'an mil sint cens au temps ?? que plaidoyent de la Porte sa seur relicte de feu Fransoués de La Touche, en son vivant s^r de Montagrier et comme consorçez ?? (note d'une écriture très blanchie, indéchiffrable) de ces enfans son condessendus ad la cor qui sen suy : que le dy Grasien délaysse ad sa belle seur hun lieu noble adpelé de La Roche, près de Montagrier et récompenze demeuroys au et dy Grassientz de St M. des rentes... sur la Barauderie.

Gratien avec sa dite femme, et J^n Jouyn éc^r avec la sienne, d^{lle} Jacquette de Passy ; d'une part plaident contre dame F^{oise} Cotete [des très nobles Cotet de Benayes (Corrèze)], dame de Rochelidoux, comme ayant le bail (garde noble), de Jacques de Combarel,

(1) Ce début de § que nous n'avons pas eu le moyen de vérifier, nous est fourni par M. Tisseron, ou mieux par un cahier généal. à teinte bleue, qui relate la quitt^{ce} de Gracien pour ses gages milit^{res} de 1480, comme cap^{ne} de fr. archers ordonnés pour le roy au païs de X^{onge}, ville et gouv^t de la Rochelle ; quittance en la bibl. du roy, dont coppie délivrée et signée par M. l'abbé Coupé, garde des titres et généal. le 18 décembre 1787.

écr son fils, en revendication de dîmes sur la Ville-du-Bost que les 1ers disent avoir par ci devant joy et ce par 1 an, 2, 3, 4, 5, x, xx, 30, 40 ans et oultre, à cause de la sgie de Puistaveau, et y avoir la gd xme de St Marsault. Mais Foise se prétend décimatrice du champ de Lavau, ce que contestent les 1ers qui tiennent, eux, par inféaudation de l'abbaye de La Règle et de l'égl. parlle de St Marsault dont dépend le village de la ville-du-Bost, s. d. v. 1500.

Renenbrances (a) de ceulx qui sont deccéddées de la maison noblle de Baignac : et 1o pur (pour) l'ame de feu Rolle del La Touche en son vivant, escuyer, seignieur de Baigniac

Pur lame de feu Pro de St Martin, escuyer, sgr de Baigniac, panetier du roy en son vivant, et pour Cathne Duratene, en son vivt dlle de Bag.

Pur l'ame de feu Gratian de St M., escr, sgr de Baigniac, gouverneur de Turene, et pour Françoise en son vivt dlle de Daig.

Pur l'ame de feu messire Pro de St Martin, en son vivt chevallier, sgr de Baigniac, de St Ciphorien, della Roullie ; et en partie *et* della baronnie de Froumantal, gentilhomme ordre della mon du roy, sénéchal du païs et resort della basse Marche, et pour Jehanne Bermondé, en son vivt dame de Baig. sa femme.

Et pur feu Jehan, Guillio et Esmanieu de St Martin, leurs fils (b).

Pur l'ame de feu Gabriel de St M. leurs filz en son vivt sgr de B., en partie de se qui est dict ici dessus, sénéchal et gouverneur du païs et ressort della b. M.

Et générallement pur touttes les ames que sont parties du lieu noblle de Baignac.

Au 20 août 1526, Jean de La Tousche, et Colin, son frère, écr, conseigneurs de Montagrier, pour eux et Jacques et Ythier de La Tousche, leurs frères, d'une part. Et Pro de St Martin, chevr, seigr de Bagnac, exposent que :

Comme procès fut meu et en espérance de plus mouvoir pardevant le lieutenant de basse Marche, entre eux, les Latousche, demandeurs et complaignants, pour raison des sépultures anciennes de Montagrier estans dans l'esglise de St-Bonnet-la-Marche,

Pro de St Martin disant contre (y contredisant).

(Bref, accord) ce jourd'hui, et transaction en ce que :

(a) Nécrologe informe, sans caract. certain d'authenticité, mais pièce bonne, et d'écriture du temps ; antérieure à 1700.

(b) L'héraldiste, M. Tisseron, est muet sur ces deux 1ers enfants.

Aux Latouche et aux leurs à l'advenir, demeureront les sépultures anciennes de La Touche du costé droit, devers l'aultier (autel) Ste Catherine, jusques au milieu de l'église, à l'endroit de certain clouæ qui sont estés mis au milieu, auquel lieu des cloux sera mis une barre de fer... avec le ban qui à présant est en la dite église par devers ledit cousté, durant la moitié de l'église, depuis le faitz (faîte) jusques à la porte.

Et audit St Martin est et demeure l'autre cousté et moitié de l'église, partie (divisée) par le fetz jusques à la 1/2 de ladite porte, et jusques aux ditz cloux pousés où sera mis (sic) la dite barre de fer : qui est du cousté senestre de l'autier de Nostre-Dame, par devers lequel cousté ledit seig^r de Baignac pourra faire fere ung banc à l'endroit d'icelluy des dits de Montagrier et aussi avant (avec autant de saillie) que le leur, et faire toutes sépultures vers son dit cousté, telles que bon luy semblera, et aussi avant que celles desdits de Montagrier (aussi élevée, en saillie ou bosse verticale).

Et se fera la xaincture (litre funèbre ou bande de deuil) de l'église, par le dedans par comun (en commun) par lesdits s^{rs} de Montagrier et de Baignac, tant d'ung cousté que d'autre.

Ils ont esté dit et convenancé entre les dites parties que ledit seig^r de Baignac sera tenu et a promis fere déssépulturer et désenterrer les ossements de sa feue mère que par cydevant a esté sépulturée et (corrigez et entendez ès, pour dans les) tumbeaulx demeurés par le présent appoinctement ausdits de Montagrier, aussi d'ung sien (et fera déterrer aussi un sien) filz bastard, lequel peu de temps (depuis peu) a esté sépulturé ès tumbes desdits de Montagrier, sera désépulturé desdits tumbeaulx, et ce dedans la feste de Tousseinctz prochain venants par tous termes préfix, et les mectre ès tumbeaulx qui sont et seront de son cousté devers l'aultier N.-D.

Item, il est dit et convenancé touchant la Paix, et autres prémynances d'église, que le 1er dimanche prochain venant, que ledit seign^r de Montagrier aura *la Paix* et le *pain bénist*, et tous les hoirs males de sa maison et des siens qui descendront en légitime mariage, les 1ers ; et emprès les hoirs masles du cousté dudit s^r de Baignac, légitimes, et heu que ayent lesdits masles (après qu'ils les auront eu : Paix et pain bénit), sera portée aux hoirs fumeaulx (héritiers du sexe féminin) du cousté desdits de Montagrier, légitimes ; et emprès aux hoirs fumeaulx du cousté dudit s^r de Baignac, légitimes.

Et sera faict remenbrance (nécrologe) et prières de l'église ledit dimanche, premier (c'est-à-dire en 1er lieu) pour lesdits s^{rs} de Montagrier et ses prédécesseurs, et joyra ledit dimenche de toutes prérogatives d'icelle église : et l'autre dimenche emprès, ledit s^r de Baignac et ses hoirs masles légitimes auront la Paix et joyront de toutes préhéminances et prérogative, et emprès que les masles de son cousté l'auront receue, les hoirs masles du cousté desdits s^{rs} de Montagrier l'auront et recevront ; et emprès les hoirs fumeaux légitimes du cousté dudit s^r de Baignac, les hoirs fumeaux desdits de Montagrier le recevront. Et fera ledit vicaire (perpétuel, bien plutôt que secondaire) les remembrances : le 1er, pour ledit sgr de

Bagnac et ses prédécesseurs ledit dimanche, premier que (1er que pour *avant*) pour lesdits srs de Montagrier, à mesme prérogative que lesdits de Montagrier leurdit dimanche. Et s'il advyent qu'il y tumbe aucune feste sur sepmayne, celuy qui aura commencé le dimanche et aura en l'honneur de la Paix, aura avant, la prééminance et prérogative toute ladite sepmayne, comme il avoit heu ledit dimanche, à mesme droit, fors (sauf) et réservé des 4 festes annuelles, desquelles les parties se sont accordéz de la manière que s'ensuit :

Ledit Montagrier aura prééminance le jour de Noel et Penthecouste : et Bagnac l'aura à Pasques et Toussaints.

Fait à St Bonnet-*la-Marche* :

Présents : nobles Fois Poicteveu, chevr, sgr du Mas, Jn de La Tousche, écr, sgr de Chilloc.

Vénérable Martial Baigier ? prêtre, *curé* de Bellac.

Messires Pre Pruce ? (Pinet ?) secrétain (sacristain) de St-Bonnet, Pichon Sirvain, de Fouras, Jn Freyneau, de Bcillanesses, *fabriqueurs, procureurs* de ladite église, qui ad ce ont consenty.

Messyre Fois et Martin de la Rochète; de la Barrauderie, Raymond des Cousiz et Marcial Bertrand, *prestres de ladite église.*

Et de Pre de La Faye, Loys de La Parlière, Fois Pradeau, *paroissiens* de St-Bonnet, qui audit apointement ont consenty, ad ce appelés et requis.

20 août 1526, reçu Moureau ; pièce en parchemin.

———

Un acte sous seing privé, signé des sgrs, porte accord entre Jn de La Touche, écr, sr de Montagrier, et Pre de St Martin, chevr, sgr de Bagnac, savoir que :

Dans la feste de Pasques prochenement venant an (en) un an, passé ledit temps, ledit Montagrier fera oster ces escussons et armoyries qui sont en l'église de St-Bonnet, du costé où est le banc du sr de Bagnac.

Lequel Bagnac après ledit temps fera oter les siennes qui sont du cousté du banc du sr de Montagrier.

———

Jn Feydeau, licé en lois, lieutt général et garde du pays et ressort de la basse Marche, sous la saisye et main mise du roy, et des chastellenies de Belac, Rancon et Champagnac sous la dite saisie.

Notifie que procès se fut mû pardevant lui, ès grans assises de Belac et ordinéres dépendens d'icelles.

Entre Jn de La Touche, écr, sr de Montagrier, pour lui et ses frères, demandeurs.

A l'encontre de messire Jn de La Barouderie, prêtre, Antne Pinet et Antne de Villars, défendeurs.

Sur ce que Montagrier exposait qu'il a possession ou quasi possession de ere inhumer ses père et autres deu (du) nom, ses parans et amys trespafcez, en ses sépultures, comunément appellées : les tumbes de Montagrier, estans dedans l'église de St-Bonnet-la-Marche, au dessoubz et joignant à l'auctier Ste Catherine.

Les défendeurs l'auroient naguère troublé et perturbé de faict pour y avoir mis le corps d'un jeune enffant, requérant qu'ils eussent à dire par quel titre et moyen ils l'avoient fait.

Villars, curé, etc. disent ne pas lui contester sépulture, mais Jn Barouderie dit qu'ayant à ensevelir, comme vicaire, cet enfant, il le fit mettre près de sa filiole, comme place plus convenable que l'autre place.

Le juge adjugea ces conclusions maintenant Montagrier en son droit.

Donné ès grands assises de Belac, 5 juing 1526.

Gracien de St Martin de B. rachetait le 31 oct. 1498 de noble Guillem de Seriziers, sgr de la Roche, serviteur de puissant Jean de Brillac, les dîmes générales de St Martial et St Barbant engagées par Fois de La Touche, écr mandataire de Jn La T., écr, sgr d'Eschilhac, son père. Au 25 juillet précédent, Gratien sgr de Maignac, (sic) pour Bagnac, et Foise La T. promettent à Jacquette La T., leur sœur et belle-sœur, 1,000 liv. au contrat de mariage de cette dernière avec Jean de Mellet, écr, sgr de la Salle en Agenois, y habt à Gontaud, en présence de Jn de Losnay, écr, sgr de St Sernyn la Marche, et de noble (sic, au sens de notable) Etne Raymd, md à Bellac.

Gracien, qui vivait encore en 1500, mourut avant le 18 may 1503, puisque à cette dernière date, ledit Melet, sgr de la Salle ; et de Bagnac en partie, agissant pour lui et Jacquette sa femme, aussi bien que comme curateur de Foise de la Touche, vve de Gracien, et comme tuteur des enfants de ces derniers, cède par échange le pré de Montroy, confrontant ès gorsses (halliers) de l'oupitault (probt ancien membre de commanderie), reçu Palhier, nre royal.

27 mai 1535, transaction entre Pierre et Marie de St Martin, enfants de Gracien et de Foise de la Touche, avec Jn de Melet, écr, sr de la Salle, veuf de Jacquette de La Touche, sur la succion de celle-ci.

1526 25 janvr, partage passé au lieu de la Hte Farge de La Chapelle-St-Robert, Dord. entre Pre I de St Martin, écr, sgr de B. et Marie, sa sœur, femme de vénér. m. me Pre (dit Antoine ?) Courraudin, bachr ès droits, etc. demt au susdit lieu, des successions de leurs père et mère. Bagnac est attribué à Pierre ; et Marie

Tableau partiel et abrégé de filiation des de SAINT-MARTIN de Bagnac.

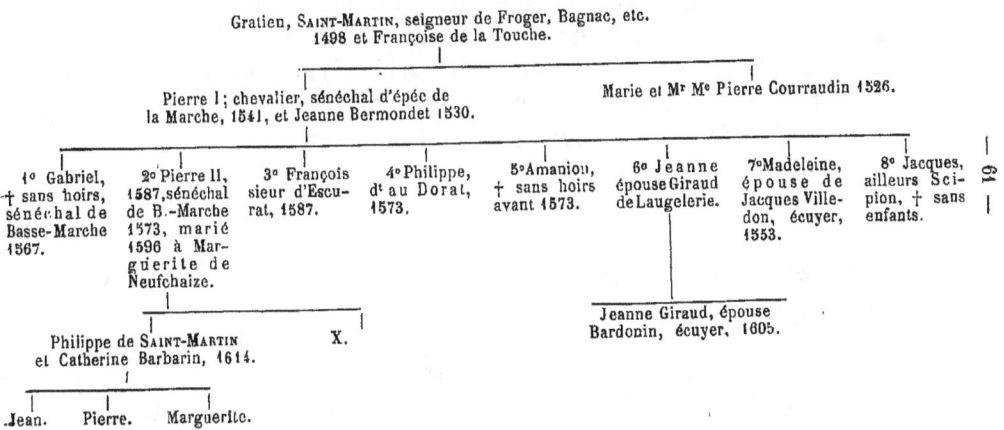

Gratien, SAINT-MARTIN, seigneur de Froger, Bagnac, etc.
1498 et Françoise de la Touche.

Pierre I; chevalier, sénéchal d'épée de
la Marche, 1541, et Jeanne Bermondet 1530.

Marie et Mr Me Pierre Courraudin 1526.

1° Gabriel,
† sans hoirs,
sénéchal de
Basse-Marche
1567.

2° Pierre II,
1587, sénéchal
de B.-Marche
1573, marié
1596 à Mar-
guerite de
Neufchaize.

3° François
sieur d'Escu-
rat, 1587.

4° Philippe,
dt au Dorat,
1573.

5° Amaniou,
† sans hoirs
avant 1573.

6° Jeanne
épouse Giraud
de Laugelerie.

7° Madeleine,
épouse de
Jacques Ville-
don, écuyer,
1553.

8° Jacques,
ailleurs Sci-
pion, † sans
enfants.

61

Philippe de SAINT-MARTIN
et Catherine Barbarin, 1614.

X.

Jeanne Giraud, épouse
Bardonin, écuyer, 1605.

Jean.   Pierre.   Marguerite.

prend la maison noble située à St-Junien (sur la Vne) avec ses rentes, dîmes, etc. en payant à son frère une soulte de 2,200 liv. Marie dès le 31 mai 1535 avait convolé avec Jn Faure, écr, sgr de Beauvoys. Son 1er mariage était antérieur au 26 juin 1512.

L'hommage rendu à l'évêque de Limoges, le 21 mai 1534, par Pre St Martin, sgr de Baignac, et de Chabanes près St-Junyen, comprend le repaire de Chabanes, en la baronnie de St-Junien (1).

A défaut d'un aveu direct qui nous fasse le détail de ces biens des de St Martin, si nous recourons au dénombrement du 20 mai 1651 à l'évêque par Etne de Magnac, écr, sgr du Chaslard, Rochebrune, *Baignac*, nous apprenons que ces possessions comprirent le fief noble de Croys ou la chevance (le bien) de BAIGNAC (*bis*) et Chabanes (St Pre de St-Junien) relevant de la bonie de St-Junien, et consistant en rentes sur Croys, plus bas nommé Croyes, rentes, xmes, etc., sur Chabanas, à cause du fief de Bagnac, etc... plusieurs forêts ; et en outre : 1° le mas de Gaillaud, voisin du pré de Pre Duraton, lesquelles parcelles furent données par l'évêq. R. de Laporte à Pre Duraton, en augmentation de son fief.

2° La maison noble de *Baignac* (en ruines) en laquelle (2) résidaient les prédécesseurs du sr de Baignac, en la rue St Pre, près la maison de Montvalier, avec ses rentes et son droit en l'église et chapelle de St Pre, etc. desquels droits les nobles familles des Duratons et de St Martin, prédécesseurs du dit sr du Chastelard, jouissent.

3° Les choses que feue Agnès Duratoune, femme d'Amelin Roche, souloit tenir en guériment dudit sr de Bagnac.

4° *Item*, rentes sur nombre de maisons au fg de Salet, et rue des Nautrous, et rue de La Voye du Pont, et sur des habitations de St-Junien en la *tour* dite de Maison-Dieu aliàs de la Jearrè, etc. [Titres du château actuel de Bagnac.]

Pierre de St Martin acquit en 1531 et 32 des rentes foncières autour de St Bonnet, de Marcial de Lavau, écr, sgr de Drouilles, sur la Corbynerie et la Bretonyère ; de Jn de La Rye, écr, sr de L'auberge (Pont-St-Martin, auj. au cte Jh de Montbron), sur Bellenesses.

———

(1) Arch. H.-V., fonds évêché à la préfecture, terrier coté (par les mots d'une prière) : *intercessionem,* fo 131.

(2) Le 17 fév. 1602, Pre de la Boissière, chevr, sgr de Rochebrune et de Baignac (de St-Junien) demt au chât. de Rochebrune (Savin ?) en Angoumois, dote sa fille Léonor avec 2,000 écus, 1 robe et 1 cotilhon de taffetas, 1 robe damas, 1 cotillion de même, et ses autres robes (de fille), habits, meubles et ustenciles.

Lettres de provision de l'estat et office de *sénéchal* accordées à messire Pre de St Martin, escuyer, seigneur de Baignac, du dernier nov. 1541.

Charles, filz de roy de France, duc d'Orléans et d'Angoulmoys et conte de la haulte et basse Marche, à tous ceulx qui ces présentes lettres verront, salut.

Scavoir faisons que pour la bonne et entière confiance que nous avons de la personne de nostre cher et *tres amé messire Pierre de Sainct Martin, s*r *de Bagnac, et l'un des deux cens gentilz hommes de la maison du roy,* nostre très honnoré seigneur père, et de ses sens, suffisance, vertu, prudence, loiaulté, preudhommie, vaillance, expérience et bonne dilligence, — à icelluy pour ces causes et autres à ce nous mouvans, — avons donné et octroié, donnons et octroions par ces présentes, l'estat et office de *séneschal* de nostre dict conté de la basse Marche que soulloit naguières tenir et exercer *Marin de Montchenu, s*r dudit lieu, derrenier paisible possesseur d'icelluy, vaccant à présent par la pure et simple résignacion qu'il en a ce jourd'huy personnellement fete entre noz mains ou prouffict du dict *Sainct Martin,* pour icelluy estat et office avoir, tenir et doresenavant exercer par le dict de Sainct Martin aux honneurs, auctoritez, privileiges, prérogatives, préheminances, libertez, franchises, gaiges, droictz, fruictz, prouffictz, revenuz et esmolumens accoustumez et que y appartiennent, tant qu'il nous plaira, Pourveu que le résignant veu ? quarante ? jours après la dacte de ces présentes, *par lesquelles* donnons en mandement à nostre amé et féal chancellier, que prins et receu du dict de Sainct Martin le service en tel cas requis et accoustumé, icelluy mecte et institue de par nous en possession et saisine dudit estat et office, et d'icelluy ensemble des honneurs, auctoritez, privilleiges, préro-gatives, préhéminances, libertez, franchises, gaiges, droictz, fruictz, prouffictz, revenus et émolumens dessusdictz, le face, souffre et laisse jouir, user, plainement et paisiblement et à luy obeir et entendre de tous ceulx et ainsi qu'il appartiendra ès choses touchans et concernans ledict estat et office ; Mandons en oultre par ces dites presentes à nostre amé et féal conseiller mᵉ Jehan Le Clerc, général aiant la charge et administration de noz finances tant ordinaires que extraordinaires, que par le receveur ordinaire de nostre dict conté de la basse Marche ou par celluy ou ceulx qui les gaiges, droictz au dict office appartenans et accoustumés de paier, il face iceulx paier, bailler et délivrer audict de Sainct Martin, doresenavant par chescun an, aux termes et en la maniere accoustumez, à commancer au jour de son institution en icelluy, et y rapportant les dictes présentes ou vidimé d'icelles faict soubz le seel roial ou ducal pour une foys seulement et quictons ? le dict de Sainct Martin sur ce suffisant. Nous voulons les dicts gaiges et droictz et tout ce que paié, baillé et délivré luy aura esté pour raison que dessus estre passez et allouez ès comptes, et rabatus de la recepte (de nostre dict conté ? et de ce que paié ? sera ? (1) par nos amez et feaulx les gens de noz comptes, ausquelz nous mandons ainsi le fere,

---

(1) La coupure du pli empêche de lire,

sans aucune difficulté, car tel est notre plaisir. En tesmoing de ce, nous avons faict mectre nostre séel à ces dictes présentes.

Donné à Fontainebleau, le dernier jour de novembre, l'an mil cinq cens et quarante et ung.

Et sur le repli : Par monseigneur le duc et conte, signé : *Burgensis,* au côté gauche.

Et à droite y est écrit : Aujourd'huy septiesme jour de décembre 1541, mess^re P^re de St Martin, chev^r, s^r de Bagnac, nommé (*sic*) au Blanc, a faict le serment accoustumé ès mains de monseigneur le chancellier, moy présent. Signé : *Brisset.* — Parch^n en vélin, ne montrant plus que la fente d'attache du sceau.

En ces temps de guerroyeurs, c'était loin d'être une sinécure qu'une pareille haute charge politique et militaire, et pour y faire exactement son devoir on s'attirait force ennemis.

Le 27 juing 1551, le roi estant à Châteaubriant permet à P^re de St Martin, chevalier, sgr de Baignac, gentilhomme de sa maison et sénéchal de b. Marche, « qu'il, pour soy tenir sur ses gardes et obvier que Philipes ? » Bonichaud. sgr de Monthomar, ayant jà tué et homicidé de guet apens » Galliot de St Martin, fils dudict s^r de Baignac, n'exécute en sa personne » la mesme conspiration et entreprise qu'il a fete en celle de son fils, pour » lequel effet le dit Bonichaut est journellement au guet pour le surprendre » et invahir, et aussi pour extirper et fere cesser à son pouvoir les infinies » volleryes et destroussemens que se font et commettent en ce pays là, » il puysse luy, dix ou douzène de personnes dont il sera tenu de res- » pondre et faire inscrire (1) les noms au greffe de la juridiction plus » prochaine du lieu de sa demourance, aller armé et couvert de jacques » et chemises de maille et autres armes qu'il advisera pour sa seureté, etc.

» *Signé* : De Laubespine (2). »

Les choses ne se bornèrent point là, car une liasse disparue du chartrier, et dont il n'est resté que l'étiquette, contenait : « une sentence de mort contre les assassinateurs de feu Gabriel de St Martin, séneschal de la Marche ; plus une sentence de Poitiers et un contract passé par P^re de St Martin, séneschal, contre Philippes Bounichaud, s^r de Montaumard, pour la fondation de la chapelle que le dit Bounechaud estoit obligé de faire pour avoir assassiné Héliot (*sic*) de St Martin. Plus des escritures faittes par M^rs, etc... (Note déchirée.) Mais on a sur parchemin la convention intervenue entre les parties en suite de la condamnation du dit Phil. Boun., chevalier de l'ordre du roy, sgr de Monthomar, par sentence du

---

(1) Evidemment, pour la garde spéciale de Bagnac pendant les absences nécessitées par ses fonctions. — Duel souvent alors dit assassinat.

(2) Pièce en vélin. Montaumard, aujourd'hui simple village, en la comm. de La Croix, sur la rive opposée de la Gartempe.

siège royal, du 23 sept. 1552, à payer 20 liv. (ailleurs 25) de revenu, pour
la fondation et dotation d'une chappelle ou stipendie perpétuel en l'église
St Bonet, à l'autel devant lequel est ensépulturé le corps de Gabriel (sic)
de St Martin, éc^r. Par cet accord, au Dorat, du 30 août 1556, il fut stipulé
avec P^{re} de St M., sénéch^l, père de feu Gab^l, que Bounichaud céderait
à la place (de la fondation?) 27 setiers et 1/2 de grains de rente sur
divers lieux désignés au contrat reçut Brunet, sur Ribérole, le moulin de
La Croix, et son lieu de Monthomard. Bref, on reporte ces rentes sur
Villalley, chez Marcoux, etc. (Pont St Martin.) Témoins : Innocent de
Montreulh, chev^r, sgr de Puis-Martin, maîtres Jacques Faulconnier, Franç.
Penigot et Joseph Neymon.

P^{re} I. de St Martin épousa, le 29 mai 1530, J^{ne} de Bermondet, du
consentement de son frère, noble et honorable m^e Gaultier de
Bermondet, sgr du Boucheron (Oradour-sur-Vayres), m^e des requêtes à l'hôtel du roi. Ces époux se firent donation mutuelle, le
27 juillet 1558, par laquelle il lui céda l'usufruit général après sa
mort, tandis qu'elle lui cédait après son décès l'usufruit de ses
biens nobles de St-Syphorien en Xaintonge et le lieu noble de
Roille, en Poytou, et cela pour les amours, curialités et bienfaicts
de son mari le temps passé et à venir. Elle testa le 12 avril 1568 ;
et lui le 14 8bre 1564 par m^e Texier, prescrivant d'être enseveli en
l'église St-Bonet ès tombes de ses ancêtres, léguant 2 sols à chaque
prêtre qui assisterait à son enterrement ou quarantaine ; et 6 liv.
de rente au curé pour une messe de la Ste Trinité chaque dimanche,
et qui se nommera : *la messe mattynaud* (matinale), là où (à laquelle)
seront faicttes les pryères et donné le pain bénist et me viendront
de là pryer (faire absoute).

Item, continue-t-il, comme Dieu m'ayt donné génération descendue de mois et de dame J^{ne} Berm., dame de St-Symph., ma très
chère femme (qu'il fait tutrice, exécutrice et usufruitière), et que
nous soyent descendus de loyal (légal et légitime) mariage : 1° Gabriel
St Martin (qu'il fait h^r g^l). 2° P^{re}. 3° F^{ois}. 4° Phelipes. 5° Amaignon
(qu'ils gratifie de 1,000 livres chacun, à charge de s'en contenter).
6° J^{ne} (bénéficiaire de 2,000 liv. et s'en contentera, sinon, n'aura
que 1,000 liv.). 7° Madeleine, legs de 100 sols, ayant été dotée de
2,000 liv. et ses accoustrements nùpciaux par c. de mar. du 3 juil.
1553 avec Jacques de Villedon, éc^r, sgr du Montheil (La Bazeuge);
laquelle dot fut payée 5 janv. 1555, avec 257 escus sol, en 47 dou-
bles ducatz, 14 nobles à la roze, 2 nobles Henri, 6 escutz vieux,
3 pistollets et le surplus en monnoye blanche ; avec hypothèque sur
le gendre, sur les seigneuries du Monteil, Chanteloube et Chastou-
neau. En outre, P^{re} I. légua à F^{oise} de Azart, *sic (spuria haud dubio)*,
fille de F^{oise} de St Martin, 80 liv. affin qu'elle se marie mieulx.

Quelques détails sur les Bermondet

Aymery Essenault, licé ez droitz, juge ordinaire de la ville de Limoges,

Notifie que devant luy se sont comparuz m^es J^n et Goultier Bermondetz, et Jeanette Bermondet, leur sœur,

En présence de vénérable messire J^n Bermondet aîné, licé ez droitz, curé de Panasol, et de leurs parents et amys ci-après :

Ils exposent, que peult avoir treize ans feu honorab. m^e (messire) P^re Bermondet, licé ez droictz, lieut^t général en la sénéchaussée de Lymoges, leur feu père, fust vilainement et proditoirement occis ;

Et ils demeurarent mineurs et impubères et eurent pour tuteurs : le dit m^e J^n Bermondet, aisné, et vénér. m^e J^n Bermondet, archiprestre de Nontron, leurs oncles ;

Laquelle tutelle ils ont gouvernée, et très bien (pour) suyvye la mort et homicide dud. feu père ; et la tutelle est expirée par l'aige.

Messire Jehan estant majeur de 19 ans, m^e Gaultier, majeur de 17 ans, Jeanete, majeure de 14 ans, complectz et passés, ils requièrent estre déclarés majeurs, et produisent pour le prouver, par éage :

Honor. messires : J^n Bermondet, le plus jeune, chanoine de Lymoges, Mathieu Masantin, licé ès droictz, Marcial Ruaud, Robert Maindré ? . . . . . Jean Bermondet, aisné, offre rendre compte.

Les exposants disent avoir averti ledit archiprêtre, qui leur a répondu ce qui suit par le s^r Masantin qui lui fut exprès envoyé :

Qu'il ne voulait plus la charge desdits enfants ; qu'un autre prît la curatelle.

Voici des lettres :

J'ay receu voz lettres par le porteur Masantin et pour responce, vous déclaire ne avoir, vouloir (volonté) de avoir charge de tutèle ou curatèle, et le prouffit que ay eu de avoir eu vostres dite tutèle, est que ay laissé à poursuyr au moyen de icelle le droit que avay aux prieurés du Pont-St-Martin (c^ne de St-Bonnet), Chambon, et Baselar, le meindre d'iceulx valant 12^xx livres de afferme, et cuyday avoir aussi bon droit en chascun de iceulx comme ay en mon archipreveyré, et sy ay, par l'espace de 10 ans y consumé ma jeunesse, mais voys bien à présent que ay labouré en vain, et puis dire à présent, *sans* (sic) que dist Isaye en son 1er chapit. : *filios exaltavi, sed ipsi spreverunt me* (1) mais Dieu soit loué du tout, car se *tribulatio et angustia invenerunt me* (2), *meditabor in man-*

_____

(1) Prophéties d'Isaie, liv. 1er, chap. I, verset 2e.
(2) Psaume 48e, versets 43, 47, 48.

datis tuis que dilexi et exercebor in justificationibus tuis. Touteffoys
je vous prie que ne me baillés cause de avoir procès avec vous, *et
que suis délibéré fere, se* (si) me empesches, de prendre *sans* que
me appartient à cause de mon feu père à qui Dieu abseulhe, tant
par disposicion de droit commun que par la coustume des pays où
sont les biens, et à tout le meins (moins) pour le présent, que je
preigne 100 ou 6ˣˣ (120) livres tournois par chascun an, sur les
biens, par provision, et veu (vu) les charges que ay en mon arci-
preveyré, et si fault (aussi faut-il) que (je) baille tous les ans aux
carmes de Lymoges 16 liv. pour 1 messe en note, tous les sabmedis,
jours et vigiles de Notre-Dame, d'ung veust (d'un vœu) que fiz
(je fis) pour voz affaires durant le procès, et en me baillant ladite
provision de 100 liv. pour le meins (moins) voulantiers prendré
(prendrai) la curatelle pour la conservation de la maison, laquelle
est en dangier de avoir des affaires beaucop, car le vicomte est
aprest pour fere réanchérir, comme m'a dit ung advocat de ceste
ville quy a charge de ses affaires, et si m'a tenu prepost de gaigner
(aussi m'a-t-il proposé) ung bon pot de vin, jusques à mille escutz,
et que ne me meslasse plus de voz affaires, que est à présumer
qu'ilz scaivent les fascheries que sont entre nous, mais nonobstant
quelques lettres ou paroles que ayés dit ou escript de moy, que ne
estiez tenu escripre ou dire, comme Dieu et le monde scaivent, ne
vouldray à présent voir la maison, qui la Dieu a graces (qui grâce
à Dieu) est bonne, perce (périsse), et que feust gastée, veux (vu) le
long temps que a esté (qu'il a fallu pour la former) pour icelle
garder et fere.

Je croy, comme raison veult, que vouldrès bien que veu (vu) que
nostre oncle résigna sa prébende à mon frère, à vostre instigation
et requeste, que preigne pour chascun an 200 liv. pour la dite
prébende, car, de ma part, je ne entens prendre que, hors les 100
liv. que dessus, ung denier seul de la maison, et veuz et entens que
tout le revenu, soit vous et voz seurs (sœurs) enteteniez mon
oncle, et moy payés du surplus au 1ᵉʳ jour, payés l'argent qui est
deu, et à Lymoges, et ce fait, l'argent qui restera soit baillé entre
les mains de quelque marchant de Lymoges qui le gardera pour
fournir aux afferes de la maison, et si me (pour ne) me tenay au
Boscheyron ne en prendre rien du revenu et autrement ne en
vouldray prendre charge senon en la sorte que dessus, et y a plus
(qui plus est, si) que se trouvés personnaige qui vous semble que
face (fasse) mieulx voz affaires que moy, me fairés plaisir de luy
bailler la charge, car se (n'était que je connais) n'estoit parce que
entendz les affaires de la maison aussi bien que tout autre, et pour
la conservation de icelle, ne en prendray la charge, car ne y a

(il n'y a) que poine (peine) et fascherie, et du tout y faictes au mieulx, et à tant vous diz adieu.

De la maison de la chantrerie de Poictiers, ce jour de la Conception Nostre-Dame de décembre.

Ainsi soubscript : vostre bon oncle, *Bermondet*.

Et au cousté des dites lettres est escript ce que s'ensuyt : de le hommaige qu'est encore faict parce que monseig^r (ou mons^r ?) des fiefs qui a la charge des dits hommaiges a long temps qui est malade n'est encore guéry, et n'eust esté sa dite maladie, fust fait au présent, mais sans luy ne pouvois rien faire et mas promis (et m'a) que durant sa dite maladie, ne en tumberont en dommaige :

Et au doz : à mes nepveuz J^n et Gaultier Bermontez, à La Quintaine.

— Et les exposants se confient à J^n Bermondet, aisné, pour leur curateur, lequel pour l'amour charnelle qu'il a envers ses nepveux et l'entretènement de la maison a promis prendre curatelle.

Et ayant intérogé m^e J^n Bermondet, le jeune, chanoine, prieur de Melet, oncle paternel des enfants, m^o Barthelemy Saleys, leur cousin germain, m^e Marcial Boyol, chanoine de Lymoges, m^e J^n Saleys, J^n et autre J^n Disnematins, m^r Masantin, m^es J^n Romanet, curé d'Asnède, et J^n Masantin, et Martial Ruaud, Robert Maucor et m^e Raymond de La Rue.

Par serment presté,

Ils déclarent : que m^e J^n Bermondet, aisné, curé de Panasol, oncle des mineurs, est homme de bien, industrieux, expert, saige et discret, souffisant et ydoine pour la curatelle.

...Le juge le nomme donc.

Et pour poursuivre le procès des mineurs, le curateur donne pouvoir à vénérab. et discretz m^e J^n Petiot, P^re. et Et^ne Belutz, J^n Geneste, André Pouier, André de Lalault.

Fait devant nous, à Lymoges, en nostre maison, sous le cel (sceau usité) ès causes de la dite cour. Le 16e x^bre 1523.

Transaction

Entre dame J^ne de Bermondet, femme de P^re de St Martin, chev^r, sgr de Baignac.

Avec noble J^n de Bermondet, arciprêtre de Nantron (aujourd. Nontron) et chagnoine en l'église cathédrale de Lymoges, comme mandataire de m^e J^n Barmondet, seign^r du Boucheyron, c^ller du roy en sa cour de parlement, à Paris,

Et m^e Guaullier Bermondet, lieuten^t général royal en la sénéchaussée de Lymosin, sgr de la Quintaine (Panazol, en Limousin).

...Jeanne a eu la châtellenie de St-Symphorien ; [en Saintonge,
(près Niort)] mais J^{ne} aura de plus le château de la Roulhe, en
Poitou, et 1,200 liv. tournois, dont 400 liv. payées comptant, et
elle renonce à toutes successions.

Passé en la maison noble de Painevayre, paroisse de Barneuil
(aujourd. c^{ne} de Verneuil, près Aixe) présent, noble P^{re} de Prinsset,
(Prinçay) éc^r, sgr de St-Sornin-la-Marche, et Ardouyn Beluteau,
clerc, demeur^t à Limoges, le 4 juilhet 1541.

X. Bermondet.
|

| |
X. Bermondet et X...   Jean.   Autre Jean.
sa femme, assassiné v.
1510, morts intestats.
|

Jean écuyer sei- Gaullier, écuyer s^r Jeanne. Anne, morte
gneur du Boucheyron, de St-Laurens, la Quin-   sans test^t.
† avant 23 nov^{bre} 1569. taine, président au
    présidial de Limoges,
    23 nov^{bre} 1569.

Ces 4 frères eurent de la succession de leurs dits père et mère :
La Quintaine (Panazol, en Lim^n) ; la chât^{ie} de St-Symph^n en X^{onge},
les fiefs poitevins du Boucheyron (Orad.-s.-V.) de Poulenières, des
Bernardaus et de la Roulhe, — plus 800 liv. tournois de rente,
à eux adjugées, pour réparation de lhomicide de leur père, lieutenant général en la sénéchaussée du Limousin, selon transaction
survenue en exécution d'arrêt d'adjudication susdit ; faite entre
leurs tuteurs et curateurs et d^{lle} Jacquette de Larochefoulcaud, femme de F^{ois} de Ponville, vic^{te} de Rochechouard.

Et il fut adjugé de plus à leur mère 4,000 liv. une fois payées.

J^{ne} Bermondet expose qu'elle a droit à 1/3 de tout ce-dessus,
ayant aussi hérité d'Anne B., morte sans testament :

Qu'en se mariant avec M^r de St-Martin, mineure de 25 ans, elle
renonça bien en faveur de ses frères à ladite succession collatérale,
moyennant la châtel^{ie} de S.-Symph^n, valant 300 liv. de rente ou
env^n, contrat de mariage reçu par Mes Helies de Mastribut et Mathieu Parquet ; mais elle ne reçut pas son dû. La succession mobi-
lière, paternelle et maternelle fut vendue et consacrée au procès
— encore soutenu en 1541, — contre Glaude de Ponville. vic^{te} de
Rochech^d, fils de F^{ois} susdit, au parlement de Paris.

Jeanne de St-Martin, fille de P^{re} I. et de J^{ne} de Bermondet, épousa par contrat du 11 9bre 1560, Gaspard Giraud (défiguré en Gab^l Grivaux par M. Tisseron), fils à feu noble F^{ois} Giraud (1), éc^r sgr de Laugellerie (Queaulx, ressort de b. Marche, quoique du dioc. de Poytiers) et de d^{lle} Loyse de Poix, vivante et présente, laquelle de Poix avait apporte 1,500 liv. et actuellement elle a droit à la succession de feu Florent de Poy (2), éc^r, sgr de Forges. Passé en présence de nobles F^{ois} de Poix, éc^r sgr de Forges (Concremiers) et d'Ant^{ne} Seychaud, éc^r s^r de la Grange St-Scauving (pour g^{ge} St-Savin), et Cristofle Guyot, éc^r, sgr de Champagnac et de Paradis, et Jⁿ du Chastaing, sgr de Peytaveau. Sur les 2,000 liv. arg^t de la dot, 400 liv. sont mises payables en blé.

Gabriel de St-Martin, frère de J^{ne}, obtint en 1567 :

(Double) DES LETTRES DU ROY, *pour l'establissement et subsistance de sa c^{ie} de 50 arquebusiers à cheval: 1567 :*

« Gabriel de St-Martin, chev^r, sgr de Baignac, de La Roulhe, de St-Symphorien, et séneschal de la b. Marche, Scavoir faisons que, nous estans en la ville de Paris, le VIIe (7e) jour de 9bre mil v^e soixante et sept dernier passé, au service du roy, la majesté du dict sg^r auroyt faict expédier lettres et comission à nous adroissantes pour lever cinquante harquebuziers à cheval pour la garde et deffense des pays de la b. Marche, ville et chastel du Dorat, autres villes et forteresses du dict pays et ressort d'icelluy, et et encore autres letres de commission adroissantes à m^e Claude Brujas, nostre lieutenant en la seneschaussée dudict pays : Et ayant receu les dictes lettres, serions en toute dilligence, partiz de la dite ville de Paris, et nous serions transportez en la ville du Dorat, pardevers le dit Brujas, où il réside, auquel aurions le 5e x^{bre} 1567, présenté ses lettres de commission et icelluy sommé et requis de par le roi, fere le contenu en icelles, lui faisant déclaration comme faisions nostre debvoir à lever 50 harquebuziers,

---

(1) J^{ne} Giraud, fille unique dudit Gaspard (mort avant le 25 août 1601) épousa Jⁿ Bardonins, éc^r s^r de L'Augellerie, qui y demeurait 18 9bre 1605, veuf de cette J^{ne} et céda alors ses droits ès succ^{ns} de Gab^l et Amagnion de St-Martin (car elle en prétendait 1/4) à F^{ois} Pailher, n^{re} à St-Bonet, lequel les céda 8 février 1606 à Marg^{te} de Nuchèze, v^{ve} St-Martin.

(2) L'illustre maison de Poix est représentée actuellement par le c^{te} Gaston de Poix et son fils Xavier de Poix, demeurants au château de la Roche-Ploquin, par Sainte-Maure (Indre-et-Loire) et le c^{te} Louis de Poix, père de 5 garçons demeurant au château de Bénavent, commune de Pouligny-S^t-P^{re}, près Le Blanc (Indre). Chabenet est en ce moment possédé par la nièce du c^{te} Louis de Poix, mort sans mariage, elle est fille de sa sœur la c^{tesse} de Boisé de Courcenay.

suyvant la voulanté du roy, et que nous les aurions levez dès huict jours ; Comme aussi aurions adverty le procureur du roy audict siège, faire les dilligences en tel cas requises ; et de nostre part, pour le deu de nostre charge, aurions dès ledict 5ᵉ jour dud. moys de xᵇʳᵉ, mys dedans ledit chasteau du Dorat pour partie desditcts 50 harqueb., et tel parsus l'aurions levé en toute dilligence, sellon que nous estoyt mandé pour le service de la majesté du dit sgr, et iceulx montez et equippez et armez auecques grands frays et et despance, d'aultant que les trouppes des séditieux et rebelles qui auroyent passé par ledict pays avoyent spollyé tous les habitans dudict pays de leurs armes. » Ét de rechief, à plusieurs autres jours (et à fois ??) subsequantes aurions sommé et adverty lesdits Brujas lieutenant et procureur du roy mectre à exécution les dictes lettres de commission et procéder audit esgallement, sellon que leur estoyt mandé et connu ? par icelles, et protesté contre en leurs noms propres et privez ? et de tous despens dommages et interestz pour le retardement qui pourroyt advenir du service du roy par leur faulte et *m*égligence de mectre à exécution la voulanté dudit sgr portée par lesdictes lettres de comission à eulx adroissantes. » Et faisans lesdictes dilligence, nous auroyt esté remonstré par nobles et autres dudict pays que ledict Brujas estoyt de la religion prétendue refformée, y avoyt faict profession, que avoyt faict grand amas d'armes en sa maison et icelle par avoyr ordinairement grand nombre de huguenotz en sa dicte maison et à sa suytte ; par le moyen de quoy il auroyt tousjours dillayé mectre à exécution les dictes lettres et procéder audict esgallement, soubz lequiel prétexte auroyt par le moyen de ladicte dilacion ? esté occasion que la pluspart des habitans dudict pays se seroyent opposéz à l'exécution desdictes letres, fondans leurs causes principales d'opposition sur les grands frais et fortifficacions que leur conviendroyt faire audict chasteau du Dorat, disant qu'elles monteroyent à dix ou douze mil liures tournois, et auxquelx aurions faict déclaracion que lesdictes répacions et fortifficacions nécessaires pour le présent, audit chasteau, ne pourroyent revenir que à la somme de deux cents liures tournois fors payéz, leur remonstrant oultre les grands inconvéniens quy pouroient advenir audict pays à faulte de l'exécucion desdictes lettres qui estoyent expédiées du propre mouvement du roy et en son conseil, et que veu les affaires qui se estoient ? présentées ? et sont de présent audict pays et par tout le royaulme que les dictes oppositions des personnes privées des habitans de la ville du Dorat ne des autres dudict pays ne debvoyent retarder l'exécution desdictes lettres le sommant exécuter icelles à nos périlz et fortunes, luy promectant les garder indampne de tous inconvéniens qui

luy en pourroyent advenir pour l'affection et désir qu'en avons au
service du roy, et finablement ledict Brujas sans appeler aulcuns
des officiers du roy audict pays, sellon que luy estoyt mandé par
ses dictes letres de comission, et sans adviser que les deniers
estoyent nécessaires pour les réparations dudict chasteau et soulde
des harquebuziers par intelligence, connivance ou collusion qu'il a
avecques lesdits huguenotz après avoir entendu lesdicts habitans
en leurs causes d'opposicion et sans avoir esgard auxdites letres
portant sa commission ne remonstrances qui lui aurions faicte
que nos dicts harquebuziers estoyent lévés, montés et armez
[et (1) soubz prétexte de ce que les dictes letres] de commission
ne contiennent clause expresse de passer oultre nonobstant oppositions ou appelations et sans préjudice d'icelles auroyt ordonné
que nous pourvoiryons par devers le roy et n'avoir oncques
voullu passer oultre ; dont ses letres de commission sont demeurées
sans exécution et lesdits harquebuziés levez, sans soulde et lequiel
appoinctement auroyt esté différé par ledict Brujas, ledict jour ve
décembre jusques au xxiiie dudict moys ; quelque sollicitacion ou
dilligence que nous ayons sceu faire, et par ce supplions la majesté
du dict seigneur nous faire expédier autres letres de commission
adroissantes au plus ancien advocat de la basse Marche pour faire
ladicte cothization du depuys l'octroy? de la dicte commission
et exécuté icelles commission nonobstant opposition ou appella-
cions quelzconques considéré? que audict pays et ressort n'y a
aulcuns officiers du dict seigneur autre que lesdits lieutenant et
procureur dudit seigneur, lesquieulx reffuzent procéder à l'exécution des lettres de commission susdicte, attendu le refuz ou
renvoy faict par ledict lieutenant et qu'il plaise à ladite majesté
dudict roy ordener ou déclarer la somme de deniers que seroit
bon estre levée à tout le moins jusques à la somme de cinq mil
livres à les prendre et lever sur le pays, tant villes clouses que
aultres, et signament sur la ville du Dorat et ses enclaves,
nonobstant quelque exemption ou privillèges qu'ils veulent alléguer
attendu la cause qui conserne tout le publicq, et que par nécessité
il fault que la ville et chastel du Dorat soient soubs un commandement ou gouvernement, ce que les habitans ne veullent souffrir,
ains se distrayent et tirent à part, combien que la défence de lung
depend de la défence? de l'aultre et ne se peuvent faire aultrement
commodément car si celluy qui comande au chastel ne comendoit
en la ville s'en pouroient? essuyer? inconveniens mesmement

(1) Les mots entre crochets sont biffés (ainsi peut-être que les 2 lignes
suivantes.

qu'il y a plusieurs habitans uguenoux mais idoines ? qui se pourroient ? eslire ? ou eslever ? joinct que le chastel est près de la ville
et le siège royal de la basse Marche au dedans d'icelle et le tout se
peut fort aisément conduire soubs ung mesmc comendement et
gouvernement.

» Faict soubs nostre seing, le 26ᵉ jour de xᵇʳᵉ l'an 1567 »

[Pièce en papier, sans signature, ni sceau. Copie du temps, avec
cette écriture de greffier chaffouin du xvıᵉ s. toute en pattes de
mouches, fioritures et jambages grèles.]

Ce même Gabᶫ Sᵗ Martin, sénéchal, accompagné de plusieurs
gentilshommes faisans la pluspart de ladite cᶦᵉ d'arquebuziers à
cheval, convoqua le 12 déc. 1567, le chapitre du Dorat, comme sgr
temporel de la ville, notamment les chanoines Rolland ? ou Yolland
de La Rye et Jⁿ de Bersac, les sommant de les loger et nourrir
pour argent et de lui délivrer les clefs des portes de la ville, affin
d'icelle maintenir et le pays en l'obéissance du roy, sur ce que le
chastel du Dorat ne pouvait loger tous ces gens et chevaux. Le chapitre demanda d'en délibérer. —

Voici transcrit son passe port royal :

De par le Roy,

*A tous noz lieutenans généraulx, gouverneurs, mareschaulx,
bailliz, sénéchaulx,* prévostz, juges ou leurs lieutenans, maires,
eschevins, consuls, cappitaines et gardes de villes, citez, chasteaux,
places et forteresses, ponts, ports, portes et passaiges, et à tous
noz autres justiciers (1), officiers, et subgectz qu'il appartiendra,
salut et dilection ; estant présentement par nous détaché Gabriel
de *Sᵗ Martin,* chevʳ, sʳ de Baignac, sénéchal de la basse Marche,
lequel s'en va présentaman audit pais de la B. M., vacquer à
l'exercice de sa charge et autres affaires concernans nostre service, vous laissez seureman et saulveman passer et repasser, aller,
venir, céjourner par tous vos povoirs et destroitz par son train,
qui est en nombre de six chevaulx et armés de harquebuzes et pis-
tollés — sans le fere mectre ou donner et souffrir estre fait, mis
ou donné aucun trouble, destourbier ou anpeschement, au moyen
de noz ordonnances. Ce que nous vous deffandous en sa ? presen-
teman ou ? ne faictes faulte sur tant que craignez nous désobéir et
aymez le bien de nostre scrvice.

Car tel est nostre plaisir.

Donné au chasteau de Boullongnie lez Paris, le xxbᵉ jour d'aoust
mil cinq cens sixante huict (25 août 1568).

Par le roy, signé : *Plectet ?*

____

(1) Pièce en velin, de 0ᵐ,30 env. sur 0ᵐ,15 avec sceau en papier, sous étui.

Il fut tué au service peu avant le 3 nov. 1572.

Philippe, son frère, se retira au Dorat, « pays régi par la coutume poitevine » y acheta une maison, rue Bouyère, 7 mai 1598, de Madel^ne St Martin (*spuria* probab^t) qui avait épousé J^n Courtioux par c. du 7 mai 1595.

Philippe acquit au Dorat d'autres maisons et jardins ; de petites métairies en la banlieue, prêta le surplus de ses fonds, ne se maria point, et légua par préciput 1/3 de ses biens à Philippes S^t M^n son neveu et filleul, sous diverses charges.

François, autre frère, éc^r, sgr d'Escurat (Voulon) y demeurait sans se faire connaître autrement, en 1587 ; et 1601, date d'une cession avec P^re, son frère, qui lui abandonna le fief de la Roulhe, 13 août.

Catherine Couraudin (malgré la double coïncidence et le rapprochement qu'on en pourrait faire avec ce que nous avons dit plus haut), nommée dans le testament de son mari (1) Gaston de St Martin, éc^r, sgr de Puy-Guérault, ne nous semble ici épouse que d'un homonyme périgourdin étranger à la présente lignée. Elle convola avec M. de Fayolle, éc^r, s^r de la Forge de Sarrazac, Dord. et vivait en 1581.

Scipion de St Martin, est compris avec P^re et F^ois, éc^rs, frères h^rs de feu Gab^l, le sénéchal, dans le mandement du 13 may 1575, adressé par le roy à ses chers et bien amés (les susdits frères) pour que les gens de ses comptes « leur remboursent sans contrôle » les sommes déboursées par Gab^l qui fit plusieurs réparations défensives au Dorat, et par emprunts personnels avança la solde de ses troupes, etc. (2). Aussi le roy apostilla-t-il gracieusement le placet dans lequel P^re de St Martin, s^r de Bagnac, en 1574, exposant les bons services de ses aïeux et de feu Gab^l son frère, qui venait de périr dans les troubles, puisqu'on lit au bas de cet orig^l en pap^r : *accordé*, (ung estat et place de gentilhomme servant de sa maison), *quand l'occasion s'offrira*, fayre quelque chose pour luy. Signé : Henry.

La chose ne traîna guère, car nous tenons à la main le brevet scellé du secret royal, le 18 janv. 1576, ainsi libellé : « Ayant égard
» et considération aux bons et agréables services que nostre cher
» et bien amé P^re de S^t M^n, sgr de B. a faictz cy-devant au feu roi
» Charles, nostre très cher sgr et frère, et à nous, depuis nostre
» advènement à la couronne, tant au faict des guerres et occasions
» passées, que en plusieurs autres charges et commissions où il a
» esté employé, sans y avoir espargné ses personne et biens.

» *Le retenons* en l'estat de *gentilhomme ordinaire de nostre*
» *chambre.* »

_____

(1) Arch. Dord., série C. — et carrés d'Hozier vol. 594, 220.
(2) Orig^l parchemin.

Don par le roy Henri III à P^{re} II de St Martin de Bagnac, de 50 arbres de la forêt des Coutumes, 1575.

Henry, par la grâce de Dieu, roy de France et de Pologne,

A noz améz et féaulx conseillers les gens tenans nostre court de parlement de Paris. Au grand m^e enquesteur et général refformateur de noz eaues et forestz au pays et province de la basse Marche, m^e particullier de nostre forest des Coustumes, ou son lieutenant, et à tous noz aultres justiciers et officiers, et à chacun d'eulx si comme à luy appartiendra, salut et dillection. Scavoir faisons que nous ayant égard et considération aux b[ons et co]ntinuels et amiables services que nostre cher et bien aimé Pierre de St Martin, sgr de Baignac, a cy-devant faictz aux feuz roys nos très honoréz seigneurs père et frère, et à nous puis nostre advènement à la couronne, tant au faict de leurs guerres, que en plusieurs et maintes aultres louables sortes et manières, comme il faict et continue chacung jour, et espérons qu'il fera encores cy-après ; —A icelluy, pour ces causes, et affin de luy donner moyen de rebastir et réédiffier aucunes de ses maisons qui ont esté ruinées et bruslées durant les troubles, avons donné et octroyé, donnons et octroions par ces présentes, la quantité de cinquante piedz d'arbres de chesne bons et propres à bastir, avec leurs houppes et branches, les iceulx? avoir et prendre en nostre dicte forest des Coustumes, en lieur d'icelle moings dommaigeable pour nous, et plus aiséz et commodes pour l'effect que dessus que faire ce pourra, et ce à quelque somme, valleur et estimation qu'ilz soient et se puissent monter.

Sy voullons et vous mandons que faisant ledict sgr de Baignac jouir et user de nostre présent don et octroy, vous m^e particullier ou vostre dict lieutenant, luy merquez et déluerez, ou par telz de noz officiers de la dicte forest des Coustumes qu'il appartiendra, luy faictes merquer et déluerer la dicte quantité de cinquante piedz d'arbres, en nostre dicte forest des Coustumes, es lieur et façon que dessus est dict. Et en raportant ces dictes présentes signées de nostre main, ou vidimus d'icelles (et?) avec recongnoissance dudict sgr de Bagnac de la jouissance de ce présent don. Nous voullons que celluy ou ceulx que ce pourra toucher en soient et demeurent quictes et deschargez (partout?) où il appartiendra et besoing sera sans difficulté ; car tel est nostre plaisir, nonobstant les ordonnances tant anciennes que modernes faictes sur le faict et reiglemen(tation de nos eaues) et foretz ; ausquelles nous avons, pour ce regard et sans y préjudicier en aultres choses, dérogé et dérogeons par ces présentes, ense[mble aux dérog]atoires [et choses ? y] contenues et à quelzconques aultres ordonnances, restrinctions, mandemens, deffences et lettres à ce contraires.

. *Donné à Paris*, l[e .....]me jo[ur.....] de l'an de grace mil cinq cens soixante quinze, et de nostre règne le deuxiesme.

Signé : *Henry*, par le roy : *Brulart* (1).

Nous rééditerons ici pour nos lecteurs limousins l'ex[trait suivant (signé de nous) du *Bulletin des antiquaires de l'Ouest*, de 1892, 3ᵉ trimestre, p. 123.

LA LIGUE EN POITOU

C'est en préparant de longue main une *Géographie historique du Bas-Limousin*, et le *Dictionnaire topographique de la Corrèze*, — mais après nous être laissé amener de proche en proche à déborder ce premier cadre, pour mieux étudier la région Limousine, plus attachante encore dans sa Basse-Marche (*bordure Poitevine*) — que nous avons trouvé la pièce ci-après, d'un rare intérêt politique pour le Poitou.

Nous l'avons exhumée du chartrier considérable du regretté marquis de St-Martin de Bagnac (2), dont la maison, alliée aux Mortemer, aux La Touche, Neufchèze, Bonneval, Lévis-Gaudiés, etc., a fourni deux sénéchaux de la Basse-Marche, 1541-1575, etc.

(1) Cartel en velin, auquel le sceau n'est plus visible et dont le bas, à droite, est gravement rongé et souillé par les rats. En outre des majuscules, nous y constatons nombre de sous-majuscules aux bons endroits. Une production au temps où les souris avaient respecté la date, dit qu'elle est du 17 nov.

(2) Ce fut au cours de nos recherches de 1891-92, plus spécialement généalogiques, à travers les riches archives seigneuriales des comtes de Montbron, provenant soit de leur ancien marquisat de Clairvaux, près Scorbé, soit de leur comté de Montbron (Charente), ou de leurs baronnies de Marthon et de Thuré, en Angoumois et Poitou, aussi bien que de leurs châteaux de Montagrier, l'Auberge et La Côte, près Bellac ; de Chaufaille, Fayat et Forsac, près St-Yrieix.

Sans parler de la Corrèze, nous avons dépouillé de plus, en Haute-Vienne, les chartriers des barons de Nexon, Gay de Vernon et de La Pomélie au Mont-Joffre, etc.

A Bagnac et à Montagrier, commune de St-Bonnet-de-Bellac, ces titres vénérables sont relatifs aux de La Touche, à la gestion financière du comté de la B. Marche ; aux La Rye, aux Barbarin du Bost (Esse), aux Papon de Virat, Sornin du Martineix, aux de St-Martin de Sarzay et Villemaixent, etc., aux de La Lande, Guyot d'Asnières, et nous fournissent quantité d'autres notions de famille, dont nous avons fait profiter le beau et scrupuleux *Dictionnaire des familles du Poitou* présentement réédité par MM. Beauchet-Filleau.

Association faicte entre les princes, seigneurs, gentilshommes et aultres, tant de l'estat éclésiastique, de la noblesse, que du tiers estat, subjectz et habitans du pays de Poictou.

† Au nom de la Saincte Trinité, et de la communication du précieux corps de Jhesus-Christ :

Avons promis et juré sur les Saincts Evangiles, et sur noz vies, honneurs et biens, de garder inviolablement les choses acordées, et par nous soubzsignées sur pène d'estre à jamés déclairez parjures, inffames et tenuz pour gens indignes de toute noblesse et honneur.

Premièrement, estant congneu d'ung chascun les grandes pratiques et conjurations faictes contre l'honneur de Dieu, la saincte Eglise Catholique, et contre l'estat et monarchie de ce royaulme de France, et maison de Valloys, tant par aulcuns des subjectz dudit royaulme, que par estrangiers, et que les longues et continuelles guerres et divisions civiles ont tellement affoybly et réduict noz roys en telle nécessité, qu'il n'est plus possible que d'eulx mesmes soubstiennent la despence nécessaire pour la conservation de nostre religion, estat et dignité royale, n'y qu'ilz puissent par cy après nous maintenir soubz leur protection en seureté de noz personnes, familles et biens ausquelz par cydavans nous avons receu tant de pertes et dommaiges.

Avons estimé estre très nécessaire de rendre premièrement l'honneur que nous debvons à Dieu, à la maintenue de nostre religion catholique, et nous y monstrer plus affectionnez à la conservacion d'icelle, que ceulx qui sont desvoyez de la bonne religion ne sont à l'advancement d'une nouvelle opinion.

Par ainsi, jurons et promectons de nous employer de toutes noz puissances à remectre et maintenir l'exercize de nostre religion catholique, apostholique et romayne en laquelle nous et noz prédécesseurs avons estez nourriz et voulons vivre et mourir.

Aussi promectons et jurons toute obéissance, honneur et très humble service au Roy Henry, à présant regnant, que Dieu nous a donné pour nostre souverain roy et seigneur, et qui est légitimement appellé à la succession de ses prédécesseurs par la loy du royaulme, et après lui à toute la postérité de la maison de Valloys.

Et oultre l'obéissance en (*sic*) service que nous sommes tenuz de rendre par tout droict à nostre dit roy Henry (1), à présant regnant, promectons d'employer bien et vyes pour la maintenir (pour maintenue) de son estat, conservacion de son aucthorité et exécution des

---

(1) Henri III. — Les états de Blois eurent lieu en 1576 et 1588.

commendements, qui, par luy, ses lieutenans généraux ou aultres ayans de par luy pouvoir, nous seront faictz, sans recognoistre aultre, quiconque soyt, que luy ou ceulx qui de par luy nous sera commendé.

Et d'aultant que par la bonté et prudence de nostre dict roy et souverain seigneur, il luy a pleu tant faire de bien à tous les subjectz de son royaulme, que de lez convocquez à une assemblée géneralle de tous ordres et estatz dudit royaulme, pour entendre les plainctes et doléances de ses subjectz, et pour faire une bonne réfformacion des abuz et désordres qui ont continué de longt temps en ce dict royaulme, espérant que Dieu nous donnera quelque bonne résolucion par une si bonne et grande assemblée, promectons et jurons d'employer noz dictz biens et vyes pour l'antiére exécucion de ce qui sera commandé et ordonné par sa majesté, après avoyr oy les remonstrances des estatz assemblez.

Et pour cest effect, nous tous soubzsignez, promectons de nous tenir prestz, bien armez et montez et acompaignez, scelon noz qualitez, pour incontinen que nous serons advertiz, exécuter ce qui nous sera commandé par le roy nostre dict souverain seigneur, ou par ses lieutenans, ou aultres ayans de luy pouvoyr et authorité, tant pour la conservacion de nostre province, que pour aller ailleurs, s'il est besoing, pour la conservacion de nostre dite religion et service de sa dicte Majesté.

Et offrons, pour le pays de Poictou, pour cest effect, jusques au nombre de (en blanc)... gens de cheval, bien montez et armez, en (au sens de avec)... (en blanc) gens de pied, tant pour la conservacion de ladicte province, que pour employer ailleurs où il sera requis, sans y comprendre ceulx qui sont des ordonnances, attendu qu'ilz sont obligez à servir ailleurs : et pour chacune compaignie, soy de gens de cheval ou de gens de pied, seront troys gentilzhommes du pays nommez au lieutenant du roy ou celuy qui aura pouvoir de sa magesté, qui fera choix et élection de l'ung d'iceulx.

Et parce que telles levées ne se peuvent mectre sus sans fraiz et despence, et qu'il est très juste, en telle nécessité des affayres du royaulme, d'employer tout le moyen que chascun peult avoyr, — sera levé et prins sur ledict pays, les sommes de deniers qui seront nécessaires, par l'advis du lieutenant du roy, ou aultre ayant pouvoir de sa magesté ; dont après sera suplyée sa dicte magesté les vouloyr authoriser et valider, atendu que c'est pour employer en choses si sainctes et nécessaires pour le service de Dieu et de sa dicte magesté.

Et pour plus facile exécucion des choses susdites, les gouverneurs appelleront six des principaulx de la province, pour, avec leur advis, pourvoyr à ce quy sera nécessaire pour l'exécution des choses susdites.

Et en chascun bailliaige ou séneschaulcée de la dite province, sera député ung ou deux gentilzhommes, ou aultres de suphizance et fidélité requise, pour entendre particulièrement, sur les lieulx, ce qui sera besoing, pour après le raporter à ceulx qui en seront chargez par les gouverneurs ou lieutenants pour le roy.

Et s'il est advisé pour le service du roy, bien et repoz de ladicte province, d'avoir advis et commendement aux dictes provinces voisines, aurons si bonne intelligence que chaicun se pourra ayder et secourir l'ung l'aultre.

Tous les dictz gentilzhommes et aultres catholiques estans de la dicte associacion, seront mainctenuz et conservez les ungz par les aultres soubz l'obéissance du roy en toute seureté et repoz, et empeschez de toute opression d'aultruy, et s'il y a différens et querelle entre eulx, sera composé par le lieutenant général du roy, ou ceulx qui par luy seront appelez, qui fera exécuter soubz le bon plaisir et commendement du roy, ce qui sera nécessaire et ordonné estre juste et raisonnable.

Et si aulcuns desdictz catholiques de la dicte province, après avoyr esté requis d'entrer en la présente associacion, faisans difficulté ou usast de longueur, atendu que ce n'est que pour l'honneur de Dieu. le service du Roy, bien et repoz de la Patrye sera estimé en tout le pays ennemy de Dieu et déserteur de la religion, et sera à son Roy, trahistre (*traître*), et proditeur de sa Patrye, et du commung consentement de tous les gens de bien, abandonné de tous et dellaissé et exposé à toutes injures (et lézions ?) qui lui pourront survenir sans qu'il soy jamés reçeu en compaignye, amitié ou alliance des susditz associez et confédérez (qui se sont ?) promis et juré amitié et intelligence entre eux, pour la maintenue de leur religion, service du roi et conservacion de (leurs ?) personnes, biens et familles.

Et parce que ce n'est notre (but de trav ?) ailler aulcunement ceulx de la nouvelle opinion qui vouldront se (contenir ? ou retenir), sans entreprendre aulcune chose contre l'honneur de Dieu et service du roy, bien et repoz de ses subjectz, promectons et jurons les conserver sans qu'ilz soyent aulcunement recherchez en leurs consciences, ny molestez en leurs personnes, biens, honneurs et familles, pourveu qu'ilz ne contrevyennent aulcunement à ce qui sera par sa magesté ordonné après la conclusion des estatz généraulx.

Nous avons promis et juré de tenir les articles susdictz et de les observer de poinct en poinct, sans jamés y contrevenir, et sans avoyr égard à aulcune amitié, parantage et alliance que nous pourrions avoyr à quelque personne de quelque qualité et religion qu'il soye, qui vouldroyt contrevenir aux commendementz et ordonances du roy, bien et repos de ce royaulme, et semblablement de tenir secrête la présente associacion, sans aulcunement la communiquer ne fayre entendre à quelques personnes que ce soyt, sinon à ceulx qui seront de la présente association, ce que nous jurons et affirmons encores sur nos consciences et honneurs, et sur les pènes cy-dessus mentionnées : le tout soulz l'aucthorité du roy renonçant à toutes aultres associacions, si aulcunes en avoyent esté ci-devant faictes.

Après avoyr entendu le contenu aux articles cy-dessus, avons permis à nos subjectz du pays de Poictou d'exécuter ce qui est porté par iceulx, et octroyé de lever sur eulx les deniers nécessaires.

* Faict à Bloys, le deuxiesme jour de décembre l'an mil Ve soixante et seze. — Ainsi signé en la minute, *Henry*, et plus bas : Fozes.

Pièce en vélin, mesurant environ 0,35 sur 0,35, et signée : *Mortemart.*

Il s'agit sans doute ici de René de Rochechouard dont l'abbé Nadaud, en son *Nobiliaire du diocèse et de la généralité de Limoges*, édité par M. l'abbé Lecler (Limoges, Ducourtieux, 1880), résume la vie très vaillante en ces termes, t. IV, p. 57.

« René de Rochechouard, baron de Mortemart et de Montpipeau, seigneur de Tonnay-Charente, Vivonne, Châtel-Archer, Cersigné, Ferrières, Lussac-le-Château, né le 27 septembre 1528. marié le 1er janvier 1570 (à Jeanne, fille du maréchal de Saulx-Tavannes, qui lui donna 10 enfants, et qui, devenue veuve, établit les Picpuciens à Paris en 1611), a mérité d'être placé parmi les héros de son siècle pour ses grands exploits de guerre. Il avait de grands biens, mais il fut encore plus recommandable par sa valeur et par ses grands services. Dès l'âge de 15 ans, il suivit François de Rochechouard, baron de Mortemart, son père, au siège de Perpignan, où il conduisit la noblesse du Poitou, et depuis il fut toujours armé, pour le service de l'état et de la religion, jusqu'au 17 avril 1587, qu'il mourût âgé de 61 ans, avec l'honneur d'être le seigneur de son temps qui s'était trouvé à plus de sièges et de batailles, et qui était plus capable des grandes charges de guerre, etc.

» Il fut chevalier de l'ordre du roi Charles IX, et de celui du St-Esprit, dès 1580. — Pour comprendre toutes ses actions en peu de mots, ajoute Nadaud, qui copie évidemment le généalogiste de cette maison, c'est assez de citer le siège d'Epernay, la défense de Metz, 1552, Hedin, où il fut pris les armes à la main, l'attaque de Wulpiau, où il commandait cent gentilshommes, et emporta d'assaut la basse ville, la prise de Calais, de Bourges, de *Poitiers*, en juillet 1569, où il se distingua par une défense vigoureuse, Blois, Rouen, St-Jean-d'Angéli, Luzignan, en décembre 1574, aux batailles de St-Denis, Jarnac, Moncontour, 1569. Dans la suite, il servit devant La Rochelle, devant Broüage et ailleurs, et soutint, à ses dépens, tous les frais d'une longue et continuelle guerre contre les Huguenots, qui l'obligea d'entretenir des forces considérables pour la garde de ses terres.

» En 1574, il avait une compagnie de 30 lances des ordonnances du roi, dont la montre en armes fut faite au camp devant Luzignan, le 19 octobre. J'en ai le rolle ; elle était toute composée de gentilshommes, l'une des plus lestes et des plus choisies de toutes les armées du roi. »

Qu'il nous soit permis maintenant, en terminant cette communication, de faire agréer à Mme la marquise de Bagnac, née de Preaux l'expression de notre plus respectueuse gratitude, à l'occasion de cette publication par elle autorisée d'une piece de son chartrier.

————

Après cet épisode d'ordre public, revenant aux faits privés ou événements de famille, joignons ici le contrat de mariage de Pre de Baignac, notre catholique militant, avec Margte de Neufchèzes, pour initier le lecteur aux accords nuptiaux d'autrefois.

Sachent tous, que en droyt, en la court du scel aux contraictz, à Montmorilhon pour le roy nostre sire, et Lussac-le-Chasteau pour Monseigneur dudict lieu :

Ont estez présents et personnellement establys messire Jehan de *Nuchèzes*, chevalier de l'ordre du roy, gentilhomme ordinaire de sa chambre, seigneur chastellain de La Bruslonnyère, et damoiselle Margeritte de Nuchèzes, sa filhe et de feue dame Jehanne de Partenay, vivent, espouse dudict de Nuchèzes demeurans audict lieu de la Bruslonyère, en la paroisse de Persac, d'une part :

Et Pierre de *Sainct-Martin*, escuyer, sgr de Bagnac et de la Roulhe, gentilh. ordinre de la Ch. du roy, dt aud. lieu de B. en la par. de St-Bonnet, jurisdn de Bellac, ressort de la b. Marche, parlement de Paris.

Entre lesquelz a esté acordé le mariage dud. de St-M. aveq. lad. Marg. de N. par la promesse d'icelluy (máriage), constitution de dot, douaire et aultres comme est dict cy après ; à l'effet desquelles led. de St-M. a promis prandre à femme espouze lad. Marg. de N. damlle, et icelle Marg. du volloyr et consentement dudit sr chevr son père, Pre et Melchior de Nuchèzes, escuyers, ses frères, et aultres ses parens, promis prandre à mary espoux led. sr de B. et iceulx futurs conjoinctz vollu solempniser led. mariage toutesfoys et quantes que l'ung en sera par l'aultre requis, les sollemnités de l'eglise catholique, apostolique et Roumaine sur ce gardées et observées.

En faveur et contemplation duquel mariage led. s^r chev^r pour les droyctz successifz à eschoyr par son deycepz et escheuz par le décepz de l^{ad}. feue de Partenay, son expouse, et aultres successions de frère et de seur, a constitué en dot à lad. Marg^{te} sa filhe, et luy constitue par les présentes la somme de quatre mil escuz sol, paiable savoyr, la somme de 1333 escuz ung tiers, dedans la bénédiction nuptialle, et le parsus après son deceptz par ses héritiers au profit desquelz lad. Marg. a promis renoncer ; attendu lequel paiement led. s^r chev^r promet bailher, fornir et paier par chascun an ausd. futurs conj^{ts} 33 escuz 1/3, revenans à 100 liv. de rante, en chascune feste de nouel, desquelz 4,000 escuz en sera censé et réputé pour meuble la somme de 200 escuz revenent à 600 livres tournois, pour estre compris en la c^{té} entre eulx dès à présent a esté acordé que tous meubles et acquestz présens et futurs quelzconques non obstant toutte rigeur de droyct, usance de pays et coustumes ausquelz les futurs conjoincz ont renoncé sauf que lad. de N. future espouze demoure en liberté de se tenir à la communaulté ou y renoncer pendant led. mariage ou icelluy dissolu par la mort de son futur espoux et en ce les prandera seulement ses meubles, et choses censées pour iceux qu'elle aura porté en la maison du futur, dont à ceste fin, il sera tenu bailher acquit, sans estre tenue et subjecte à aucunes debtes et le parsus de lad. somme dotalle (en cas de ?) réception led. futur a promis et sera tenu le convertir en acquestz imeubles pour estre censés le bien patrimonial de lad. Marg. et à faulte de lad. conversion, dès à présent comme dès lors et dès lors comme dès à présent, icelle assigner et assigne sur son chastel et seig^{ie} de Bagnac, mesteries, cens, rentes et touttes aultres appartenances et dépandances sans aucune chose en réserver, dont Marg^{te} joyra après le décepz du futur jusque au parfaict paiement de sa rante desdits denyers à la raison du denyer douze à son choix et opbtion, et sur ce a esté acordé que où lad. Marg. précéderoyt (pour prédécederait) le futur sans hoirs ne sera tenue de restituer aux héritiers de lad. Marg^{te} que 2,666 escuz, 2/3, daus ung an aprest (sic) la dissollution du mariage par la mort de lad. Marg , et moienent lad. fondation dotalle ainsy promise ladite d^{lle} sera tenue et a promis o (au sens de avec) l'authoritté dudit St-M. renoncer, comme dès à présent ilz renoncent aux successions directes et collateralles desd. père et mère, frère et sœur escheues et à eschoyr, au profit dudit cheval^r que ses hoyrs maslez descendent d'eux ou les représentans, sans y pouvoyr rien prétendre et demander ores et pour l'advenir, et demeurent les parties en la disposition de la coustume du pais de Poucthou pour estre lad. Marg^{te} le cas en d'houaire advenuz douhée d'un tiers des biens propres et des acquestz du futur, logée et hébergée bien et convenablement sellon sa quallité nonobstant comme dit est toutte usance du pais et rigeur de droict (ne contrère ?) autrement le mariage ne se fust faict ne accomply. Promet toutes foys le dit de Nuchèzes père, que au cas que son filz ayné se marira de son vivent et qu'il aura comoditté de paier ledit dot, de païer sans se ayder de la rigeur de la convenance (convention) y dessus apposée d'estre paié après son déceptz sans y pouvoyr aultrement estre contraincz, tout ce que dessus lesdites parties présentes stipullants et acceptants ont vollu, consenty et acordé, promis, juré tenir, garder et acomplir de point en point et n'y contrevenir par la foy et serment de leur corps, obligation et hypothèque de tous et chascun leurs biens présents et futurs quelzconques, dont à leur requeste et de leur consentement et volonté (seront estés requis et contraintz?) par le jugement..... des cours à la jurisdiction desquelles elles ne (se) sont point supposées et soubmises et leurs biens quand à ce?

Faict et passé audit lieu de la Bruslonyère, après midy, le mardy neufviesme jour de julhet 1596. Ainsy signé en la minutte J. de Nuchezes, P. de Sᵗ Martin, P. et M. de Nuchezes, M. de Nuchèzes, A. Mensal? F. Augier, procureur, F. Masolard, nʳᵉ royal.

Signé : Bordeau, nʳᵉ; délivré coppie.

Pʳᵉ de Sᵗ Martin ci-dessus donna mandat le 6 juillet 1581 pour hommager toutes ses dîmes de Sᵗ Martial et 1/2 de ce bourg, etc., à M. de la Béraudière, comme sgr de la châtellenie de l'Isle-Jourdain. Partie de cette dîme dite de Roullin, au devoir d'un éperon doré, lui provenait de Jⁿ La Touche, écʳ, sgr de Montagrier, — par achat du 19 mai 1553, fait en présence de Jⁿ de La Tousche, bastard de feu Nicolas de La Touche. Noble Marie de Baignac, au 26 juil. 1475, avait porté son serment de feaulté, à puissant Jean de Lezay, sgr des châtⁱᵉˢ de Remouhet et de la ville et châtⁱᵉ de l'Isle-Jourdⁿ pour 1/2 dîme de la paroisse de Sᵗ Martial, et son droit sur un villard (jardin) à la Mothe-Rathier, et les rentes de Robin à la Ville-deu-Bous, (du-Bois).

L'existence de Pierre Sᵗ M. est prouvée encore au 13 may 1603, date du testᵗ mutuel de lui et de Margᵗᵉ Neufchèzes, conjoints, signé Pallier, nʳᵉ royal à Sᵗ-Bonnet. Il y prit la qualité de l'un des 100 gentilsh. de la mᵒⁿ du roy et gentilh. ordʳᵉ de sa chambre, mais Margᵗᵉ instituée son usufruitʳᵉ, comme sa survivante, à charge d'élever honnorablement leurs enfants, était déjà sa vᵛᵉ dès le 30 mai 1604. Elle mourut après le 19 janv. 1625 et eut au moins 2 enfants : 1º Philippe, dont l'article suit ; 2º X..., disparu en bas âge ; car l'année 1615 nous montre Margᵗᵉ de Nuchèze, tutrice de son fils Philippe et plaidant à ce titre contre : 1º Gaultier, 2º Gabᴵ, 3º Fᵒⁱˢ, tous trois fils (ignorés par les généalogistes) de Fᵒⁱˢ de Sᵗ Martin, écʳ, sʳ d'Escurat. Elle demande l'exécution du testᵗ de défunt Philippe de Sᵗ Martin, écʳ, daté du 20 8ᵇʳᵉ 1615 ; encore approuvé et codicillé par le de cujus, les 21 et 27 8ᵇʳᵉ 1615, qui mourut le 28 8ᵇʳᵉ 1615, léguant 1/3 de ses biens à Philippe de Sᵗ Martin, sʳ de Bagnac, son filleul et neveu ; le testateur, célibataire au Dorat, étant frère puîné de Pʳᵉ et de feues Jⁿᵉ, et Madeleine, épouse Villedon.

Les prétendants droits à cet héritage étaient donc : 1° les 3 fils de feus F^ois St M. et de d^lle Perette d'Escuras, de la m^on noble d'Escuras (Voulou), en laquelle église ils avaient patronage de la chapelle Ste-Catherine, placée sous même vocable que leur chapelle castrale. Ces fils sont en 1615, 19 août : *a* Gaultier, de St Martin, éc^r, sgr d'Escurat et de Montvy, dem^t au château de Montvy, duché de Bourbonais, époux de Louyse de St Herié. *b* Gab^l, éc^r, s^r d'Escurat 1618, y dem^t 1609, et *c* F^ois, cadet, éc^r.

Les autres prétendants droits, disions-nous, à la succ^n de ce quasi-célib^re du Dorat étaient, en outre : 2° sa fille Madel^ne, épouse courlioux, par c. du 7 mai 1795, dont 3 enfants. 3° Et^ne de Villedon, éc^r, s^r du Monteil. 4° Philipe St Martin, s^r de Bagnac, mineur déjà nommé. 5° F^ois de Chantilhac (1), éc^r, s^r de Champeaux, et de la Vigerie, frère de P^re de Ch. 6° F^ois Chioche, éc^r, s^r du Courret, mari de Cath^ne de Chantilhat, d^ts au chât. du Courret (Darnat), et qui transigent là-dessus le 14 mars 1616. 7° Gaultier Bardonin, éc^r, s^r de l'Augellerie, de Quéaux (v^ne). 8° d^lle J^ne de Chantilhac, v^ve de J^n de Nollet, éc^r, s^r du dit.

L'inventaire en la maison de la rue des Vaulx-Dieux, au Dorat, 30 8bre 1615, est d'une lecture assez piquante :

En la *cuisine* : 3 escabeaux, de la façon de *Grandmont* prisés 15 sols. — 4 tabouretz couvertz de tapisserie, évalués 3 liv.; un rastellier sur la cheminée, soutenant une arquebuse de 3 pieds. Comme on veillait autour du vaste foyer, en était bien aise d'avoir ses armes sous la main, surtout par les attaques plus fréquentes de nuit. Le Jupiter d'Offenbach agissait moins prudemment en plaçant... sa foudre... dans l'armoire de Mme ! — Une escopette au p^t ressort, 8 liv.; une allebarde de Forestz (fabric^n forézienne), 4 liv.; une arbaleste d'acier avec ses bandages de 4 traictz = 40 sols.

Chambre : 1 propoint de satin tané (couleur châtaigne, mordoré), couvert de tavelle de soye tout usé (tavelle, touaille toile), 40 s.; 1 pouignard, 20 sols; un paire de mulles (pantoufles) couvertes de velloux, fort uzées, 16 sols ; une serviette de collation, 16 s.; 1 manteau de sarge garni de bouttons à queu^he = 13 liv. 10 s.; 1 paire de chausses de sarge tanés, garn^is de passementerie, 6 liv.; 1 robbe de chambre *à usage du défunt* (voilà une mention engageante !) de carisel, coulleur de roze seiche, bandée de bandes de velloux noir et doublé de frison, prisée, 15 liv. (aujourd. 50 fr.?); une selle de cheval, couverte de trippe de velloux noir ; 2 cuirasses = 16 liv.

Salle : 1 tapis façon d'Aubusson au devant la cheminée ; 1 lict fait en impérialle, de bois de nouhier, surciel d'escarlate rouge ; 1 chalit avec

---

(1) Madel^ne de St Martin était, avant 1592, épouse de ce Franç. de Chantillac. [Beauchet, reg. 8, f° 115 et son *Diction.*, vol. II, p. 235.]

rideaux de camellot vert et rouge, un ciel de tapisserie façon d'Aubusson.

En 1 coffre à bahut : 1 p. d'hault de chausses de satin roze seiche, mouchettées et passementées, estimé 15 liv. tant plein que vuide, etc... un espée ayant la garde dorée avecq 1 faulx fourreau de velloux, 7 liv. 10 sols ; 1 coutelas à garde dorée ; 9 rubatz, une toilette de satin incarnat ; 2 rozes à mettre sur les souliers ; une tocque de velloux noir, à 30 sols ; 8 mouchoirs, 10 sols ; un couvre chef de cartier, 10 sols (de garnison ?); une montre d'horologe, 24 liv.

Immeubles : la métairie du Rastellan (St Ouen) à lui adjugée 19 janv. 1600 sur saisie contre feu Simon de La Chaulme. — Sa maison du Dorat, acquise de me Pre Marrand, juge de Rancon, pour 600 liv. le 11 fév. 1597. Reçu Rampion.

IV. *Philippe* de St-MARTIN, sgr de Baignac.

Il obtint, (si ce n'est plutôt son homonyme, autre Philippe,) le 11e may 1591, sauvegarde accordée par le victe de La Guerche. aux fins que les troupes ne commissent aucun dégat sur ses terres. Philippe de St-Martin, chevr, sr de Bagc, était époux de dlle Diane Barton, le 19 mars 1633 ; faut-il rectifier en 1603 mieux que 1613, on peut même croire à une inadvertance, car Philippe ici en cause épousa 1614 Cathne Barberin, laquelle vivait encore en 1662. Suivons quelques faits et gestes de ce sgr. Il était reconnu le 22 mars 1637, comme ayant-droit des époux Jn Jouvion, sgr de Drouilles et Margte d'Asnières, sur le lieu « où autrefois fut basty le village du Courret, avecq la Marcounerie et chez Pallier, (St-Bonnet) tenant aux Loges. — (et à beilhienesses où demeurait 1593 Cathne de St-Martin, épouse Teixier, filhie bast. (notha) de noble Pre, sgr de B. et de la Roulhie qui la maria et dota par c. du 20 may 1578.

Honor me Jn Aubugeoys, l'aygé, cller du roy et son eslou (élu) en l'élection du ht Limousin, à Lymoges, sr de la Bosjounière, demt au Dorat, vend au susdit Philippe le 10 janv. 1627, une rente constituée sur André de la Pinardière, sr de Vioseuil ; et le 16 mars 1630, des rentes féodales sur le lieu du Puy-Catelin, parsse St-Barbent, en la châtellenie de Champagnac, moyt 3,000 liv. Sept ans plus tard, le 13 9bre 1637 il achetait de Pre de Feydeau, chevr bon d'Oranville, époux de *Diane Barthon* (1) sic, habt le chât. de la Mothe (Persac) et de René Rigault, sr chastellain de Chaulme, le gd bois, avec la tousche Bruslon (Adriers), indivise d'avec le tiers de Charles de Nuchèzes, écr, sr de La Foy, etc.

La noblesse de Philippe de St-M. gentilh. ordre de la chambre,

_____

(1) Unis depuis l'an 1614 et encore 1633. [Beauchet I. rééd. p. 314.]

fut vérifiée le 11 juillet 1634, simple formalité ici, qui suivit la maintenue de 1584, 8 x^bre au profit des frères P^ro et F^ois et Phil. — Son contrat de mariage est du 15 juil. 1614, avec Cath^ne Barberin, fille de Jacques, éc^r sgr du Chambon, Paute et de la Borderie, y d^t en leur dit lieu noble (St-Maurice-des-Lions, au comté de Confolent, ressort d'Angoumois) ; et de Gab^lle de Pastoureau d'Ordieres. Phil. et Cath^ne firent leur test^t mutuel le 31 janv^r 1641, instituant J^n leur fils. En 1638-39 ils avaient auprès d'eux à Bagnac, pour précepteur de leurs enfants, F^ois Aubin.

Reconnu pour des rentes directes sur les Loges près le g^d cimetière de St-Bonnet, en 1637, par Jacques Génébrias, m^d de Bellac, notre Philippe, s^r de Baig^r, La Coulre, etc. fut taxé à 52 liv. en la par^sse St-Bonet, dans le roolle de 1620 du département (repartition) de 4,120 liv. à lever sur les nobles de basse Marche (1). — Il hommagea le fief des g^des x^mes de St-Martial, 5 7bre 1633, à Emanuel Philbert de La Bèraudière, gouv^r de Concarneau, h^r de F^ois La Bèr. sgr de l'Isle ; Rouhet, etc. Ces x^mes provenaient jadis du prieuré d'Entrefins, fondé et doté par les prédéc^rs du dit suzerain.

Par contrat de constitution, il dota de 3,200 liv, le 25 août 1632, ses 2 filles Marg^te âgée de 15 ans et Suzanne St-Martin, 12 ans, qui entrèrent en religion à la Ste Trinité du Dorat. Ces bénédictines sous l'abbesse Catherine de Gontault de Biron (du Périgord), étaient alors les *sœurs* et *professes* : Cath^ne Pidoux, J^ne de Barbezières, Anne Desserant ? mieux dos Frances ? Hélène et Marg^te Leriche, Madel^ne de la Hitte, F^oise d'Asnières. L'obituaire dit (2) que Marg^te y mourut sous l'habit le 16 juin 1668. — Cath^ne de St-Martin, « humble supér^re de St-Joseph de Montmorillon, » donne une quittance au s^r de Bagnac, son frère, 9 avril 1663.

J^n de Jovion, chev^r sg^r de Drouilles, (Blond) l'Eychoisier, Châteauneuf, et Breuil-Ferrand, et sa femme Marg^te d'Asnières, vendirent au même Philippe St-Martin, leur fief noble de Châteauneuf, où il y a une motte, portant marque de maison ancienne, le tout en ruyne et démoli ; et ce pour la 1|2 seulement, spécifiée au présent contrat du 8 juil. 1635, mouvant du roi comme châtelain de Bellac. Ils lui aliénèrent encore la sgie de La Rochette, les mêmes mois et an ; et vendirent à Cath^ne Barbarin, sa v^ve, à titre définitif les fiefs de la Rochette, Châteauneuf et Beilhenesses 1er juil^t 1652 ; plus celui du Breuil-Ferrand (St-Bonnet) près la Gartempe, par c. du 24 mai 1662. Il est vrai que pour ledit Breuil

(1) T. 45. Ms. Fontencau, p. 781.
(2) Dom Estiennot, m^s latin 12,717. Bib. nat.

elle leur cédait par échange ses m^ons de m^e et de métayer, du Ratelan (St-Hoys, St-Ouen) mouvant du chapitre du Dorat.

Cath^ne Barberin, v^ve Baignac, acquittait 24 messes, dites par le vicaire de St-Bonet, Michel Couvidou, en cette église pour l'annuel dudit Bagnac, 24 avril 1644.

Simon Périquat, hoste du Dorat, et sa femme quittent et *expousent*, à lad. v^ve Cath^ne, une maison sise au Dorat, le 30 8bre 1653. Déjà par bail passé devant Motheau, le 19 avril 1645, au logis noble de Croze, Mandal de Guillaumet, éc^r, s^r de Torsac, dem^t au bg de Couhé, agissant p^r Cath^ne Barbarin, dame de Bagnac, avait donné à ferme la mét^ie d'Artron et la Grange de Chez-Rouhau, sise ès paroisses de Colnay (Caunay) et Plibou, acquise par elle et son mari, du sieur de La Brulonnière (Persac). La même v^ve du s^r de La Rochette, représentée par J^n , son fils, acheta le 21 avril 1665, de F^ois de Marsanges, chev^r sgr de Barneuil, la Corre, dem^t au bg de Barneuil, 10 quartes de froment de rente sur le village de Chez-Pallier et la tenue du Chassignol (St-Bonnet) et des rentes sur le village de Chez-Peyraud (La Croix) pour sa tenue dite de La Corre.

Par leur double testament du 31 janvier 1641 Philippe de St-Martin, retiré en son foyer, après avoir pris part aux guerres d'Henri IV et Louis XIII, et Cath^ne Barbarin, sa femme, se donnèrent mutuellement l'usufruit, demandant à être inhumés aux tombeaux des Bagnac en l'égl. de St-Bonnet et disposant ainsi de leurs biens en faveur de leurs neuf enfants : 1° F^ois, alors paralysé, devait être nourri en la maison ou toucher 200 livres par an ; 2° Jean aîné était hérit^r univ^l et prendrait le château de Bagnac et les dîmes de Châteauneuf et La Rochette ; 3° Jean *le jeune* recevait en legs le fief de La Rochette avec ses étangs et métairies ; plus celles d'Aubignac et de La Corbinerie (St-Bonnet) ; 4° Marie devait recevoir 3,000 l. de J^n le jeune ; 5e un garçon X. qui ne peut être que Pierre, dont le legs comprenait : le lieu (sgial), mét^ie et rentes du Puy-Catelin (St-Barbant), le lieu, mét^ie, cens, etc. de Rastelan (St-Ouen) outre la maison du Dorat (sur laquelle Claude de la Chaulme, vic^re de la vic^ie St-Etienne en la collég^le S.-P^rd du Dorat, prétendait une rente en 1624, ainsi que sur le mas de la Bataille) ; 6° Cath^ne, léguée à 2,000 liv. à prendre sur led. lég^re du Rastelan ; 7° Marg^te lég^r de 2,000 l. ; 8e et 9° autre Marg^té et Suzanne professes à la Trinité du Dorat.

Cependant au partage entre eux desd. successions paternelle et maternelle, le 30 avril 1687, devant F^ois du Teaux, éc^r s^r de Bunleix, ne figurent que 4 frères copartageants : J^n s^r de Baignac, P^re, cheval^r, prieur de Bezeaux (Pont St-Martin), Marg^te, et Cath^ne supér^re à Montmorillon. La 3e reçoit 6,000 l. de Jean ; le 2e, autant, dont il se paye-pour 18,800 l. avec les intérêts en acceptant : 1° le fief de La Rochette relev^{t} du marquis de Magnac, cependant hommageable par P^{re} à son frère J^{n}, comme son chemier, au devoir d'une maille d'or, évaluée 5 sols. Cette terre comprend la masure du château habitée par les métayers, 2 étangs, le bois de La Chaume, la mét^{ie} de la Rochette, rentes sur le dit et Lascoux et Fauras.

Il prenait en outre la mét^{ie} de la Corbinerie et sa tenue de la Bertonière, le tout par^{sse} St-Bonnet, plus des rentes foncières sur les villages de Chez-Lucas, Chez-Binier, La Basse-Mothe et chez Sérail, tous en la par. St-Martial. Il prit en outre la mét^{ie} des Maisons-Vieilles et les rentes du Bos, Vilialet, Mas-de-Chaume (St-Ouen) ; — La Parlière avec d'autres rentes mais à la mesure de L'Isle, sur la Brellière (Adriers) ; et une xme en la par. St-Martial et des rentes à la mesure de Bellac sur des maisons à St-Bonnet : dites de l'Ecu, des Barbons, des Valentins, de la Plasse, des Rémonds, des Chardas, des Yduards, du Champ-Micheau, plus sur le Breuil. Il eut aussi la mét^{ie} des Loges, et Chez-Peyraud. Nous ne voyons pas figurer : 1° les grosses rentes directes acquises sur Bellenesses par les défunts moy^{t} 16,000 liv. le 8 juil. 1635 de J^{n} de Jovion, éc^{r}, et Marg^{te} d'Asnière, conjoints. 2° ce Lavaud (St-Barbant) près le lieu noble de Frédieres, qui fut reconnu en 1625 à Mme de Baignac. 3° le cens acheté en 1629 sur la maison de J^{n} Lamothe, gantier au Dorat, confrontant à la rue publique descendant des 4 coings à l'église S^{t}-P^{re} et au jardin du chan^{ne} P^{re} du Monteil. »

Cath^{ne} de St-Martin de Baignat relig^{se} à S^{t}-J^{n} de Montmorillon 1664, y eut pour compagnes : 1661-67 s^{r} Eleonor Foncaillau ; s^{r} R. du Tample 1653 58, et pour sup^{res} : Elisabeth Augier 1672 et prob. depuis 68 ; Anne de Moussac « humble sup^{re} », 1675-77.

J^{n} aîné, avec la médiation de leur amy commun Gaspard Mantier, éc^{r} s^{r} de La Vergne, Puis-Robin, avait déjà, sa mère présente, traité le 30 9bre 1656, soubs seings privés, signés de tous, avec P^{re} St-Martin, son frère, moyen^{t} paiement à celui-ci par le 1er, de 500 liv. par an, s'il ne demeurait pas en sa c^{ie}, et 250 s'il y restait, outre et par-dessus sa nourriture et d'un laquais et cheval, paiable jusqu'à sa majorité ; et icelle arrivée, moyen^{t} paiement de 10,000 l. à P^{re} en cas de séparation, ou abandon de fonds portant l'intérêt au denier 20 qui est 50 liv. et ce pour droits paternels et maternels. Cette succession se composait encore des mét^{ies} de La Porte, Chez-Tronchaud, du Cros, d'Artron, plus le fief de Sarzay et une borderie à la Nigounerie.

La vie de P^{re} de St-M. que nous savons prieur-seigneur de St-Pardoux de Bezeau, de 1671 au moins à sa mort le 23 novembre

1707 (1), se résume pour nous en ceci : qu'il était prop^re du fief appelé des G^ds-Dîmes de la par^sse de St-Martial dans la consistance d'env. 1250 setérées de terre, en tous blés gros et menus, vins, potages (entendez légumes), charnage, filasses, et suite, et mesme poules de feu, dans les habitations y incluses, selon les anciens aveux rendus au sgr de l'Isle-Jourdain, suzerain. Il afferma en 1688 moy^t 66 liv. argent, 3 douzaines de poulletz, 3 oizons et 3 aunes de toille brin, lin ou chanvre, ce dîme limité par le ruisseau et l'étang d'Isop, les villages de La Grenarderie, Roche, Sérail, le creux Binot alias le Berdereau, le ruisseau descend^t de Villemexant au Pont-Garroux, le lieu noble de Villemexant, la maison de La Font du Genest, confrontant au Mas-du-Bost, La Rissanderie, l'étang d'Aubignac et le Breuil. Il est qualifié aussi de s^r d'Ault Lieu dans une emphithéose de 1689 du ténem^t du Moullinot, *dépend^t* (au sens d'attenance rurale, d'exploitat^n) de Planteloup, dom^ne actuel du c^te de Montbron, près la Gardempe. Mais Mr Lary, s^r du Fresny lui contesta ce droit de foncier. Nous avons bien noté en 1618 deux frères Larye : Maurice éc^r s^r de Loberge, demeur^t en la par^sse du Pont-St-Martin, et J^n de La Rie, éc^r s^r de St-Martin, habit^t du chât. du Vigent : évidemment il faut entendre par là, non point sgr du *Pont*-St-Martin, car il n'en eut été en ce cas que cosgr avec le prieur du lieu, mais sgr de quelque terre de St-Martin, soit en Poitou, soit vers St-Coutant et le Fresnis.

Notre prieur P^re le 16 août 1697 offre son hommage lige de la Rochette (St-Bonnet), « soit maison, esbergement, basse-cour, 4 tours à présent ruisnées, etc. au devoir de 10 sols à mutation, et le rend tête nue, à genoux, sans armes, épée ni éperons, à très haut Henri de Sallagnac, chev^r sgr c^te de Fénelon, cap^ne exempt des gardes du roi, et à très h^te Marie-F^oise de Sallagnac-Fénelon-Montbron, son épouse, marquise de Maignac, c^tesse de Fontaine. »

Par son testament du 23 9bre 1707, le dit s^r de Bezeau, qui avait été d'abord supérieur des Recolets du Dorat, prescrit qu'on l'enterre à l'égl. St-Bonet avec ses habits eccléziastiques, lègue 150 liv. par annuel (total 450) pour 3 annuels, services dits dans l'an de son obit, un à St-Bonet, 1 aux Récollets, 1 en l'église bénédictine du Dorat. Il assure le payement de diverses petites dettes. Il lègue à Guil^me St-M. s^r de Bagnac, son neveu, l'usufruit de ses biens, meubles, liquides, lesquels seront ensuite partagés entre P^re, J^n et Marie-Michelle St-Martin, ses arrière-neveux, enfants de Guil^me institué son hérit^r général. Il clot en déclarant devoir à la d^lle sénéchalle

(1) Le bénédictin Louis Dallème lui succéda en ce prieuré et le sgr de Bagnac lui disputait v. 1725 comme sgr de Villemexant des x^mes inféodées.

de Morthomart 100 l. et 140 aux h^rs de Rabilhat, chan_ne au Dorat, et après legs de son cabinet à prier Dieu et de son bréviaire au château de Bagnac, pour y servir toujours, et don d'1 lit et 1 jeune cheval au s^r de Beullet, gentilhomme servant depuis longues années au château de Bagnac.

A propos de la chapelle de Bagnac

(Requête) à mg^r l'illustrissime, etc. — P^re de St-Martin, s^r prieur de Bezeaux, dem^t ordinair^t en son lieu noble de Baignac, expose à l'évêque de Limoges, disant :

« Que dans une tour du château, il y a une chapelle fondée, dans laquelle ou célèbre la s^t messe, laquelle tour menasse à ruine, ce qui causeroit qu'on n'y seroit pas en seureté, ny pour le celebrant, ni assistans, et comme le suppliant est toujours infirme, qui ne peut aller à pied ny a cheval, et estant éloigné de la paroisse de 1/2 lieue, il seroit privé de la consolation d'ouïr la s^te messe.

Ce qui l'a obligé de choisir un autre endroict dans led. chât. beaucoup plus commode et descent, hors du bruit et de tout comerce, pour y transférer lad. chapelle, ce qui ne se pouvant entreprendre sans votre authorité et permission : ce considéré, il vous plaise de vos grâces, permettre au suppliant de faire transporter lad. chapelle dans le lieu où il a destiné, et quand elle sera en estat, bien et duement ornée, commettre tel ecclésiastique des lieux que vous plaira pour la voir et visiter, et en cas qu'il la trouve dans la descence requise, et en estat d'y célébrer la s^te messe, luy donner pouvoir de la bénir suivant les formes du rituel de ce diocèse, et ensuite d'y célébrer la s^te messe, et le suppliant continuera ses prières pour votre santé et prospérité. » S. d.

P. BANIAC.

Le 18 janv^r 1701, le vic^re gén^l Lemaire commet le s^r Moulinier, curé de Belac, pour dresser procès-verbal du lieu où elle est et sera, pour être ordonné ce qu'il appartiendra.

Puis le 8 mars suiv. vu le procès-verbal, Lemaire autorise le transfert dans un autre endroit qui se trouve séparé du corps de logis, ordonnant aud. curé de faire nouveau procès-verbal du 2e état des lieux pour être ensuite statué.

———

Un autre testam^t dud. prieur, du 23 9bre 1707 porte défense qu'il soit mis d'escuson (écusson) de ses armes, ny porté de capuçon par les pauvres assistant à son enterrem^t. Il doit 42 l. au s^r Boireaud, curé de S.-Bonet ; à l'esgard des afaires qu'il eust avec le s^r Arbelot, de Bellac, il y a des mémoires dans le 2e tiroir de son cabinet, qu'il veut estre suivis comme contenant vérité. A l'esgard des Texier, de St-Bonet, qui prétendent que le testateur leur aye demandé plus g^de quantité d'arrerages de rentes qu'ils n'en estoient tenus, il prie ses hérit^rs de l'examiner et leur faire raison à l'amiable sans les traiter de rigueur. Il maintient les dispositions du premier testam^t.

Il veut distribution de 15 set^rs de *son* bled par le curé de St-Bonet, aux pauvres, et lègue aud. curé, une soutanne neuve et un paire de culote d'orignac de couleur bleufve qu'il a fait faire. Suit le legs de son lit où il couche, et d'1 cheval au s^r de Beullet, gentilh. serv^t.

Ce F^ois Du Thaux, éc^r s^r de Beuillieix (près Felletin Creuse ?) qui moitié haut agent d'affaires, moitié courtisan à vie et féal attaché à la personne des châtelains de Bagnac, joua d'abord le rôle continué ici jusqu'au milieu de ce siècle par Mr de Plaisance, autre ami de la maison, F^ois du Taux de Bunleix, dis-je, testa peu avant le 18 mai 1714 et prob^t entièrement en faveur de son maître, Mr de Bagnac. Notre conjecture se fortifie de ce trait du plus rare désintéressement. Le 20 septembre 1712, il déclare en effet « pour déchar-
» ge de sa conscience et appréandant qu'il ne mésarive de sa per-
» sonne, se voyant d'un eage fort avansé et mesme indispozé à
» causse de son vieux éage, — que J^n de St-M., s^r de Bagnac, lui
» avoit fait reconnaissance de 4,000 liv. » Or il se restreint à 2,000 l. en faveur de Guil^me-Alex. de S.-Martin. Reçu Savard, n^re à S.-Bonet.

A l'audience du siège royal de la b. Marche, à Belac, du 16 x^bre 1719, au procès des cohéritiers de Bagnac, il est demandé « qu'ils
» soient tenus de représenter et communiquer les livres journaux
» et de mises et de recepte et *livres de raison* (on voit qu'ils étaient
» en Limousin d'usage courant, voyez les publications de M. Louis
» Guibert à qui nous en avons soumis plusieurs) tant dud. feu P^re
» de S.-M., prieur de Bczeau, que dud. feu Guil^me de St-Martin,
» estans en leurs mains suivant les invent^res après leur décès,
» même ceux qu'ils ont qui n'auroient pas esté employés (compris,
» littéral^t impliqués) auxd. invent^res » [*liasse de procéd^re*].

Analysons à son rang le proparlé (pourparler) du mariage qui par la grâce de Dieu s'acomplira entre J^n de Louault, éc^r, s^r de Lavergne fils de feu Louis de Lovault, vivant éc^r, s^r de La Brune-terie (Bazeuge, et d^lle Marg^te de Boussigny, dem^t à Lavergne, en l'enclave de Chastain, par^sse de St-Barbant, — avec d^lle Marg^te de St-Martin, fille, etc., sous l'autorité de Cath^ne Barb^n, sa mère, et de l'advis et exprès consentem^t de J^n de St-Martin, son frère ayné, éc^r, s^r de Baignac, et du consent^t de Gaspard Turpin, chev^r sgr de Busserolles, Marsanges, comme ayant charge (mandat^re) de Marg^te de Boussigny. Intervient Marie de Boussigny, v^{ve} de feu (feu $= +$ depuis peu ; il n'y a donc pas pléonasme) m^e René Paisset ? laquelle donne pour bons services, au futur, sa mét^{ie} de Chez-Colas, sise à La Vignière (St-Barbant). La dot de Marg^{te} fut de 7,100 l. tournois. Fait le 24 9bre 1662, en présence de Morice Guyot, éc^r, s^r du Repaire (près Bussière, et de F^{ois} Joyeux, dem^t au lieu noble de Busserolle (Bussière-Poitevine). — Ailleurs est relaté leur c. de mar. reçu Jacquet, 24 9bre 1662, et on les voit conjoints dès le 1er janv^r 1663 ; et habit^{ts} leurd. chât. de Lavergne 10 juil. 64, date à laquelle J^n St-Martin se libéra de la dot en leur donnant rentes du Puis-Cathelin (St-Barbant). Ce dernier fief, en 1684 fut prétendu relever du roi comme c^{te} de la b. Marche, mais J^n Louault susd. s'en défendait, disant que J^n de Bagnac en était sgr direct et venait d'en faire aveu au roi, comme mouvant de son fief du Breuil-Ferrand, de lui Bagnac. Il ajoutait que pour Lavergne, il acquittait rente au prieur de Chastain. De ce mariage naquit P^{re} de Lovault, éc^r, trouvé filleul du prieur de Bezeaux dans un acte du 20 juil. 1706, et possédant encore père et mère. Marg^{te} de St-Martin, 23 avr. 1675 fut marraine par charité de la bâtarde d'une pauvresse au Dorat (GG 1, Arch. H.-V.). Tout ce que nous constatons de plus clair, c'est que les vrais liens des simples fiefs à leurs châtellenies naturelles étaient alors brisés et avaient subi le hasard des volontés contractuelles au mépris du véritable ordre féodal (militaire).

Y a-t-il du rapport entre les Louault et les Laveaud, gens tout voisins ? C'est peu probable.

Martial de *Laveaud*, éc^r, sgr de Drouilles, Chasteau-Neuf, le Breuil-Ferrant et Rechigne-Voisin, le 18 fév. 1561, avoue au roi, comme châtelain de Belac, à homage lige et serment de féauté, sans autre devoir, ses fiefs 1° de *Drouilles*, consistant en château, fuye, garenne, étangs, dîme sur Drouille valant 20 liv.; rentes sur le h^t et petit Bellay, Dommezel, la Salle, etc., l'Hospital (St-Bonnet), la Parlière, la Guingauderie, Chez le Texier-de-Baignac, etc. ; redevance d'une émine froment de charge sur la dîme de Châteauneuf, rentes sur villages de Graterolle, le Repaire ; plus l'hommage à lui dû par les tenanciers du village de Bellienesse (dont relève Baignac) au devoir d'une paire d'éperons blancs. 2° *Châteauneuf,* soit v^{lles} masures portant marque de maison antienne et fuye ; rentes au bg de St-Bonet, à la Bretonière, la M^{on} rouge, la bastison Berrard, la bastison Chaptard, les Fiaux, etc., la tenue de la Motte-Charrain, des Marcoux, etc. 3° du *Breuil-Ferrant*, savoir : maison, champs, garennes, etc. donnant 20 set^{rs} blé, 33 de froment, et 1 m^{in} sur la Gardempe, sous le Breuil, ayant des destraignables (gens tenus d'y moudre) du rapport de 20 charges de grain, et rentes sur les Loges, etc. 4° fief de *Rechigne-Voisin*, consistant en une maison arse (brûlée) sise en la ville et château de Bellac, etc. avec ses rentes sur le Margada, le Monteil, les Pariaux de la Bregère, etc.

Toujours est-il que J^n de *Loüault*, éc^r s^r de La Vergne (St-Barbant) eut de Marg^{te} de St-Martin : 1° P^{re} de Loüault, éc^r, dem^t à la Valade (Seury en Angoumois, aujourd. Suris). 2° P^{re}, éc^r, s^r du Mas, cap^{ne} au rég^t d'inf^{ie} de Condé. 3° J^{ne}, d^{lle} du Mas, majeure dem^t à La Vergne. 4° Marie, épouse de Jacq. Faure, éc^r s^r des Renardières, gendarme de la garde ordinaire du roi, dem^t au bg du Breil-au-Fa, en Limousin, dont une fille. 5° Louis, éc^r s^r de Lagarde, cornette au rég^t de cav^{ie}... 6° feu Martin, éc^r s^t de Maison-Neuve. Ces 5 co-héritiers de leurs père et mère et frère Martin, partagent le 20 fév. 1710 ces 3 successions, en tirant les lots de biens par billets extraits d'un chapeau par la p^{te}-fille, Mlle des Renardières. Un lot comprend la *moyenne* mét^{ie} de *Bagnac* (St-Barbant) etc , et le 3e est formé par l'*ancienne* mét^{ie} de Bagnac, etc. On laisse indivis les droits de tombeaux et bancs en l'égl. de Chastain.

Le 3 8bre 1754 Jacq. Grenier, éc^r s^r de St-Martin, fils à feus P^{re} et L^{de} de Coult, épousa Marie des Roches, fille de J^n, éc^r sgr de La Broussardie et de feue Anne de Louvaud, dem^{ts} au bg des Salles (-Vauguyon) ; dont Cath^{ne} Grenier, née à Portebœuf (St-Paul-de-Massignac, Char^{te}), baptisée 11 7bre 1757. Jacq. avait comme parents à son mariage : Alexandre Garnier, s^r des Prises, J^h Roux, éc^r et André du Peyrat.

—

Alliances Barbarin

Disgression sur les Barbarin ou Barberin

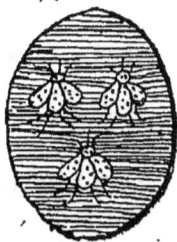

D'après une très ancienne tradition fortement accréditée dans la maison des Barberin du Bost et de Crézancy du siècle dernier, qui blasonnaient alors : *d'azur aux trois bourdons d'or, posés deux et un,* la considérable famille de ce nom se croyait et s'affirmait en droit de se dire descendue (et détachée au xvᵉ siècle) de l'illustre souche florentine des *Barberini,* qui a fourni les ducs de Monterotundo, etc., princes de Palestrino, et au xvɪɪᵉ s. deux cardinaux outre le pape Urbain VIII (1).

Accédant à la demande spéciale des représentants indirects de cette maison Barberin, nous avons cru intéressant de consigner ici pour mémoire, avec sa persistante revendication, toutes les explications propres à éclairer le lecteur. Dès le 22 9ᵇʳᵉ 1740, comme en témoigne la correspondance de ce dernier italien, hésitante, il est vrai sur les résultats acquis, on s'appuya de recherches d'érudition confiées à Lorenzi, de Florence, en vue de fortifier les dites assertions de jonction, antérieure à l'émigration de Venise, qui sont reproduites en diverses pièces actuellement conservées au château de Kerhir, en Bretagne, dans le chartrier de M. le vicᵗᵉ Antony de Roquefeuil, descendant direct, seul survivant de cette génération. Parmi ces pièces, nous faisons particulièrement allusion à l'incorrecte copie latine d'env. 1730 du contrat d'alliance Stᵉ Maure, de 1454. Nous regrettons de ne pouvoir ici donner la teneur de cette pièce étrange, au style inusité, compliquée de mots interlignés, etc. soit dit en dépit de son « collationné par les con-
» seillers du roy, nʳᵉˢ à Paris, soussignés, sur l'original en par-
» chemin [non moins défectueux] représenté par messire Jⁿ Bar-
» berin, chevalier, seigneur de Chaumes, demeurant à Paris, rue
» de Vaugirard, paroisse Stᵗ-Sulpice, à ce présent, et à luy à l'ins-
» tant rendu. — Ce jourd'huy 16 juin 1736 et a signé. — Signé :
» Barberin, Boivin, Dechau ? »

Préalablement à la filiation par nous strictement établie sur titres, — donnons ici néanmoins, telles qu'elles, — à titre de spécimen de ces dires, — les simples notes — relatives audit essai de rattachement, ravivé il y a cinquante ans environ, par une reprise d'information à travers les chartriers d'Italie.

Aux yeux du même Barberin de Chaumes, qui avait libellé ses écritures en conséquence, sa descente de l'auteur commun se réglait de la façon suivante :

Jean I Barberini vivait à Florence ès années 1424-54 (frère à Charles auteur du rameau de Rome). *Guillaume* Barberin, fils de ce Jean, passa en France, y acheta la terre du Ponteuil, en Angoumois ; eut de Louis XI, le 1ᵉʳ mai 1464, *sic,* ses lettres de naturalité pour épouser : 1° le 6 9ᵇʳᵉ 1454, Anne de Stᵉ-Maure, fille à

(1) Voy. *Dictionnaire,* de Bayle, t. II ; Moréri, etc.

noble et puissant F^ois, seign^r de Bessiac, ailleurs Bossiac, en Angoumois, et à feue Anne de Maurepas.

Guillaume en eut J^n II Barbarin, marié à Isabeau de Pressac (1), qu'il fit mère de J^n Barb^in 3e du nom, seign^r du Ponteuil (St-Maurice, près Confolens) qui épousa 1513 Marg^te Magnac, *sic*. Elle lui donna : *a* Léonard † sans enfants. *b* Bernard (ailleurs mieux Bertrand, devenu l'aîné par le décès du 1er. *c* Jean.

Dudit Bernard et de Marg^te du Mosnard, s^r du Ponteil et du Monteil, provint J^n IV Barb^n marié le 25 mai 1582 à Gasparde de Maignac, dont Louis Barbarin, seigneur du Cluzeau, auquel s'unit le 26 avril 1627 Marie Després, dont 3 enfants : 1° F^ois époux de Cath^ne Guiot ; 2° J^n qui suit ; 3° René, † sans postérité.

Jean V Barbarin, éc^r seig^t du Cluzeau, La Mirande, épousa le 20 8bre, (sur d'autres notes 20 x^bre) 1652, Gratienne Robin, ailleurs dite Robiou, fille de F^ois, éc^r s^r du Four et de Marg^te Tertivier, et en eut J^n VI Barb^n, sgr de La Mirande, Chaumes, etc. marié 1° à Claude Bourdoiseau ; 2° le 27 9bre 1717 à Simone-Geneviève d'Yde de Séraucourt, dont : *a* J^n-Simon. *b* une fille.

La même production du s^r de Chaumes, fait naître du 2e mariage de l'immigré Guil^me Barberin avec Catherine Tison : J^n Barb^n, éc^r sgr de La Garde, du Ponteuil et de Soulepin, lequel épousa 31 8bre 1482 Isabeau de Pressac, sœur de nobles Guiot et Jacques de Pressac (2).

F^ois Barbarin, fils dudit J^n prit pour femme en 1515, Cath^ne, Pastoureau, dont Guil^me ép^x de Marie de Jaroussie ; père de J^n Barb. marié 3 janv. 1584 à Elisab. Barbade, desquels survint Isaac, conjoint 27 fév. 1620 à Cath^ne de Razès (3).

Ceux-ci eurent autre Isaac Barb. marié 7 9bre 1635 à J^ne Papon, dont P^re qui s'unit 16 janv. 1700 à Marie Michelle de St-Martin, père et mère de Guillaume-Alexandre Barberin qui 1718 fit ses preuves de page pour la g^de écurie du roi.

(1) Une notice manuscrite de M. d'Hugonneau de Boyat met ce mariage en x^bre 1422 (*sic*) et parle de lettres de noblesse de 1470 émanées du duc, sic (doge) et sénat de Venise.

(1) De ce 2e mariage Tison, il dit issus 4 enfants : 1° J^n, auteur de la branche du Ponteil, éteinte. 2° Jacques, auteur des Barbarin du Chambon, éteints dans les Barbarin de Fontguion. 3° F^ois qui a fait la branche du Bost. 4° J^n, dont la postérité a fini.

(2) M. Guessard, archiviste-paléographe, nommé le 28 fév. 1839 par brevet ministériel, et demeur^t à Passy, 12 mars 1843, s'est cru assez informé et a certifié ledit jour les incohérentes copies en question, conformes aux originaux manuscrits de la Bibliothèque nation. au cabinet des titres ; sic sans cote ni réserve — formulées à l'instar de la notre ci-dessus p. 94, pour sa sauvegarde.

Il est bon de dire ici, que du temps du cardinal de St-Onufre Antoine Barberini, † 1647, on sut à Rome qu'il existait des Barberin dans l'Angoumois ; et par les *Mercures* ou *Gazettes* on invita ceux qui portaient ce g^d nom à se faire connaître à l'illustre tige fixée à Rome. Ce fut en suite de cet appel que J^n VI Barberin, sgr de la Mirande, travailla, paraî-il, à se faire reconnaître de ses homonymes d'Italie, desquels il aurait même surpris un traité. Guil^{me} Alexandre qui contestait qualité à J^{n}VI, v. 1740, et cela probab^t même jusqu'en justice, Guil^{me} Alexandre objectait à l'autre que M. Barbarin, s^r de la Janadie, † célibat^{re}, avait laissé par voie irrégulière un seul-fils, qui, marié à N. Levert, en eut J^n Barbarin (le soi-disant J^n V) lequel bourgeois † à Blaye, le 26 juin 1710, laissa pour survivant de ladite noble Robiou du Four, épousée à Blaye en 1652, 1° J^n VI Barbarin de La Mirande, né le 19 août, baptisé le 25 août 1669 à St-Romain de Blaye ; 2° Marie, née le 21 7bre, présentée aux même fonts baptismaux le 10 8bre 1673 ; plus tard chargée du logis de *La fleur de lys*, en la même ville.

D'autre part une vieille pancarte en forme de tableau ms. anonyme, détaille ainsi les branches principales :

Maphé Barberini laissa 2 enfants : 1° Charles, père de Frederici, tige de la branche romaine, dont descend le cardinal, doyen du sacré collège ; 2° J^n étably à Florence, père de Guil^{me} I qui passé en France et acquéreur du Ponteil se maria 3 fois.

[MM. Beauchet-Filleau ajoutent ici que, selon d'autres versions, le 1er Barberin venu en France, en 1440, serait un nommé P^{re}, dont le fils Emery aurait engendré Guil^{me} Barbarin, procur^r général et intendant de Jacques de Vendôme, pour ses principautés de Chabanais, baronnie de Confolens, châtellenies de Loubert, Châteaumorand (1).]

Guillaume I Barb^n, éc^r, procur^r g^l des princip^{té} de Chabanais et de la ville et b^{onie} de Confolens, eut d'Anne de Ste-Maure, épousée par contrat du 6 9bre 1454, J^n I Barb^n, sgr de Soulepin, † célibataire.

Quant à ses 2es noces avec Cath^{ne} Tison, elles produisirent 4 enfants rapportés ci-après ; enfin s'étant marié une 3e fois avec J^{ne} Marionne ou Marion, il lui naquit : F^{ois} Barb^n, acquéreur de la seig^{ie} du Bost (Esse) en 1511, ailleurs en fév. 1510.

Pour les 4 enfants du 2e lit, on cite : 1° J^n II, s^r de La Garde, auteur des Barb^n du Ponteil, éteints, marié selon stipulations du 31 x^{bre} 1482 à noble Isabeau de Pressac ; 2° Jacques, chef du rameau

(1) « Et que Guil^{me} I, outre ses 5 filles, laissa 4 garçons : 1° J^n. 2° Jacq. » 3° F^{ois}. 4° J^n puîné, auteurs des branches de la Borderie, Bouchet, » Breuille, Chambon, Fonteyroux, Garde, Monteil, Ponteil, etc. selon la » croyance erronée de Robert, du Doral. »

du Chambon, éteint en celui de Fonguion ; 3° Jⁿ, tige des Barbⁿ
de Fonchiron (erreur pour Fonchauveau ? ou pour du Chiron ??)
disparus depuis longtemps ; 4° Jⁿ, dont la postérité a cessé de vivre.

Branche du Ponteil. — Jⁿ Barbarin, seig^r de La Garde, fils de
Cath^{ne} Tison et de Guil^{me} I, s^r du Ponteil, fit dresser ses accords
conjugaux à Confolens, le 12 x^{bre} 1488 (ailleurs on le donne comme
marié, ou un autre Jⁿ son frère, par accords du 6 août 1509) et il
engendra Jⁿ Barb., seig^r du Ponteil (1) et du Monteil, père à son
tour de 3 enfants : 1° Léonard, † sans postérité, comme J^h son
2e frère ; 2° Bertrand, sgr du Ponteil.

Ce dernier donna le jour à Jⁿ, s^r du Ponteil, père ensuite de :
1° Louis, s^r du Ponteil aussi ; — 2° de Jⁿ ; 3° et J^h morts en célibat.
Mais de l'aîné Louis naquirent : *a* Marg^{te} (2) unie à F^{ois} Guyot, sgr
de Chalone, père de Jⁿ Guyot, sgr du Ponteil et de Chalonce, *sic*,
dont N. Guyot, s^r du Ponteil. *b* F^{ois} Barbarin, sgr du Ponteil, père
de N... Barb., religieux à St-Júnien (H^{te}-V^{ne}). *c* Françoise Barb. qui
donna sa main à Jⁿ de Chamboran, sgr de Périssac (Esse) dès le
18 8bre 1690 (3), père de N. unie à M. Dupin de Gorse-Chabot sans
lui donner d'enfants.

Branche du Bost. — F^{ois} Barbⁿ, juge général de la principauté
de Chabanais et sénéchal de St-Germain-sur-V^{ne}, né de J^{ne} Ma-
rione, épousa en mars 1508, Cath^{ne} Pastoureau (fille à Nicholas,
éc^r sgr du Chéron (Esse) et de Suzanne de Chasteau-Morand, sa
compaigne) et en eut plusieurs enfants, notamment : 1° Guil^{me} II
ci-après ; 2° Clément dont la postérité est ignorée ; 3° P^{re} placé
dans le même cas.

Guillaume II fils aîné, seigneur du Bost, après son père, car au
15 fév. 1551 il partagea noblement avec ses frères leurs successions
paternelle et maternelle, fut maître des requêtes de l'hôtel du roi,
sénéchal de Chabanais et de la b^{onie} de St-Germain. Il épousa
Marie de La Jarussie de La Croze ; et avait été institué hérit^r général par testament de son père, rédigé à Confolens le 8 fév. 1547.

(1) M. Touzaud a écrit que N... Barbⁿ, s^r du Ponteil, y dem^t (St-Maurice-
des-Lions) 1689 y avait 2 mét^{ies} avec rentes et x^{mes} d'un revenu de 300 l.,
mais avait la charge de 8 enfants.

(2) Plus tard nouvelle alliance, car en 1789, avec la noblesse de la
sénéchée d'Angoulême, fut convoquée dame Marie-Rose Barbarin, v^{ve} de
messire Guyot, s^r du Ponteil.

(3) *Généal. Chamborant*, in-fol., p. 152. Biblioth. nat., à la réserve,
dans la salle de lecture des livres. — Les arch. dép^{les} d'Angoulême E 553,
donnent en 1614 n. Jⁿ Barbⁿ. sgr du Ponteil, père de Renée, alors vivante aussi.

- Jⁿ II Barbⁿ, fils aîné de Guilᵐᵉ II (auquel on donne ici pour sœurs, contrairement à l'affirmation du dictionʳᵉ des familles, autrement sûre à suivre : Madelⁿᵉ épouse de F. Prévot de Puybotier, et Jⁿᵉ mariée à Geofroi du Mosnard) prit la qualification de sgr de La Croze, puis de sgr du Bost après la mort de son père. Sénéchal aussi de Sᵗ-Germain, il épousa par contrat passé à l'Isle-Jourdain le 3 mai 1584, Elisabeth Barbade, fille de noble Gervais (MM. Beauchet disent Fᵒⁱˢ au lieu de Gervais) Barbade, prévôt royal au pays et comté de B.-Marche, mᵉ des requêtes ordinaires de l'hôtel de Mʳ, fils de France et frère unique du roi, sénéchal de l'Isle Jourdain et du Vigean. Ce Jⁿ II eut en sa faveur le testamᵗ de Geofroi de La Jaroussie, son oncle, 28 juilᵗ 1571. Le frère cadet de Jⁿ II à prénom inconnu, forma le rameau éteint des sʳˢ de La Voulte.

De Jⁿ II provint Isaac I, marié à Cathⁿᵉ de Razes, selon contrat reçu à Poitiers, 27 fév. 1620 dont : *a* Pʳᵉ aîné, sʳ de Joussé, marié à Cathⁿᵉ Jallais par contrat passé à Poitiers 3 juin 1660, dont Pʳᵉ sgr de Joussé, conjoint à Marie Divé, dont Paul sgr de Joussé, marié en 1720 et n'ayant pas eu d'enfants. *b.* Isaac II, sgr du Bost, marié 9ᵇʳᵉ 1655 à Jⁿᵉ Papon (fille de Lᵈ écʳ et d'Honorée de Chamborand) dont Pʳᵉ gendre Sᵗ-Martin de Bagnac, janvʳ 1700, père de Guilᵐᵉ Alexand. marié 30 août 1729 à Antᵗᵗᵉ Margᵗᵉ Niel, père de Marie-Anthoine, né 10 juin 1730, mousquetaire et de Pʳᵉ-Alexandre-Gabriel né 30 7ᵇʳᵉ 1730. *sic.* prob. pour 1731 et 1 fille.

Venant maintenant à nos propres constatations authentiques écartons tout d'abord ici du chemin divers porteurs du nom de Barbarin, qui pour avoir été véridiquement qualifiés seigneurs de nombre de fiefs dont l'appellation s'accolait à leur signature à différentes dates, ne nous paraissent pas moins tout à fait étrangers à la présente recherche, soit par l'éloignement de leur demeure du berceau Confolentais de ceux qui nous occuperont en deuxième lieu, soit surtout par l'impossibilité de pressentir avec ces rameaux d'Angoumois et Limousin la moindre jonction même lointaine.

Parmi ces homonymes isolés nous rangerons : messire Jⁿ Barbarin, sᵒ de Vandelogne, mentionné dans un arrentement en date du 8 8ᵇʳᵉ 1435. [Beauchet]. Jⁿ Barbarin, abbé de Bois-Grollaud 1513. [Gallia.] Pʳᵉ B., archer 1519 en la cⁱᵉ de l'amiral Bonnivet. Savin Barbarin, sʳ de la Rivière Aux-Chirets mouvant des Groges, 1581. — Autre, nʳᵉ au Bois-Pouvreau (2 Sèvres) 1667-89 ; [arch. Vⁿᵉ E. supplémᵗ 452, 572 et suiv.] — Savyn Barbⁿ mᵈ demᵗ à Chauvigny, qui le 10 xᵇʳᵉ 1557 offre hommage plain pour lui et ses parageurs, quant au fief de Boy-Robert (Cenant) au sgr châtelain de Montoiron, et demande à produire l'accord de 1503 entre feu son oncle

Valentin Barb[n] et Jacq. Turpin, s[r] de Crissé, Montoiron. Louis Barbarin, s[r] de Bois-Robert en fit aveu 8 fév. 1627, comme cessionnaire de son frère Isaac Barb[n] selon contrat du 8 février 1612. [E. sup[t] arch. V[ne] 576] etc. 1er mars 1562, sire P[re] Barb[n], s[r] du Chaigne et de Chaille, prop[re] au bg de la Bussière.

J[ne] Barbarin, épouse de René de Mauvise, éc[r] sgr de Villiers, selon contrat de 20 fév. 1631, d'après la généalog[ie] de cette maison. — François Barb[n] éc[r] sgr du Brenalier, huiss[r] de la chambre du roi, 27 fév. 1654 et signataire au contrat nuptial de René de Couhé, ch[r] sgr du Peux avec F[oise] Boisson.

Marg[te] Barbarin (1), d[lle] du Bourg-Archambaud, 30 x[bre] 1666 ; maintenue noble aussi le 13 x[bre] 1667, à Lusignan. [Archiv. histor. t. 23.] Jacques Barb[n] s[r] de La Ferrandière (Tercé) dont les preuves et productions furent au contraire reconnues insuffisantes, à la même dernière date, pour l'élection de Poitiers. Marie Barb[n] 2e femme de P[re] d'Angély, éc[r] s[r] de Montatot, La Grange, morte peu avant le 21 x[bre] 1686, date du contrat de P[re] avec sa 3e femme Stratonice de Conis.

F[ois] Barb[n] s[r] de La Loubautiére, dem[t] à Poitiers, et qui émancipé, procéd[t] sous l'autorité de son curat[r] et frère, J[n] B. s[r] de la Pilletière, donnait à cens, le 20 janv. 1673, une pièce de terre en la par[sse] de Busserolles, en les terrages de l'abbesse de S[te] †. [Arch. V. E[s]. n° 560.]

LES BARBERIN, *de la Saintonge*

Barberin de Reignac, Vossac, etc., élection de Saintes portant à leur maintenue de 1667 : *d'argent à 3 abeilles de sable, et une étoile de gueules posée en chef ;* plus tard : *d'azur, à 3 abeilles d'or 2 et 1 ;* (armes Barberini).

I. J[n] Barb[n], époux de Marg[te] La Chassagne, testa 11 mai 1536 en faveur de son fils ci-après. II. J[n] c[ller] aux aides de Périgueux, cour réunie ensuite à celle de Bordeaux, épousa : 1° Honorette de Bordas, par contrat du 15 mai 1546 dont J[n] III. 2° J[ne] de Merle, par contrat du 18 7bre 1555 (Beauchet dit Marie, mais Nadaud 1. p. 103 et 532 est préférable).

III. J[n] III, c[ller] au présidial de Périgueux (dans Beauchet, mal, parlem[t] de Périg[x], car Périg[x] ressortissait du parlem[t] Bord[x]) s[r] de Vessac (Rignal), testa 12 x[bre] 1605 en faveur de J[n] et Jacq. ses enfants du 1er lit, et fit legs à une fille de son 2e lit. Ce gentilh. ord[re] de la chambre du roi (frère de noble J[n] Barb[n] c[ller] au presidial,

(1) Etat du Poitou, sous Louis XIV, par Dugast, qui cite encore la maintenue de noblesse 1667 de Ld Barb[n] s[r] de Montreuil.

selon l'*Armorial du Périgord*, de M. de Froidefond, si délicat à consulter, tant il fourmille d'inattentions, de fautes de critique, etc.
épousa : 1º Marie Richard, dont il eut Jⁿ et Jacq. 2º Gabᵉ d'Arnaud
de La Borie le 7 juillet 1596, dont une fille. Il acquit Vessac. —
IV. Jⁿ Barbⁿ épousa par contrat du 4 9ᵇʳᵉ 1607 [Froidefond dit à tort
1ᵉʳ xᵇʳᵉ 1601, Margᵗᵉ] Marquèse de Montardy de la Beylie, dont :
1º Marc-Antⁿᵉ. 2º Marie. 3º Jⁿ. — V. Marc-Antⁿᵉ Barbⁿ sʳ de Vessat,
1666, marié à Gabᵉ Nourrigier, selon contrat du 10 mars 1649, dont
Louis ; et Fᵒⁱˢ, capⁿᵉ au régᵗ de Navarre.

VI. Louis Barberin, qualifié de chevʳ, cᵗᵉ de Reignac, lieutᵗ du
gouvernement de Touraine 1713 ; [Arch. d'Indre et Loire, E. 130.]
vers 1730 ; brigadier des armées du roi, commandeur de Sᵗ-Louis,
épousa en 1684 Marie-Margʳ de Rarecourt de La Vallée de Pimodan,
laquelle resta sa vᵛᵉ, non sans lui avoir longuement survécu. Elle était
fille de Charles Christophe (et aurait donné le jour, selon Beauchet,
à Charles Barbⁿ) ; tandis que nous ne la croyons mère que de 2
filles : [Froidefond de Boulazac dit 3 à tort, voy, *Dictʳᵉ de la noblesse*,
Paris, vᵛᵉ Duchesne, 1770, t. I, p. 717] savoir : *a* Julie-Céleste,
mariée dès 1775 env. à Charles-Yᵛᵉˢ Thibault, cᵗʳ de La Rivière,
lieutᵗ gˡ des armées de Sa Majesté, morte marquise de Paulmy (1),
à Vessac, à 58 ans, 11 av. ou 20 avr. 1754. *b* Marie-Louise-Angéli-
que de Barbarin de Reignac, mariée en 1724 d'abord à Charles-
Fᵒⁱˢ de Campet, sgr cᵗᵉ de Saujon, en Aunis, ancⁿ brigadʳ de cavⁱᵉ,
enseigne des gardes du corps du roi, aide-major de la cⁱᵉ de Ville-
roy, puis par convol dès 1750 avec Jⁿ-Auguste, cᵗᵉ de Laval de
Montmorency (dont 2 enfants) frère consanguin de 2ᵉ lit du feu
maréchal de Montmorency (2).

Feu Froidefond, en son armorial, p. 55, attribue aux Barberin
saintongeois les terres de Vessac, Sanillac, Boisset-Reignac, comté
en Saintonge dont ils furent dits marquis — (3) le Chambon, Ladou,
Rafaillac, etc. Il y rattache s. d. Cosme Barbⁿ, sʳ de Sansonnet,
capⁿᵉ des milices au bataillon de Périgueux, et termine en disant
que ces Barbⁿ, encore représentés dans la Charente, ont voté aux
Etats-Générˣ de 1789, à Libourne, Bordeaux et Argentine. Le chartrier de Mʳ le marquis de Cumont, au château de La Roussière,
près Coulonges-les-Royaux, en bas Poitou nous a fourni, quant à
nous, Jacq. Barbⁿ, sʳ de Raffaille, 3ʳ août 1644.

———

(1) Arch. d'Indre-et-L. E. 130 et C, 435.
(2) *Dictʳᵉ des familles*, par Beauchet t. II. p. 113, col. 1. — Consultez
aussi *La Touraine*, par Chalmel ; car ces Barbⁿ résidèrent en cette province.
(3) Arch. de la Charᵗᵉ E. 330.

Si nous passons maintenant aux *Barbarin de la région de Confolent*, mais pour lesquels nous n'avons que des mentions éparses, il y aura lieu de saisir au vol les relevés suiv. : Marg^te de Couhé, v^ve de René *Barbarin*, s^r *de Chassac*, dem^t au G^d-Porte-Bœuf (Massignac) convola le 13 août 1742 avec P^re Ribier (1), de Lardidie (Vidais) — Ant^ne Barb^n, éc^r s^r de Chassé, hab^t à La Forge (Laplane, prob^t pour Lapleau) 1772 (2).

F^ois *Barb^n*, s^r *de la* Croutarie (pour *Courtarie*) d^t à Confolent 28 x^bre 1606 (3),

D^lle Jacquette des Forges, v^ve à J^n Barb^n, éc^r, s^r *du Chéron*, 1692 (4).

F^ois *Barb^n*, éc^r, s^r *de Laugerie* (Suris mieux que Chantrezac) dem^t au Masjoubert (Suaux), faisait cont^t de mariage 14 fév. 1665 avec Marie Bertrand, v^ve de Hélie Chevalier, sgr de la Chevalerie [Cherves-Chaste.], dont naquit (car apparem^t il était leur fils) J^n Barbarin, éc^r s^r de Listrac, prêtre, dem^t à Cogulet (5). Ils eurent aussi selon toute vraisemblance, F^ois Barbarin, trouvé éc^r s^r de Laugerie, hab^t de Cogulet (Vitrac) en 1691, et qui épousa 1698, noble Marie de Mascureau, v^ve de lui, encore vivante v. 1753 (6). Leur fille, Anne Barb^n se maria dès le 14 mai 1753 avec J^n Pasquet, éc^r, s^r de l'Age. Lavergne, auxquels cependant Beauchet donne pour fille Marie Pasquet épousée 14 mars 1753 (corrigez 1773 ?) par Ant^ne de La Couture-Renon. A une date indéterminée, qui se place entre 1624 et 1776 (vers 1776) eut lieu le c. de mar. de F^ois Pasquet, éc^r, s^r de Roumazières, fils à J^n éc^r, s^r de Lavergne et à feue Anne Barbarin, avec Marie Cath^ne du Peyrat de la Saludie (Verneuil, Char^te). Beauchet, note du 18 juin 1725 comme témoin au mariage de Jul^n Martin, s^r des Essarts, un J^n Barb^n, éc^r, s^r de Logerie.

Simon *Barb^n* s^r *de La Pérouze* (c^ne du dit probab^t) dem^t à Confolent, était homme d'armes en 1585. [De La Roque.]

Martial *Barb^n du Peyron*, garde du corps du roi, 1774 (7).

1759, s^r Et^ne *Barb^n de Flayat*, ailleurs de Flagnat (Chantrezac) (8), bgs de St-Junien, rend sa foi à l'évêque de Limoges, comme

---

(1) Nadaud, IV, p. 20.

(2) Arch. Char^te E. 803.

(3) Papiers de Mr Peconnet du Châtenet, à Limoges.

(4) Arch. de la préfecture, à Angoulême, série E, dossier 1029.

(5) *Ibid.*, E, 1033 ; 1028 — et Dict. Beauchet, t. II, p. 441, col. 2.

(6) Arch. Char^te E, 299 ; 381, et F, 98. Voir aussi Beauchet et Nadaud, III, 696.

(7) Arch. départ^les à Limoges, G^j. 16, et G. 6, fonds de l'Évêché.

(8) Arch. Char^te E, 857.

b^{on} de St-Junien, pour le fief des Brosses, alors par lui récemment acheté. V. 1785 X. Barb^n, hab^t d'Etaignac était membre du bureau des finances de Limoges (1). C'est évidemment le même que N. Barb^n trésor^r de France à Limoges, entre 1772 et 1790 (2). — J^n Barb^n le 17 fév. 1727 épousa noble Marg^{te} Plument de Font-Peyrine (Etagnac) (3).

S. d. N. *Barb^n* s^r *des Herces* (Saulgond). — X. *Barb^n de Rivaud*, bgs et syndic de la par^{sse} de Cognac, H^{te}-V^{ne} 1787 (4). — J^n *Barb^n* éc^r, s^r *de la Touraille*, curé de Blon, H^{te}-V. 22 août 1674.

Louis *Barbarin*, éc^r, s^t *de la Tonderie*, y dem^t (St-Maurice) 28 janv^r 1676-89 (5), s^r aussi de Peumie (Pressignac) servit en Italie.

F^{ois} de Pressac, alias J^h, s^r du Repaire (St-Gervais) épousa F^{oise} Barbarin (qui lui porta la Tonderie prob^t) et en eut Martial de Pr. né 5 fév. 1699, avec d'autres enfants (6). — Aussi relate-t-on 1742, J^n de Pressac, s^r de Lubignac, y dem^t (par^{sse} St-Laurent-de-Céris), et s^r du Rep^{re}, La Tondrie, fils à feu F^{ois}, s^r desd. lieux et de dame F^{oise} Barb^n (7).

24 av. 1615, Renée Barb^n épousait Aaron Roy (protestant présumé) éc^r, s^r du Bois (Vitrat, en Angoumois) (8). — Charles *Barb^n*, éc^r, s^r *de Vitrac*, rétrocéda le 6 mai 1743 un lopin de champ à F^{ois} de Rabaines, chev^r, sgr de La Roche, époux de Marie Barbarin ; acte passé sous le scel de la b^{onie} de Loubert (9).

Guy Barb^n époux de Cath^{ne} Danché, 6 mars 1521 (10).— Constantin Barb^n « récolet, natif de Périgueux, gardien de St-Léonard, prêche l'Avent à Eymoutiers (11) ». - Me Blaise Barb^n, 29 fév. 1638, vic^{re} de l'égl. collég^{le} d'Eymoutiers, curé de Domps (12).

F^{ois} Barbarin, vicaire perpétuel, archiprêtre de S^t-P^{re} de Jurignac

(1) *Calendrier du Limousin*, p 75.

(2) Alfred Leroux, *Invent^{re} somm^{re} des archiv. de la H.-V^{ne}*, introd^n p. 53, — prob. distinct du trésorier cité v. 1740 au rameau de La Perrière.

(3) Nadaud, *Nobil.* III, p. 355.

(4) Arch. H.-V^{ne}, C. n° 624.

(5) Arch. Char^{te}, E, 998.

(6) Nadaud, III, 388.

(7) Arch. Char^{te}, E, 877.

(8) Nad^d IV, 121.

(9) Beauchet-Filleau, t. I, p. 259, col. 2.

(10) *Bulletin de la Socté des lettres, sciences et arts de la Corrèze.* — Tulle, Crauffon, n^o de 1895, p. 211, article signé de M. l'abbé Lecler.

(11) Arch. H.-V. GG. 3. p. 105.

(12) *Id.*, GG. 1.

1717 (1). Messire Jⁿ Barbⁿ, curé d'Esse, 13 8ᵇʳᵉ 1641 (2). — Mᵉ Jⁿ Barbⁿ avocᵗ, sᵗ de Mayrant, 1629 ; assiste en un débat, 10 juin 1637, Pʳᵉ Clavettier. sʳ de Vernet, Maillac, près Brillac, dᵗ en la ville de Sᵗ-Germⁿ. — Vers 1540 Mʳ Fᵒⁱˢ Barbarin agissait en qualité de commissaire royal, vers le Dorat (3). Fᵒⁱˢ *Barbarin*, écʳ sgr de *Massignac*, d'Alloue, etc. et X *Barb*. sʳ *de Beaulieu* son frère, payèrent en 1620 la taxe des nobles de b. Marche.

N... *Barbarin de Mons* servait à l'armée de Condé dans Angoulême-cavⁱᵉ, 3ᵉ cⁱᵉ, lors du licenciement en 1801 (4). — Etⁿᵉ Barbⁿ marié le 23 mai 1803 avec Aglaé Girard de Pindray. — X... Barbⁿ, accouru en Vendée au moment de la reprise d'armes 1815. — N... Barbⁿ, colonel d'état-major, gendre Thiébot, dont une fille. Il fit la campagne d'Espagne 1823, et eut pour frère X... Barbⁿ, ancⁿ maire de Confolens, dont postérité.

Désignons maintenant quelques *filles Barbarin*, connues sans filiation, mais comme épouses des personnages suiv. : Valérie B. 1760, et Jacq. Chamborand de Maillat (5). — Madelⁿᵉ B., paroissienne de Sᵗ-Morice et Jacques Chamborand, 1772, de la paroisse d'Etagnat; semblent les mêmes. — Fᵒⁱˢᵉ B. et Olivʳ Paute, écʳ, sʳ de la Brosse (Chassenon) par union du 20 avril 1603 (6). — Anne, dᵗ à Confolent, 5 avr. 1731 avec Jʰ Barrier, sʳ de Sᵗᵉ-Marthe, mᵉ chirurgⁿ. — Jⁿᵉ et Jⁿ Blanchard, écʳ, sʳ de Maffot, (Sᵗ-Maurice, près La Souterⁿᵉ) et sʳ de Sᵗ-Pardoux, père et mère 1° de Fᵒⁱˢ, né en 1676. 2° de René, enfin de Marie (7).

Fᵒⁱˢᵉ Barbarin et Jacq. Prévereau, écʳ, sʳ de Beaumont, capⁿᵉ au régᵗ de Périgord-Infⁱᵉ v. 1735, morte à 56 ans, 17 avr. 1752 (8). — Fᵒⁱˢᵉ B., vᵛᵉ à Pʳᵉ Chatard, sʳ de La Verdelle, mère de Cosme Chatard, sʳ des Tabouris, v. 1734 (9). — Valérie B., relicte de Fᵒⁱˢ Descubes, sʳ du Ferran, dʳ en médⁿᵉ de l'agrégatⁿ de Limog. 1690 (10). — Madelⁿᵉ B. dont était veuf 5 août 1745, avec leur enfant Charles, l'écuyer Louis de Goret, sᵒ des Fourniers (11). — Anne B. épousa

(1) Arch. Charᵗᵉ, E. 1067.
(2) Généal. Chamborand, précitée, p. 100.
(3) *Ibid.*
(4) BEAUCHET, *verbo* : Barbⁿ p. 259, col. 2. *in fine.*
(5) NADAUD ; et t. I, p. 347, 533.
(6) Même source, III, p. 313.
(7) *Id.* I, 186.
(8) *Ibid.*, III, p. 388.
(9) Arch. Dordog., B. n° 472.
(10) NADAUD.
(11) Arch. Charᵗᵉ, E. 878.

Gab^l Gandillaud, éc^r, sgr de Fontguyon (puis présid^t au présidial d'Angoumois), sgr aussi de St-Aignan, le 10 8bre 1638. Il en naquit 3 fils et 3 filles (1). — F^oise B. qui par test^t du 1er mars 1657, signé Pailhet, déclara vouloir être ensevelie en l'église de Pressignac, dans la tombe de son mari, noble Claude de St-Laurent, s^r de Lignat et de Puymie (baptisé 28 fév. 1650) (2). — Denise B. et X... Couvidat, v. 1550, desquels la fille, Marie, épouse Caillou de Pressac, testa 12 9bre 1570 (3). — Cath^ne Barbarin, 2e femme de René de Rocquart, éc^r, s^r des Dauges, est chargée par lui de l'administration de ses biens et de l'éducation de leurs enfants, en 1689, car il part alors pour le service (4). Elle était sa v^ve avec 3 enfants de lui, et se trouvait enceinte, le 22 7bre 1693. Il y avait 3 enfants aussi du 1er mariage de René avec Cath^ne Dupré (5). — Marie-Louise de Barb^n épousa 11 8bre 1867, noble P^re-Eugène de Maillard de La Combe (en l'ex-b^onie de Mareuil, au c^té de Périg^d (6).

Les Barbarin du Cluseau

I. J^n Barbarin, eut pour fils : II. Bertrand, marié par contrat du 2 fév. 1556 à Marg^te du Mosnard dont 1° J^n ; 2° Anne, mariée par contrat du 13 août 1587 à P^re Jourdaneau. III. Le susdit J^n, éc^r, s^r du Monteil, 1616 ; épousa Gasparde Maignat, dont IV. Louis, marié, selon contrat du 26 avril 1627 (Beauchet dit *août*) à Marg^te Desprès, dont V. F^ois, frère de J^n et de René Barbarin. F^ois et René, le 10 avr. 1659 partagent les successions de Louis et J^n leurs père et aïeul. F^ois V. épousa 7 août 1651 Marie Barbier (7).

Ces Barbarin, furent s^rs du Cluscau, et du Monteil (S^t-P^re de St-Junien) et du Mas-Rasseau (Confolens) élection d'Angoulême. Armes : *de gueules à un poisson* (petit barbeau parlant) *d'argent, peautré et loré de même, mis en fasce* ; parfois ils portaient d'azur à 3 bars ou poissons d'argent, l'un sur l'autre, en fasce, celui du milieu contourné (8). Cette famille, ajoute M. l'abbé Lecler, a eu

(1) Arch. Char^te, E. 1066.

(2) NADAUD, III, p. 52 et Suzanne Barb^n de la par. S.-Morice épousa le 14 juill. 1668 Jérome de St-Laurent, éc^r, s^r du Chalard, d^t à Pueymy (Pressignac).

(3) NADAUD, I, p. 274, 275.

(4) Arch. départem^rs d'Angoul^me, E. 850.

(5) *Id.*, E. 854.

(6) *Armorial*, par M. de Froidefond.

(7) *Nobil.*, de Nadaud, p. 532. Maintenue officielle d'Aguesseau de 1666 et Nad^d I, p. 760.

(8) FROIDEFOND, *Armorial*.

de nombreux rameaux; elle est encore représentée à Confolens, Rancogne, et aud. Angoumois, et ailleurs.

Joignons ici, à titre de simple renseignement utile par places et exact dans ses grandes lignes, aux approches surtout de la période moderne, la notice envoyée de Brigueil, au regretté marquis de Bagnac, le 13 juillet 1861, par l'intéressé, qui l'a signée: *d'Hugonneau de Boyat.*

I. « Jⁿ Barberin et Isab. de Pressas, c. mar. xᵇʳᵉ 1422, dont: II. Guilᵐᵉ, épˣ de Cathⁿᵉ Tison, de Poitiers, en 1467, dont 4 garçons confirmés nobles par Fᵒⁱˢ I, 1515, savoir: Jⁿ et Fᵒⁱˢ et Jacq. et Jⁿ.

III. Jⁿ Barbarin, sgr du Monteil, écʳ, épousa 1509 noble Cathⁿᵉ La Chassagne, dont: 1° Jⁿ; 2° Gaspart; 3° Etienne.

IV. Jⁿ sʳ du Monteil, épousa 1573, Fᵒⁱˢᵉ de La Chalanie *sic* (corrigez? Charlonie?) d'où sortit Melchior Barᵇⁿ de Puyfragnoux.

V. Ledit Melchior épousa 1619 Jeannette Tamoineau, dont: VI. Pʳᵉ Barb., sʳ du Monteil, marié en 1667 sur dispense papale, à sa cousine germaine Fᵒⁱˢᵉ de Barbarin; dont Lᵈ VII, écʳ sʳ de Puyfragnˣ, qui épousa en 1690 Elisabeth Montjou; d'où sortit VIII. Jⁿ.

VIII. Jⁿ épousa 1717 (Nadaud dit 1747) Marie de Salignac, d'où provint IX. Etⁿᵉ, qui sʳ du Monteil, épousa 1746 Cathⁿᵉ du Soulier, dont X. Louis; et 4 filles.

X. Louis Barᵇⁿ de Puyfragnoux, épousa Mathurine Dupin du Bâtiment, dont: XI. Etⁿᵉ et Anne et Fᵒⁱˢᵉ avec Valérie.

XI. Etⁿᵉ Barᵇⁿ de Puyfr. prit pour femme en 1805 Aglaé-Félicité de Pindray (1) dont il n'eut pas d'enfants. Rentré d'émigratⁿ, il reprit du service et fut tué, étant colonel, par les douaniers à Helette, près Sᵗ-Jⁿ-Pied-de-Port, en revenant de conduire la duchesse d'Angoulême en Espagne, pendant les 100 jours (1815). Rameau ainsi éteint. Anne-Fᵒⁱˢᵉ Barᵇⁿ de Puyfr. s'unit 1800 à Fᵒⁱˢ-Nicolas d'Hugonneau (2) de Boyat, dont: 1° Jⁿ-Louis Léon; 2° Louis-Adolphe; 3° Etienne-Raoul; 4° Paul-Alcide; 5° Aglaé. Quant à Valérie, elle épousa 1801 Etⁿᵉ de Gᵈ-Seigne, ancⁿ officier, dont: 1° Louis; 2° Isidor (*sic*); 3° Paul; 4° Eléonore. »

––––––

(1) Beauchet cité ci-avant, dit en 1803.

(2) D'après une pièce du chartrier si abondant de M. le marqnis des Monstiers-Mérinville, Jⁿ Moulinier, bourgeois de Sᵗ-Junien et Thérèse Moujon, sa femme, vendaient le 30 août 1785 leur métⁱᵉ de La Vérine (Brigueil, en Poitou) à Jean Hugouneaud de Boyat, écʳ, ancⁿ gendarme de la garde du roi et dame Marie de Barberin, son épouse, demeurants à Boyat, en Poitou (Brigueil). Il y eut aussi des Hugonneau de Mondariex 1786. Le garde du corps, Hugonneau de Boyat, démissionnaire en 1830, † v. 1879 était l'oncle du général de Boyat.

Nous avons pu recueillir quelques éléments de plus, dont l'authenticité va servir de contrôle. Complétera et conciliera qui pourra avec tout ce dessus nos relevés pris à bonnes sources :

Bail des fruits des immeubles de me Jn Barbn, prestre, écr, sr du Monteil, saisis à la requête de dlle Valérie Barbn, vve de Fois. de Cube, dr médn. 26 août, 2 et 11 xbre 1690, sis ès par. de Brigueil-l'aîné, St-Pre de St-Surin, bg de Saugon (avec mention de Jh Thamoyneau, sr de Peavelac, bgs de St-Junien, 1690) (1).

21 juil. 1716, mention du mariage de Jn Barbn, écr, fils de feu Ld (évidemt sr du Monteil) avec dlle Marie de Salignac, fille d'Etne, écr, sr du Vignaud (2). Or Nadaud, IV, 139, met au 27 juil. 1717 ce mariage de Jn Barbn, sr du Monteil, paroissn de S.-Pre de St-Junien, avec Marie de Saligc, fille d'Etne, sr de Bourdicaud, et des Brosses (Etagnac).

Quant à Ld de Barbn, sgr du Monteil, il eut d'Isab. de Montiou, morte avant le 27 avr. 1721 : 1e Ld, baptisé 23 9bre 1701 à N.-D. du Moutier de St-Junien. 2° Elisab., tenue au baptême le 25 9bre 1701, sic, par Jn de Barbn et Isab. Derousseau, déclarés ne sachant signer (3). 3° Foise (à moins qu'Elis. n'eut ce double prénom) dont les bans furent publiés 27 avr. 1721 avec Jacq.-Fois de Brette, chevr, sgr de Corrigé, fils à feus Fois et à Marthe de St-Georges. Leur père Ld Barbn, veuf d'Elis. de Montjou, épousa en 2es noces, 2 9bre 1709, à Monterollet, Marie Dreux, fille de Simon, sgr de Monterollet, et de Jne Dupin.

Jn Barbn de Puyfragnol, † après sa femme, écr, sr du Monteil, eut de lad. Saligc, morte au château du Monteil 28 9bre 1759 : a, une fille baptisée 28 août 1725. b, autre baptisée 6 mai 1732 à St-Pre dudit Moustier, tenue par Etne Barbarin, écr. c, un fils, baptisé 20 juillet 1738. d, Etne. L'une de ces 2 filles, savoir : Valérie, épousa 14 juin 1764, Jacques de Chamborant, sr de Maillat (4), déjà veuf.

Le 17 janvr 1723 fut enterrée en la parsse St-Pre de St-Junien, Foise Barbarin, 83 ans, vve de Pre Barbarin, écr, sr du Monteil (5). Dame Foise Dassier, 69 ans, vve de Fois Barbn, écr, fut ensevelie 13 juin 1735 en l'égl. des Jacobins de la même ville (6).

Pour ce qui est d'Etne Barbn de Puyfr., il épousa, 3 mai 1746, Cathne du Solier, fille de Ld, écr, sr des Lèzes. Elle fut inhumée à

(1) Arch. de la Vienne, E2, n° 233.
(2) Arch. de la Haute-Vienne, GG. 8.
(3) Arch. Haute-Vienne, GG. 1 et 8.
(4) Nadaud dit Jacq.: la généal. Chamborand dit Jacq.
(5) Arch. Haute-Vienne, Inventre, GG. 8.
(6) Id., GG. 2.

62 ans, 6 8bre 1782 (1). Ils eurent : 1° une fille, dont le parrain fut
au 23 avr. 1750 à St-Junien-N.-D. J^n Barb^n du Monteil, son g^d père,
et la marraine était Marie du Soulier de Marcillac (2). 2° un fils né
et † le 22 fév. 1761.

La fille non autrement désignée ci-dessus dut être cette Valérie
Barb^n, fille de X..., éc^r, chev^r, s^r du Monteil, que nous voyons
donner sa main, 19 mars 1783, à Simon Merlin de Chauzac, n^re (3).
— Louis Barb^n de Puyfr., éc^r, s^r du Monteil (command^t de la garde
nat^le de St-Junien, 15 janv. 1794), y fit baptiser sa fille 15 x^bre 1774,
entre les bras de F^ois-Martial Barbarin du Peyron, garde du corps
du roi. L'un et l'autre subirent confiscation de biens en lad. c^ne en
1793 (4).

MM. Beauchet signalent sommairement et par anneaux rompus :
J^n Barbarin, éc^r, sgr du Montet, en Limousin, présent comme
homme d'armes au ban du Poitou de 1574. Ld Barbarin, s^r du
Monteil (Brigueil), qui assista 1651 à l'assemblée de noblesse poitevine convoquée pour les états de Tours. F^ois Barb^n, s^r du Monteil,
servant en la 4e brigade de l'escadron de Vassé, au ban de S^t-J^n
d'Angély 1758. Enfin l'émigré Barb^in du Puyfr. qui servit dans la
gendarm^ie, puis en la légion de Damas-inf^ie, et fut tué à l'affaire du
Canal de Louvain, 15 juil. 1794.

———

Arrivant désormais à des branches dont le rattachement à la
souche du Bost est de plus en plus vraisemblable, quoique le point
de jonction n'en puisse être encore précisé, nous emprunterons par
voie résumée, à MM. Beauchet, leurs colonnes, consacrées aux

Barbarin de La Resnière, Train, etc.

I. Mathieu Barb^n, par adjudication du 11 x^bre 1606, eut les fiefs
de La Resnière et de La Barangerie, près du prieuré-cure de
Mezeaux. Ce conseiller, assesseur criminel du présidial de Poitiers,
fut mêlé aux brigues et émeutes de lad. ville 1614 où il perdit (5),
puis reprit ses biens et charges. De Cath^ne de Ste-Marthe, il eut :
1° Louis, s^r de la Resnière, 1643. 2° Louise, unie à J^n Pavin, éc^r,
sgr de Beaumont. 3° Réné, † sans hoirs. 4° J^n qui suit.

(1) Arch. Haute-Vienne, GG. 12.
(2) *Ibid.*, GG. 4.
(3) *Id.*, GG. 16 et 17.
(4) Arch. H^te-V^ne, fonds révolut^re non encore inventorié, ni public.
(5) *Hist. du Poitou*, par Thibaudeau, chap. VII, VIII, — et l'*Essai* de
M. Ouvré.

II. J^n-Bapt., éc^r, confirmé noble par Barentin, 15 avr. 1666, et qui fit obligat^n 16 août 1665 au s^r Chaubin (1). Il fut s^r de Train, Nouzières, épousa noble Marie Sapinault, par c. du 14 9bre 1648, dont 1° Louis-(F^ois), éc^r, s^r de Train, fils h^r de J.-B., dès 8 fév. 1678 ; 2° Marie, qui porta Train au chevalier son mari Adrien Brethé de la Guibretière ; 3° Hélène, ursuline.

III. Louis, éc^r, sgr de Train, la Coquinerie, né sur la par. S.-Porchaire de Poitiers 1656, † 1687, laissant de noble Madel^ne de Montsorbier (épousée 1686) : 1° Louis-René. 2° Louise-Marie. 3° Susanne-Radegonde, relig^se au Val de Morière.

IV. Louis-René, chev^r, sgr du G^d Plessis, né à La Plotterie (Poiré-sur-Vie) 1682, épousa par c. de 1714 n. Louise Buor, dont : 1° Gab^l-F^ois, né 1721, † en bas-âge. 2° René-Robert, dans le même cas. 3° Marie, femme de n. J^n Morisson de la Braulière. 4° Alexandre. 5° Louise, épouse du d^r Puyreau. 6° Louis-René, sgr du G^d Plessis, fief relev^t du sgr d'Aizenay, gendre Buor de La Vergnaie, dont André, Marie-Louise, Rose et Louise morts sans postérité. 7° Adrien, cap^ne aux grenadiers de France.

V. Alex^dre Barbarin, chev^r, sgr du G^d Pl., marié par c. 26 juin 1748, à n. Gab^ile Pierres, dont le suiv. unique.

VI. Alex^dre-Louis-Aimé, marié 17 janv. 1777 à n. J^ne Bodin, dont : 1° Renée-Bénigne, massacrée à Nantes avec sa mère. 2° Aimé-Charles. 3° Constant-Aimé, cap^ne cav^ie 1815, qui † 3 juil. 1847, a laissé de n. Madel^ne Borgnet (épousée 2 juil. 1804) : a, Alexandrine, épouse Tinguy de la Giroulière, 1833. b, Victoire, aussi épouse Tinguy, 1835.

VII. Aimé-Charles Barb^n, né à Luçon 1771, épousa Vict^re de Buor du P^t Marais, dont : 1° Aspasie, épouse d'Hipp^te Arnault de la Grosselière. 2° Auguste, † jeune. 3° Justine, unie 1833 à Louis de Buor de la Voie.

Barbarin du Chambon-Paulte

I. N... Barbarin donna le jour, selon MM. Beauchet : 1° à P^re. 2° à Gab^l, qui fit une vente 29 x^bre 1508, reçue Boivin, n^re à Larochefoucauld.

II. De P^re, s^r du Chambon-Paulte, naquit :

III. Aimery (fils de P^re ?), éc^r, sgr du Chamb., testa 23 août 1524, laissant pour enfants : 1° Jacq. 2° F^ois, auteur du rameau de La Garde. 3° J^n, 1523-39.

(1) Arch. Vienne, E^5 572.

IV. Jacq., écr, sgr du Chamb. et du fief de... (Massignac), marié à Foise de Singarreau, en eut : 1o Jn. 2o René, sr de Listrac, La Rye, qui laissa descendance. 3o Jacq., chef des Barbn de la Borderie. 4o Anne, dont le mariage fut contracté 28 9bre 1584, devant Pellouet, nre à Chabanais, avec Philippe Régnaud, écr, sgr de Villognon, Massignac. 5o Foise, unie 1573 à Jn Barbarin, sgr du Ponteil.

V. Jn Barbn, écr, sgr du Chambon-sur-Charente, épousa Marie Pastoureau, dont Madélne, conjointe v. 1620 à Nicolas Châtaigner, bon des Etangs (Massignac) en Angoumois et sgr de Massignac. Ces 2 derniers épx sont dits feus dès 1642 (1).

Noms isolés : Pre Barbarin, sr du Chambon, protestant, épousa 1615 Anne d'Alloue, vve Couraud, dont Anne Barb. baptisée au temple 1619.

N... Barbn, chevr, sgr du Chambon, épousa v. 1650 Marie de la Châtre. vve du Vissel, seigneur de St-Pre-des-Eteufs.

La révocation de l'édit de Nantes fait qu'on trouve inhumée à Amsterdam, 30 mai 1785, Marie Barbarin (descendante? de Pre et de Marie d'Alloue, de religion réformée).

BARBARIN *de la Borderie*,

d'après M. Beauchet-Filleau et nos additions.

I. Jacq. Barb., écr, sr de la Bordie (fils puîné de Jacq.), homme d'armes, 1585 ; épousa, s. d., Gablle Pastoureau, de ceux d'Ordières, dont : 1o Jn ; 2o Cathne, mariée, 15 juil. 1614, à Philippe *de St-Martin*, *écr*, *sgr de Bagnac*.

II. Jn Barbn , écr, sr de la Bordie (Suricq), prit pour femme 9 juin 1611, Cathne de Rocquart, dont : 1o Fois ; 2o Casimir, écr, sr de La Garde et de Fonteyroux, 1635, duquel la fille ? nommée Anne Barbn du Chambon, épousa en l'égl. d'Etagnac, 11 av. 1728, Pre du Chilloux, écr, sr de Churet (Grenor), mort en 1736, laissant postérité de cette Anne, fille à coup sûr d'un feu Casimir B. (2).

III. Fois, écr, ss de La Borderie du Chambon (*sic*), demeurant au dit logis, parsse, St-Maurice-des-Lions, 5 août 1661 (3) ; qualifié de

---

(1) Arch. Hte-Vne, D. no 377. — D'après E. 94 Arch. Charte, la dite Pastoureau, alors sa vve, pour elle et ayant la garde noble de leurs enfants, fit hommage lige, au devoir d'une paire d'éperons d'or à muance de vassal, à Adrien de Montluc, comme prince de Chabanais.

(2) NADAUD, I, p. 388.

(3) Chartrier de Bagnac, et arch. H.-V., B. 28.

s^r de l'Aage-de-la-Borderie 16 9bre 1690 (1). — Il y a quittance 28 x^{bre} 1643, en présence de Gilles Girard, éc^r, s^r ? du Mⁱⁿ-Neuf et de Montagrier, dem^t au dit châl. de Montagr (Pont-St-Martin), donnée par la dite Cath^{ne} Barbⁿ, v^{ve} Bagnac, de 1550 liv. en escuz d'or sol, pistolles, realles d'Espagne, quartz, demi-quartz d'escus au poids de marc, à F^{ois} Barbarin, son nepveu, éc^r, s^r de La Bourd^{ie} et *des* Chambons-Paulte, dem^t au lieu noble de La Bourd^{ie} des Chambons (St-Maurice-des-Lions, c^{té} de Confolant), pour achat du taillis de l'Age-Baudusson. De laquelle somme, Cath^{ne} a quitté les dits s^r de La Bourderie de St-Martin (*sic* 2 fois) et d^{lle} Anne Barbarin, sa femme, sans préjudice de ce qu'ils doivent de dot à lad. de Bagnac, en décharge d'Ant^{ne} de St-Martin. Beauchet donne pour femme à F^{ois}, par bénédiction de 1637, Philippe du Pin, dont :

IV. Jacq., conjoint à Marie d'Assier des Brosses (St-Maurice) dont :

V. Jⁿ Barbⁿ de la Mothe, sgr de La Borderie (St-Maurice), marié par c. du 2 mars 1758 avec Louise de Tryon, mais déjà parent en 1739 de Jⁿ de Tryon (2). Ils eurent :

VI J^h-Gab^l, marié 10 9bre 1790 à Louise Biney, du Mⁱⁿ-Neuf, dont : 1° l'épouse Berthomé ; 2° la religieuse ; 3° et 4° les jumeaux : Gustave, marié 16 janv. 1832 à Anne Rousseau, de Magnac et F^{ois}-Casimir, marié, 12 juil. 1836 avec Anatolie Laurent de Reyrac, dont 2 fils.

Nadaud,, t. III, p. 387, parle en outre de n. Marg^{te} de Chapelon, v^{ve} de n. Jⁿ Pressac du Repaire (St-Gervais), épousé en 1675, qui convola avec Louis Barbⁿ, s^r de La Bord^{ie} (St-Maurice-des-Lions), puis avec Jⁿ Laurent, s^r de Villeroux. Nous connaissons Charles Barbⁿ, éc^r, s^r de Verrac, 1737, habit^t le même châl. de La Bord^{ie}, 21 août 1742 ; avant 20 août 1770, s^r de Verat. De cette branche de La Bord^{ie} était X... de Barbⁿ qui en 1783 est dit ci-devant lieut^t au rég^t de Bourgogne-inf^{ie} « et portant : *d'azur, à 3 barbeaux d'argent acculés et mis en face* » (3).

Rameau de La Garde et Fonteyroux

(détaché de la branche Barbⁿ de La Borderie.)

F^{ois} Barbarin, sgr de La Garde, en Angoumois, cru fils d'Aimery, s^r du Chambon, remplacé comme homme d'armes, 27 janv^r 1574.

(1) Arch. Char^{te}, E, 1027. — Ailleurs dit s^r de Laage d'es-Chambon, au *Bulletin archéol. de la Char^{te}*, année 1890, *Monographie de St-Maurice*, par Touzaud.

(2) *L'abbé Vignaud*, confesseur de la foi, par notre obligeant et regretté confrère, feu l'abbé Granet, curé de St-Hilaire-Bonneval.

(3) Généal. Chamborand, in-f^o, p. 103.

Jⁿ Barbⁿ, s^r de La Garde, homme d'armes 1585, hab^t la par^{sse} St-Maurice, au ressort d'Angoumois ; s^r aussi de St-Maurice 1577, selon Beauchet, qui le croirait le même que Jⁿ Barbⁿ, éc^r, s^r de La Garde, — sgr en outre, de Fonteyroux, du chef de F^{oise} Pastoureau, sa femme, pour laquelle il fit aveu de ce 2e lieu à l'abbé de Charroux. Ses enf^{ts} étaient : 1° Abel ; 2° Suzanne, mariée dès 26 juin 1601 à N. Charreyron, éc^r, s^r de Chasseroue ; 3° F^{oise}. Quant à Abel Barbⁿ, éc^r, s^r d'Ordières, il vend Fonteyroux, 26 juin 1601, et 2 ans après il avoua divers héritages à là dite abbaye. Au ban du 1er 7bre 1635 figurait Casimir Barbⁿ, éc^r, s^r de Fonteyroux (1). Il vivait encore le 5 août 1661, selon nous.

Barberin de la Rye

[Rameau distinct de celui formé par René, s^r de Listrac, La Rye.] — J^h Barbⁿ, éc^r, s^r de La Rye, y dem^t (Le Vigean) (fils puîné d'Isaac Barbarin-Mondenaud et de J^{ne} Papon), épousa 31 mai 1698 Madel^{ne} Bounin, sœur de Louis Bonin, éc^r, s^r des Forges, Plessiasse, hab^t Poitiers, et de Marie Bonin, tous intervenant en un contrat du 31 mai 1705 avec P^{rre} Falloux, éc^r, s^r de Villejasme, dem^t à Poitiers avec sa femme Luce-Radegonde Barbarin. Le même Fall^x, éc^r, s^r de La Roche d'Argenton-les-Eglizes, y dem^t, agissant comme père de leurs enf^{ts}, alors orphelins de Luce, quitte 21 9bre 1697 P^{re} Barbⁱⁿ du Bost, de 600 liv. à l'acquit de J^h Barbⁿ susdit, pour pension à lui due de 400 l. selon partage entre eux de la succⁿ de feu Isaac Barbⁿ de Mondenault.

J^h et lad. Bonnin eurent: 1° P^{re}, né et baptisé, 1702, à St-Eutrope-du-Vigean ; 2° J^h-Marie, né 1708, époux dès 1744 de n. Marie-Silvine de La Touche, morte sans enfants avant le 7 mai 1771.

Rameau de La Breuille

P^{re} Barbarin, éc^r, s^r de La Brueille, épousa n. F^{oise} d'Assier, dont : 1° Jⁿ ci-après ; 2° N... ; 3° Mlle de Crémaux, 10 x^{bre} 1736 [erreur pour 1536 ? (2) ou bien y eut-il deux alliances Barbⁿ avec d'Assier ?]

Jⁿ Barbⁿ, éc^r, s^r de La Br., homme d'armes et s^r de Font-Chauveau, 1585, épousa par c. 8 fév. 1556 n. Marie de Céris, dont : Gab^l, éc^r, s^r de La Breuille, Fontchauveau (Chabrat), marié par c.

---

(1) Proc.-verb. de l'assemb. du ban de la sénéch d'Angoumois, par Th. de B. A (Brémont d'Ars), *de gueules au barbarin d'argent*.

(2) Arch. Char^{te}, E, 874.

25 8ᵇʳᵉ 1580, à n. Louise Frotier, restée sa vᵛᵉ dès le 14 9ᵇʳᵉ 1617, date du cont. de mar. de leur fille Yolande avec Fᵒⁱˢ Green de Sᵗ-Marsault, écʳ, sʳ de Peudry. La dite Frotier, toujours sa vᵛᵉ, vendait en 1618 le château du Roc (La Rochette) et avait pour fille Louise Barbⁿ dont on rédigea aussi le c. mar. avec Pʳᵉ d'Arroux, écʳ, sʳ de Bourdères (1).

Barbarin de La Perrière

Isaac Barbⁿ, sʳ de La Perʳᵉ en 1691 (2). Jⁿ Barbⁿ, sʳ de la Per., épousa N. Mangin, dont provint : Etⁿᵉ Barbarin, sʳ de la Martinière, marié 22 9ᵇʳᵉ 1732 à Marie Bouthet, fille de Jacq., sieur de Montfrault ; 2° autre Etⁿᵉ, trésorier de France, au bureau des finances de Limoges ; 3° Genevᵛᵉ, mariée 22 9ᵇʳᵉ 1722 à Jⁿ Bouthet, sʳ de Montfrault (Celle-l'Evescaut) qui épousa 16 juillet 1741 dˡˡᵉ N... (3).

Etⁿᵉ Barbarin de La Martinie présenta un sujet à la chapellenie de l'hospice de Confolent en 1765. L'année d'avant est mentionnée ailleurs Margᵗᵉ Reynaud, vᵛᵉ en 1ᵉʳᵉˢ noces de Jⁿ d'Assier, chevʳ, sʳ des Brosses, vᵛᵉ en 2ᵉˢ de Pʳᵉ Barbarin, sʳ de la Martinie, le 13 fév. 1765 (4). Pʳᵉ n'a donc pu probᵗ qu'après 1725 avouer le fief de Sᵗᵉ-Hermine, comme le veut M. Beauchet.

Barbarin de Mouliéras

Jacq. Barbⁿ, sʳ des Mouillères, 16 juill. 1648 ; [Beauchet]. André Barbⁿ sʳ de Mouherat, dᵗ à Confolent, teste à Availle 18 avr. 1673 (il fit autre testamᵗ, reçu Niquai, peu avant le 6 9ᵇʳᵉ 1692). Il lègue par le 1ʳ, à son filleul André de La Ribadière, fils du sʳ de Chez-Fairreau et de dame Fᵒⁱˢᵉ Barbarin, sœur du testatʳ, 500 liv. à lui dues par Isaac Barbarin, écʳ, sʳ de Mondonneault, qui lui avait, à lui testateur, été ordonnée par testᵗ de défunte dˡˡᵉ Madelⁿᵉ Barbⁿ, marraine du testʳ, le ... (date restée en blanc) et que Izaac se chargea de payer selon traité fait avec Guilᵐᵉ Barbarin, avocᵗ en parlᵗ ; plus 100 liv. dues au testatʳ André par testᵗ de feue N... Barbarin, tante du testatʳ, femme de Jⁿ de Rougnat, sʳ de La Grange-

---

(1) Arch. Charᵗᵉ, E, 949.

(2) *Id.*, E, 852.

(3) Le 11ᵉ paragr. de la col. 2ᵉ à la p. 259 du *Dictionn. des familles*, 2ᵉ édition, doit être applicable aux Barbarin du Bost, tige directe, et non à ceux-ci.

(4) Arch. Charᵗᵉ, E, 591, 599.

Perost, daté du... (en blanc). Si André Ribardière meurt sans enfants le testat.r veut pour bénéficiaires des 600 l. ses autres neveux Louis et Perrette de La Ribadière. Il nomme son exécut.r, J.h de La Ribad.re son beau-frère. Dressé par Juquais, n.re.

Par acte du 26 7.bre 1666, P.re Barbarin, éc.r, sgr de Jousse, présid.t à Poitiers, et Izac Barb.n, éc.r, s.r de Mondenaud, d'une part, avaient transigé avec m.e Guil.me Barbarin, avocat, s.r de La Chambeunye (encore vivant 1682), d'autre part, agissant pour lui et sa sœur X... et sa fille à lui Guil.me, nommée Madel.ne Barb.n, mariée (probab.t le 18 fév. 1681) à J.n Boreau, s.r de La Chièze, icelle légataire de Madeleine Barbarin, v.ve de J.n de La Borderie, éc.r, s.r de La Billier. Elle toucha ce legs 10 juil.t 1682 de P.re Barb.n, chev.r, s.r du Bost, La Lande, Chassat. L'épouse La Billier 1656 était fille à feux.s.r F.ois Barbarin et de dame Anne Froumet. Elle était v.ve La Villier, d.t Confolent 1.er août 1657, même dès 1646; le dit J.n de La Borderie (1) ayant testé 8 août 1632, avec codicilles des 17 janv. 1635 et 16 juin 1637. Guil.me Barb.n de la Chambeunie, avoc.t (concurremment avec J.n Barbarin, avoc.t de Confolens, s.r de la Janadie), avait pour frère (ou neveu ?) André Barbarin, s.r de Moyrat (autre forme de Mouilléras), servant au rég.t de Navarre, à Brouage, 10 juillet 1679, oncle de J.n Barbarin, alors avoc.t à Confolens, s.r de La Chambeunie. [Titres de Bagnac.] — Le 5 août 1745, Marie Dupré est v.ve de J.n Barb.n, s.r des Mouillères (2).

Barbarin des Vestizons (paroisse dudit).

J.h Barb.n (fils de Guil.me II Barbarin du. Bost), s.r des Vetizons, Beaulieu, Vauzelle (Brillac), 4 janv. 1620 (3) et 1648. Il épousa 10 fév. 1599 F.oise Charpentier (4), dont : 1º Madel.ne, qui v.ve de Jacq. de Lescours, chev.r, sgr de La Valette, convola 15 janv.r 1630 avec F.ois Prévost, éc.r, s.r de Puybotier et du Bois (5). Ce Prévôt, chev.r, s.r de Beaulieu, avait rentes à La Vauzelle susdite, aliénées du chapitre de S.t-Junien, puis possédées avant Prévôt, par Guil.me Barbarin. Ce Guil.me, lic.é en lois, sgr de... que nous voyons habiter à Confolent 23 fév. 1566. 2º J.ne, épouse de Jofroy du Monar, éc.r, sgr de Villefavar, morte peu avant le 4 fév. 1654, date à laquelle Prévost, son beau-frère, avait 2 enfants de feue Madel.ne.

---

(1) J.n Barbarin, avoc.t, s.r de Mayrant 1629, d'après Beauchet; corrigez Moyrat, selon nous.
(2) Arch. Char.te : titres de famille, layette 878.
(3) Dom Fonteneau, mss t. 45. Rôle des nobles de Basse-Marche.— Arch. Cha.te, E. 16.
(4) Beauchet, II, 403.
(5) Nadaud, III, pp. 390, 536.

Nobles F^ois *Barb^n*, éc^r, s^r *de Massignat* d'Aloue, *sic* (Aloue), et son frère, s^r de la Bussière (1).

X. *Barbarin*, éc^r, s^r *Chambes*, autrement Jambes, ou Chez-Jamme (Oradour-Fanais) 1635, était frère du s^r de Pluye, aujourd'hui chef-lieu de la c^ne de Lapleau, que M. de Brémond rattache au rameau de La Garde.

Nous savons positivement que F^ois Barbarin, éc^r, sgr de Chambes 1696, était frère de F^ois Barb^n, éc^r, s^r du Genest, et de Ld Barb^n, éc^r, sgr de Lastérie et de Marie, ailleurs Renée parfois, Barb^n, épouse de P^re Angely, éc^r, s^r de la Grange, qui en était veuf en 1684-95 (2), dem^t au lieu noble de Fontcreuse (Champagne-Mouton).

F^ois Barb^n, éc^r, s^r du Genest (probab^t Lapleau), fils à feu F^ois, éc^r, s^r de Chambes, et à Marie Dupré, d^ts à Chambes, fit contrat nuptial 6 x^bre 1695 avec Marie Perry. Ces époux habitaient en 1699 au lieu de Chez-Bouchard (Lapleau) (3).

F^ois Barb^n, chev^r, sgr de Chambes, Lapleau, et dame F^oise Merle, conjoints, afferment en 1693 leur mét^ie de Lauviguie, aujourd'hui l'Auvigerie (Massignac). — J^n Barb^n, éc^r, s^r de Vieux-Château, demeurant à Champoutre (Massignac), agissait vers 1683, comme curateur aux causes de F^ois de Barbarin, éc^r, s^r du Genest, et vivait en 1695.

Ld de Barb^n, éc^r, s^r de Latterie, dem^t à Chambes 1686 ; puis au lieu de Porteboeuf (Verneuil, d'Angoumois), vend en 1692, de concert avec sa femme Renée Roux, à F^ois Barb^n de Chambes, y hab^t, une rente noble en fondalité sur la prise de La Michellie (Le Lindois) (4). Dès 1689 il eut l'affliction d'hériter de sa fille, « d^lle N... de Barb^n, *fille* (= célibat^re) hérit^re elle-même de Marie de Mascuraud. » — Ensuite vient J^n Barb^n fils, éc^r, s^r de Chambes (Lapleau) 1757. — Marg^te Barb^n, v^ve de Louis Guérin, sgr de la Courtellière (Isle-Jourdain), s. d., demeure sans rattachement.

De même en est-il de Samuel Barbarin, s^r de Bauchet (Aisse, en Angoumois), homme d'armes de 1585, tandis que M. Filleau signale vers Chabanais F^ois *Barbarin*, s^r *du Bouchet*, 12 avr. 1584.

Luc Barbarin, s^r de Chez-Raffier, y dem^t (fief qui en 1712 devait hommage à M. Barbarin, sgr du Bost), céda le 25 mai 1695 à Isac Barb^n, chev^r, sgr de Mondenaud, hab^t du Bost (Esse), une créance

---

(1) Mss. Fonteneau, t. 45, p. 781.
(2) Arch. Char^te, E. 846, 855.
(3) *Idem* 854, 857. Nous verrons plus loin que le logis de Chambes habité par nos Barb^n était en 1757 dans la paroisse de Laplaud, alors dioc. de Limoges, quoique en Angoumois féodalement.
(4) Arch. Char^te, E. 848, 850, 853, 879, 1137.

de 712 l. sur P^re Vergnaud, de Chez-Gaudy (Esse), en payement de rentes dues par Luc à Isaac sur le mas de La Roufie. Tous ces noms de lieux, *Chez Patois, Chez le Bèle* (Bayle), etc., sont l'attestation flagrante des ravages qui attristèrent ces frontières de Limousin-Poitou et avaient rendu déserte et dévestie cette région, dans laquelle les logements précaires et chétifs d'abord, prirent les noms des nouveaux arrivants, attirés par les seigneurs dans des conditions de colonage fort adouci.

Barbarin de Joussé

I. Isaac I Barb^n, sgr de Joussé, Peyroux, par lui hommagés au roi en 1629, maire et capitaine de Poitiers 1644; fut aussi sgr du Bost et eut pour enfants, de Cath^ne de Razes : 1° P^re, qui suit. 2° Isaac II, auteur du rameau de Mondenaud. 3° Marie, bru des Jaumier. 4° Jean, éc^r, s^r de Joussé, hab^t Poitiers 1644-45. 5° Joseph-*René* Barb^n de Beauvais-Joussé, s^r de Beauvais, cap^ne de Brie, qui annulait à Poitiers, 9 mars 1709, par codicille olographe, son testament reçu Rullier, n^re en 1707, par laquelle disposition notariée il donnait (probab^t tout) à (Jean sans doute) Barb^n de Joussé-Mondenaut, son frère alors non marié, mais qui bientôt se maria, et cela avant le 9 mars 1709. Le codicillant laissa à son cousin, le s^r du Bost, 50 liv. de rente pour payer pension de la nièce du testat^r.

II. P^re Barb^n, éc^r, s^r de Jousse, du Baulis, 12 x^bre 1705 (1), présid^t au présidial de Poictou 1662; † après le 23 janv. 1699, date de saisie de Joussé (mouv^t du roi, selon nommée de 1657). De Cath^ne Jallais il laissa : 1° P^re-F^ois, † après 1730, né 25 mars 1662. 2° Marie, relig^se de S^te † à Poitiers 1685-1700, sous-prieure 1738, et qui avait perdu son père avant 1701. 3° Paul.

III. Paul aîné, chev^r, sgr de Joussé (Joussé), qu'il hommagea au roi comme châtelain de Civray (2), fut cap^ne au rég^t de Beaujolais, et le 3 avr. 1743 on reconnut après son décès les scellés sur ses meubles (3). Aussi vivait-il au 21 mai 1730 (ainsi que sa mère); principal hérit^r de son père, dès le 13 juin 1720. Sa succession passa à Charlotte Radeg^de Barb^n (sa fille ?), qui porta Joussé en lui donnant sa main, à P^re de Mancier, éc^r. Ils l'aliénaient 20 *avril 1751* et non *55* à P^re de Magne, éc^r, anc^n cap^ne, et Marie Reignault du Repère, sa femme, d^ts Poitiers.

―――――

(1) Archiv. du greffe de Poitiers, fonds de la sénéch. de Civray, B. 160.— On y trouve série ii 95, Marie Barb^n, épouse en 1695 de J^n du Repaire. — Voy. pour Marianne Divé, à l'article de P^re Barbarin du Bost, bien plus loin.

(2) Arch. Vienne, C. 424, 813.

(3) Greffe de Poitiers, liasses 59 et 162.

Barbarin ou Barberin *du Bost*

seigneurs aussi de La Vergne, La Chastre, Joussé, Peyroux, etc.

Sans reprendre ici en leur teneur formelle les amples preuves de noblesse que fit au 3 7ᵇʳᵉ 1718, devant d'Hozier, Guilᵐᵉ Alexandre Barbarin du Bost, alors agréé pour être reçu page du roi dans sa gᵈᵉ écurie, sous le commandement de Son Altesse, Mᵍʳ le prince Charles de Lorraine, gᵈ écuyer de France, nous refondrons cette production officielle dans une revue générale des principaux titres *authentiques* de cette maison.

On a pu, par ce qui vient d'être dit, se convaincre de la difficulté peu ordinaire ici de combler les lacunes résultant de ce que non seulement de nombreux membres de la famille, mais encore plusieurs rameaux détachés de la tige ont habité diverses contrées, fréquemment changé de seigneuries, à travers les quatre diocèses limitrophes dont la bordure s'était laissée largement morceler en puissants tronçons politiques. Même en ne traitant notre sujet que sommairement, nous avons dû lui consacrer quantité de pages que leur documentation fera peut-être trouver arides. Cependant nous avons encore à nous étendre assez longuement en analyses d'actes anciens destinées à nous fixer mieux et avec nous tout lecteur attentif.

C'est ainsi que pour commencer, fût-ce à piste rompue, selon l'ordre chronologique, nous sommes amené à recueillir comme faisant incontestablement figure dans la cléricature de son temps, et en la vicomté de Limoges, *Armand Barbarin*, au 17 9ᵇʳᵉ *1299* (1). Il ne fait vraisemblablement qu'un même personnage avec celui

---

(1) Arch. des Basses-Pyrénées, ancien trésor des rois de Navarre, vicᵗᵉˢ de Limoges, cᵗᵉˢ de Périgord ; série des titres de famille, E. 754, 849. — Voy. *Sigillographie illustrée de la Haute-Vienne*, par M. Philippe de Bosredon, ancⁿ cⁱⁱᵉʳ d'Etat.

que des titres du 5 x^{bre} *1323* montrent en exercice sous le prénom d'*Arnaud*. Plus tard, en 1459, on trouve comme attaché secondaire aux offices de judicature de la principauté de Chabanais Me Guillaume Barbarin (1). Une des vieilles croix limitantes de la banlieue de cette ville était dite Croix-Barbarin dans un titre de 1631 ; mais la dite désignation de ce simple monument de leur piété devait remonter à une date autrement ancienne. Pour la vaste terre du Bost, demeurée Barberine pendant cinq siècles, et pour le fief de La Châtre, l'origine de propriété s'établit par les extraits suiv. : Guil^{me} de l'Age, bourgeois de Charoux, guarde du scel aux contractz pour très excellent prince le c^{te} Palatin du Rin, duc de Bavière, en ses châteaux et châtellenies de Charoux, Calaix, Dorat et St Germain, notifie que noble J^n Aigrepeau, *alias* de l'Age, sgr de La Chastre, éc^r, afferme..... à divers, des rentes et dîmes, et son lieu du Bost (Esse), le mardi de Ste Luce, vierge, de l'an 1412. N. J^n Aisgrépée (un vaillant nom de guerre, aigre épée !), éc^r, sgr de l'Asge-Malcouronne et du Bost (Esse), arrente le village de La Passerelle (Esse), près le fleuve de Dixoire, etc., à 6 sestiers seigle, mesure de la Marche, etc.; s. d., vers 1420.

Le gardien du sceau à contrats de la b^{onie} du Chien, pour noble et puissant M^r dudit et de Chadenac, notifie que devant le n^{re} juré et auditeur de la cour dudit scel, n. Odet de Pressac, éc^r, et n. d^{lle} F^{oise} Aigrépée, conjoints, dem^{ts} par^{sse} St-Vincent de La Chèse, donnent à ferme leur sgie du Bost, 28 mars 1505.

« N. Odet Pressac, éc^r, sgr des Romaneaux, veuf de F^{oise} susd., » administrat^r de leurs enfants, cède par échange, à noble maistre, » F^{ois} Barbarin, docteur ès-lois, sénéchal de la principauté de » Chabanois, le droit de sgie, dîme et terrages, etc. (2), sur les » lieux et villages du Bost, las Greliéras, Peirelade, etc., et droit » de vas (tombeau en caveau) en le cœur de l'égl. St-Etienne d'Esse, » appartenant à la sgie du Bost, et assis ès par. d'Esse et Brilhac, » comme il l'a acquis des Thibauds et de J^n *Barbarin*, éc^r, s^r *du* » *Monteil* ; plus son droit sur la forêt de Saveine, tenant à celles » du sgr de La Lande et de St-Germ^n — et il reçoit de l'autre, » 12 liv. tournois de rentes sur les Naveaux du Masdieu, acquises » par lui de P^{re} Deust. » — Echge du 19 9bre 1510.

Le dit acquéreur, **François I** Barbarin [présumé 3e fils dudit Guil^{me} I (3) qui s'étant attaché à Jacq. de Vendôme, prince de Cha-

----

(1) E. n° 631, Arch. Charente.

(2) Chartrier de Bagnac, pièces en parchemin. Pour la Châtre, voyez ci-après à l'article de J^n Barbarin, l'arrentement de l'an 1360.

(3) A ce Guil^{me}, Beauchet attribue pour enfants : J^n et Jacques, et F^{ois} et autre J^n et 5 filles.

banais, en était devenu le procureur général et l'intendant pour la dite principauté, et la ville et baronnies de Confolens, Loubert et Châteaumorand (Cognac)], F^{ois} I, disons-nous, doct^r ès-lois, sénéchal aussi de lad. principauté, demeurant à Confolent 21 8bre 1508, eut à payer encore, le 19 mai 1512, vingt-neuf livr. pour garder le Bost, par transaction relative aux biens délaissés à feue Cath^{ne} Aigrespeau, entre lui et F^{ois} Poitevin, éc^r, s^r de Lage-Malcouronne, agissant pour lui et son frère Ithier Poit., éc^r, et Anne et Marie Aisgrepée, leurs femmes. Les mêmes parties lui vendent encore, le 20 mai de l'année suiv., d'autres rentes et le moulin du Bost, au prix de 120 liv. monaie uzuelle. payée 10 liv. argent, et 110 l. par les mains de Milet Bois-Vert, s^r de La Vigne, en un g^d cheval de prix, courcier.

« Le 8 mars 1513, noble François Barbarin, éc^r, expose à Michel Faideau, lic^é en lois, bachel^r en décretz, c^{ller} m^e des requêtes du roi, lieut^t g^l et garde du païs et ressort de b. Marche, qu'il a acquis la sgie du Bost, et demande répit à madame jusqu'à venue d'icelle, pour la lui hommager comme c^{tesse} de la b. Marche, et sous le ressort de St-Germain. » — Accordé. — Et il porta sa foi 2 juin 1519 à homage plein, avec le baizer et serment de feaulté faits par lui à lad. dame : 1° pour le château du Bost ; 2° la forêt de La Chastre ou de L'Age, tenant à celle de Jeune Savenne, du sgr de St-Germain et au peirat de Las Fadas ; 3° rentes de la maison (noble) de la Chastre, sise an bg d'Esse, près le cimet^{re} ; 4° directe, etc., sur Mailbac (Brillac), le Cheron, etc. Dès le 16 9bre 1533, il était époux de Cath^{ne} Pastoureau (1), sœur de F^{oise} Past., mariée à P^{re} Cassault ; et aurait testé en faveur de Guil^{me} II, son fils ainé, par acte à Confolent du 8 fév. 1547 ; tandis que Jⁿ, frère aîné du testateur, aurait fait passer en la même ville son contrat de mariage le 6 août 1509.

Entre autres enfants, F^{ois} Barbarin du Bost eut, selon le savant Robert : 1° Guil^{me} ci-après. 2° Jⁿ, moine-chambrier de Lesterps. 3° F^{ois}, prieur-claustral de la même abbaye. 4° Clément Barbⁿ, s^r du Chéron, tous présents 6 7bre 1586 à l'alliance de Marie, leur nièce, avec Maurice Mondot. Le partage des biens paternels (de F^{ois}) aurait eu lieu à Confol^t 1er 9bre 1551.

« Honorable homme Guil^{me} II Barbarin, lic^é en lois, sgr du Bost,

---

(1) Chartrier de Bagnac, comme pour toute citation dont la source ne sera pas indiquée. Voy. aussi *apud* Fonteneau, extraits des mss. Robert du Dorat, qui ne leur donnent pour racine terrienne que le Confolentais, en les blasonnant : *d'azur, à 3 barbeaux d'argent en fasce.* Ms. de La Porte, liasse 341, à la biblioth. de ville, à Poitiers.

La Vergne, La Croze, etc., séneschal des b^onie et châtellenie de
St-Germ^n, fut adjudicataire, 28 juillet 1578, du fief de La Vauzelle
(Brilhac), aliéné du temporel canonial de S -Junien. (Encore aux
Barbarin 1650, La Vauzelle était en 1704 à F^ois Prévost, sgr de
Beaulieu.) Attaché, dit Beauchet-Fil., à la personne de J^n de Ferrières, vidame de Chartres, qu'il s'était chargé de représenter à
Confolent, sa demeure, il donna asile dans sa maison à ce haut
personnage. Ils y soutinrent vigoureusement un siège en règle
contre le prévôt provincial de Poitiers et le lieut^t g^l d'Angoulême,
chargés d'exécuter un arrêt du parl^t de Paris du 15 août 1580, etc.
On fut obligé, pour les réduire, en avril 1583, d'avoir recours même
au canon. Le vidame (défenseur laïque d'évêché) put s'échapper au
dernier moment, mais M. Dubost. emprisonné à Angoulême, puis
relâché, fut condamné à mort par contumace, 22 juin 1584, et la
maison de ce trop dévoué partisan devait être rasée. Un autre
arrêt de Paris du 12 x^bre 85 borna la peine à une amende honorable envers J^n de La Fin, beau-frère dudit de Ferrières (1).

Guil^me II fit une vente 4 juin 1587 à F^ois Lemusnier, s^r de l'Ar-
tige, en Angoumois, et avait épousé v. 1520 Marie de La Jaroussie,
dame de La Croze, dont : 1° J^n qui suit ; 2° Marie, unie après contrat reçu Barbier, n^re à Confolens, 6 7bre 1586, à Maurice Mondot,
éc^r, sgr de L'Aleu ; 3° Paul, déjà † 4 mars 87, laissant deux enfants
en minorité ; 4° J^h, éc^r, sgr des Vestizons, Beaulieu, La Vauzelle,
un des 100 gentilsh. de la m^on du roi, 1615 (échge d'immeub. avec
F^ois Pastoureau, éc^r, sgr de Rimbert) ; appelé au ban de b. Marche
1635. Il épousa 1599 F^oise Charpentier, fille à F^ois, s^r de Beaulieu,
élu de Poitiers, dont : 2 filles (voy. ci-dessus rameau *Vetizons*) et
Isaac Barberin, éc^r, s^r de Vauzelle, qui partant pour l'Italie, en
1635, prit pour hérit^r testament^re son filleul Isaac Barb^n du Bost.

J^h, par test^t 22 juin 1655, reçu Doré, n^re sous la jurid^n de Brilhac,
donna tous ses biens aux enfants de sa fille Mad^ne, épouse Prévost
de Puybotier ; 5° Marthe Barb^n, mariée selon c. 14 janv. 1586, reçu
Deffaux, n^re à Confolens, à Charles Guyot, éc^r, sgr de La Mirande.

Noble **Jean** Barbarin, éc^r, sgr du Bost, etc., y demeur^t; et sénéc-
chal de L'Isle-Jourdain et St-Germ^n-sur-V^ne, par provisions du
17 avr. 1597 ; acheta le 13 fév. 1600 15 boisseaux de seigle, etc.,
de rente sur Le Bost et Lasfons, près le Chairon, de J^n Pastoureau,
éc^r, s^r de La Garde et de Rinbecq, *sic*. — J^r Aigrespié, domicellus,
dominus de Bosco (Essia, en Basse-Marche), et de Castra in Sancto
Germano, ailleurs Castris, arrente son village de Fontibus (Essia,

(1)· *Vie de Jean de Ferrières*, etc., par M. Léon de Bastard. — Auxerre,
impr. Porriquet, in-8, p. 149, 267 et suiv.

en la justice de St Germⁿ 13 avr. 1360. Sur ces tenanciers de Lafons, le 6 juin 1611, n. Jⁿ Barbⁿ, éc^r, s^r du Bost, se fit céder moyen^t 45 liv. t. la prestation annuelle de 42 boiceaux de seigle et 12 sols, f^{dé}, etc., par Jozias Duclos, s^r du Rivaud, hab^t Conf^t, témoin Jⁿ Aurens, ailleurs Laurens, s^r de Guorces. En 1599, 20e juil., il en acheta de Lisfart Anbasmas, éc^r, s^r de Baigne, sur Montoux (Brilhac).

Jⁿ fut donataire par c. du 14 août 1588, reçu Rabilhac, n^{re} en la châtel^{ie} de Brillac, de sa femme Elizabeth Barbade (probab^t s^r de Marie Barb^{de}, épouse Pandin), dont : 1° Isaac I aîné ; 2° Jⁿ ; 3° F^{oise}, épouse Fonréaux. Il avait épousé, par c. de Couturier, n^{re} à l'Isle-Jourdain, du 3 janv. 1584, Elis. Barb., fille de noble Germⁿ Barbade, prévôt royal de b. Marche, m^e d'hôtel ord^{re} de M^r frère du roi, sénéchal de l'Isle-Jourdain et du Vigean.

Isaac I Barbⁿ, éc^r, sgr du Bost, Joussé et Peyroux, et du Déport et de la Cour de Savane, c^{ller} du roy, juge magistrat au siège présidial de Poitiers (dont il fut maire 1645) et en l'université d'icelle, l'un des pairs et esch..... 1644 ; reçut hommage en 51 d'Emmanuel du Breuil-Hélion (de ceux de la Guéronière), éc^r, sgr des Combes, relev^t de Joussé. Il fut député 31 8bre même année à Chauvigny pour saluer le roi, de la part des habitants de Poitiers et † 1662.

En son c. de mar. 27 fév. 1620, avec Cath^{ne} de Rases, fille de défunt Nicolas de R., éc^r, s^r de Ché (Lathus), c^{ller} aud. présid^l, portant *d'azur à 3 pals d'or, au chef d'argent chargé de 3 plantes de fougère de sinople*, éc^r, sgr d'Eisle, et de vivante Yzieux (ailleurs moins bien Yrieux), Gabriau, habitantes de Poitiers, il fut fait du même coup partage de la succession maternelle, attribuée entière à Isaac, avec le Bost que lui cède ici son père, alors veuf. La terre du Bost comprenait alors 4 mét^{ies} au Bost ou à Lafont, 4 au Mas du Cous, 3 à Montoux, 1 au g^d Mailhac, plus le bois de l'Age en la forêt de Savenne. Jean, cadet, y reçut en lotissement la maison sise à l'Isle-Jourdain, et 5 mét^{ies} en la par. de Meilhac, aujourd. Milhac, V^{ne}, savoir : 1. à Chardes ; 1 à Laroche, siège de fief ; 3 à Mondenaud ; et les fiefs de Pousfernin et Maumilloux ; inconnus à Rédet, auteur du *Diction. topog. de la Vienne*.

F^{oise} Barbⁿ, leur sœur, épouse de P^{re} Foureaux, éc^r, s^r de Beaumont, c^{ller} du roi, lieut^t général criminel en la b. Marche, avait renoncé en se mariant à ses droits maternels, en faveur de ses dits frères. La future eut en dot ses droits successifs paternels, et donation de Cath^{ne} Laides, son ayeulle, et de ses tantes : Cath^{ne} de Rasay, de d^{lle} Blaise de Rasay, v^{ve} de n. Ant^{ne} Coutel, c^{ller} du roy, m^e des comptes en Breteigne. Elle reçut encore de sa mère la m^{on} noble et héberg^t sise au vge des Eschezaud, ailleurs des Chezaux (Vandeuvre, V^{ne}).

Isaac I, c^ller honor^re aud. présidial, créa son procur^r, Yzaac Barb^n son fils, éc^r, s^r de Mondenault, pour toucher un prix de vente judiciaire. 24 fév. 1662, signé Gaultier et Chantefin (1), n^res à Poitiers. — Détail piquant : P^re Robert, notre érudit et juriste Doratois, a pris soin de nous apprendre qu'il avait, lui Robert, reçu conseil d'épouser F^oise Barb^n, « qui du depuis a esté mariée avec P^re de Fougereux », lisez Fouréaux ; mais qu'il n'eut garde d'associer sa vie à la méchante humeur qu'elle avait, car il se félicitait d'y avoir échappé, et prit pour compagne Louise Thomas (2).

Isaac I eut pour enfants : 1° P^re, é^r, sgr de Joussé, auteur des Barbarin de ce nom, traités ci-dessus ; 2° Isaac II, tige de la 2e branche du Bost ; 3° Marie, épouse de J^n Jaumier, éc^r, sgr de St-Gouard, c^ller du roi, trésorier de ses finances à Poitiers. Le 28e avr. 1663 s'opéra partage noble dans les biens d'Isaac I, entre Cath^ne sa v^ve, P^re B. de Joussé et Isaac II, s^r de Mondenost, leurs enfants, reçu Chantefix. Le 30 juin 1678, led. s^r de Joussé et Marie avec Jaumier agissaient comme hérit^rs bien-tenans de leurs père et mère, beaupère et belle-mère.

Isaac II *Barbarin*, chev^r, sgr de Mondenault, du Bost, La Rye, des Bardonnières, demeur^t en son hostel noble du Bost (Esse) 26 juil. 1681 ; est dit sgr aussi du Genest et hab^t Poitiers 1689. P^re Clavetier, éc^r, s^r de Lage-Bertie, gentilh. ord^re de la m^on du roi, dem^t à Paris, le 20 juin 1666 lui cède par échange le fief de Maillhac (Brillac), soit 34 boiss^x from^t et 37 seigle à la secousse, et 33 d'avoine (mesurés) au comble, 12 chapons, 4 liv. d'argent, de rente ; plus un 1/4 du bois de Maumusson (= lieu venteux), comme feu P^re Clav^r, s^r de Vernet, son père, l'avait acquis d'Ant^ne St Mathieu, éc^r, s^r de Montmarteau, et J^ne Reignier, conj^ts par c. 18 mai 1623 ; et il en reçoit des rentes de 50 liv. dues par les hérit^rs de René d'Argence, s^r du Soucy, à lui cédées par Isaac Berthon, s^r de La Chapelle, le 1er 7bre 16.. ?

Izaac II, foncier sur le village de La Cour de Tarnac, et la tenue du Genest en dépendant, 1669 (Esse) ; eut cession le 17 mai 1671 par F^ois de Mallen, éc^r, s^r de La Ferrière, hab^t à Chès-Bertrand (Orad^r-Phanois), une rente noble sur ce bg, etc.. en la jurid^n de St-Germ^n. Il transmit par échange du 3 juil. 1664 ses rentes du Tronchoux (Lacroix, en b. Marche) à Cath^ne Guiot, v^ve à Philipe

---

(1) Les contrées sujettes aux renouvellements de population amenés par guerres, etc., abondent naturellement en noms de famille provenant de sobriquets ; et relativement on y compte assez peu de gens dont l'appellation soit empruntée à la topographie.

(2) Fonteneau, t. 45, p. 675.

Boreau, s^r de Chasteauguion, sénéchal de Confolens, mère de Fiacre, avoc^t, s^r dud. Châteaug., et de Cath^{ne} Boreau, qui lui délaissèrent rentes à Montoux (Brillac), au Coux et 3/5 de la xme du champ S^t-P^{re} à Coux en la châtel^{le} de Brillac, etc. — Le 10 fév. 1685, Gab^l Durivault, éc^r, s^r de la Chassaigne-Barrat, chan^{ne} de S.-P^{re} du Dorat, y dem^t, déléguait à m^e Jacques Testaud, s^r de Marchand, bgs du Dorat, y hab^t; 8,950 l. à lui dues par Izac II B. et Cézard Couraud, chev^r, sgr de La Roche-Chaverrouze, solidaires d'après obligⁿ du 8 fév. 1683, reçue Dubois et Escalier, n^{res} à Poitiers (1).

Isaac II B. de Mondenault, qui en 1673 avait sa demeure derrière les Augustins, proche la place Royalle, à Poitiers, acheta une mét^{le} à Las Fons (Esse), patrimoine de F^{os} de Balue, éc^r, s^r de Belair, ép^x de Phelippe de Cambourg, dem^{ts} à Confol^t, en présence d'Et^{ne} Vidard, éc^r, sgr de S^t-Et^{ne} et de La Courtodye, dem^t au chât. dud., par^{sse} de Lesterps.

Jⁿ Manent, prêtre, d^r de Sorbonne, chan^{ne} de S.-Et^{ne} de Limog., relev^t immèd^t du St Siège, official, et l'un des vic^{res} génér^x dud. dioc. le siège épiscopal vacant, notifie que Isanc (etc.) lui demandant de faire bénir sa chapelle castrale du Bost (par lui bâtie, probab^t dédiée à S^t Jⁿ B^{te}), s^r Séglière, curé d'Orad^r-Phanois, est commis pour la bénir. Pièce du 10 9bre 1676, signée Villemonteis, secr^{re}. Le dit Barbⁿ a de plus 7 7bre 76, fondé 2 messes annuelles en l'égl. d'Esse, aux 2 fêtes du précurseur, avec rentes au Genest-Faure, à condition d'un banc en l'égl. au coin du marchepied de l'autel N.-D. et il promet faire un g^d vitral en la nef, du côté de cette chapelle.

Son cont^t de mar. fut accordé 7 9bre 1655 avec J^{ne} Papon, dame de Champaudière, fille à feu Ld Pap., éc^r, s^r des Champau. et à Honorée de Chamborant, reçu Vézien, n^{re} à Poitiers. Papon portait : *d'or, à une croix d'azur, cantonnée au 1er et au 2e canton du*

(1) *Ex meis*; collection au château de Vyers, en b. Limousin.

chef, de deux langues de feu de gueules. Il en eut : 1° P^re, gendre St Martin ; 2° Jeanne-Honorée, d^lle de Mondenaud, 1720 ; 3° Luce-Radeg^de ; 4° J^h Barbarin, chev^r, sgr de La Rie, chef du rameau des Barbarin de La Rye, car il eut de son union à Poitiers, du 31 mai 1608 avec Madeleine Bonnin, fille de René, éc^r, sgr des Forges, Plessiasse, et de Marie Braconnier, laquelle survécut à René, son mari (1) : *a* P^re, né en 1702 au Vigean ; *b* J^h-Marie, né 1704. Ce dernier, dit Beauchet, est peut-être le même que J^h Barbarin, éc^r, sgr de La Rye, qui en 1744 avait pour femme Marie-Silvine de La Touche, fille d'Hubert, éc^r, s^r de la Guittière Elle était † sans enfants avant le 7 mai 1771.

La succession de René Bonnin se régla le 8 mars 1701 entre ses enfants et de lad. Bracon^r, savoir : 1° Madel^ne, épouse de J^h Barbarin, éc^r, s^r de La Rye, y dem^t (Vigean). 2° Louis, éc^r, sgr des Forges, Plessiassé, dem^t Poitiers-St-Porch^re en sa maison rue St-Porch^re, qui traita avec tous et garda les biens. 3° *Marie*, dame de la Chastegneray, mineure, d^t à La Rye (en le marquisat dud. Vigean). 4° F^ois. 5° Elizab. Les immeubles étaient : la m^on de la Baubretière et mét^ie de Chasserat (Velles), dom^ne de Neuville (Neuville).

Les 4 enfants d'Isaac II Barb^n partagèrent 22 9bre 1697, la succession paternelle, du consentem^t de leur mère (non encore v^ve au 7 fév. 96). Luce-Radeg^de épousa, entre le 31 mai 1703 et le 16 janv^r 1699, P^re Falloux, éc^r, s^r de Villejasme ; et ils habitèrent Poitiers avec leurs enfants 1720.

P^ierre *Barberin du Bost*

Ce chev^r, sgr du Bost, Joussé, fit c. de mariage 16 janv. 1700 reçu Marcou, n^re à St-Bonnet, avec Marie-Michelle de St-Martin, fille de Guil^me Alex., chev^r, sgr de Bagnac, et de Marie Sornin, dem^ts à Morterol. Sa dot fut de 40,000 liv. dont quittance de 6,000 ; et le surplus acquitté en lui donnant pour 34,000 l. le lieu et mét^ie de Chassat (traduisez sg^ie), le fief d'Assier (St-Sébastien de Chabanais) et la dime inféodée en dépend^t à prendre en la par. de Pressignac ; plus le lieu et mét^ie de La Lande (Berneuil, en Poitou, et en l'enclave de Breuil-au-fa). Par ainsi, ses père et mère furent quittes envers elle du legs de 12,000 l. de Madel^ne Fayaud susd. et des 1,500 du legs de Michelle de Thomas, autre v^ve Sornin. Présents : F^ois Dutaux, éc^r, sgr de Beuleix, Faute et Boireau, curés d'Esse et St-Bonnet-la-Marche.

(1) Le *Dict. des familles du P.* dit à tort Marie Bonnin, comme on va le voir, et se trompe pour Hil^re Augron, p. 261, col. 1, t. II.

P^re, s^r du Bost, acheta des rentes sur La Billier (Esse), 8 mars 1706, de J^n-Riquard de Chamborant, chev^r, sgr de Villevert, y dem^t (Esse, au c^té de Confolens, en Ang^ois). Il se fit arrenter le 28 août 1701, devant M. Taillefert, cap^ne des villes et châteaux du duc de Mortemar en Poitou, moyen^t une redevance de 345 liv. par an, par Et^ne Collart, éc^r, s^r de Méry, d^t à Paris, et résid^t à Poitiers, rue St-Denis, par. St-Michel, tuteur de très haut Mgr Louis de Rochech^d de Morthemard, pair de Fr., prince de Tonnay-Charente, b^on de Dieuné, Verrières, ses rentes, lods, etc., ès par. de Brilliac, St-Quentin, Leyterps et Bussière, outre le m^in banal de Gaudy ; x^mes à la Villate (Brillac) dépend^t de la sgie d'Availles ; tel et comme Gaspard Couraud, s^r de La Vergne, avait le tout en ferme. Il se rendit encore acquéreur, 24 mai 1713, de F^ois de Camin, éc^r, s^r dudit, époux de J^ne de Montmillion, et de d^lles Marie, d^lle des Brouhes, et Anne de Camin, du village de la Grange de Villedon (Gajobert, jurid^n de St-Germ^n), 50 mesures de grains de rente sur le fief de La Brousse (Abzat), échu à leurs auteurs, selon partage des Meaulme, P^re Meaulme, m^d l'ayant acquis, ainsi que P^re Aude-bert, éc^r, s^r du Gazon, par acte du 20 juil. 1598.

Barberin du Bost, en B. Marche, acquit 28 août 1701, du duc de Mortemar, des droits seigneuriaux sur les villages de Chaumont (Abzac) et de Veyrat (Brillac). Le livre-terrier de son fief du Bost énumère quantité de prestations en grain, selon 4 ou 5 mesures de châtellenies voisines, ou en argent, gélines, etc., sur les villages de *Chez-Raffiers*, Gorse, etc. (Esse) ; plus en la par^sse de Brilhac, sur le g^d et p^t Maillat, autrement l'Age et *Chiron* et jadis le *Mas Rousse*, etc., Lasfy, le Fourniou pour sa tenue de l'Asge Bertie ; le *Repaire*, Reirac, Tiollet, le M^in aux Dames, etc., plus Charzat (Azat), etc.

Il mourut le 5 9bre 1713 et fut inhumé le 7 en l'égl. d'Aisse. Voici ses enfants : 1º Guil^me-Alexandre, né 23 août 1701, baptisé 3 jours après. 2º P^re-Léon, éc^r, s^r de La Rose, élevés chez les PP. Oratoriens de Saumeur (Saumur) dès le 24 9bre 1714, à 540 liv. de pension par an pour tous 2. P^re, cadet, mourut avant d'être en état de s'établir. 3º Marie, tenue au baptême 11 juil. 1707 par P^re Saunier, éc^r, sgr de Savenne, et d^lle X... de La Roche. Agée de 8 ans, on la mit pensionnaire chez les relig^ses du Dorat, à 100 l. par an. Par.c. mar. du 26 7bre 1734, et majeure de 25 ans, résidant à Bourges, en l'abbaye St-Laurens, par. St-Bonnet, elle épousa Henri-Hubert d'Or-léans, chev^r, sgr de la Croix-Mornai, Chevèze, Pierrefitte, lieut^t de dragons au rég^t d'Armenonville, veuf de Marie-Anne-J^ne Faure, dame de Pierrefitte-ès-bois, résidant à Bourges, à l'auberge du Heaume, rue de Bourbounoux, par. St-Ursin. Il transigea le 23 juil.

1738 avec sa belle-mère, d'abord opposante, et on apura la tutelle de Marie, qui reçut 18,000 l. Dame *Marie Barberin, v^{ve} d'Orléans,* testa le 5 avr. 1778, en son château de Marnay (Feux), reçu Gobin, n^{re} au c^{té} de Sancerre, à la résidence de Feux (la justice de San-cerre, en Berry, étant régie par la coutume de Loris, au ressort des bailliages de Bourges et Concressault). Elle demande sépulture en l'égl. de la paroisse où elle mourra, avec 5 services, soit : huit^{ne}, quarant^{ne}, semestre et bout de l'an, et aumône de 8 sest. de blé en pain à chaque service, plus 2 boisseaux à chaque pauvre v^{ve}. Elle lègue à l'égl. de Feux ses robes et jupes, de quoy faire une chappe de soie et 24 l. pour façon et galon ; à celle de Pierrefitte, 3 robes et jupon de soye et 9 l. arg^t. Elle donne 50 l. par an à dame Marie Hub^t d'Orl., sa nièce (par son mari), relig^{se} de St Lorens de Bourges, y d^t, et 400 l. par an jusqu'à ses 25 ans, pour son éducat^n, à n. Louis de Roche de Chassé, son bas neveu ; 100 l. à son aumô-nier actuel de Marnay, relig^x de St-Brenard (Bernard), et une rente à son serviteur.

4º Anne Barb^n, mariée par c. du 26 7bre 1735, à Louis de La Breuille, chev^r, sgr de Chantrezac, dem^t audits bg et chât.; elle fut dotée de 31,000 l. au moyen du château d'Assier, plus le fief et mét^{ie} de Chassat (St-Sébast^n de Chab.); et le *gros,* dû par le prieur de Pressignac. [x^{mes} engagées 5 juil. 1661 à Charles d'Escoubleau Sourdys, sgr de Chabanais, par Claude Chauvet, éc^r, s^r de Fre-daigue, *Nanteuil (sic)*]. Leur fille Marg^{te}-Ant^{tte} était femme 28 juin 1765 de J^n des Roches, sgr de Chasset.

Une simple note de famille parle d'un jug^t de maintenue rendu à Poitiers, 26 mars (mai ?) 1715, pour Marianne Divé (1), v^{ve} de P^{re} Barberin, sgr de Joussé : Paul, P^{re}, Marie et Joachim Barb^n, leurs enfants ; J^h Barb^n, Marie-Michelle St Martin, Vve Barb^n et ses enf^{ts}.

Cette dern^{re}, v^{ve} Marie-Michelle, convola par mariage relig^x célébré 17 févr. 1718, avec J^n d'Anglars, chev^r, sgr de Crezancy (2), par. dudit, dioc. de Bourges, chev^r de St-Louis, cap^{ne} de dragons au rég^t de Bonneil, gentilh. ordinaire de Son Altesse Royale, Mme la

---

(1) Une note de famille relate comme extrait délivré 7 x^{bre} 1722 par Chaigneau, curé de S.-Gervais de l'Isle Jourdain, des actes baptistaires de cette par. l'acte de naissance au 14, et de baptême le 15 8bre 17.. de Marie, fille de J^h Bab^n, éc^r, sgr de Mondenaut, et de Marie Amiel, sa femme, tenue par Joachim Barbarin, éc^r, sgr de Bonnivet, et par dame Marie d'Ivet.

(2) Les d'Anglars eurent encore, v. 1730, d'après une note de famille, les sgies d'Archy, de La Maison-Fort, du Haut-Roy de Claincourt, principauté de Lorraine,

duchesse d'Oléans. Mais elle n'en eut pas d'enfants, comme elle le déclare le 7 août 1755, jour auquel, « étant debout sur ses pieds, en bonne santé, au château du Bost, en la Marche *poitevine*, sénéch. du Dorat, v^{ve} dudit d'Anglars, elle testa, prescrivant sépulture de son corps en l'égl. paroissiale du décès, et léguant 600 l. aux pauvres ou à sa domesticité. Son double veuvage datait au moins du 1er 7bre 1727, car alors elle et son fils Guil^{me}-Alex., chev^r, sgr dud. Baux, lieut^t dans led. rég^t de Bounelle, hab^{ts} du chât. de Crézancy, en Berry, donnent à bail, de 5 ans, de la S^t Jⁿ à St J.-B., leur terre du Bost, consistant en chât., etc., vignes, étangs, m^{ins}, fuyes, garennes, cens, rentes, x^{mes} mét^{ies} de la Villate,-Bosquet, Maillac, Cheyron, Montoux 2, Coux 3, La Billier, La Porte-du-Bost, Lasfons 2 et la Cour, au prix de 4,800 l. par an et des réserves en logem^t, foin, vin du cru.

La délibération du 25 janv. 1716, attribuant curatelle des mineurs Barbarin : Guil^{me}, Alex. et P^{re} et Marie, à Et^{ne} Barbier, s^r du Cheyron, dem^t au chât. de Cerie (Azac), leur donne pour parents paternels et maternels : J^h Barbⁿ de la Rye, Izaac-Jⁿ Jaumier, chev^r, sgr de Béruge, dem^t en son logis dudit bg ; P^{re} Jaumier, chev^r, s^r de Savenne, hab^t Poitiers, P^{re} de St Martin du Martinet, et Jⁿ, s^r de Sarzé, plus P^{re} de Loüaut, chev^r, sgr de La Valade, y dem^t (Seury ?).

Le 9 fév. 1710, partage fut fait sous seing privé, des arrérages de rentes de la succession de P^{re} S. M., prieur de Bezeau, entre P^{re} et Jⁿ et Michelle de St Martin. Cette épouse Barberin se reconnut tenancière, le 1er juil. suivant, pour le village de La Parsonnerie (Berneuil), près le village du Breuil et le bg du Breuil-au-Fa, divers bois, chⁱⁿ de Bellac à Limoges, envers le commandeur de Limoges, Breuil-au-Fa et ses membres, qui était alors P^{re} de La Chapelle de Jumilhac, chevalier de S.-Jⁿ de Jérusalem.

La même v^{ve} Barbⁿ acheta le 10 7bre 1717, de d^{lles} Marie et Madel^{ne} de La Roche, sœurs germaines, dem^{ts} au lieu noble de La Mondye (Milliat en Poitou), des rentes sur le village de La Chaume Azat, juridⁿ dudit), relevant du logis de Serre (Azat) habité par Et^{ne} Barbier, s^r du Chiron ; tandis que La Chaume avait pour propriétaires : P^{re} Marchand, s^r du Chaume, Jⁿ Rolland, s^r de La Vergne, etc.

La même dame de Crézancy, qui résidait à la Noël de 1725 en son château de La Lande (Berneuil, H^{te}-V^{ne}), et qui dame du Bost et de La Lande le 3 janv. 1714 avait cédé à F^{ois} Sègue de Valette quelques parcelles de terrain, dans les dépendances de la Lande, et de ses mét^{ies} du Breuil, Virat, La Pressonnerie, possédait encore le 18 août 1744 9 petits domaines, aux susd. endroits, le tout en la

par. de Berneuil, en l'enclave de Breuil-ô-Fa, élection de Confolens,
et une borderie à La Lande, dont le bordier payait le bled à la
gerbe ou à la quarte et le vin à la baste ou à la canelle, au choix de
Mme.

GUILLAUME-ALEXANDRE *Barberin*

Ce sgr du Bost, représenté par P^{re} Barberin, éc^r, abbé, sgr de
La Ryë, se fit vendre, 21 janv. 1740, par P^{re} Chamborand, éc^r, s^r de
la Boissonie, et Elizab. Chamborand, conjoints, du chât, du Vi-
gnaud (Brillac), icelle cohérit^{re} par 1/2 de Jⁿ Ch., s^r de Villevert,
son frère, avec Anne Chamb., dame de St Vincent, sa sœur, v^{ve} de
Philip. de Volvir, chev^r, s^r de St Vinc^t, dem^t au logis du P^t Neuville
(Esse), l'étang noble de Las Seichas (Esse) qu'on pêchait aux
avents, et qui hommageait au sgr de La Mothe-Macard. Le prix,
3,240 l., était payable 357 l. à Psalmet Maillot, curé d'Esse, comme
ayant droit de dame Marg^{te} Valantin, v^{ve} de Barth^y de Tisseuil,
chev^r, sgr d'Envaux, selon acte du 17 x^{bre} 1737 ; lequel Tisseuil
avait droit de Jⁿ Chamborand, éc^r, sgr de Droux, y dem^t aud. bg,
selon c. du 22 9bre 1737.

Reconnu comme sgr féodal à Montoux le 5 x^{bre} 1730, par son
emphytéote Gaspard Desmier, éc^r, s^r de Montenat, y hab^t
(Availle) Guil^{me} Barbⁿ (1), afferma le Bost 4,000 l. le 7 juil.
1755 à Marie Gouteron, v^{ve} de m^e Jⁿ de Verdilhac, s^r de
Villebard, « mère pitoyable et tutrice de ses enf^{ts}, dem^t au Bos-
Buchet (Lessat), telle qu'il l'avait louée en 1747 à P^{re} Beaubras, s^r
du Chesne, m^d de Confolens, gendre Blanchard, et qui dût cesser
faute de solvabilité. L'invent^{re} du 23 fév. 1730 décrit ainsi le Bost :

Au g^d corps de logis, en la salle, tendue de 5 pièces d'autelisse
d'Aubusson, 2 chandeliers à bras d'argent aché, etc., 3 chambres à
côté, l'office, cuisine.

Aux chambres hautes : en la g^d chambre, une tapisserye de
Flandre *de l'histoire de Cicéron*, tendue, composée de 4 pièces,
4 postiches sur toile, en peinture ; 1 lit à l'impérialle, garni d'es-
tophe de soye blanche à fleurs. 2 pièces de tapiss^{ie} de la même
hist^{re} de *Circéron*. P^{te} chambre à côté : 2 pièces tapiss^{ie} flamande, la
suitte de l'*Hist. de Cicéron*, la même hist. que celle de l'autre cham-
bre, de 3 aulnes et 1/2 d'hauteur.

---

(1) En 1746, s^r F^{ois} Sudre de La Brousse, hab^t St-Germ., par. St-Vincent,
était receveur de la terre du Bost.

Autre chambre : 9 chèses guarnyes de gros point d'Aubusson my uzé ; 1 lict de couchette sur son bois ; 2 placets (*sic*) couverts de damas ; 1 tapis de tapiss^ie d'Aubusson, 1 p^te table à jouer, faitte en triangle, couverte d'un velours verd, etc. Autre chambre : 1 lit avec pentes de sarge drappée verte bordée d'1 ruban aurore. Armoire : 6 douzaines de serviettes de lin d'Aigre (toile fine) ; 4 douz de lin de pays ; 9 douz. serv^tes de reparounes, 7 serviettes rousses ; 4 nappes de gros, etc. Grenier-charnier : 2 salloirs, 2 barrils à huisle, 1 barril pour porter le vin au prè.

» Au corps du logis de la *chapelle* (hors le chât.), un devant d'autel, d'un ancien velours, à fleurs, avec les armes ; 2 chesuples dont une de velours à fleurs, aux armes de la maison, etc., fondée par contrat 7 9bre 1676, signé de Roche, n^re, avec approb^n du 10 9bre 1676, de Manan, et permission signée Brossard, vic^re g^l, le 23 janv. 1712 ; encore 2 chambres, et autre sur la chapelle ; un p^t horloge à la porte, allant actuellement. »

Une plantation de bornes eut lieu, 30 août 1735, entre F^ois Gauttron, n^re, logé au chât. de Brillac, mandataire de Marie-Marthe de St Pre, màrquise de Sénecterre, femme du marquis, de J^n-Charles, c^te de Didonne, La Touche, Sennezat, Saugion, b^on de St-Germ^n, Brilhac, lieut^t g^l des armées du roy et son ambassad^r auprès du roi de Sardaigne, et le sgr du Bost qui se dit propr^re immémorial du bois de l'Aage, ou de La Châtre (Brillac), tenant à ceux de *Beaulieu* et de Maumusson, à forêts (à charbon) dud. m^qs et de Savenne, *alias* de St-Germ^n, comme il l'a montré par le vasselage rendu au roi 10 7bre 1642 par J^n Barb^n du Bost.

Guill^me-Alex^dre Barb^n, du chât. du Bost, en la coutume du Poitou, épousa le 30 après c. de mar. du 23 juil. 1729, reçu Remy et de St Georges, n^res au Châtelet, Marg^te-Ant^tte Niel, dotée de 60,000 l., fille d'Ant^ne Niel, éc^r, c^ller séc^re du roy près le parlem^t de Rouen et d'Antoinette de Gand de Boust, d^ts à Paris. Guil^me-Alex. avait été admis page de la g^de écurie du roi, le 30 7bre 1718. Il fit son testam^t à Paris, 2 juin 1780 (est-ce pour 2 mai 1780 ?), léguant tout le disponible à sa femme Marg^te Niel ; et il fut inhumé le 3 may 1780, âgé de 80 ans, au cimet^re de St-Pre de Cresancy, en Berry, étant mort à Crezancy le 2 mai. Le partage des biens de la mère et belle-mère (épouse Niel), effectué le 29 8bre 1731, apporta au gendre Guil^me Barb^n le fief du Coudray, sis à Gonesse, près Paris. La succession de noble Ant^ne Niel, † peu après le 23 juil. 1729, fit l'objet de traité le 9 janv. 1733.

Guil^me-Alexandre eut d'Ant^te Niel : 1° Marie-Ant^ne aîné ; 2° Charles-Henri-Alexandre Barberin, officier de marine, † à St-Domingue le

26 juil. 1766 ; 3° Marie-Michelle, épouse Vavasseur (1). Ces 3 enfants
survivants et h^te et puissante Ant^tte Niel, v^ve de h^t et puissant
Guil^me-Alex., légataire de son mari par testam^t olographe déposé
chez Maigret, n^re, du 2 may 1779 (*sic* et probab. bonne date), font
partage des biens du père et mari le 6 juin 1781, en l'étude Maigret, savoir, de Crézancy, près Sancerre ; du chât. de Marnay
(Feux) au voisinage de lad. sous-préfecture, et des domaines en
roture de La Chevaize et La Chaussée, tous 2, par^sse de Feux ; plus
le Bost [(en Poitou), pour le droit suivi, la *coutume*, mais cependant en basse Marche juridiquement et politiquement ; même pour
le spirituel au dioc. de Limoges, ce qui est décisif] ; plus le fief de
La Lande (Berneuil), près Bellac. En ce partage, qui dit les parties
héritières chacune pour 1/3 du père et pour 1/5 de feu s^r de Barb^n,
leur frère germain, officier de marine, les enfants intéressés sont
ainsi identifiés ou qualifiés : h^t et puiss^t Marie-Ant^ne, *comte de Barberin*, anc^n cap^ne de cav^ie, chev^r, de St Louis, Alex^dre-P^re-Louis de
Barberin, chev^r cap^ne au corps d'artill^ie, dem^t àParis, rue Bergère ;
Charles-Nicolas Le Vavasseur de la Héronière, chev^r, c^ller aulique
de Son Altesse électorale de Trèves, ép^x de dame Marie-Michelle de
Barberin, dem^ts en leur maison, dite rue Bergère ; mariés par c.
du 14 janv. 1765 avec dot de 40,000 l.

Alexandre-P^re-Louis (né à Paris-St-Eustache 3 avril 1746), épousa
Victoire-Jeanne-Elisabeth Lefort. Le 21 août 1809, il habitait Crezancy, époux de Madel^ne-J^ne de Pieret (2). Il vivait sans postérité,
prop^re à Crésancy, c^on de Sancerre, anc^n cap^ne, chev^r de St Louis,
le 5 7bre 1815. *Etats de service* : certificat disant, 24 fév. 1762 : « Le
» roy, sur le rapport que lui a donné M. Crémillon, qui en a reçu
» l'assurance de l'examinateur, M. Camus, — portant que vous
» avez, M. Barberin, démontré avec beaucoup de netteté l'arith-
» métique, la géométrie, les centres de gravité et la mécanique,
» et que vous dessinés proprement la figure et les plans de fortifi-
» cation, — vous a nommé à un employ de sous-lieut^t à la suite de
» l'anc^ne école.du corps royal de l'artill^ie établie à La Fère. » Notre
aspirant avait été admis à l'école des élèves dud. corps royal, le
31 janv^r précéd^t. Le 27 8bre suivant, il fut nommé lieut^t en second
en la c^ie des mineurs de Goulet de Vigny, de la brigade de De-
combes. Ailleurs pourtant on le dit nommé lieut^t en 2e du 24 fév.
63 ; lieut^t en 1er, 15 8bre 65, en la c^ie d'Escholy de Selve ; capit^ne en

---

(1) Dont les filles furent : 1° la c^tesse d'Allouville ; 2° l'épouse de Bé-
thune, mère de la marquise de Bartillat.

(2) Il vendit Virat (Berneuil) 21 août 1809 à s^r Ant^ue Despouges de l'Age,
étud^t en droit, habitant de ? Bellac.

2e sans appointem^{ts} 5 mai 72 ; capit^{ne} en 2e 10 avr. 73, — dans les mineurs du corps royal d'artil^{ie} ; promu chev^r de St Louis 3 août 88, étant cap^{ne} command^t une c^{ie} de mineurs, pour avoir bien mérité, et quoiqu'il n'ait pas encore les 28 années d'ancienneté ; nommé cap^{ne} de canoniers de 2e classe, 7 août 78 ; obtint le 20 x^{bre} 91, pension de 1,600 l., ayant 3 ans et 7 mois de service dans ce grade, et la touchant encore le 1er thermidor an VIII ; eut le 14 germinal an V certificat de non émigration de la municipalité de Crézancy, au c^{on} de Sens-Beaujeu (*sic* pour Sancerre). Il mourut à Crézancy le 21 août 1821, et Crézancy passa aussitôt à divers adjudicataires, notamment Louis-F^{ois} Danjou, de Sancerre, les nièces légataires du *de cujus* s'étant isolées de cette succession.

N. Marg^{te} Niel, épouse Barbⁿ, avait pour sœurs : 1° F^{oise}-Scholastique. 2° Cath^{ne}-Yolande, épouse de Charles Rumet, chev^r, sgr de Beaucorroy ; et elle était cousine-germaine de Jⁿ-F^{ois} Niel, éc^r, gentilh. ord^{re} de Son Altesse Royale de Lorraine, et nièce de messire Jⁿ Hiret, prieur de St-Vincent de Coulomiers, qui contribua fortement à sa dot.

MARIE-ANTOINE, comte de *Barberin*, né 10 juin 1730 ; reçu mousquet^{re} du roi dans sa 2e c^{ie}, en juin 39 ; cornette au régim^t du roicaval^{ie}, en 44 ; réformé x^{bre} 48 ; rentré mousquetaire 1748, et fit 5 campagnes. L'état de la noblesse de la sénéchaussée d'Angoulême le montre convoqué en 1789, sous la qualification : de c^{te} de Barberin, sgr du Bost, ancⁿ cap^{ne} de cav^{ie}, chev^r de St Louis, chambellan de Son Altesse le roi de Prusse (1).

Il épousa : 1° dame Julie Leboucher de Verdun, dont 2 filles seulement : *a*, l'épouse du c^{te} de Préville ; *b*, la femme du marquis de Monciel.

Il fit un 2e mariage, le 27 germinal an II, avec Agathe-Marie-F^{oise}-Fernande Viney, dont naquirent deux autres filles seulement : *a*, Eugénie Barberin, épouse 1° du c^{te} de Lespinasse, 2° du c^{te} de Roquefeuil. *b*, Angèle Barberin, mariée au marquis (Gaston) de Bagnac. En lui Marie-Ant^{ne} de Barberin s'éteignit la vieille souche des comtes de Barberin du Bost, par son † à Paris le 8 mai 1833.

Antoinette-Marie-Guillaume de Barberin, fille de Marie-Ant^{ne} et de lad. Leboucher, était épouse de Louis-Claude, c^{te} de Préville, cap^{ne} au rég^t de chasseurs du Hainault. sgr de Touche-Noire (Gehée, Indre), dès le 27 fév. 1790. Ils habitaient Paris en 1811 ; Châtillon-sur-Indre (départ^t de l'Indre) au 14 juil. 1820. Elle mourut

(1) Laroque et Barthélémy. — Il vivait non marié à Paris le 6 mai 1784, selon preuve tirée des reg. baptistaires de St-Sulpice du 1er mars 1781 et d'une reconnaissance notariée de 1784.

sa v^{ve} à Paris le 20 avril 1835 sans postérité, en ce sens qu'elle a survécu à sa fille morte sans enfants du c^{te} de Récins.

Alexandrine-Marie-Suzanne de Barbⁿ, sa sœur, mourut de même sans enfants, en 1843, d'Ant^{ne}-René-Marie Terrier, marquis de Monciel, qui l'épousa mineure avant le 18 juillet 1792. Ils vivaient aussi époux en 1820, à Paris, et 13 juillet 1824 au Grand Deschaux (Jura).

Ces 2 sœurs furent légataires universelles de Marie-Susanne-Hyacinthe du Moustier (1), v^{ve} de Nicolas Gascq de La Lande, président, trésorier de France, général des finances, grand voyer en la généralité de Paris, y dem^t, rue du G^d-Chantier, par. S^t-Jⁿ-en-Grève, laquelle testa le 29 juill^t 1785, saine d'esprit, mémoire et jugement, ainsi qu'il apparut aux not^{res} par ses discours et son maintien. Après nombre de legs aux égl. de Paris et à ses gens, elle fit hérit^{res} lesd. sœurs Barbⁿ par elles élevées et logées chez elle, et cela pour favoriser leur mariage à venir. Mme de La Lande mourut à 78 ans, le 2 juillet 1787. On l'inhuma le 4, « en la cave du chœur de l'égl. par^{lle} de S^t-Jⁿ-en-Grève, en présence d'Edme-Hilaire Garnier des Chesnes, éc^r, sgr du Deffand, c^{ller} sec^{re} du roi, c^{ller} aussi de M. frère du roi en tous ses conseils, direct^r général de son trésor, dem^t rue des 4 Fils (S^t-Jⁿ), à Paris, et de Charles-Nicolas Levavasseur, éc^r, sgr de Villiers, d^t Paris, rue Bergère (St-Eustache), amis qui ont signé. »

Son invent^{re} fut dressé le 14 août suiv., par Gondouin. Elle avait aussi légué 10,000 l. à Mme de Châteaubrun, fille de M. de Villautroys, sa filleule, et 10,000 l. à chacun des 3 enfants de la marquise de Bridieu, dont l'aîné était son filleul. Le 27 fév. 1790, le marquis de Monciel se fit représenter dans un acte de famille par sieur J.-B^{te} Wateau, bourgeois de Paris.

Passons au 2e mariage du c^{te} de Barberin, dont la 2e femme, Agathe-Marie-F^{oise}-Ferdinande Viney, mourut sa v^{ve}, à Vesoul, le 15 fév. 1827. Elle était le 5e enfant de M. P^{re}-F^{ois} Viney, maître partic^r des eaux et forêts à Vesoul, décédé ab intestat aux Forges-du-Blanc-Murger, le 30 7bre 1826, laissant pour avoir : le domaine de Montepenoux et celui de Gir-Fontaine, arrondiss^t de Lure, etc., à partager entre ses 5 filles, savoir : 1° Antoinette-F^{oise}-Marie Viney, épouse de Jⁿ-F^{ois}-Casimir Masson d'Autinne, dem^t à Vesoul, vivant, le 29 mai 1827 ; 2° Augustine-Marg^{te}-Charlotte, mariée à F^{is}-Julien Desprez de Gézincourt, recev^r partic^r des finances à Guingamp, y d^{ts} 1827 ; 3° Joséphine-Caroline, v^{ve} 1827 d'Ant^{ne}-

(1) Fondatrice de 5 lits à l'hôpital des incurables, à Paris, le 29 juillet 1785.

Isidore Dichoux, d^t à Bains ; 4· d^{lle} Ferdinande-Henriette Viney, majeure, hab^t Bains 1827 ; 5° Agathe, c^{tesse} Barberin, qui, v^{ve} de lui, à Vesoul, dès le 2 floréal an XII, et tutrice de leurs filles : Alexandrine-F^{oise}-Eugénie Barberin et Angèle, prenait alors pour mandataire M. Genty de La Borderie, juge au tribunal civil de Bellac, à l'effet de partager les biens indivis avec Alex. Barbⁿ de Crézancy, et situés à La Lande et autres environs de Bellac.

De ces dites filles, la 2e, c'est-à-dire Angèle Barberin, était épouse en 1827 d'Henry-F^{ois}-Gaston de St Martin, marquis de Bagnac, dont naquit J.-B. Anthony, marquis de Bagnac.

La 1re fille, Alexand^{ne}-F^{oise}-Eugénie, baronne de Barberin, née le 10 vendémiaire an IV (allez donc pour rétablir la vraie date, consulter leur calendrier, de sauvages, en train d'arrêter jusqu'aux pendules !) mariée : 1° au baron Silvestre de Lespinasse, colonel du 57e rég^t d'infant^{ie}, cheval^r de plusieurs ordres, selon c. de mar. reçu Petit-Clerc, n^{re} à Vesoul, le 27 fév. 1821. Elle en était veuve dès le 12 août 1827 avec 2 enfants : Léon de Lespinasse, cadet, mort sans enfants, et Angelle de Lesp. aînée, mariée au vicomte Edmond de Carné, demeurants en leur château de Kadolan, en la ville de Guingamp ; et elle en a vivants aussi : 1° Marie, non mariée. 2° Angèle, † en bas âge. 3° Marthe, unie en 1870 au c^{te} N. Rouxel de Lescouët, père et mère de : a Edmond, b Herminie de Lescouët. 4° un garçon, mort dès sa naissance. Les c^{te} et c^{tesse} de Lescouët sont fixés en leur château de Tronjoly, par Gourin (Morbihan).

F^{oise}-Alexandrine-Eugénie de Barberin, morte à 75 ans le 24 7bre 1870, se remaria en 1828 à M. Alphonse-Louis-Jacques-Sébastien, vic^{te} de Roquefeuil, dem^{ts} à Pomerit-le Vic^{te} (Côtes-du-Nord) en 1838, et dont naquirent au château de Kérir, par Tréguier (Côtes-du-Nord) : 1° Alphonse-Aymar, v^{te} de Roquefeuil, marié en 9bre 1854 à mad^{lle} Alice Fourier de Bacourt, et qui mourut à 45 ans le 14 mai 1877 sans descendance. 2° Antony-Jules-Charles, vic^{te} de Roquefeuil, marié 9 9bre 1858 à m^{lle} Fanny-Marie-Artur de Kerallio dont 8 enfants ci-après. 3° Eugénie-Marie-Joséphine de Roquefeuil (1), mariée en 1856 au marquis Albert de Hérouartz, père et mère de : 1° Frédéric, marquis de Hérouartz, né en mai 1858, marié en 8bre 1887 à Mlle Madel^{ne} d'Andigné, sans enfants. 2° Berthe-Eugénie de Hérouartz, née en mai 1859, unie en 1881 au c^{te} P^{re} de Rougé, dont sont provenus : a Urbain, b Mathilde, c Louis, d Bertrand, e enfin Claude de Rougé.

Dudit mariage d'Antony, vic^{te} de Roquefeuil, avec Fany de

(1) Morte au chât. des Salles, à 24 ans, le 29 mai 1869.

Kerallio, sont issus : 1º Edmond-Eugéne-Anthony de Roquefeuil, né 30 août 1859, marié 10 juin 1891 à sa cousine Genev^ve de Roquefeuil, dont F^ois-Michel-J^h-Ant^ne de Roq., né 22 mars 1892. 2º *Eugénie*-Marie, née 22 9bre 1860. 3º *Fanny*-Marie-Antoinette, née 15 juil^t 1862. 4º Alphonse-Marie, né 10 mai 65. 5º *Léontine*-Marie, née 25 8bre 67, mariée en 1896 à M. de Bois-Riou. 6º *Antony*-Ernest-Marie, né 9 7bre 69. 7º *Louise*-Marie, née 12 8bre 73. 8º *Marie*-Ernestine-Antoinette de Roquefeuil, née le 18 x^bre 1876.

L'inventaire de *Baignac*, dressé le 17 x^bre 1665, pour ses meubles vifs et morts, ne contient malheureusement qu'un faible aperçu du château : en la salle basse, 2 landiers, 2 bancs garnis de tapisserie et un ban dit vulgò *forme* ou *reposoir*, un tapis de Bergame, etc., en la chambre de la grosse tour : un lit de serge jaune, un beust (*sic*) (bahut) garny de cuir noir, ferré et garni de petits clous; un carreau de velour rouge pour mettre sous les genoux; — dans la chambre de plain pied, dite de la d^lle : un p^t reposoir garni d'une tapisserie, un cabinet de noyer à 4 estages contenant pots de confitures, etc. ; autre chambre sur le portal ; en la p^te cuisine dite la dépense, pièces d'argenterie et d'étain ; cave ou cellier ; cuisine du logis ; chambre h^te au dessous de la salle du logis, une table alongée à 15 chèses, 12 étant garnies de tapisserie anc^ne, 2 tabl^x anciens ; chambre près la cuisine ; grenier ; chambre sur l'écurie ; écuries mais Cath^ne Barbarin, la v^ve, qui n'y a point de chevaux à elle, a des biens en la par. de Breil-au-Fa. Dans les mét^ies on constate, à la Corbinerie, 2 bœufs arants, 2 vaches, une vesle, 15 moutons et brebis, une truie. A la Rochette : 2 bœufs, un thaurin, 2 velles, 12 brebis, 2 couchons (pas d'élevage de chevaux) à Aubignac, Chez-le-Baisle, au Breuil, etc., plus 2 vaches sans suite, en la bord^ie de la Daugerie, un cheptel au Cros, mét^ies de la Barrauderie, de la Grange ou La Porte, à Bagnac.

Louis de Froumant, éc^r, s^r du Salhan et de Foureys, m^e des eaux et fourestz de h^te et b. Marche, pour le roi et reine, après communication des titres de P^re St-Martin, sur son m^in de Baniac (St-Bonet), sur la Gartempe, et en la châtellenie de Champaniac, *sic,* lui permet d'en jouir à charge de le fere mettre au point rond, selon l'ordonnance : décision prise le 30 juil. 1600, en audience à St-Bonet.

V. Jean St-Martin *de Bagnac*

Joachim Mondot, de Bellac, g^d-Rue, pour satisfaire aux patentes royales sur les francs fiefs, déclare tenir, le 14 avr. 1654, en la

_ sénéch. et élection de Bellac, 1/2 du lieu du Cluzeau-Nouy (par. St-Mexant de Peyrat) relev^t du roi, c^{te} de b. Marche, au devoir de 5 sols à mutation de sgr et d'homme, consistant en maison etc. à laquelle sont joints plusieurs dom^{nes} roturiers qui payent rentes aux s^{rs} de Richemont, Sampnat et La Villatte, faisant 1/3 de la 1/2 auquel Cath^{ne} de Mallevaud, v^{ve} de sire J^n Mallebay, m^d, a droit pour 1/2 avec led. Mondot; d'un revenu de 8 liv. ts.

Déclare encore la xme inféodée sur Beillenesses (St-Bonet) soit 4 sest. grain (la charge de cheval étant de 2 setiers) à l'homage, et devoir d'une p. éperon valant 5 sols, à mutation réciproque.

Déclare le château de Baignac, possédé par J^n de St-Martin, éc^r, s^r de B. relev^t en arrière-fief du dit avouant, au devoir d'1 p. éperons de valeur de 5 sols, lors des mutations d'homme et sgr, duquel homage il ne provient aucun profit, led. Bagnac étant gentilhomme riche et aysé; il y a 150 ans qu'il n'en est revenu aucun droit de lods et ventes (il n'aliénait rien). Le dime vaut 6 l. ts. de revenu. Mondot lève aussi rente à La Graule (St-Bonet) mais il en a vendu partie naguère à J^n Lafleur, avocat; et J^n Charon, c^{ller} à Belac la conteste (1), etc.

Par échange du 16 mars 1674, J^n de St-Martin, s^r de Baignat, Breuil-Ferraud, La Rochette, demeurant à Bag^c (St-Bonet-La-Marche, en la châtel^{ie} de Belac), cède à Mre Bertrand Bergier, de Bellac, sa mét^{ie} d'Aubignat (St-Bonet) avec ses droits d'entrée, issue et servitude acoutumés, débitrice de quelque rente au chapitre du Dorat; et il en reçoit le fief et mét^{ie} de Thoveyrat (St-Sauveur près Bellac « consistant en un pavillon couvert à tirepoint, une
» p^{te} tour, renfermée dans la cour, joignant ensemble, pré de
» 15 journaux de faucheur, etc. confront^t au ch^{in} du M^{in} des Barets
» au vge du h^t et bas Thoueirat; outre un jardin de 40 quarreaux
» de sept de vigne; garenne et étang (marques de sgie), attenant
» au ruisseau de Bouche-Seiche; plus 1/2 dîme des blés et vin sur
» le haut et bas Thoveyrat (Blond et St-Sauv^r) limité par le dit ruis-
» seau depuis l'écluse du M^{in} Mathieu jusqu'au gay de La Pradelle
» et descen^t le long du Vincou, etc., relev^t du roi, c^{te} de la Mar-
» che. » Mr de Bagnac paye une soulte de 2,600 liv. à Mr de Reignefort, c^{ller} au présidial de Limoges, à l'avocat du roi et proc^r du roi de Bellac, J^n de Poncharaud; à Mr Igoneau, lieut^t de Brigueil y dem^t (juge suppléant); à Me Vincent Boulet, s^r du Mazet, d^t Belac, créanciers de Bergier.

<hr />

(1) Le 5 x^{bre} 1690, F^{ois} Mondot, sgr de Belhineisses, avoc^t, juge sénéchal de Châtelacher, y dem^t demande l'hommage lige de Bagnac à J^n de St-Martin.

Au 4 août 1661 fut quittée et expousée à Jⁿ St-Martⁿ, chev^r, éc^r, s^r de Bag^c par Cath^{ne} de Peissoux et Jⁿ de St-Martin, son fils, une maison au Dorat, rue des Vaux-Dieux, à 3 étages, couverte en tuille courbe et le villard de la Font-Javalhaud, près le chⁱⁿ de la procession N.-D. et chⁱⁿ tendant du Peux du Montilh à Maignac, cy devant bailhés à rente de 6 liv. par Cath^{ne} Barbⁿ, mère de Jⁿ auxdits de Piss^x et St-M. Comme ces derniers le somment de les recevoir à la dite expontion, il les y reçoit moyen^t 20 liv. ts à payer au prochain mardi gras. Notre Jⁿ, s^r de Bagnac et Thouveirat, céda le 6 juin 1682, à M^e Jⁿ Faugeras, prêtre (1), vic^{re} au bg de Nueil en Limⁿ, représenté par Mr Jacq. de Vaucorbeil, s^r du Mon..., avoc^t à Belac, 35 liv. de rente, constituée annuelle à lui due par F^{ois} du Fenieux, sgr de Bourg-Neuf et de F^{oise} de Marsanges, conjoints, selon c. du 7 juil. 1680, et 30 liv. rente que lui devait Ren/et? de La Coudre, prêtre et l'un des supostz de la c^{té} de l'égl. N.-D. de Belac, présent à ce X. Moulinier, curé de St-Sauv^r et de la ville de Belac, son annexe.

Jⁿ acheta 5 mars 1678 de Jⁿ Marsanges, chev^r, sgr de La Core, y dem^t (St-Sauv^r) et s^r de Berneuilh, fils aîné et principal h^r à défunt F^{ois} Mars. chev^r s^r de Berneuil, de p^{tes} rentes sur la Nigounerie, Le Cros, Chez-le-Besle ; témoin, Jⁿ Leduc, s^r de Bellenesses. Nous le voyons tuteur 3 x^{bre} 1665, d'un fils mineur de P^{re} de Neufchèze, éc^r, s^r de Persac, et de Dorothée Barthon de Montbas ; qui convola avant le dernier fév^r 1667 avec Théophile de Beziade, éc^r, sgr d'Avarel. Déchargé de la tutelle au 12 mars 1667 en une assemblée de parenté où se trouvaient pour oncles paternels de l'enfant : Gasp^d Turpin, sgr de Busserolles, Jⁿ de Neuchèze, éc^r, s^r de Bateresse et g^{ds} oncles paternels : F^{ois} de Triolon, sgr du Sibiou, Jacq. Neufchèze, éc^r, sgr de Barde-Villain ; F^{ois} des Monthier, éc^r, s^r b^{on} de la Valette, d^t à Auby (Nouic) oncle breton — et pour g^{ds} oncles maternels : F^{ois} Estourneau, s^r b^{on} du Ris, d^t à La Perrière (Orad^r S.-Genest), P^{re} Fricon, éc^r, s^r de La Dauge, d^t au lieu de Chez-Beauby (Latut) ; Mathieu Guyot, éc^r, s^r d'Asnières y d^t, P^{re} et Jⁿ Barthon-Montbas, oncle et g^d oncle, vic^{te} et b^{on} de Montbas, y d^{ts} (Gàjobert) ; F^{ois} Alexandre, sgr de St-Simon et du Seris, g^d oncle breton ; et des parents : Ant^{ne} Villedon, éc^r, s^r dud, y d^t (Asnières) Mathurin Lebreton, éc^r, s^r des Renardières, y d^t (enclave de Chastaing) ; Charles La Couture - renon, sgr dud. (Blond) ; enfin F^{ois} des Moulhières, sgr de la Vallette, parent paternel.

Autres actes de Jⁿ St-Martin de Ba^c : échange 2 fév. 1678 de pièces de terrain à Touveras, avec Madel^{ne} Bernardeau, femme de Mre Ger-

(1) Qui en 1673 habitait Bagnac ; apparem^t à titre de chapelain du sgr.

main Laugros, garde du roi en la g^{de} prévôté de France. Vente de concert avec le prieur son frère, 27 juin 1674, pour 2,000 l. d'une rente de 100 l. sur Thouveyrat (Blon) : soit les 2 mét^{ies}, rentes et x^{mes}, consentie à honor. Vincent Boullet, s^r du Mazeix, avoc^t, d^t à Belac. En 1685, Mr de Baignac plaidait contre les habitants de Confolens, pour nous ne savons quelle cause. Il acquit, le 16 7bre 1663 de Jⁿ et Jⁿ Jovion, père et fils, éc^{rs}, s^{rs} de Drouilles, y d^{ts} (Blon) des rentes sur Chez-Bisnier et Chez Sérail (St-Martial). Jⁿ de St-Martin, comme étant leur parent des 2 côtés, fut le curateur des enf^{ts} mineurs de Louis Villedon, éc^r, s^r de Chanteloube et de F^{oise} de Mont sa v^{ve} en 1ères noces, fille de X^{ofe} de Mont, éc^r, s^r de Maillezac, et de vivante d^{lle} Phelipot, et sœur de Jacq. de Mont, éc^r, s^r de Piegodet. On le remplaça comme curat^r, le 5 août 1661 par F^{ois} Barbarin, éc^r, s^r de La Borderie-du-Chambon, dem^t au chât. du dit (St-Maurice-des-Lions), par délibérⁿ à Montmorillon, des parents suiv. : Casimier, Barbarin, éc^r, s^r de Fonteron, Jacq. Fréré, éc^r, s^r des Ages, Jⁿ Laurans, éc^r, s^r de P^{re} Folle, Jacq. de Mont, susd., François, Jacques, éc^r, s^r de Pravier, P^{re} et X. Villedon, éc^{rs}, s^{rs} de Javet ou Junac ? et de La Grange, son frère.

Servaient au ban de B.-Marche :

1689. Jⁿ St-Martin, s^r de Baignac, chev^r.

— Gilbert de Cléré.

X. du Chastenet, éc^r, s^r de Mérignac, sénéchal de Montmorillon, 22 mai 1689.

1691. 23 7bre Paul de Nollet, commandant ce ban.

1692. Le s^r de La Noue.

1696. La Locherie, commd^t de ce ban, 18 mai.

— 1er juil., Fouery, commend^t l'escadron de la noblesse du ban des 2 Marches ; et Peuguillon, comiss^{re} de l'escadron.

22 avr. 1557, Jⁿ Lamaille, est nommé pour faire la revue de ce ban.

Jⁿ St-M. de Bag^c exécut^r testament^{re} de Louis de Triollon, éc^r, sgr de La Brosse, selon test^t du 2 x^{bre} 1670, entériné à Civray, le dern^r fév. 1687, saisit-arrête le 13 fév. 1692, sur Jacq. de Paradis, éc^r, sgr du dit, d^t à Villedard (Persacq), ce qu'il doit à la succession de Louis de Triollon et à N. Gaspard Tr. son frère.

La vie de Jⁿ de St-Martin, fut non seulement très remplie, comme le montre cette multiplicité d'affaires, mais encore assez accidentée par suite d'une altercation ou question de point d'honneur survenue entre lui et Jⁿ Dupin, éc^r, s^r de Bessat, en Marche, qui se compliqua d'autres incidents résumés ici, pour donner une idée des mœurs de ce temps plus ferrailleur que de raison.

Un différend entre nos deux gentilshommes ayant motivé leur comparution, à Paris, devant les maréchaux de France, y fut suivi d'accomodement, devant cette juridiction officieuse chargée d'arranger ses pairs. Mais voilà qu'à leur descente du carrosse de Poitiers, le 26 juil^t 1659, et non loin de l'hôtellerie *du Saumon*, les 2 petites troupes, car l'un et l'autre noble avaient pris leurs gens pour escorte, en viennent aux mains, comme à la bataille hors frontières, ceux-ci s'avançant l'épée haute, ceux-là donnant brutalement la parole à leurs gros pistolets d'arçon et jouant du mousqueton. Tant et si bien fut-il guerroyé que le lieut^t g^l en la maréch^{ée} générale de Poictou, résid^t à Poictiers, se mit de la partie le 28, et que Mr de Bagnac, son valet de chambre et son palfrenier, se voyant décrétés, repoussèrent avec non moins de vigueur le lieut^t et les archers du vice-sénéchal de la Basse-Marche, au cours de leur information du 15 août suivant, et se mirent plus que jamais en état de rebellion. Heureusement Jean de St-Martin, dont le château de Bagnac menaçait ainsi de passer tout entier sur le pied de guerre à la force publique elle-même, put-il exciper pour sa justification de cette quasi révolte à l'autorité royale, du besoin de riposter aux hostilités ouvertes contre lui Bagnac en 1658, par Jⁿ Gallicher, s^r des Cochets, lieutenant du prévôt de Bellac, Martial Mallebay, avocat au Dorat, et leurs compagnons. Il fit donc par requête du 19 août 1659 informer contre eux devant le lieuten^t criminel de Bellac. Mais les dits des Couhets, Mallebais, Jⁿ Verat, etc., pour susciter un conflit de juridiction, firent ouvrir enquête aussi par le prévôt des maréchaux de Belac ; d'où St-Martin se pourvut au conseil du roi, qui par arrêt du 2 mai 1658 renvoya les parties devant le lieut^t criminel de Poitiers. En 1660, l'affaire traînait encore d'un greffe à l'autre ; avec Mr de Beissac, Galicher et consorts débattant récusation du juge châtelain de Champagnac : St-Martin prêt à porter l'affaire aux g^{ds} jours de Clermont, demandait en 9bre 1665, l'exécution de l'arrêt du parlement du 27 8bre... contre ses adversaires. Il obtint arrêt de condamnation de 146 liv. contre eux, le 20 mai 1670, et un 2e arrêt du 8 8bre 1671 de condamnation aux intérêts de 1/2 de 558 liv. C'est peut-être pour ces suites de procès que nous le retrouvons à Poitiers en 1675, hébergé au logis ou pend pour enseigne : *La Lamproye*, par^{sse} St-Porchaire. On lui attribua une agression dirigée en force, le 2 juil. 1665, contre le seigneur de Savignac, en sa demeure de la Bujadie, expédition à mettre ou non au compte de la précédente querelle.

Son frère, Jⁿ le jeune, pendant ce temps, dans le calme du cloître égrenait pacifiquement des chapelets, car nous avons du 18 9ᵇʳᵉ 1685, le procès-verbal d'élection du supérieur et autres officiers du tiers ordre de Sᵗ-Fᵒⁱˢ établi au chapitre des Récollets du Dorat, présidé par leur gardien, frère Damascène de Puyguerin ; Jⁿ de Sᵗ-Martin (de Bagnac) *prieur ;* mais il s'agit peut-être de notre batailleur, avec ce simple tertiaire et ses célèbres confrères, Mʳ Robert, *assistant ;* Mʳ *de* Boucheuil, et Mʳ de la Bussière, *discrets ;* Mʳ de Senpons ? *sacristain ;* Jʰ Marcou, trésorier ; Fᵒⁱˢ Lamotte, infirmier.

Ces pieux moyens n'étaient pas de trop pour tempérer par l'association fraternelle l'ardeur d'un sang toujours généreux autant que susceptible chez ces gens de souche antique. C'est ainsi que nous voyons encore poursuivis dans une même affaire, familiale sans doute, de rebellion contre un sergent, le 11 avril 1641, toute la tribu des porteurs d'épée au Sud de la forêt des Coutumes : Les 2 frères de La Pinardière, écʳˢ, sʳˢ de Villemexant, du Breuil et de Roche ; X. Vergnaud, écʳ, sʳ de Champagnac et le fils du sʳ de Frédières, plus Baltazar et Jacq. du Chiron, écʳˢ, sʳˢ de Fulminier et du Peux, Martial Faure, écʳ, sʳ de Frédières, sa femme avec leurs 2 filles ; enfin N. Tixereau, fils aîné du sʳ Dairas.

Reprenons le cours tranquille des faits de l'ordre amiable, contractuel ou arbitral, tout aussi dignes d'être observés.

Le 28 9ᵇʳᵉ 1669, Jⁿ de Sᵗ-M., sʳ de Bagnac et de La Rochette, donne à Jⁿ de La Rⁱᵉ, écⁿ, sgr de L'Auberge, Montagrier, Peytaveau, Le Fresny, habᵗ du Dorat, l'investiture pour la métⁱᵉ des Maisons-Vieilles, membre de la sgie de Montagrier, achetée par Larye, par décret du parlemᵗ de l'an 1648. Bagnac avait d'abord prétendu que cette métⁱᵉ relevait de son fief de Bagnac, et la réclamait en justice par retrait féodal. Mais le cᵗᵉ de Mérinville, lieuᵗ de roy, de Provence, chevʳ des ordres du roi, gouvʳ de Narbonne, cᵗᵉ de Rieux, d'Azille et de La Jonquière, pris pour arbitre, décida, 9 avr. 1663 : que Bagnac investirait Larye, moyᵗ 1,800 l., payées à Bagnac, pour les biens qui relèvent du fief des Maisons-Vⁱⁱᵉˢ, appartenant au sʳ Baignac, sauf à indemniser Larye, si le sʳ de Gᵍᵉ Blanche y établissait et réclamait mouvancé. Comme 6 mois avaient passé sans exécuter la sentence arbitrale, ce jourd'hui, 28 9ᵇʳᵉ 1669, on la maintient, en présence de et sur l'accord négocié par Fᵒⁱˢ des Monstiers, chevʳ sgr d'Auby, La Valette, capⁿᵉ d'une cⁱᵉ de cavⁱᵉ dans le régᵗ du roi, neveu dud. cᵗᵉ Mérinville.

Jⁿ Sᵗ-Martin, chevʳ sʳ de Baigᵉ y dᵗ, épousa 1° par c. mar. du 24 7ᵇʳᵉ 1655, Margᵗᵉ (1) Papon, (sœur de Madelⁿᵉ Pappon), fille de n. Guilⁿᵉ P., écʳ, sʳ de Virat et de feue Margᵗᵉ-Fᵒⁱˢᵉ Chauvet, avec

(1) Voyez aux mˢˢ de la bibl. nat., dossiers bleus; nᵒ 431.

une dot de 20,000 l. Jⁿ Boullet et P^{re} du Mareau, prestres, scindics et baisles de la c^{té} de l'égl. N.-D. de Bellac, plaident par Vincent Boullet, avocat, contre Jⁿ de St-M., s^r de Bag^c, pris comme père et administr^r de Guil^{me} son fils et de défunte-Marg^{te} Papon, icelle cohéritr^{re} de F^{oise} Chauvet, sa mère, en payem^t de 200 liv. léguées par test^t de lad. Chauvet, aux fréries du St-Sacr^t et du Rosaire, érigées à N.-D. et il est condamné à les acquitter, le 20 (juillet ?) 1663.

Jean épousa 2° par. c. du 6 fév. 1691, avec dispense de consanguinité, Marie de St-Martin, dame du Mesnieux, dem^t au bourg des Salles (-La-Vauguyon) en Poitou, fille à défunt Ant^{ne} de St-Martin, éc^r, et de Anne Barbarin. La future en cas de survivance, devait avoir 500 liv. de douaire sur la dot de l'époux. La célébration eut lieu en l'égl. des Salles le même jour ; et le 1er janv. 1692, ces accords furent notariés par Desbrousses et les époux se donnèrent réciproquem^t 4,000 l. au survivant. Ce mariage continuait entre eux, le 16 avr. 1695. Marie St-Martin, lors de son mariage avec Jⁿ de Bagnac, était v^{ve} de Mathieu du Chazaud, s^r du Mesnieux (Salles) lequel mourut testat, peu avant fév^r 1677, lui laissant pour enfants : 1° Mathieu-Alexandre du Ch., s^r du Mesnieux, d^t à Bagnac, 17 août 93, sous la curatelle de Jacq. Mercier, avoc^t, s^r de Borille; mais qui 11 9bre 1697 est qualifié de : Mathieu Du Ch., éc^r, s^r du Ménieu, l'un des mousquetr^{res} du roi. dem^t aux Salles, et c^{ller} du roi subdélégué de l'intend^t de Poitiers, 1710 ; 2° Marie-Philippe, dem^t 1693, à Poitiers, chez l'avocat Maisondieu, par^{sse} Ste-Oportune, ayant pour curateur, Jⁿ du Chasaud, s^r de la Saigne, d^t au bg de Brenac près Rochechouard ; 3° F^{oise}-Thérèse du Ch., d^t à Bagnac en 93; sous la curatelle dud. Mercier.

Lad. Marie St-M., v^{ve} Du Chaz^d acheta le 20 fév. 1681 de Sébastien Baudequin, s^r de *Champoux*, y dem^t (S^t.....) moy^t 920 l. des rentes, mesure Rochoir, pour Rochechouard, sur le mas et tèn^t de *Champouy* et Perpigne, provenant au vend^r, d'un achat de X^{ofe} Pressac, éc^r, sgr du Repaire. Le prix était délégué à Me Simond, s^r de La Borde, juge, lieut^t de Rochech. ? Elle mourut le 26 8bre 1696.

Quant à Anne Barbarin, v^{ve} d'Ant^{ne} de St-Martin, éc^r, s^r dudit (*sic*) dem^t à la Vallade (Seuris, aujourd. Suris, Char^{te}) elle testa malade, devant F^{ois} de la Chaumer, n^{re} résid^t à Chez-Rassat (Seuris). Elle fixe sa sépult^{re} en l'égl. de Seuris en ses tomb^x, s'en rapportant pour la cérémonie funèbre, à son gendre, Alexandre Guyot, éc^r, s^r de Vilognon ; lègue 100 l. aux fabriqueurs de l'égl. pour la réparer, 50 l. en messes au curé du lieu, Germⁿ Gabillaud, autant

aux Cordeliers d'Angoulême, et des cadeaux funèbres à ses ser-
vantes, métayères et pauvres gens.

Maintenu en sa v^{lle} noblesse, par ordonnance de d'Aguesseau,
du 15 janv^r 1667, Jean de St-Martin † le 7 ou le 14 avril 1695, testa
le 31 janv. 1664, léguant 2,000 l. dont 400 l. en annuels et messes
basses, 100 l. aux religieuses de la Trinité du Dorat, 60 à celles de
S^t-F^{ois} à Montmorillon, 200 l. à ses valets pour les obliger à prier
pour lui ; 200 pour ceux auxquels il pourrait se trouver redevable
sans écrit, et le restant (1,040 l.) aux pauvres, « tant pour m'acquitter, dit-il, d'un veu que j'ay ci-devant fait, que pour demander
pardon à Dieu de l'usage de mes biens ». Il veut être inhumé en
tel lieu que sa mère Cath^{ne} Barb^n et Pierre son frère, éliront pour
lui, mais il préférerait être mis dans le tombeau réservé par
Madel^{ne} Papon, sa belle-sœur, en l'église qu'elle fonde au Dorat,
suppliant ces religieuses de l'agréer. Il n'aspire à aucuns « honneurs funéraux autres qu'une simple caisse et un drap noir de la
moindre couleur pour mettre sur le tombeau. Il est alors veuf de
Marg^{te} Papon, morte le 9 8bre et inhumée en l'égl. N.-D. de Belac,
à laquelle il laisse de son côté, 3 messes perpétuelles. Il fait hérit^r
univer^l le fils qu'il en a, et dépose ce test^t olographe, à Pallier, n^{re}
à St-Bonet, le 3 févr. 1664. — Le 16 juil^t 1669, il était en procès
au présidial de Guéret, contre Arnaud de Malleret, éc^r, s^r de Mon-
tomard.

Par son 2e test^t, du 15 juin 1692, il appliqua 600 l. en messes,
services et aulmones ; donna 150 liv. pour un annuel chez les Récollets du Dorat ; 150 l. pour un autre à la Ste-Trinité du Dorat ; 150 l.
pour autre à N.-D. de Bellac. « Item j'ordonne, veuz et entends que
durant 5 ans on face habiller 5 pauvres chaque année, en mémoire
des 5 playes de mon sauveur et rédempt^r J.-C. — Item pour les
bons et agréables services et amitié conjugale que j'ay pour Marie
de St-Martin, ma très chère femme et espouse, etc. Je luy donne
jouissance de mon fief de Cersay et mét^{ie} d'Arthron. en Poitou
(Caulnay), etc. Je lègue à F^{ois} Du Taux, éc^r, s^r de Bunleix, pour
bons services 3,000 l. (qu'on trouve aussi gentilhomme servant au
chât. de Bagnac en 1680 et 98), etc., etc. » Il crée exécuteur testa-
ment^{re}, son frère P^{re} St-M., prieur, et fait hérit^r universel, Guil^{me}
Alex^{dre} son fils, alors marié. Ces dispositions olographes aussi à
Bagnac, furent scellées « de ses chiffres ». Jean eut pour enfants :
Guil^{me}-Alexandre, et probab^t 2 autres qui morts en bas-âge avant
le père, n'ont pas laissé de traces.

Fragments généalogiques des Papon de Bezeaux, de Virat, du Breuil, etc.

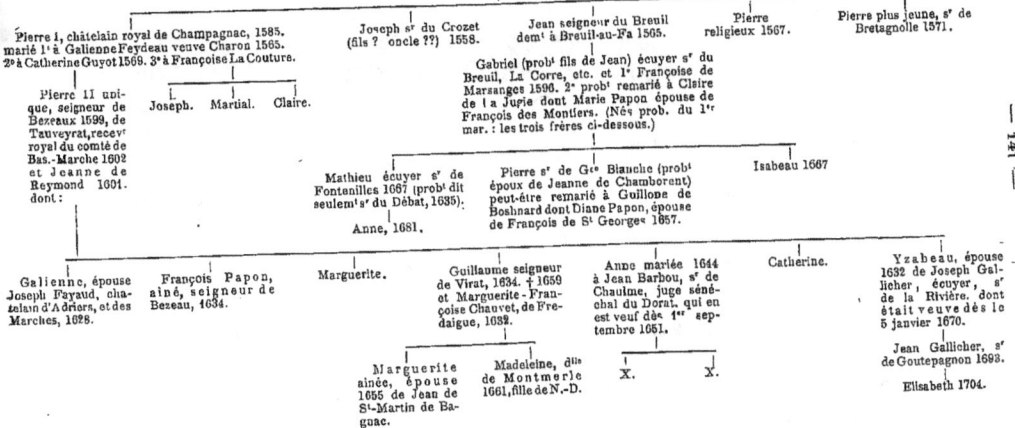

N. Papon et X...

Pierre 1, châtelain royal de Champagnac, 1585. marié 1° à Galienne Feydeau veuve Charon 1565. 2° à Catherine Guyot 1569. 3° à Françoise La Couture.

Joseph sʳ du Crozet (fils ? oncle ??) 1558.

Jean seigneur du Breuil demᵗ à Breuil-au-Fa 1565.

Pierre religieux 1567.

Pierre plus jeune, sʳ de Bretagnolle 1571.

Pierre II unique, seigneur de Bezeaux 1599, de Tauveyrat, recevʳ royal du comté de Bas.-Marche 1602 et Jeanne de Reymond 1601. dont :

Joseph. Martial. Claire.

Gabriel (probᵗ fils de Jean) écuyer sʳ du Breuil, La Corre, etc. et 1° Françoise de Marsanges 1596. 2° probᵗ remarié à Claire de l a Jurie dont Marie Papon épouse de François des Moutiers. (Nés prob. du 1ᵉʳ mar. : les trois frères ci-dessous.)

Mathieu écuyer sʳ de Fontenilles 1667 (probᵗ dit seulemᵗ sʳ du Débat, 1635):

Pierre sʳ de Gᵉ Blanche (probᵗ époux de Jeanne de Chamborent) peut-être remarié à Guillone de Boshnard dont Diane Papon, épouse de François de Sᵗ Georges 1657.

Isabeau 1667

Anne, 1681.

Galienne, épouse Joseph Fayaud, châtelain d'Adriers, et des Marches, 1628.

François Papon, ainé, seigneur de Bezeau, 1634.

Marguerite.

Guillaume seigneur de Virat, 1634. † 1659 et Marguerite - Françoise Chauvet, de Fredaigue, 1632.

Anne mariée 1644 à Jean Barbou, sʳ de Chaulme, juge sénéchal du Dorat. qui en est veuf dès 1ᵉʳ septembre 1651.

Catherine.

Yzabeau, épouse 1632 de Joseph Gallicher, écuyer, sʳ de la Rivière. dont était veuve dès le 5 janvier 1670.

Jean Gallicher, sʳ de Goutepagnon 1693.

Elisabeth 1704.

Marguerite ainée, épouse 1655 de Jean de Sᵗ-Martin de Baguac.

Madeleine, dᵐᵉ de Montmerle 1661, fille de N.-D.

X.

X.

Papon

I. P^re Papon, parfois Pappon, lic^é ès loix, juge prévôtal royal en Champagnac, au 22 juin 1564, habitant Bellac, puis Bezeaux 1585, ensuite qualifié 14 x^bre 1585 de châtelain royal dudit Champagnac (1), épousa en 1565 Galienne, ailleurs Marguerite Feydeau, v^re de Jacques Charon ; et ils vivaient époux le 7 juil. 1565. Ce même juge sénéchal faisait au lieu noble de Villemexant (St-Martial), les 16 et 21 8bre 1569, par acte du n^re Génébrias, ses accords de mariage avec Catherine Guiot, fille à Christofle, G. éc^r, sgr de Champagnac en partie, et y dem^t par^sse de Buxière-Poitevine. Ce dernier la dota d'un tiers de tous ses biens. Lesdits futurs demeuraient à Bellac, au 25 juin 1571, mariés. Vingt ans plus tard, nous voyons leur fils unique, P^re Papon, sous tutelle, à Breliofa, de Gab^l Papon, éc^r, s^r du Breuil.

Mais le père du mineur avait épousé aussi F^oise de La Couture, qui, dès le 29 7bre 1591 déjà veuve de lui auparavant, était veuve en outre de Claude de Bolinars, éc^r, s^r de Margou, et habitait le château de Margou (Peysay ou Persac). Elle lui donna trois enfants Papon décédés en pupillarité : Joseph, Martial et Claire.

P^re I eut pour frères : 1° J^n Papon, auteur de la branche du Breuil ci-après. 2° religieux frère P^re, dem^t à Breuil-au-Fa, 26 juil. 1567. 3° P^re « plus jeune » (probab^t distinct du relig^x), s^r de Bretagnolle, y demeurant, par^sse de Vaulry, 1571-85. 4° ?, peut être J^h (leur frère, plutôt que leur oncle ou cousin), sieur du Crozet, et y demeurant, lequel accensa 20 x^bre 1558 à un manant du Crozet, une terre contigue aux forêts du roi, et ne vivait plus le 14 7bre 1560.

(1) On trouve en 1403 un aveu rendu au comte de Poitou, à cause de sa châtellenie de Montmorillon, par Jean Papot, pour son fief de La Mothe de Rouflame, paroisse de Saugé [G^d Gauthier, C. n° 317, arch. V^no]. Nous ignorons si sous cette forme de nom, peut-être défectueuse, se dérobe un ancêtre des Papon actuellement en cause.

II. P^{re} II Papon, seigneur de Bezeaud, par^{sse} du Pont-St-Martin, fit dresser son contrat de mariage le 3 mars 1601, avec Jeanne Reymond, fille d'honorable m^e F^{ois} Raymond, receveur du domaine du roi en la sénéchaussée de Basse-Marche, châtellenies de Bellac, Rancon et Champagnac, et de dame Gallienne Feydeau. Sœur germaine de F^{ois} Raymond, conseiller, lieutenant du roi au siège de Bellac, J^{ne} eut pour dot 700 écus, plus 300 écus, 3 robes, 3 cotilhons et 3 chapperons. Furent présents : Morice Guyot, éc^r, s^r de Champagnac, lieut^t et gouverneur pour le roy au gouvern^t de Rocroy, oncle maternel du futur, demeurant à Champag^e, J^h Raymond, s^r du Maubert, oncle paternel de J^{ne}, et P^{re} Papon, éc^r, s^r de la Brujade (probab^t Vaulry), avec Gab^l Papon, éc^r, s^r du Breuil et de la Coulre, parents de l'époux. Passant à la dernière étape dudit s^r de Beseaux, — receveur du domaine du comté de b. Marche, depuis le 12 mars 1602, et par résignation de F^{ois} Raymond, — le voici occupé à décider par testament du 27 x^{bre} 1624, à Bellac, « que quand Dieu aura faict son commendement de luy, son corps devra estre inhumé en l'église N.-D. de Bellac, aux tombeaux de ses prédécesseurs, en celluy où deffunte d^{lle} J^{ne} Reimond, sa femme fut ensevelie. » Il affecte 200 liv. à ses frais funéraux : service du jour de l'obit, quarantaine, annuel et autres œuvres pies. Comme J^{ne} Reymond légua à Galienne Papon, leur fille, 1,500 liv. et 1/2 de sa g^d chaisne d'or, et l'autre 1/2 avec 1,200 l. à Marg^{te} leur 2e fille ; et 1,200 l. avec des meubles à leurs autres filles puisnées : Isabeau, Cath^{ne} et Anne ; le testateur lègue à Galienne, en outre, 4,800 l., soit en tout 6,300 l., et à Marg^{te} 6,300 et aux autres 6,000 l. Les mariages de ses filles devront être faits, du commun vouloir et advis et consentement de noble M. m^{re} F^{ois} Reymond, s^r du Cluseau, c^{ller} du roi et de la reine-mère douairière de France et leur lieut^t civil et criminel au siège royal du Dorat, d^{lle} Ysabeau Marand, son épouse, F^{ois} et Guillaume Papon, ses hérit^{rs} sousnommés, honorable m^e Guil^{me} Chesne, s^r d'Escurat, et d^{lle} Marg^{te} Reymond, sa femme, leurs oncles et tantes maternelles.

Le testateur fait hérit^{rs} du résidu de ses biens : F^{ois} et Guil^{me} Papon, ses enfants. Au cas où l'une des filles viendrait à décéder sans hoirs procréés de sa chair, la somme léguée accroîtra à tous. Il lègue à F^{ois}, son fils aîné, son office de receveur, et sa maison rue de la Chapelle-St-Michel, à Bellac, et son jardin joignant à celui de m^{re} F^{ois} et Jⁿ Charon, s^{rs} de La Motte ; plus les métairies de Beseaux, Villalet et Montmerle ; et les rentes et autres, qu'il a audelà le pont de Vincou et au dedans les paroisses de St-Bonnet, Pont-St-Martin, St-Martial et Maisières, avec les greffes des tailles de la par. du Pont-St-Martin. Guill^{me} Papon reçoit de lui sa vigne

des Gérauds à Bellac, celle des Palisses, ses métairies de La Pressonnerie, Virat, — celle et le fief du Maubert (Blanzac) acquise par
lui 4 juil. 1613; la mét^ie du Breuil, le greffe des tailles de la par. de
Breliofa. Le domaine et fief (rentes et dîmes) de Thouveyrac, par
lui récemment acheté à réméré (le 17 7bre 1624) de P^re de la Bastide, ér, s^r de Beyreix, demeureront à 1/2 entre eux deux : en présence de 7 habitants de Bellac : les marchands Bouchard et Ville-
légier, l'huissier Tourraud, P^re Rivaud, mesureur de sel, m^re F^ois
Mallehay, eslcu partic^r de Bellac, et Joachim Chareiron, mestre du
logis du *Cheval blanc*.

Son fils, F^ois Papon de Bezeau, dem^t à Bellac 1624, fut nommé
receveur du comté le 18 juin 1627, l'office vacant par décès du père.
Lui-même est dit feu dans un acte de 1640 ; et leur beau-père et
grand père François Raymond ne vivait plus dès le 7 mars 1611.

Galienne Papon, v^ve de m^c J^h Fayaud, avocat, juge d'Adrier (fils
de J^h et de Madel^ne Vacherie) fit faire inventaire 4 mai 1632 des
meubles de son mari, devant m^t Hellie Junien, avocat, faisant fonction de procureur fiscal des abbé et chanoines de S^t-P^re du Dorat,
et Jevardac, greffier, requérant m^c P^re Fayaud, chanoine du Dorat,
tuteur de Madeleine, fille du de cujus et de Galianne, mariés par
contrat reçu Rivaud, le 20 fév. 1628. Du bahut de la mère on tira :
un lie-teste, composé de 16 pièces ; 8 chatons et 8 rondz de perle
dans un estuy, baillé par le futur à sa fiancée avant contrat ; et
2 bagues où y a 1 diamant et une roze d'esmeraude... etc.; une gon-
dolle d'argent, prisée 13 liv. par n. Poncharraud, procureur du roy
à Bellac, appréciateur, un paire de bas soie tane ; 3 paires de rozes
à mettre sur les souliers, 9 liv.; 3 paires d'habits noirs : l'un en
sarge de seigneur, l'autre de drapt d'Espaigne, l'autre de p^te sarge
du pais ; 6 fraizes. Galienne céda en échange, 1647, une maison
dite : Chez d'Azat, ruhe tendant de la croix du Puis-Chatonnier à
l'égl. St-Michel du Dorat. Madeleine, susdite, nièce de P^re de Fonsreaux, s^r de Châteaumoulin, était unie dès le 4 mars 1664 à Jacques
Sornin, s^r de La Roche.

Marg^te, sœur de Galiane, est apparemment cette Marg^te Papon
dont était veuf en 1664, selon Nadaud, IV, p. 91, noble J^n Poncharraud, s^r de La Salle, conseiller au siège de Bellac, père de
J^n P., aussi conseiller. Mais nous l'identifierions plutôt avec Marg^te
Papon, 1642 v^ve de P^re Meusnier, éc^r, s^r de La Lande.

III. Guil^me Papon, sgr de Virat (Berneuil). La trame de sa vie
publique se reconstitue ostensible à l'aide des extraits suivants de
ses actes principaux.

Lettres de provisions de l'office de receveur du domaine au
comté de b. Marche qu'exerçait en son vivant le s^r Papon de Virat,

données au profit de F^ois, son frère. Quittance de marc d'or et commission pour la réception dudit office, avec un contrat de vente d'icelui au profit de Guil^me Papon de Virat, par F^ois Pap., s^r de Bezeau ; le tout estant en date des 5e x^bre 1626, 6e mars 1627 et 11e 9bre 1630 ; signées : par la royne mère du roy, Bouthellies, et par collation, Lelong, et Rivaud, n^res. J^h Bouchard, s^r de la Picaude, fait promesse de 53 l. à Guil^me Pap. de V. pour prest, 27 x^bre 1631.

28 avril 1632, au lieu noble de La Cousture (Blon), contrat de mar. de noble Guil^me Papon, éc^r, s^r de Virat, dem^t à La Lande (Berneuil), avec d^lle Marg^te-F^oise Chouvet, v^ve de Gaspard de La Couture-Renon, fille à feu Gab^l, chev^r, s^r de Fredaigues (Nantiat), et de dame Yzabeau de Bonneval, majeure, demeurants à La Couture — dotée de 20,000 liv., à quoi le futur ajoute 1.800 l. de pierreries et joyaux ; et elle a douaire sur le lieu noble de Richemond. Présents : m^e Ld Génébrias, substitut du substitut (*sic*), de M. le procur^r du roi au siège de Belac, et m^e P^re de Poncharaud, dem^t de présent à La Cousture ; reçu Massoulard, n^re.

28 fév. 1637, Notre Guil^me P. de Virat, recev^r dudit c^té royal (seig^r du Petit Thouveyrat, dem^t à Bellac, g^d rue St-Michel, 1634), afferme à m^e P^re Poumier, lic^é en loys, avocat en la sénéch^ée du h^t Limousin, à Lymoges, dem^t de présent au lieu noble de La Peyrière (Orad^r-St-Genest), son lieu, mét^ie et rentes du Maubert (Blanzac). Guil^me obtint le 24 x^bre 1643 indemnité de Jacq. Charon, s^r du Montroueix, touchant les ventes du lieu de Juignac. En 1647, il figure avec F^ois de La Salle, s^r des Barretz, etc., parmi les asséeurs et collecteurs des taillés et aisez de lad. ville. Il avait vers ce même temps, de concert avec les seigneurs du Mas et de La Corre, et la viquerie S^t-P^re fondée en l'égl. de Belac, des rentes sur le village de la Nigounerie (St-Bonet) acquittées par Michel Fauvet, c^ller et avoc^t du roi en l'élect^n de Bellac, m^e J^h Bouchard, s^r de Roche, recev^r des consignations, m^e Ld Texier et autres.

Au 1er juil. 1642, au bg de Berneuil en b. Marche, Gilbert Meusnier, éc^r, s^r de Beauvergier, faisant pour lui et son père, P^re M., éc^r, s^r du Coulombier, qui ratifiera dans un mois, — et d^lle Marg^te Papon (1), v^ve de P^re Meusnier, éc^r, s^r du Colombier et de La Lande (Barneilh), pour elle et comme mère et tutrice de leurs enfants, dem^t au Breliofa, — vendent à nob. Guil^me Papon de V. leur lieu et mét^ie appellée du Breuilt (Berneult) à la réserve d'un jardin planté en vigne ; le tout mouvant du commandeur de Breliofa ; moy^t 1,430 l. dont 700 à Marg^te pour droit de ses enfants sur ces biens. Le vendeur garantit contre les droits pouvant appartenir à

_____

(1) Ils vivaient conjoints le 30 juin 1624.

Jⁿ Meusnier, s^r du Laurier; signé Rivaud, n^{re}. De Gilbert et Marg^{te} P. naquit Marg^{te} Meusnier, dite majeure le 29 juin 1645. Le même Pap. de V. eut sent^{ce} au siège de Bellac, 20 7bre 1641, contre F^{ois} de La Cousture-Renon, éc^r, s^r de Montat, tuteur de Charles de La Couture. J^h Reymond, s^r des Brosses, qui signa J. de Reymond, reconnut le 29 janv. 1656 « que quoyque Guil^{me} Papon, s^r de V., lui aye investu un contrat d'acquisition du lieu noble de Puisragon, du prix de 10,000 l.; néantmoins la vérité est qu'il luy a remis les droitz de lots et ventes à cause de sa proximité, et il promet de le garantir. »

Quant à Marg^{te}-F^{oise} Chauvet, femme de Guil^{me}, elle testa 28e aoust 1637 par instrument de Rivaud, n^{re}, publié en l'audience de Bellac du dit jour. Son mari, par ses dispositions dernières du, 11 juin 1658, laissa 600 liv. à l'hôpital de Bellac et 1,000 l. aux doctrinaires pour fondation de messes (1). Il fut enterré en l'égl. N.-D. de Belac, proche l'autel S.-F^{ois}, 29 juil. 1659 (2), âgé de 50 ans.

Analysons son invent^{re} du 1er août 1659, à Bellac, en présence de Jⁿ de St Martin, chev^r, sgr de Bagnac, comme père et loyal (légal) administr^r de Guil^{me} de St Martin, éc^r, son fils, et de défunte Marg^{te} Papon. Présente aussi d^{lle} Madel^{ne} Papon (fille cadette du de cujus avec Marg^{te} aînée (3), assistée de son curateur en cause, F^{ois} Faulconnier, s^r de Lage-Meillot, lieut^t partic^r en la sénéch. de Bellac.

Lesquels par le décès dud. Guil^{me}, s^r de Virat, leur père, arrivé le 28 juil. 1659, auroint prié, honor. m^e F^{ois} Audebert, s^r de Fommaubert, c^{ller} du roi et son 1er présid^t en l'électⁿ de b. Marche à Bellac, m^e J^h Pigné, s^r de Nouy, c^{ller} du roi, recev^r des tailles en l'électⁿ de Bellac, m^e F^{ois} de La Salle-Gallicher, s^r de Barassac, avocat, tous proches parents et amis des parties, d'assister à la vérification de l'invent^{re} que le dit Virat avait lui-même fait faire devant Rivaud, n^{re}, 18 juin 1658 et jours suiv.

Et on y procède présentement, devant Jⁿ de La Salle-Gallicher, s^r des Termes, c^{ller} du roy et son chastelain de Champaignat; conseil de Madeleine, présent aussi Jⁿ Neymond, s^r de Pezard, avoc^t en parlem^t et au siège du Dorat, et juge sénéchal du Ris, conseil dudit de Bagnac, — et avec les *personnes* (au sens romain, de *rôle*, d'intervention) de m^e Jⁿ Pallier, n^{re} royal du bg de S.-Bonnet et

(1) Archiv. hosp. de la H^{te}-V^{ne}, B. n° 1 et GG. n° 53.
(2) GG. 1.
(3) Madel^{ne}, d^{lle} de Montmerle, dem^t au Dorat 1661, novice à la Trinité du Dorat 1665 : religieuse novice 1680 à N.-D. de Poitiers.

P^re Brunier, m^d, s^r de Pronzac, hab^t de Bellac, appréciateur convenu (1).

En la chambre : 7 pentes de tapisserie de bergers et de fleurs, estimées 100 liv. — 1 lit garni de couette, coussin, rideaux, dossier, couverte, pendants avec son ciel de sarge couleur amarante, le tout semé de fleurs en broderie de soye, et les rideaux et courtines doublées de taffetas rouge, le tout avec la frange et frangeon de soye de diverses couleurs, estimé 150 liv., etc. — 10 chèzes et 2 formes (escabeaux) de moquette jaune, garnies de mesme frange, et couleur, 40 l. — item une table de bois de chesne ronde et carrée (*sic*), 15 l.

Salle : 9 pièces de tapiss^ie d'h^te lisse, de l'*Histoire d'Astrée*, estimée 300 l. — 10 chèzes et 3 bancs garnis de tapiss. à point d'Hongrie, avec des franges, et 4 tabouretz 20 l. — 1 tableau des 9 muzes et à poil long (*sic*), estimé 20 l. ; 1 tableau de la Vierge et de S.-F^ois = 5 liv.

Chambre h^te, etc... *Chambre basse* où il est décédé : sièges en tapiss^ie : 4 chèzes et 6 tabourets, 2 bahuts contenant les hardes du défunt, non inventoriés, car elles sont destinées aux domestiq.

Cuisine : 1 bassin, une esvière, 1 salière, 1 vinaigrier, 1 succrier, 12 cueilhères, 12 fourch^tes et 2 flambaux, le tout d'arg^t, pezant 85 marcs 2 onces. Mémoire ; plus 1 bassin, 1 esvière, 4 douz^nes de plats, autant d'assiettes, 1 salière, 2 flamb^x, 6 pots à mettre vin, 1 g^d brot pezant 25 liv. le tout d'estaing pezant 245 liv.

Écurie : 2 juments, poil roux = 200 l. avec leurs arnois. — *Cave* : 5 pipes de vin du cru de Bellac, valant 625 liv. — *Grange* : 2 tonneaux coulant chacun 3 pipes, etc.

Notons parmi les titres : transaction du 4e juin 1626 entre Claude Chauvet, éc^r pour lui et son épouse d^lle Suzanne de Rouffignac, avec Gaspard La Couture-Renon, éc^r, sgr dud. passée par Rivaud et Boullet, n^res. Le de cujus outre de nombreux prets à cheptels, à son profit, avait en la par^sse de Berneuil, les mét^ies de Virat, Breuil, Pressonnerie, La Lande, Chez-Barrière, Chez-Fraixe ; plus le Maubert (Blanzac), 3 à Bezeau, 2 à Vilialet, 3 à Montmerle (St-Barbant).

Noble Guil^me Pappon de Virat, légua 60 l. à l'hôpital de Bellac, par testam^t du 11 juin 1658. [Titres de l'hôtel de ville, à Bellac].

---

(1) Voyez sur ces Brunier auxquels dut appartenir l'un des sculpteurs du château d'H^tefort, Dord. nos articles sur la restauration au xviie s. de cette princière demeure ; *Bulletin archéolog. et histor. du Périgord* v. 1893.

Branche Papon du Breuil

Jⁿ Papon, sgr du Breulh, demᵗ au Breulh-auffa, 7 juil. 1565, sûrement frère de Pʳᵉ Papon, juge prévôtal, gendre Feydeau, — fut peut-être père — de Gabˡ Papon ci-après.

Gabˡ Papon, écʳ, sʳ du Breuil et de la Corre, était époux 9 xᵇʳᵉ 1596 de Fᵒⁱˢᵉ de Marsanges (fille, selon Nadaud, *Nobil.* IV, 322, de Gabˡ de Marsanges, bᵒⁿ de Montrocher). Ces époux demeurants alors au lieu noble de La Courre, près Bellac, et qui avaient à cause de La Courre fondalité sur le village de Chez-Peyraud (La Croix) contenant une tenue dite de La Courre, se firent reconnaître aussi comme pourvus de rentes sur le lieu et village du Vieux Baignac, autrement nommé Cheux le Texier (S.-Bonet) confrontant à la Nigounerie et à chⁱⁿ de Bellac à Poitiers, le 28 juin 1600. Ils étaient même dès juillet 1598 coseigneurs fonciers de la Bastison au Texier, avec Morice Guyot, écʳ, sʳ de Champagnac, comme héritiers de Claire Galicher, mère et belle-mère desd. conjoints, — icelle Claire, héritière de Jacques Galicher, son père, acquéreur au 6 9ᵇʳᵉ 1547 de rentes à la Nigounerie, de Florent Guiot, coseigʳ de Champagnac. Margᵗᵉ de Mouhet, dame de La Courre, avait fait hommage de La Courre le 18 fév. 1507 et déclaré le lieu Jⁿ Texier de Baignac, touchant à la Gartempe.

Par contrat du 10 janv. 1611, haut et puissant Fᵒⁱˢ des Montiers, cadet, épousa Marie Papon du Breuil, fille de Gabˡ Pap. du Br., écʳ, sgr du Breuil, Lacorre, Grange-Blanche, Corriget et Montplaisir et de feue Claire de la Jugie, de la paroisse de Bellac (1). Il faut alors supposer que c'est là une 2ᵉ femme de Gabˡ Papon, qui gendre Marsanges, était certainement apparenté aux Papon de la Brujade ; car Pʳᵉ Papon, sʳ de la Brugeade (altération ? de Bourgeade) qui vivait le 20 mai 1589 « cessionnére s. d. v. 1600 de Gabˡ Papon, sʳ du Brueil », vivant au 6 mai 1585, plaidait, s. d. v. 1600. contre Maurice Guiot, écʳ, sʳ de Champaignac, tuteur de Pʳᵉ Papon, fils héritʳ à feu Pʳᵉ Papon, châtelain de Champagᶜ. Nous relevons aussi Gaspard Papon, écʳ, sʳ de la Buijade, ailleurs de la Bryade 1640, tuteur des enfants de défunt Mathurin Papon, écʳ, sʳ du Débat, 8 fév. 1644, ayant lui comme eux des immeubles au Breuil (Berneuil).

(1) *Nobil. Nad.*, IV, 441. Voy. dom Fonteneau, t. 45, rolle de la p. 78. — Pʳᵉ Papon, sʳ de la Bryade [évidemᵗ pour Bourjade (celui de Nouic probabᵗ)] fit reconnaissance du mⁱⁿ des Planches, près Breuil-au-Fa, 8 mars 1606. Archiv. du Fresse.

Par les *Archives historiques du Poitou*, t. 23, nous connaissons comme frères, de la paroisse de Vaulry, sans filiation indiquée : 1° Mathieu Papon du Breuil, éc[r], s[r] de Fontenilles (est-ce le même Mathieu ? qui est dit 1635, éc[r], s[r] du Débat, arch. H.-V[ne], b. 12 — et dont L[de] de La Bastide était v[ve] sans enfants en 1639, selon M. des Monstiers). 2° Pierre, s[r] de G[ge] Blanche. 3° Isabeau, qui prouvèrent insuffisamment devant l'intendant, 10 9bre 1667 ; tandis que fut maintenue, le 3 7bre précédent, d[lle] Elisabeth Papon, v[ve] de J[n] de Brossequin, s[r] de la Forêt (Nobic), dont noble Gaspard Brosq., s[r] de la Forêt, vivant 1662 (1). Mathieu eut une fille Anne, servant de marraine à Bellac, le 25 août 1681 (2).

On est porté à croire que P[re] Papon ci-dessus, frère de Mathieu et d'Isabeau, est le même que P[re] Papon du Breuil, éc[r], s[r] de la Grange Blanche [Beauchet, moins bien informé, le nomme Jean v. 1670, t. II, p. 223] époux de J[ne] de Chamborant v. 1643 [Nadaud] — car P[re] Pappon du Br., éc[r], s[r] de la Gr. Bl. vivait 1637 [Arch. H.-V[ne], b. 15]. C'est probab[t] à lui encore que s'applique la note suiv. de Nadaud, II, p. 315 (mais il faut le supposer remarié à Guillone). « Le 18 mai 1657, F[ois] de S.-Georges, chev[r], s[r] du Fraysse, Mérignac, Corrigé, épousa Diane Papon du Breuil, fille de P[re], éc[r], s[r] de la Grange, Corrigé et du Mas de Vaury, et de Guillone de Boslinard. Papon porte : *d'or à une croix d'azur, au chef endanché de gueules.* Mais la généalogie in-f° des de Chamborand, imprimée v. 1775, dit que les Papon du Breuil portaient en 1673 : *d'or, à la croix d'azur, à quatre langues de feu à chaque canton du chef.*

Nous ne savons comment opérer le rattachement entre les divers membres de cette maison, en conciliant avec le surplus cette mention tirée des archiv. de la H.-V[ne], b. 135 : Donation faite par J[ne] Veyrinaud, v[ve] de *Maurice* Papon du Breuil, éc[r], s[r] de la G[ge] Bl. dem[t] en la par[sse] de Breuil-au-Fa, à F[ois] et P[re] Papon, éc[rs], ses enfants, v. 1617.

(1) NADAUD, IV, p. 322.
(2) Arch. H[te]-V[ne], GG 1.

Noms isolés : Gab¹ Papon, seig^r du Carrefour, épousa v. 1580, noble Ant^tte Chastain (Beauchet, t. II, p. 269). Même source, mariage 4 8bre 1664, de J^n Charron, éc^r, s^r de Beaulieu et de Blond en partie, avec L^de Papon. — Madel^ne Papon, s'unit (probab^t le 9 juil. 1607), à J^n des Rosiers, éc^r, s^r de La Tour de St-Brice. [Nad^d IV. 113]. Cet auteur a omis d'ailleurs de consacrer aux Papon un article spécial qui leur était dû cependant. — J^n Pappon, s^r du Débat, époux d'Anne de Marsanges, août 1619 ; [Arch. H. V., b. 10]. — Le s^r Dausillat, ci-après, époux de Marie Pappon, 13 mars 1620. — Jacq. Pappon. éc^r, s^r du Chastelard, 1635. — Martial Papon, s^r de la Forêt, y dem^t (Chamboret), 14 x^bre 1585. — P^re Pap., s^r de la Vergne, conjoint de J^ne du Bousquet, 1722 [titres de Montagrier]. — Isabeau de Vernajoux, fille de Gaspard, avoc^t et de Madel^ne Papon, épousa 21 juin 1672, Antoine Noailhé des Bailes, avocat, c^ller au présidial de Limoges. [Nad^d IV. p. 527]. — Vénérab. Me P^re Pappon, curé du Breillofat et chapelain de la vic^le de Monsieur St-Jacques, fondée en l'église de Bellac, absent, représenté par Gab¹ Papon du Breuil, v. 1590, fit renouveler comme vicaire, sa reconnaissance par les tenanciers de Las Eguas. Il desservait la dite cure en 1601.

P^re Papon, s^r de Chantillat, est dit frère en 1602, de J^n Papon, éc^r, s^r du Breuil ; et il se reconnut tenancier le 3 mai 1608, pour le g^d et petit village de Ribe. [Pap^rs des Monstiers]. Ils avaient pour frère, outre six autres, nés aussi de X. Pap. du Breuil : Gab¹ Pap., éc^r, s^r de Grange-Blanche, La Corre, Corrigé, gouv^r de Bellac, qui eut de Claire de Juges, fille à J^n et à Marie Lucas : 1° Marie Pap., épouse de F^ois des Monstiers, chev^r, b^on d'Ozillac, sgr d'Auby ; 2° Maurice Papon, éc^r, s^r de G^ge Blanche (mort avant son père), mais père à son tour de Guyonne de Bostlinard.

Grâce à l'obligeante communication qu'a bien voulu nous faire M. le marquis des Monstiers, de ses relevés personnels, soit de l'état civil ancien des mairies voisines, soit de ses archives, nous joindrons un notable appendice à nos propres notes relatives aux Papon. Des Papon du Breuil, M. des Monstiers-Mérinville, qui les compte parmi ses alliés, comme on l'a vu, et leur donne pour armes : *d'or, à une croix d'azur, au chef endanché de gueules,* dit ceci en tête de ses extraits : une des premières familles des provinces de Forez, Basse-Marche-Limousine et Beaujolais : a fourni un lieutenant-général au bailliage du Forez, un gouverneur de Bellac, etc., — bien alliée dans le pays (Limousin).

Cet énoncé sans indication de source, est suivi des présentes notes, empruntées à divers titres authentiques. Nous en remanions seulement la forme pour l'adapter à notre cadre :

I. Jacques Papon du Breuil, éc^r, s^r du Forest et du Rousset, épousa le 29 9bre 1683, en présence de Paul de Marsanges, chev^r, s^r de Virat, dame Marie de Nollet. Ces époux dont naquirent Jⁿ en 1686, et Simon ci-après, étaient morts avant le mariage de ce fils.

II. Simon Pap., s^r du Rousset et du Breuil, prit pour femme, le 10 fév. 1733, F^{oise} de La Gasne, fille de feus P^{re} et de F^{oise} de Graterolles. On leur trouve pour enfants : 1° Jⁿ Papon du Br., baptisé le 19 janv^r 1734, ayant pour parrain, Jⁿ Papon du Breuil, éc^r, s^r de Ville, du Forest, ancⁿ cap^{ne} au rég^t de Condé, cheval^r de St-Louis, et qui était devenu officier à son tour en 1772 ; 2° Anne, baptisée le 19 janv. 1734 (sic) ; 3° autre Anne Papon, présentée au baptême 7 x^{bre} 1737 ; 4° Marg^{te} Pap. du Br., baptisée le 23 juil. 1741, et qui épousait à 32 ans, le 8 juil. 1772, J.-B. Lafleur, bgs, s^r de Touverat, fils de 17 ans, de feu J.-B. Lafleur de Touv. ancⁿ garde du corps, officier d'invalides, et de Marie d'Asnières ; 5° F^{oise}, baptisée 1er avr. 1750, sur les bras de Jⁿ Papon du Breuil ; 6° Jacques Papon, chev^r de St-Louis, s^r du Rousset (dit le cheval^r du Rousset, dem^t à Lavergne, Blond, 1793), lieutenant au régim^t provincial du Poitou 1772, qui épousa 9 fév. 1774, Marie de Lavergne, âgée de 41 ans, fille à feu P^{re}, s^r de la Guie et de à feue Anne Souaux. Ils eurent : a. Jⁿ Papon, né en 1773 (sic), le 18 x^{bre} à La Vergne, filleul de Jⁿ de Vergneuil, s^r de La Garde et d'Anne Papon du Breuil ; b. J^{ne} Pap. du Br. du Rousseix, qui épousa Paul Dansay et mourut à Gorce, âgée de 79 ans, le 10 janv. 1859, laissant pour fille, l'épouse de Mr Leulier.

Noms isolés : Cath^{ne} Pap. du Br., épousa le 11 7bre 1690 ; F^{ois} Charon, fils de Jⁿ, s^r de Puyrenaud et lui donna F^{ois} Charon.

Léonarde Papon du Br., épousa 13 8bre 1682, Jⁿ Charon, veuf de Jacquette de Marsanges et qui engendra de Léonarde : 1° Anne, portée aux fonts baptism^x par F^{ois} de La Bastide et Anne Papon du Br. ; 2° César Charon, né le 20 mars 1684.

P^{re} Papon, s^r du Cluzeau, habit^t Bellac, 24 9bre 1601. — Marg^{te} Papon, d^{lle} de La Lande, 1601. — P^{re} Pap., s^r de la G^{ge}, dem^t à Bretignolles en 1601.

Noble X. Papon, s^r de Fontenille, eut de Gilon Papon : Léonarde Pap. née en 1647 ; P^{re} Papon du Breuil, éc^r, s^r de la G^{ge} Blanche, épousa vers 1660, Jeanne de Chamborant.

Tableau partiel de filiation des de SAINT-MARTIN de Bagnac (*suite*).

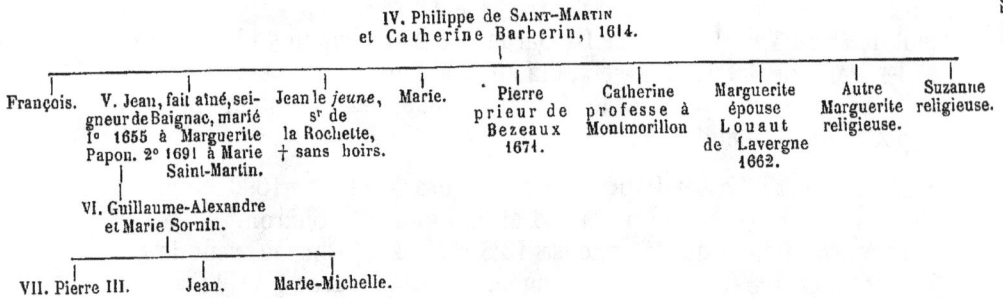

IV. Philippe de SAINT-MARTIN
et Catherine Barberin, 1614.

| François. | V. Jean, fait aîné, seigneur de Baignac, marié 1° 1655 à Marguerite Papon. 2° 1691 à Marie Saint-Martin. | Jean le *jeune*, s^r de la Rochette, † sans hoirs. | Marie. | Pierre prieur de Bezeaux 1671. | Catherine professe à Montmorillon | Marguerite épouse Louaut de Lavergne 1662. | Autre Marguerite religieuse. | Suzanne religieuse. |

VI. Guillaume-Alexandre
et Marie Sornin.

| VII. Pierre III. | Jean. | Marie-Michelle. |

VI. Guil^me Alexandre de St-Martin 1er du nom, né de J^n et de Marg^te Papon, eut pour parrain, à Bellac, le 12 8bre 1656, Guil^me Papon, s^r de Virat, c^ller du roi et recev^r de son domaine en la b. Marche (1). Son contrat de mariage, reçu du Thoury (2), le 18 fév. 1678, avec Marie-Louise Sornin, d^lle de Martinet, fille de noble Jacq. sgr de La Roche et de dame Madel^ne Fayaud, du bg de Morterol, au ressort de Montmorillon, le qualifie de chev^r, sgr de Baignac, Virat, La Lande. Le futur s'y constitue 1° ses droits successifs de sa mère et de Madel^ne Papon, sa tante, alors professe aux filles N.-D. de Poitiers ; 2° la donation universelle de son père à son égard. La future apporte 10,000 l. et la terre du Martineix (Arnac) consistant en rentes et dîmes considérables, sauf à être tenue de quelques rentes à son tour à la communauté des prêtres de Magnac, à la prieure du Chier, au fief d'Estruchat, à la cure de Dompierre, à Vincent Moreau, s^r des Roziers, etc., mais donnant droit en revanche à l'hommage lige de Chégurat (Châteauponsac) 9 juillet 1680; de la part de P^re Leborlhe (3), c^ller du roy à Belac, etc. J^n Pot, fut sgr du Martineix en 1478 ; d'où il arrivait qu'en 1680, la seigneurie de Rodes dîmait au Chiron (Arnac-La-Poste), au Nouaud, à La Brande, de 1/2 avec le vicaire de N.-D. de paix du Dorat.

Il avait fallu aux époux une dispense de consanguinité au 3e degré, selon certificat de P^re Mercier, d^r et official général du dioc. de Limoges, signé du scribe Teulier.

Le futur se constitua de plus ses armes, habits et chevaux, et les époux s'établirent communs de tous meubles-acquets et conquests-immeubles, en présence de X. Robert, sous-chantre et chanoine, de n. Boucheuil, etc. Ils habitèrent beaucoup Morterol.

Marie-Louise Sornin, écrivit à Morterol ses dernières dispositions olographes, le 12 janv^r 1704, par lesquelles elle voulait sépulture en l'égl. de Morterolle, si elle décédait en ce bg, en celle des religieuses du Dorat, si elle mourait dans cette ville, leur léguant en ce 2e cas 200 liv. une fois payées. Elle légua à P^re son fils aîné, par préciput, tous ses meubles ; nomma exécuteur F^ois Lester, son parent et bon ami. Elle mourut le 5 avril 1704, et led. F^ois Lester, abbé du Dorat, y dem^t, déposa ce testam^t au notaire, le 15 juil. suivant. Voyez aux Sornin, n° IV.

Aussi trouvons-nous, le 29 avr. 1704, réunis pour la curatelle

(1) Arch. H. V., GG, 1.
(2) Ailleurs on le dit reçu par « Des Brousses et son co-notaire ».
(3) P^re Leborlhe l'avait acquis 10 fév. 1640, de Jacq. Sornin, père de Marie.

de Jⁿ Sᵗ-Martin, frère cadet de Pʳᵉ, leurs enfants comme proches
parents maternels : 1° Lᵈ de Moras, chevʳ, sgr de Chamborand ;
trois Sornin : sʳˢ des Fougères, Lavaux et la Soumaigne ; Jⁿ Vacherie, avocᵗ en parlemᵗ, juge des bellies du chapitre Doratois, curateur nommé ; et parmi les autres parents : Gaspard Chauvet, chevʳ,
sʳ de Nantiat ; Fᵒⁱˢ Fauvet, sʳ du Mas-du-Baud.

En 1688, Fᵒⁱˢ Mondot, sʳ de La Grange, agissait en justice, contre
Jⁿ et Guilᵐᵉ de Sᵗ-Martin, père et fils, par factum imprimé, touchant
un désaveu de fief (1). Led. Guilᵐᵉ acheta 14 mars 1699, dud. Mondot, cˡˡᵉⁱ à Bellac, et de Jⁿ Leduc, procʳ à Bellac, 8 quartes de grain
annuelles, à la mesure de Belac, sur Baillenesse. Il était en 95 et
96, cappitⁿᵉ major des bourgeois de la ville du Dorat, par nomination royale. Le 20 mai 1695, il transigea avec Marie de Sᵗ-Martin,
vᵛᵉ de son père.

Guilᵐᵉ Sᵗ-M. (sʳ de Tauverat, Beseau, Villialet, etc., 1717) fournit
dénombrement aux cᵗᵉ et cᵗᵉˢˢᵉ de Fénelon, le 20 mai 1701, pour
Martineix. Il figura aux bans de 1691, 92, 93 ; eut maintenue dans
sa qualité de noble, par ordonnance de Rouillé, Mᶜ des requêtes et
commissaire départi dans la généralité de Limoges, le 24 juin 1708.

Sa femme et lui vendirent à Jacq. Vacherie, leur métⁱᵉ de
La Barre, le 8 avr. 1699, devant Mᵉ Bouquet ; et transigeaient
9 août 1702, avec la dame de La Couture-Renon, par acte reçu
Degude et Badou, nʳᵉˢ. Son fief de La Lande (en la par. de Breuil-
au-Fa), avait nécessité le 9 août 1644, le payement du droit fiscal
de francs-fiefs au roi, par Guilᵐᵉ Papon, sʳ de Virat, lequel encore
l'acquitta pour rentes à Thoveyrat (Sᵗ-Sauveur) et pour plusieurs
fiefs qu'il avait sur les villages de Bezeau et la Vergne (Pont-Sᵗ-
Martin) ; La Nigounerie et les Palliers (Sᵗ-Bonet). Tauverat (Blond)
en 1693, donnait droit de rente sur les tenanciers suiv. : Les Tournois de La Gasne et des Ramades, Jⁿ Parat, sʳ de La Palisse, Pʳᵉ
Chareiron, sʳ des Fosses, etc., un orfèvre et de nombreux pelle-
tiers de Bellac, ou tanneurs et corroyeurs, gibessiers et gantiers,
plus au Mas de Reigual (Sᵗ-Sauveur) sur Martial Mallebay, sʳ de
Gamindrou, Mᵉ Antⁿᵉ Genty, les hoirs de Joachim, charon, sʳ du
Couret, etc.

« Guillaume-Allexandre de Sᵗ-Martin, chevʳ, sgr de Bagniac,
Thoveyrat, Bezeau, Villalet, époux de Marie Sornin » teste, malade
à Bagnac, le 12 janv. 1717. Il prescrit par cet acte de Rivaud, nʳᵉ,
qu'on l'ensevelisse en l'église de la paroisse où il décédera, lègue
100 liv. pour messes aux récollets du Dorat et 300 l. pour enterrement et bout de l'an, ou aumônes de la septaine, quinzaine et

(1) Bibl. Nat. salle des imprimés, fⁿ in-fᵒ. Thoisy, n° 113, fⁿ 496,

quarantaine, à faire chez les dits pères, plus 150 l. au curé de S.-Bonnet, pour un annuel de messes durant l'an de son obit. Il nomme ses exécuteurs : m⁰ Jʰ Vacherie, avoc^t au Dorat, et m⁰ Jⁿ Rivaud de La Porte, procureur au siège royal de Bellac. Le testateur laisse pour enfants : 1° Pʳᵉ, aîné, d'abord dit sʳ du Martinet 1709, qui suivra au § VII auquel il légua 12,000 l. à prendre sur ses mét^ies de Bezeau (Pont-S.-Martin) et de Villalet, tandis qu'il fit héritier universel Guilᵐᵉ-Alexandre de S.-Martin, leur petit-fils et fils. 2° Jean, puyné, ci-après, sʳ de Sarzay (cⁿᵉ de Pliboux, 2 Sèvres) auteur de la branche éphémère des *S.-Martin de Sarzay*. Il eut pour legs le fief avec ses rentes, dîmes et domaines, de Thoveyrat (Blond et S.-Sauveur). 3° Marie-Michelle, vᵛᵉ Barberin du Bost, que le testateur déclare tenue de se contenter de la dot à elle faite par son mariage.

Guilᵐᵉ-Alexandre, mourut à 60 ans, dans la nuit du 13 au 14 janv. 1717, après avoir reçu les sacrements, comme l'a noté Boreau, curé de S.-Bonnet, qui l'enterra le 14 janv. dans son église..

Demandeur en requête du 23 mai 1714, il avait litige encore *sub judice*, au 12 mars 1716, contre Jʰ de La Chastre, sʳ des Vaux, d'Issoudun en Berry, Pʳᵉ Peau, aussi marchand et consorts, Martin Roullier, voiturier par eau, Louis Du Haît, sʳ des Ousches, J.-B. Legrand, mᵈ, et Mathurin Rousselot, pour dégradations à ses moulins et écluses sur la Gartempe, par leur flottage de bois. La maîtrise des eaux et forêts estimait son dommage à 370 l. Les défendeurs, qui avaient fait brèche aux chaussées, demandaient que Guil.-Al. Bagnac fut tenu de faire sur La Gar*demple*, des bouchaux ou ouvertures de 12 pieds de large aux chaussées ou écluses, qu'il fermerait par des barrières et ferait ouvrir à la réquisition des mᵈˢ de bois.

Gallicher, lieutenant de la maîtrise de Bellac et Jⁿ Auboin des Combes, cᵉˡˡᵉʳ du roi, enquesteur, avaient en main cette grosse affaire, car les moulins abondaient sur cette poétique rivière aux allures de torrent.

Bagnac répond : « 1° qu'il est en possession immémoriale de n'avoir aucuns bouchaux ny ouvertures à ses chaussées pour le passage des bois. 2° que la Gardemple (au nom mystérieux) n'est ny navigable, ni flottable, puisqu'elle ne peut porter le bois jetté à bois perdu, que dans les grandes eaux, non pas en tous temps, laquelle ne porte ny trains de bois, ny de batteaux en montant et avallant. 3° l'ordonnance n'assujettit à avoir des bouchaux que les propriétaires de rivières navigables et flottables. »

Suit un acte de notoriété donné le 20 janv. 1720 par les officiers de la sénéch^ée de Bellac portant que la rivʳᵉ de Gardemple n'est point navigable, qu'elle ne porte point de batteaux en montant ny avallant, mais seullement pour traverser la rivière dans l'endroit plus fort des écluses ; que les m^{ins} qui y sont en g^d nombre ne pourroient moudre s'il n'y avoit pas une rétention d'eau. Il y eut en même temps attestation semblable du lieut^t des eaux et f. de Bellac, et des juges des châtellenics royales de Champagnac et Rancon.

BRANCHE DES St-MARTIN DE SARZAY

(A) — Noble Jⁿ de St-Martin, 2e fils de Guil^{me}-Alexandre et de Marie-Louise Sornin, naquit et fut baptisé le 15 x^{bre} (le 14, selon M. de Laporte) 1681. Par mariage accordé le 1er 7bre 1708, Catherine Sornin, nommée J^{ne}-Cath^{ne} par le ms Laporte (1). Au 21 7bre 1716 elle est dite fille, héritière de feu m^e Jⁿ Sornin, s^r de Lavault.

Le 3 av. 1709 ledit Jⁿ St-M., s^r de Sarzay, habit^t de Morterol transige avec son frère, P^{re}, éc^r, sgr de Martinaix, dem^t à Baignac, au sujet de leurs rentes communes sur les m^{ins} de St-Cloud, Grassevaulx, sur Estables, Mazeras, etc. Il jouissait en 1717 la mét^{ie} de Lacoux, avoisiné par Martial de La Parlière, s^r de Pech-Chaume, et X... Audebert, éc^r, s^r de Francour. Il se fit reconnaître, du chef de sa femme, l'année d'avant, pour la fondalité du mⁱⁿ du Brujaud (Bessines) accensé en 1641 par leurs auteurs, feus F^{ois} Sornin et dame Mathurine Lester.

Epuisée par la maternité, à 38 ans environ, Cath^{ne} reçut sépulture le 7 août 1721 en l'église de Morterolles, en laquelle le 17 fév. 1726, F^{ois} Lecugy, prêtre, curé du lieu, sindic et marguiller-né de Morterol, y dem^t, céda du consentement de MM. de Saillant et de Ragau, commandeurs visiteurs de Morterol, une place de banc en lad. égl. entre l'autel Ste-Anne et le chœur, de 5 pieds sur 3, à Jⁿ St-Martin, éc^r, sgr de Sarzay (Caunay, 2 Sèvres) moyennant rente de 20 sols par an à la fabrique. Elle avait testé le 6 août, jour de sa mort, laissant 5 enfants à son mari, alors en possession commune de métairies : 1° de La Porte, à Morterol, près de son château. 2° de Bord-Bezaud (Fromental). 3°, 4° de Villevaleix et Mas-

---

(1) A ce ms déposé à la bibl. de ville à Poitiers, sous la liasse 341, nous empruntons quelques détails, contrôlés par ailleurs. M. l'abbé Lecler, aumônier de Naugeat, l'un de nos plus vaillants chercheurs du Limousin, a eu l'attention de nous fournir les dates de naissance spirituelle ci-dessus, prises par lui à Morterolles sur les registres paroissiaux.

Brunier (S.-Vaulry). 5° de Lavau-Grasse (Bessines). 6°, 7° de Chez-Canard et Chez-Michel à Morterol. 8° du Breuil (Morterol). 9°, 10° de Lascoux et La Roche (Fromental). 11° de Tauverat, seigneurie (Bellac). 12° domaine de Lascoux (S.-Bonet) près sa forge de la Rochette. 13° un petit bien à 2 bœufs, 3 vaches, aux Gouttes (Folles). En son logis de Morterol : 2 tables en ovale avec 2 tapis d'Aubusson ; une tapisserie de 4 pièces, en verdure. En la chambre sur le portail : 12 chaises de paille, peintes en rouge et noir, *façon de Poitiers ;* 2 fusils (en 1721) à 2 canons, tirant 2 coups ; 1 habit complet de drap d'Elbeuf avec un bordé d'or, au m^e de céans, une robe d'étoffe vénitienne demi-usée, à la défunte, avec une robe de chambre d'anguienne (sic, pour indienne), 1 devant de cheval, 2 jupons de bazain, etc. argenterie du s^r de Sarzay, à ses armes, venue de Paris.....

Le 24 fév. 1726, led. chev^r, sgr de Sarzay, donne à ferme son mⁱⁿ banal de Mazeras (Folles) autre sgie du même Jⁿ, sis sur la Gardempe, avec tous ses sujets et astreignables, soit 1 mⁱⁿ à blé et 1 à chanvre au-dessus, le tout moyen^t 4 boisseaux de seigle et 30 liv. argent, par an. Ledit de Sarzay, vendit 5 fév. 1735, par acte à Bellac, pays de droit écrit, reçu Crouzaud, n^{re} royal héréditaire rézervé aud. Belac, y résid^t, à m^e Ant^{ne}-Charles Genty, advocat en la cour, dem^t à Belac, une rente annuelle et perpétuelle de 100 l. à prendre par l'acquéreur sur tous les biens du vend^r, et cela moy^t 2,000 l. ts comptées à Jⁿ par Ant^{ne} avec pacte exprès et de parole d'honneur qu'en cas de rachat, il aura lieu en espèces sonnantes et non fictives. Le vendeur vivait encore av^t à Bellac 6 may 1641.

Jean de St-Martin, père des 7 enfants ci-après, fut parrain au Dorat, de sa nièce Antoinette... en 1708 ; et eut permission donnée, sur lettre adressée au commandeur Dufour, le 3 août 1735, par le cheval^r de Laigue, commandeur de Morterol, de mettre des girouettes sur sa maison à Morterol, pour la distinguer des autres maisons du bg, à raison de sa qualité. Il fut déclaré de noble ·race par ordonnance de Mr Foulé de Martangis, commissaire départi en la généralité de Bourges, du 29 avr. 1715 et fit hommage au roi en son bureau des finances de Limoges, le 14 juin 1723, pour le fief de Touveirac (Blond et St-Sauveur), mouvant du c^{té} de basse Marche.

Veuf de Cath^{ne} Sornin, Jⁿ de St-M. qui mourut avant le 10 mai 1760, habitait encore Morterol au 27 avril 1742, tuteur de leurs enfants : X..., capitaine, et X..., lieut^t, tous 2 dans le régiment de Rochechouard, et Mlle de Sarzay et ses 2 sœurs, filles de N.-D. à

Limoges. Reprenons par ordre de naissance leurs 7 enfants :
1° Jeanne de St-Martin, « baptisée à la maison, crainte de mort, le
4 juin 1709, baptisée à l'égl., 21 avr. 1709 », entre les bras de Guil^{me}
Alex. S.-M., s^r de Bagnac, et de J^{ne} de Léobardy, épouse du s^r de
Laurent ; 2° Mathurine, baptisée sous condition le dernier jour
d'avril 1710, tenue par Jⁿ Sornin, s^r de Lavaud, et Mathurine Sornin, religieuse au couvent du Dorat.

(B) 3° Guillaume-Alexandre de St-Martin, aîné, venu au monde
le 7 fév. 1714, baptisé le 10, ayant pour répondants : Guil.-Alex.
St-Martin., sgr de Bagnac, et Marie-Michelle S.-Martin, d^{lle} de la Rochette, v^{ve} Barbⁿ du Bost. Il fut reçu page de la reine, mère de
Louis XV, le 14 mars 1728 ; et ci-devant, commandant du 3e bataillon
du rég^t d'inf^{ie} de Rohan, devint lieut^t-colonel audit régim^t de
Rohan-prince, par brevet du 22 avril 1755 ; chevalier de St-Louis,
et mourut comme ses frères sans postérité, vers 1758, peu avant le
1er juillet 1760, laissant ainsi s'éteindre de bonne heure la branche
de Sarzay et faisant héritière, sa sœur Jeanne. M. Beauchet, dans
ses notes inédites, le dit tué à l'affaire de Cassel.

4° Pierre, né le 10 août 1715, filleul de P^{re} St-Martin, éc^r, sgr
du Martinet, dem^t au Dorat (1).

5° Marie-Anne, née le 10 8bre 1716, resta célibataire.

6° Marie(-Thérèse ?) née le 20 8bre 1719, filleule des mêmes que
pour son frère Guil^{me}. Ces 2 dernières reçurent de Jⁿ St-M. leur
père, le 26 juil. 1738 une aumone dotale de 3,500 l. chacune, à titre
de postulantes aux filles de N.-D. de Limoges, où étaient alors
vouées à Dieu : Charlote Sénamaud de St-Benoit, supér^{re} ; Catherine Reculet, segonde ; Marie Garat de La Valette, discrette ; Ca-
th^{ne} Tessandier ; Cath^{ne} Senamaud ; J^{ne} Teullier, concellière ; Marianne du Fénieux, procureuse — en 1743, même sup^{re}, mais
Marie-Roze Perierre, procureuse, et au 16 juillet 1738 religieuses :
Thérèze Reculet, ditte de La Vierge et Anne Mérigot de S^{te}-
Fère.

7° Jean, né le 16 mai 1721, éc^r, chev^r, lieut^t au rég^t d'Aubeterre,
blessé à Fontenoy le 11 mai 1745 ; et mort de cette blessure à
24 ans, rue Cambray à Valenciennes, le 20 mai, même mois, sans
mariage ; inhumé le 21 en l'égl. N.-D. de La Chaussée de Valenciennes.

Les *Annales* de M. Tisseron, y ajouteraient un 8e enfant, N... de

(1) M. l'abbé Lecler dit qu'il s'agit là du castel de Martinet, près du
bg de Blanzac ; mais ou a vu plus haut qu'il faut l'identifier avec celui de
la c^{ne} d'Arnac.

St-Martin (que Mr de Laporte nomme Pierre), capit^{ne} au rég^t de Condé-inf^{ie}, tué à Dettingen en 1743 (le 27 juin 1743, selon Laporte).

Jeanne de St-Martin, d^{lle} de Sarzet.

La trace de cette sœur, aînée d'âge, est facile à suivre au moyen des actes : majeure, dem^t en son chât. à Morterol, elle afferma le 22 avr. 1760, son mⁱⁿ de Mazeyras (Folles), ne réservant que ses rentes de ce fief sur le village du nom, et droit de pêche en l'écluse, et imposant au preneur l'entretien de la g^{de} roue, en aubes, et pour la p^{te} roue, de allochaux, et pour le rouez, de fuseaux, moy^t 40 liv. et 1 pain de bon sucre de 5 liv. pesant, plus 4 poulets et 4 boiss^x seigle à la mesure baroniale de Fromental. Le 10 mai 1760, lad. d^{lle} de Sarzay agit comme fille et seule hérit^{re} de feu Jⁿ S.-M., chev^r, sgr de Sarzay, Thoverat, Mazeyras. Elle traitait le 19 fév. 61, avec Louis-Benoit de St-Martin, sur la succession de Guil^{me}-Alexandre I, moyen^t 18,000 l. de plus.

La même J^{ne}, d^{lle} de Sarzé, Tauveirat, Martineix, unique hérit^{re} de son père et du lieut^t-colonel son frère, fit son testam^t olog. du 1er 8bre 1763, déposé à Châtenet, n^{re}, 2 jours après, et disposa de tout en faveur de son parent, Guil^{me}-Alex. Barberin, s^r du Bost, légat^{re} universel.

Ce test^t fut ouvert le 11 juin 1765, jour de sa mort et entériné le 28, même mois.

Cependant elle donna 12 x^{bre} 1764, à l'Hôtel-Dieu de Laval (aujourd. Magnac-Laval) 2,000 l. par amour pour sa parente, Marie-Michelle de La Breuil, fille de n. Louis, sgr de Chantrezac et d'Anne Barbarin, qui après y avoir été postulante plusieurs années est reçue novice en cet hôtel-dieu, (paroisse St-Maximin en Marche), par les dames hospitalières de Laval : Rose Vételay de Beaurepos, supérieure ; Anne Durieux de Roche, sous-prieure, et dames : Catherine-Henriette Leignaud, J^{ne} Estourneau, Cath^{ne} Vételay de La Valette, Marg^{te} Battaud et Marie-Anne Laroque, qui s'engagent à ses nourriture, entretien, inhumation suivie d'un service et de 100 l. de messes basses.

Elle légua l'usufruit de Tauveyrat, aud. sgr de Barberin du Bost et tous ses meubles morts, vifs, effets mobiliers, rentes constituées, etc., mais elle légua la propriété de Tauveyrat à Charles-Henri-Alexandre Barberin, officier de marine, 2e fils du légat^{re} universel. Enfin, il faut excepter des libéralités finales, le domaine à 4 bœufs, jadis en 2 mét^{ies}, sis au Masbrenier, et celle de Ville-

Valaix (St-Vaulry), que la de cujus, qui les eut à titre successif, donna le 14 fév. 1764, à d^lle Léonarde Blanchard, v^ve de P^re Mosnier, n^re royal en la ville de S.-Vaulry en Lim^n, sénéch. de Limoges, à charge de 300 l. de pension viagère, cautionnée par Valéry Loriol de Barny, lieut^t de la justice de S.-Vaulry, y dem^t, mandataire du bgs F^ois Blanchard de La Pacque et Marg^te Bl., oncle et sœur de la donataire, hab^ts au lieu de La Pacque (St-Vaulry) ; reçu Loriol Dumont, n^re royal à S.-Vaulry.

SARZAY. — Guyot Partenay, éc^r, sgr de La Faye, avoue tenir, le 6 mai 1534, de J^n de Pyvert, éc^r, sgr de Sarzé (auj. c^ne de Pliboux, 2 Sèv.) à homage plain, à 5 sols de devoir, pour [maison ?] assise au Petit Serzé limité par le ch^in du G^d Serzé à Caunay, la rivière, etc. — sauf une petite dîme, levée par le curé de Plibou dans lesd. confrontations, plus la dîme prise par le curé de Caunay sur un terrouher assix au G^d Serzé (1). — Puis, à une date non indiquée dans l'invent^re sômm^re des archiv. mais antérieure à 1783 (v. 1706), est signalée la foi rendue au roi, comme châtelain de Civray, par Guil^me et P^re de St-Martin, chev^rs pour le fief du G^d-Cerzé (Caunay). Il y eut aussi une sgie de Sarsay (Pressigny, en Poitou) affermée avec 1/4 de la xme de Poy, au laboureur Guillebeau, du Fouillou-Rousseau (Pressigny) moy^t 200 l. par an, par P^re Chamborant, chev^r, sgr de Droux, y dem^t, fils hérit^r de feue Anne de Galiot, dame de Droux ; 27 mars 1688.

(1) Arch. dép^les de la V^ne, C, n° 418.

I. Jean SORNIN, seigneur de Rufasson, la Jarrige;
et Catherine Phelippes 1596.

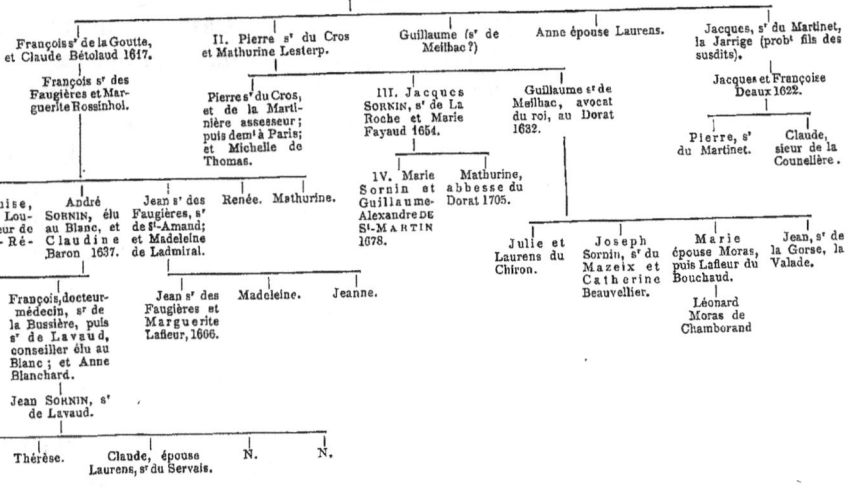

Françoise s' de la Goutte, et Claude Bétolaud 1617.

II. Pierre s' du Cros et Mathurine Lesterp.

Guillaume (s' de Meilhac?)

Anne épouse Laurens.

Jacques, s' du Martinet, la Jarrige (prob' fils des susdits).

François s' des Faugières et Marguerite Rossinhol.

Pierre s' du Cros, et de la Martinière assesseur; puis dem' à Paris; et Michelle de Thomas.

III. Jacques SORNIN, s' de La Roche et Marie Fayaud 1654.

Guillaume s' de Meilhac, avocat du roi, au Dorat 1632.

Jacques et Françoise Deaux 1622.

IV. Marie Sornin et Guillaume-Alexandre DE S¹-MARTIN 1678.

Mathurine, abbesse du Dorat 1705.

Pierre, s' du Martinet.

Claude, sieur de la Counellière.

Louise, épouse Louche, sieur de Boys-Rémond.

André SORNIN, élu au Blanc, et Claudine Baron 1637.

Jean s' des Faugières, s' de S¹-Amand; et Madeleine de Ladmiral.

Renée. Mathurine.

Julie et Laurens du Chiron.

Joseph Sornin, s' du Mazeix et Catherine Beauvellier.

Marie épouse Moras, puis Lafleur du Bouchaud.

Jean, s' de la Gorse, la Valade.

Jacques, sieur de la Soumaigne et Madeleine de Léobardy.

Jean, docteur-médecin

François, docteur-médecin, s' de la Bussière, puis s' de Lavaud, conseiller élu au Blanc; et Anne Blanchard.

Jean s' des Faugières et Marguerite Lafleur, 1666.

Madeleine.

Jeanne.

Léonard Moras de Chamborand

Jean SORNIN, s' de Lavaud.

Jeanne-Catherine, épouse de Jean de S¹-Martin, 1708.

Thérèse.

Claude, épouse Laurens, s' du Servais.

N.

N.

Aperçu sommaire de la maison Sornin

seigneurs de Rufasson, des Faugères, Lavaud, La Bussière,
La Valade, La Roche, La Soumaigne, du Martineix, Plaisance, etc...

I. Syre Jⁿ Sornin (1). — Seigneur de Rouesfasson, ailleurs Rieu-fasson, la Royfaçon, Rufasson, fief de la paroisse de Darnac, séné-chaussée de Montmorillon, relevant de la Jarige par lui possédée aussi, 24 7ᵇʳᵉ 1601, avec la dîme en la franchise de Rufasson, terre en basse justice, — habitait le bg de Morterol en Poitou (Hᵗᵉ-Vⁿᵉ), avec sa femme dame Catherine Phelippes. Nadaud, III., p. 483, la nomme Philipon et leur donne pour fille : Anne Sornin, mariée 22 fév 1598, à Etⁿᵉ Laurens, sʳ de Lorenge, près Mortrol.

Par acte du 12 août 1596, passé au lieu de La Soubzmaigne, pa-roisse de St-Maurice, juridictⁿ de La Buxière-Raspil, noble Jacq. de Sauzet, sʳ dudit, et dˡˡᵉ Pot, sa femme, vendent à syre Jⁿ Sornin, sʳ de Rufⁿ, demᵗ à Mortˡ, 2 métⁱᵉˢ et rentes et garenne, moyenᵗ 1,000 écus ; quittancés ce jourdhui 26 août, mêmes mois et an, à la vue de Xᵒᶠᵉ Carbonière, écʳ, sʳ de Chambéry, habitᵗ au château de La Ville, par. de St-Brice, sénéchaussée de Limousin, et de Lᵈ de Sauzet, écʳ, prieur, ailleurs mieux sgr seulement de La Crou, y demᵗ (Cromac, en Poitou).

Le même Jⁿ Sornin, acquit 23 avril 1599, de Jacq. Bléreau, écʳ, seigʳ de Grassevaud, y demᵗ (S.-Hilʳᵉ-La-Treilhe) quelques rentes sur le bourg et tenue de St-Amand, sénéchᵉᵉ de b. Marche, à la me-sure de Maignac, et à charge d'en faire hommage lige à cette baron-nie. Il achetait en 1613, une parcelle dépendᵗ du Cluzeau et du Bezault (Folles), confrontant au pré des hoirs de mᵉ Pʳᵉ Sornin, sisc en la fondalité des seigʳˢ de Fromental, pour Cluzeau, et du commandeur de Morterolz, pour Bezau. Il vivait encore au

(1) Jⁿ Sornin (le même ?) acheta en 1570, de Jⁿ Phelolon (Fénelon) et Mexien ? Philipes, le dîme de Tranchesert, à Sᵗ-Amand.

9 jung 1620, date d'emplette de 2 bœufs arables de poueil brun et faulve, faite devant André Choppy, m^d à La Souterraine.

Le s^r de Ruíasson eut de Cath^{ne} : 1° F^{ois}, s^r deLaGoutte (Folles), marié à Claude Bétolaud avant le 27 7bre 1617 ; 2° Pierre (parfois dit Jⁿ), gendre Lesterp. ; 3° Guillaume ; 4° Lad. Anne. F^{ois} et P^{re} Sornin, frères susdits, s'accordèrent, le 27 7bre 1617, et après avoir plaidé en lésion l'un contre l'autre en 1618, ils maintinrent 2 avril 1619 leur 1er traité sur la succession de leurs défunts père et mère. Selon ce partage, P^{re} eut la maison neuve qu'il avait commencé de bâtir, etc. et F^{ois} s'attribua la maison dite du Chasteau-Galliard, située dans le fort de Morterol, les greffes de Bessines et la Buxière-Raspit, etc , laissant au 1er celui de Fromental. Ils acquirent en commun, le 19 mars 1615, par acte de Rabilhac, n^{re}, le fief de St-Laurens-de-Gorre, sis au bourg et paroisse de St-Amand(-Magnazeix) et cela de F^{oise} Penigot, dame de Lézignac, v^{ve} P^{re} Mercier, du Dorat, seigneurie tenue d'hommage lige, au devoir d'un baiser au baron de Magnac.

F^{ois} Sornin de la Goutte et Claude Bétoullaud donnèrent le jour : 1° à F^{ois}, s^r des Faugières, qui de Marguerite Rossinhol (laquelle convola avec m^e Jⁿ Sygaud) eut Louyse Sornin, épouse dès 1651 au moins, de Robert de Louche, éc^r, s^r de Boys-Rémond, y dem^t (Parnac) fils de Michel, éc^r, s^r du Bois-Rémond ; 2° André Sornin, conseiller d'élection du Blanc, juge et sénéchal de Morterol, y dem^t ; 3° Jⁿ Sornin (1), s^r des Faugères et s^r de St-Amand, 1673, père d'autre Jⁿ, s^r des Faugères, y dem^{ts} 1674, pa-r^{sse} de Chasteau-Poinsat. Faut-il appliquer à F^{ois} Sornin ci-dessus, s^r des Faugères, la mention de survivance au 20 juillet 1686, de Michelle Chabioux, v^{ve} de F^{ois} des Faugères (un Sornin ? ?) ayant la garde de leurs enfants mineurs : Amand et Jacques des Faugères? Une note qui semble contradictoire relate le contrat nuptial, 2 mars 1666, de Jⁿ Sornin, s^r de St-Amand, fils d'autre Jⁿ qui lui donna entre vifs tous ses biens ; 4° Renée ; 5° Mathurine. La filiation de ce § résulte d'une cession intervenue le 9 janv. 1651, sur la succession de F^{ois} Sornin de la Goutte, entre Claude sa v^{ve}, fixée à Morterol et Louise, épouse Louche, leur p^{te} fille, et André et Jⁿ Sornin, fils du de cujus. Louise fut lotie à l'aide du dîme de Villemort d'Arnac, et force rentes sur Ruffasson, le Dognon, Cervaix, etc. et les métairies de Lavault de Montjourde, de Chégurat (Fromental), etc.

(1) Veuf de Madel^{ne} de L'admiral, dont 1° Jⁿ Sornin, marié par contrat du 2 mars 1666 à Marg^{te} Lafleur ; 2° Madeleine ; 3° Jeanne.

Revenant à l'élu *André* Sornin, nous en dirons seulement, qu'il fut d'abord sénéchal de Morterol, puis conseiller du roi au Blanc et vendit au marchand Simon Duclou, des rentes féodales sur le village de Ballanton, qui furent reprises sur Duclou, en retrait lignager, par F^ois Sornin, lequel les aliéna 1er août 1662, à Jacq. Sornin de La Roche, inqùiété le 31 juil. 1685, par Jacques Sornin, s^r de La Saumaigne, prétendant droit sur ces redevances comme fils héritier dud. André. André Sornin, s'étant marié à Vareilles, par contrat du 29 9bre 1637, à Claudine Baron, veuve de Guy Simonot, éc^r, s^r de Montlebeau (1) en eut : *a* Jacq., s^r de la Soumaigne, qui vivait à Morterol, 4 mars 1664 (procureur d'office au dit lieu en 1705) avec sa femme alors âgée de 25 ans, d^lle Madel^ne de Léobardy ; *b.* J^n Sornin, d^r en médecine, 1705 ; *c* F^ois, s^r de la Bussière, d^r en méd^ne 1706 ; soit dit sans faire obstacle à P^re Sornin, s^r aussi de la Bussière + avant 1684, tandis que sa v^ve Anne Audebert, avec laquelle il vivait le 4 mars 1664, morte à 82 ans, fut inhumée 13 août 1711, en l'égl. de Morterolle. [Nad^d I. 518]. Elle avait fait saisir le 11 juil. 1693, les domaines de l'Age-Meillot (Droux), contre Marg^te Rampion, v^ve Fauconier, et François Fauconier, leur fils, s^r de l'Age-Meillot (2). La dite Anne, dans une information du 5 mars 1664, au cours d'une querelle judiciaire envenimée entre Mlles Sornins de La Roche et de Milhac, est dite âgée de 30 ans, cousine remuée de germain des contendantes ; *d.* F^ois Sornin, s^r de Lavaud, c^ller du roy, élu en l'élect^n du Blanc, (autre fils et hérit^r d'André, élu du Blanc) habit^t de Morterol, lorsqu'il vendit, 27 8bre 1659, à Jacques Sornin, s^r de La Roche, un sestier annuel de seigle, sur Estable, paroisse de Château-Ponsac, au prix de 7^xx x liv. tournois (150 liv.) J^n-Sornin, seigneur de Lavaud, fils unique de ce F^is et d'Anne Blanchard (née de F^ois Bl.) eut à son tour de N......., les enfants suiv. : 1° J^ne-Catherine Sornin ; qui héritière universelle de son père, s'accorda en mariage le 1er 7bre 1708, avec J^n de St-Martin, chevalier, seig^r de Sarzay et Touvérat, dont 5 enfants ; 2° Claude, qui testa à Morterol, 11 fév. 1728, léguant 1/3 de ses biens à J^h Laurens, son mari, s^r du Servais, qui en était veuf le 27 fév. de l'an d'après ; 3° Thérèze, v^ve de Clément Gosgué, légataire pour 1/2 de sa sœur Claude. 4° et 5° deux autres enfants.

(1) Nadaud, IV, p. 164. Son nobil^re, d'ailleurs, extrêmement incomplet, malgré ses 4 volumes, se borne à quelques mentions accidentelles, pour les Sornin, subdivisés cependant en 8 familles du nom, coexistant en 1673 autour de Morterol.

(2) Pièce communiquée par M. Prosper Barbou des Courières, à Limoges.

1

2

3

4

5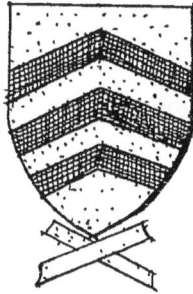

6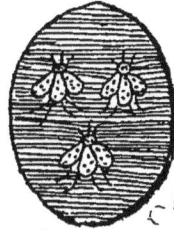

7

8

1 Sornin. 2 Bonneval. 3 Papon. 4 Blondeau. 5 Lévis. 6 Barberin.
7 Saint-Martin. 8 Preaulx.

En la paroisse de Fromental, J^n Sornin de Lavault possédait, 1677, une mét^{ie} à Bos Bezaud. La succession d'Ant^{ne} (Blanchard?) s^r de La Pasque (St-Vaulry) échue aux cohéritiers Annet et J^h Blanchard, frères, et à J^n Sornin de Lavaud, m^e de poste, comme p^t fils de F^{ois} Blanchard, comprenait au 15 mai 1709, la mét^{ie} de Villevaleix (St-Vaulry) et des vignes à Villarnoux (Saumont), aujourd. Céaulmont, proche Argenton) à partager à l'estimation de Me André Bétolaud, praticien de La Souterraine.

II. Remontons à l'autre enfant de J^n Sornin de Rufasson et de Cath^{ne} Phelippes, c'est-à-dire à Pierre Sornin (parfois dit J^n), s^r du Cros-Champeaux (prob. St-Amand), lieu qu'il avait acheté de Jacques Nicoullaud, le 22 juin 1631, devant Sudrot et Pascaud, notaires. Led. P^{re} procur^r d'office des commanderies de Buxière-Raspict et l'Age-Troinet (entre Arnac-La-Poste et St-Maurice), membres de Morterol, 2 9bre 1606, eut octroi de girouette, escalier en forme de vis et machicolis en la maison acquise par led. gref^r des juridictions de Morterol et Fromental, de noble Jacques Sornin, éc^r, s^r de La Jarrige et de Martineys, gentilhomme ordinaire de la chambre du roy, demeurant en son chasteau et maison noble de La Jarrige (St-Maurice, sénéchaussée de Montmorillon) près La Souterraine. Mais cette grande maison, située dans le bourg de Morterol consumé par l'incendie du 11 juin 1650, était sans doute la même maison dite de la Jarrige, couverte de thuille plate, entourée d'un jardin renfermé de muraille, tenant au g^d ch^{in} tendant de Limoges à Paris, qui fut vendue perpétuellement par le même au même, le 13 8bre 1617, y comprises la métairie de la Jarrige de Morterol, et des rentes ès parois. de Dompierre, Arnac, etc., mouvant des commandeurs de Morterol et seig^{rs} de Magnac, St-Légier, Foulventour, Chasteau-Dompierre, St-Sornin, Laroche, et de la fondalité de l'acquéreur.

P^{re} Sornin épousa Mathurine de Lesterpt (sœur?), parente de m^e P^{re} Lesterpt, avocat à Magnac; car le 24 8bre 1648, leurs enfants majeurs P^{re} Sornin, assesseur en l'élection de Limoges, Jacques, plus tard s^r de La Roche, et Guil^{me} puis dit s^r de Meilhac, firent partage avec Mathurine, de la succession de leur père et mari † avant le 22 janv^r 1632. Guil^{me} fut loti de la maison dite du fort, à Morterol, et des mét^{ies} de Morterol, Marcoyt, Barroths, La Forge, le Cluseau, Milhat, et de celle des Faugières (S.-Amand), avec rentes sur Roiffasson, Ruffet, La Cherade, La Garde, Chantemerle, Puis-Ferrat, Milhat; dîmes de Roifasson et Puichaumet. A Pierre, furent attribués: les mét^{ies} du Cros, Chazeaud, Bussière-Raspit, celle de Lascoux (Fromental) — et le logis *des 3 rois* à Morterol, autrefois du *plat d'estain*, avec les écuries, etc., que ce c^{ller}, élu à

11

Limoges, dem' Paris, vendit à F^ois Sornin, gendre Blanchard, le 19 mars 1651. Jacques eut pour sa part les mét^ies : de Montcocu (montagne boisée, à coucous), de Laroche, de Morterol, des héritages au Breulh et le dîme dit de Rhodes (Darnac). Leur mère garda l'Étang neuf et une mét^ie de Morterol, celle des Gouttes, le revenu du greffe de Fromental, un bien à Courroulx, autre à La Lande ; et les créances en cheptels à bestiaux, placement si commun autrefois, comme plus rassurant pour les consciences soucieuses d'observer le vieux précepte divin : *Mutuum date, nil inde sperantes !* Le surplus successoral devait demeurer commun aux 3 frères, savoir : la m^on d'habitation et préclotures à Morterol, — seigneurie du Martineix et sa dîme, acquise au cours du veuvage, laquelle terre avait été vendue les 9 7bre et 13 8bre 1617 à Mr Sornin de la Jarrige, par M^r et Mlle de Lourdoueix ; — l'étang et m^in de Lascoux, ceux de Vieillecour, des rentes sur Mazeyras (Folles), etc. En outre de sa considérable position territoriale, cette branche des Sornin a dû ? avoir droit de nomination de la chapelle de St-Jacques et N.-D. à Morterol, en 1581 ; fondée par dame Jacquette Leborlhe.

M. de St-Angel (Corrèze) habituelle désignation de J^n de Rochefort (Sornac), seign^r de Chabanes, avait vendu à réméré 4 8bre 1615, des rentes sur Milhac, Chamliat et Lavau-Monjourde, à P^re Sornin (père des enfants en question) et à son frère F^ois. Ce Rochefort aliéna encore Chabanes et lad. stipulation de rachat, moy^t 78,000 liv. à F^ois Pouthe, sgr de Fromental. Chabanes saisi sur le même Pouthe, fut adjugé 13 fév. 1639, à F^ois Bonamy, sur qui autre saisie de 1642 amena 1650 l'adjudic^n à P^re Morel, cy-devant président au présidial de Limoges. Si nous suivions de près les affaires de P^re Sornin, nous le verrions affermer 1620, à J^n de Maillasson, n^re de St-Sulpice-terre-Aufeilhes, *sic,* pour 417 liv. 20 sols, moitié de ses rentes de Royfasson et une foule d'autres éclipsées des seigneuries de Terre-aux-Feuilles, la Jarige, Maignac, St-Léger, etc., allant à sept vingt sept setiers (147), de 52 sols chacun. Signé Aubugeois et Jammet, tabellions. Il tenait du s^r de la Jarrige, par achat daté du 30 mai 1618, ses mét^ies de Milliac et La Roche. De noble J^n Savy, seig^r du Coulx, d^t à La Souster^ne en Lymousin, il avait acquis le 4 août 1619, des rentes démembrées de Fromental, à lever à Mazières et son m^in sur Gartempe (Folles) à prendre au village de Chégurat (Fromental), en présence de Jacq. Leborlhe, l'aîsné, sgr de Varnat, hab^t de Chasteauponssat. Il avait pris à bail 14 août 1613, de Hiérosme Lionne, c^ller au parlem^t, prieur de Ste-Madel^ne des Brousses, alias Baignaulx, dem^t à Paris, les revenus dud. prioré, rentes de l'Age, mét^ie, m^in, x^mes de Baignoux, Lascaux, moy^t 277 l., plus 20 liv. pour contribution à l'abbé ou prieur de

Montmorillon, plus 6 liv. arg^t et 1 liv. cire au pénitencier de lad. ville. P^{re} Auzanet, s^r de La Vareille fournit à sa v^{ve} Mathurine, 10 9bre 1641, reconnaissance d'une rente seconde de 3 liv. sur le fief de Brenése (Magnac). P^{re} Sornin avait acheté encore nombreuses rentes des Pigné, des d'Aubroche, — de Me J^n Philippe 1615 — et en 1622 l'office de comiss^{re} des tailles de Dompierre, St-Léger-Magnaz^x et Foulleventoux, Bussière et enclaves du Nalliac, etc.

Cette bourgade de Morterol (près Bessines) en l'élection du Blanc, généralité de Bourges, était vraiment vivifiée par son ancienne grande voie qui en avait fait un siège de commanderie protectrice du chemin de Paris-Toulouse. Aussi le rôle de cotisation de 1683, nous y montre-t-il les hôtels de l'*Écut de France,* de la *Croix d'or,* du *Lyon d'or,* etc., Jacques Train de La Roche, pour maître de poste. On y trouve aussi pour curé Bernard Auprêtre, un chirurgien, et comme g^{ds} propriétaires fonciers : les Sornin, s^{rs} de Lavaux, d'autres de Leizac, représentés ceux-là en 1630, par J^n Sornin, s^r de Lezact 1683, par les hoirs de Simon Sornin de L.; 1752, par F^{ois} Sornin, l'aîné, s^r de Leyzac, — les Laurans, s^{rs} de Lascoux, etc.

Guillaume Sornin, sgr de Meilhac, avocat du roi au Dorat 1632 ; époux dès 1603, de Suzanne du Vignaud, conjoints vivant 1664, dont provinrent: *a.* Julie, mariée 1675, à Ld Laurens, s^r du Chiron, qui fut c^{ller} au siège royal de Montmorillon. Elle en était veuve le 8 avril 1745. *b.* Marie, unie d'abord à René de Moras, éc^r, s^r de Chamborand dont Ld Moras de Chamborant 1712, ensuite mariée à P^{re} Lafleur, s^r du Bouchaud (1), avocat et proc^r du roi au siège de Bellac, selon contrat nuptial du 19 x^{bre} 1684 ; *c.* J^h Sornin, éc^r, s^r du Mazeix, 1642, qui de Catherine de Beauvellier, épousée s. d. avait pour fils h^r en 1681, même au 19 août 1651, autre J^h Sornin ; *d.* J^n de Sornin, éc^r, sieur de La Gorce, sgr châtelain des (châtellenies) terres de La Vallade et Plaisance en partye, lequel « remon- » tre au roi, que dans les emplois par lui occupés dans ses armées, » comandant une c^{ie} de mousquetaires à cheval, il avait perdu son » équipage et chevaux à divers rencontres, et une fois esté fait » prisonnier ». Bref il obtient 11 7bre 1645 lettres royaux de répit semestriel contre ses créanciers. Il avait emprunté 6,000 liv. en effet à la suite de ses chevauchées en Lorraine et Alsace, ou pour payer sa rançon au s^r J^n de Vert? ou acheter chevaux, après une occasion en laquelle sa c^{ie} fut déffaicte. A propos de quoi « le duc » d'Angoulesme, pour lors général d'armée luy auroit permis, » pour son congé, de se retirer en France, y refaire sa c^{ie}, ou y » prendre autres emplois; et dans l'occasion luy auroit esté baillé

(1) Nadaud, IV, p. 166.

» une c^{le} dans le régiment du s^r c^{te} de Bussy-Rabutin, avec
» laquelle il auroit fait plusieurs campagnes et siège de Corbie,
» Bapeaume, Hesdin et Arras ? et après fut malade, etc., et a esté
» grelé, etc... »

Décédé après le 6 9bre 1681, le dit de La Gorse exerçait 7 mars
1647, la tutelle de son neveu J^h, fils du s^r du Mazeix, qui en l'auditoire de P^{re} Sableau, s^r du Teilliet, juge châtelain de la Vallade,
eut pour conseil de famille ses proches parents, suiv. maternels et
paternels : Me Simon Chesne, s^r de La Bussière, Mre Louis de Beauvellier, chev^r, sgr de Mallardières et de Marigny, curateur, m^{re}
Charles de Razilly, chev^r, sgr des Aumelles, maréchal de camp des
armées du roy, et mestre de camp du régim^t de Périg^d, messire
Claude de Razilly, chev^r, sgr de Launay, chef d'escadre de l'armée
navalle, admiral de l'armée de Bretaigne, — Jⁿ Sornin, sgr de
la cour de céans, c.-à-d. de la Vallade (Mounismes) P^{re} de Sornin,
c^{ller} assesseur en l'élection du h^t Limⁿ à Limoges, n. J^h Philipes,
éc^r, s^r de St-Mar[tial ?] c^{ller} du roi, son lieut^t criminel en la b. Marche, Jⁿ du Monteil, éc^r, s^r dudit et du Puis-Mousset (Bessines)
[comme époux de Mathurine Sornin (1), F^{ois} et autre F^{ois} de Juhe,
avoc^t et proc^r du roi en la b. Marche, P^{re} de Sornin, s^r de La
Roche, Jⁿ Sornin, éc^r, s^r des Faugères.

— Guil^{me} Sornin, s^r de Meilhac, d^t en son hôtel, au Dorat, acheta
le 7 mars 1627, de Renée de Brujas, v^{ve} à Claude Richard, éc^r, s^r de
la Vallade, dem^t au Dorat, tante de Jacq. de la Chassaigne, éc^r :
1° la seig^{ie} de l'Aige-Malcouronne (Voulon) 1/2 relevant du roi, 1/2
du chapitre, à cause de leurs châtellenies respectives du Dorat, et
consistant en maison, mesteries, étangs, mⁱⁿ, landes, champs
froids, etc., plus la mét^{ie} de Lestang (Dorat), celle de Gascognolle
(Dinsat) avec son mⁱⁿ de Borderie et ses 2 domaines ; 2° le fief de
maison du Gué-Rossignol xx et sa mét^{ie} (Maignac), mouvant du
prieur de Magnac(-Laval), et mét^{ie} du Couraud (Magnac) et rentes,
mais en retenant mét^{ie} des Queynis par elle vendue, 18 juin 1623,
à vénérab. Me F^{ois} Rampion, s^r de la Gorce, chantre chanoine au
Dorat, réservant aussi ce qu'elle en a donné à Renée Richard, sa
fille, épouse de F^{ois} Sornin, éc^r, s^r de la Vallade, le 13 janv. 1620
(dite feue dès le 12 mai 1645), ainsi que son aliénation à Guil^{me}
Chesne, s^r d'Escurat. Le tout provenait à la venderesse, par succession et de son contrat de mariage en 1ères noces avec défunt s^r

(1) Voy. Nadaud, III. 483. — Arch. H.-V. GG. 1, Marg^{te} de Sornin,
paroissienne de Fromental, en Limⁿ, épousait à Bellac, 2 août 1694, P^{re} du
Monteil, éc^r, s^r de la Valade (Mounismes).

de Ricoux. La vente était du prix de 22,000 l. payables 5,000 à
Jⁿ de Baignac, écʳ, sʳ de Ricoux, en avancement d'hoirie d'elle
Brujas, 5,000 à Marie de Baignac, sa fille, femme de Noël Chaillou,
écʳ, sʳ de Champeaux, qui déjà jouissait du Gué-Rossig. et du Cour-
raud, 5,000 à la dite Renée Richard.

Pʳᵉ Sornin du Cros, assesseur en l'électⁿ de Limoges (autre
fils de Pʳᵉ et de Mathurine Lesterp), acheta ledit office de conseiller, 1ᵉʳ élu, le 24 févʳ 1627, pour 15,000 liv. de Jⁿ Pigné, qui en
fut pourvu en 1622. Fᵒⁱˢ Sornin (entendez Pʳᵉ) s'en démit 1655, et
led. Pʳᵉ était bourgeois de Paris 1657-63, ci-devᵗ assessʳ de Limoges,
mari v. 1667 de Michelle de Thomas ; et qualifié sʳ du Cros 1659,
et avait eu pour sœur Jacquette Sornin, âgée de 4 ans au décès de
leur père. Le sʳ du Cros plaidait 1673, et vivait encore vers 1680.
Michelle, vᵛᵉ dudit Pʳᵉ Sornin, assesseur, sʳ de la Martinière, testa
rue Jacob à Paris, 20 juilᵗ 1688, ordonnant sa « sépulture en la
chapelle N.-D. de l'église des Augustins réformés du fg Sᵗ-Germaindes-
Prés, proche le lieu où son mari a été enterré, et ce suivant
son désir du contrat de fondation qu'elle a faite le 28 fév. 1684 d'une
messe basse à chaque anniversaire, et elle a donné pour ce,
800 liv. » Omettons les legs aux cordeliers du gᵈ couvent de Paris,
aux pauvres, à ses domestiques, pour ne signaler que celui « de
150 liv. à son confesseur, prêtre habitué de Sᵗ-Sulpice, pour lui
avoir une robe et bonnet pour assister à son convoi ; de 1,500 liv.
aux bénédictines du Dorat, dues par Jⁿ de Sᵗ-Martin, et pour sub-
venir à Mathurine Sornin, professe en ce couvent (dont elle rebâ-
tissait l'église, comme abbesse, 29 juil. 1703) ; de 1,000 liv. et son
portrait, à Marie-Madelⁿᵉ Sornin, professe au couvᵗ de l'Assomption, à Paris, rue Sᵗ-Honoré, et tant ... à Michelle de Sᵗ-Martin, sa
filleule, fille de Guilᵐᵉ-Alexandʳᵉ.

III. Jacques Sornin, sʳ de la Roche, frère du sʳ du Cros ci-
dessus, lui acheta avant le 12 fév. 1657, l'office d'assesseur. Par
accord du 11 juil. 1663, ils partagent avec Guilᵐᵉ leur autre frère,
les biens de leur feue mère. Jacques eut métᵗᵉ de Morterol, sa résidence, rentes à Couroux (Sᵗ-Amand), etc. Guilᵐᵉ prît la métᵗᵉ des
Goutes, en l'enclave de Folles, les domaines des Faugères (Sᵗ-
Amand et Buxière) ; etc. et Pʳᵉ vendit à ses frères surtout à Jacques
ses biens, rentes ou dimes du Martineíx. Rodde, Montchenon, etc.,
23 fév. 1657. Suivons quelques faits et gestes de Jacques, sʳ de
La Roche. Comme vers 1650, le commandeur de Morterol, lui réclamait solution de rentes sur ce bourg, il objecte que son aïeul,
Jⁿ Sornin de Rufasson, reconnut 1/26ᵉ du bg au commandeur, le
4 xᵇʳᵉ 1601. Sur ce que le commandʳ lui interdisait d'avoir le
pigeonnier par lui possédé, ni garenne, ni meurtrières sur sa porte,

ledit de La Roche riposte qu'il est en droit de fortifier un peu sa maison, car elle est à l'entrée du bg, qu'il a faculté d'aller à plusieurs moulins (le Dorat avait 10 m^{ins} banaux), qu'il n'a pas une vraie fuye, ni garenne, sa clôture n'étant que de 4 à 5 pieds de hauteur sur un pied et 1/2 de large.

Il transigea sur nous ne savons quelle action, le 26 x^{bre} 1667, avec F^{ois} du Chaslard, lieut^t partic^r au Dorat, faisant pour Mathurine de Fonsreaux, son épouse. Il bailla à rente seconde perpétuelle vers 1687 le mⁱⁿ des Echelles (Bessines) sur la Gardemple, à un habitant du Brugaud. Il fit une acquisition le dernier x^{bre} 1659, de Jⁿ Jacques Sornin du Terme père, et de ses enfants. Il échangea la terre des Ramières, le 14 juill^t précédent, avec F^{ois} Sornin, élu au Blanc, acheta de P^{re}, son frère de Paris, les rentes de St-Amant, etc., 11 mars 1662 ; donna en fermage à un paysan de Chégurac (Fromental), sa mét^{ie} de La Roche, 27 mars 1669 ; acquit fondalité, etc. du Serveix (St-Amand) 14 may 1665, de P^{re} Riffaud, gentilhomme ordinaire de la chambre du roy, chev^r, sgr, baron de Château-Guillaume, y dem^t, paroisse dudit, en Poitou. Il se fit vendre, 3 avr. 1671, par Ld du Mosnard, chev^r, sgr de Ventenat, y d^t (Châteauponsat), sgr aussi des Chams et de la Bussière(-Estable) des rentes sur Maison-Sozy (St-Hil^{re}-La-Treille) — et sur Estable (Château-Ponsat), partiellement reconnu à 16 ans de là au juge de Château-Ponsat, Jⁿ Tardy, s^r du Mas-Périer, hab^t des Josnières. Jⁿ Leborlhe, s^r des Vérines, était tenancier d'Estable, 1663.

Jacques Sornin était co-rentier aux villages du Chiron, Braule, etc. avec la vic^{ie} N.-D. de Paix du Dorat, 1660. Il fut recev^r du dom^{ne} du c^{té} de basse Marche en 1662-71, mais n'exerçait plus cette charge en 83. Il fit rédiger en contrat de mariage, au Dorat, le 12 janv^r 1654, en présence de R. de Marrand, abbé du Dorat, les articles préliminaires dressés le 28 8bre précéd^t, de son mariage avec Madel^{ne} Fayaud, fille de Galienne Papon, v^{ve} de J^h Fayaud, juge châtelain d'Adriers et des marches, avocat au Dorat, avec le congé, conseil et bon advis de Mathurine Lesterp, sa mère, relicte de P^{re} Sornin, s^r de Martineys ; signé Neymond, n^{re}.

Jacques Sornin fit le 5 juin 1671 son testament olographe, par lequel il désire sépulture en l'église de Morterol, aux tombeaux de ses père et mère, solemnisée par le plus grand nombre possible de prêtres disant messe. Il règle une aumone en arg^t ou pain, pour 15 liv. à son enterrem^t, huitaine, quinzaine, quarantaine et bout de l'an ; prescrit une messe basse quotidienne chez les recollets du Dorat durant l'an du décès, et autant à Morterol chaque semaine seulement. Il lègue 30 liv. de rente à l'église de Morterol, à charge d'une messe basse et d'un *libera* sur son tombeau chaque lundi. Il laisse 20 liv. à chacune de 6 pauvres orphelines, pour les marier ; créé ses 2 filles : Marie et Mathurine, ses héritières universelles, conférant la tutelle à leur mère. Il entend que si Dieu et le St Esprit inspire à l'une de ses filles de se faire religieuse, elle le devienne à Paris, Poitiers ou Limoges, non ailleurs, et se contente de 8,000 liv. Si elles meurent sans enfants, il veut qu'un couvent de capucins soit établi à Morterol en sa maison et réserve, leur léguant *ad hoc* 3,000 liv. en plus ; et à leur défaut, des pères de l'Oratoire, chargés d'une messe chaque vendredi, et d'un anniversaire, et de le nommer chaque nuit après matines. Il ordonne au même cas « de bâtir une chapelle Ste Anne à Morterol, dans la porte qu'on va de l'église au château, avec une messe par semaine pour son âme, selon permission de l'évêque et du commandeur », etc. Après de secondes dispositions funèbres du 6 8bre 1684, il mourut led. jour à 2 heures du soir à Morterol, et y fut enterré un lundi 7. Sa succession comprenait sans parler de la mét^{ie} du Pin (Azac) propre à sa femme survivante et garnie de 6 bœufs arables, 2 bœufs d'engrais, 4 vaches avec leur suicte, une g^{de} vesle, 13 cochons g^{ds} ou p^{ts}, une cavalle, 57 brebis en espesse : une mét^{ie} au Chiron (Orad^r-St-Genest), une à La Boure (Dorat), 2 à Moncocu (St-Amand), 1 au Cros, 1 au p^t Chezaud (St-Amand), 1 au Breuil (Morterol), une à *Laroche* (Fromental), 1 à Lascoux, et 1 à Morterol. Parmi ses meubles du Dorat figurent : « une p^{te} bourse où il y a 13 louis d'or, que la v^{ve} a dit estre les hares dont il l'auroit espousée; 2 salières, 2 mazarines, une porte-à-diner », *sic*, etc. Nos époux, représentés par le prieur de Bezeau, P^{re} de St-Martin, êc^r, firent 17 9bre 1685 accord et achat des droits de J^n de Poncharaud, sgr du Fan, sur la mét^{ie} du Pin sus mentionnée. Madel^{ne} Fayaud, sa v^{ve}, testa 6 mai 1692, en sa maison, rue des Vaulx-Dieux au Dorat, demandant sépulture en l'église de Morterol si elle y meurt, sinon en celle du Dorat, au tombeau de sa mère. Elle légua 3 annuels de messe, à 150 liv. par annuel, au chapitre, aux recollets et à la Trinité du Dorat ; prescrivant aussi que sa charité soit offerte tous les dimanches de la 1re année de son décès, à la messe de paroisse, comme d'une personne de sa quallité. Après legs de 12,000 l. à Marie-Michelle de St-Martin, 3,000 à J^n de S^t-M, autant à P^{re} de St-M., ses petits-fils, desquelles 18,000 l. F^{ois} Lestert, chanoine de S^t-P^{re}, jouira des revenus jusqu'à majorité ; elle laisse 3 liv. de rente constituée à la communauté des prêtres du Dorat, pour une messe h^{te} avec libera à chaque anniversaire. Suit le don à l'hôpital, de son lict funèbre tout garni, plus 100 liv. — pension de 80 l. à Mathurine sa fille, professe, etc. Son 1er service et enterrem^t coûta 153 liv. 5 sols. Le service de septaine 25 l. 2 sóls; la quinzaine 21 l. Quarantaine autant; bout d'an 198 l. Déjà en 1689 elle avait donné 50 liv. de rente au père Célestin, procureur syndic des Carmes de Morthemar pour l'âme de ses père et mère, et celle de Marie Sornin, épouse St-Martin, en messes, chant processionnel des litanies N.-D. dans leur cloître, services au lundi d'après le gd rosaire, etc.

Le contrat d'entrée en religion pour Mathurine est du 11 fév. 1680. Voici quelques

Abbesses de la Trinité du Dorat :

1er 7bre 16.. sœur d'Asnières de La Chapelle.

Juillet 1668, sr Pau... supérieure.

Janvier 16.. Suzanne de...

27 août 1678, Marie-Louise de Montbas.

1687 et 18 mars 1689, dame Marie de Jovion de Droulle.

27 janv. 1693, L. du Chasteau.

23 mars 1705, F. Lester.

20 mai 1705, sr Mathurine Sornin, tante de M. de St-Martin (professe en 89).

IV. Marie Sornin, sœur de l'abbesse, avait en effet épousé avec dispense Guilme de St-Martin, selon contrat reçu Des Brousses et du Thoury, nres royaux, du 18 fév. 1678 ; elle lui apporta finalement les gros biens ci-dessus et le bénéfice de nombreuses obligations, reconnaissances féodales ou arrangements (spécifiés en l'inventre des meubles de Madelne Fayaud, 24 8bre 1686, rue du Puits Chatonnier, ainsi nommé de ce qu'on y jetait les chats de rebut) en lesquels titres interviennent tour à tour : 1679 Claude Du Brac, sr du Feux ; 1683 Pre Naude, sr de Cousset, mari de Cathne Teylaud ; 24 7bre 1672 Gaspard du Fénieux, sr de Bioussat, débiteur de 110 liv. ; 1672 Charles Laurens, sr de La Beige ; Antne Nicaud, sr de La Mothe 1675 ; Mathurin Chaud, sr de la Chassaigne, juge du Chât.-Poinsat, y habt aux fgs, en Limn 1633 ; Claude de Lacoste, sr de Fonpuis 1685 ; Jn du Mosnard, écr, sr de la Tibarderie 1642 ; nom de lieu provenu de Théobald, etc.

Nous n'avons point encore effleuré toute la matière relative aux Sornin, car un rameau détaché vers 1560 de la même tige, rapidement considérée plus haut, nous fournit bientôt Jacques Sornin de la Jarrige (très probabt fils de), syre Jn Sornin, sr de la Jarrige, demt à Morterol. A ce dernier, Jn, nous voyons en effet acheter 12 août 1596 et 1608 de Jacques de Sauzet, ecr, sr dudit, y habt parsse du Bourg-de-Sellaignac, et de Foise-Pot, conjoints, moyennant

1,000 écus d'or sol, 2 mét^{ies} en directité au Marcoys et au Mas-Barbant (Bessines) dont l'origine de propriété s'établit ainsi. Acquéreurs du s^r de Monismes, J^n Pothe, éc^r, s^r du Château-Dompierre et du Puy-Roby, b^{on} de Fromental et Marie de Razès, les avaient cédées à F^{ois} de Chardebeuf, éc^r, s^r de La Vareille et J^{ne} Pot, sa femme, par contrat du 8 juil. 1595. Et comme induction puissante de filiation, en tous cas d'étroite parenté, nous trouvons dès le 28 7bre 1596 Jacques Sornin, s^r de la Jarrige (St-Maurice près La Souterraine) — † en 1652 selon Nadaud, — rendant hommage, en même temps que J^n Sornin, pour ce qu'ils ont et tiennent de Geofroy Pompadour, comme b^{on} de Fromental (1). Jacq. est dit de La Jarrige et nous savons que J^n fut aussi s^r de La Jarrige et de Rufasson.

Jacq. Sornin, 9 7bre 1617 par acte d'achat avec avenant en parch^{in} au pied, signé de Jammet, n^{re}, acheta la terre de Martinets, de noble Zacharie de St-Mor. sgr de l'Oradour (entendez Lourdoueys-S^t-P^{re}) et de Lavault ; puis 8 juin 1619 led. Jacq. s^r de la Jarrige et du Martineys fit nommée à Claude du Bellay, dame baronne de Magnac, pour cette grosse sgie du Martineys. Elle englobait 2/3 d'un corps de logis dans le fort du bg d'Arnac, dîme générale de Martineys et Lascoux, avec charnage et agneaux ; dîme dit de Roddes sur les Brousses-Chantaud, etc. ; xme dit de Villemort sur St-Martial, le bg d'Arnac etc. ; xme du Plaist, apparten^t aux s^{rs} ép^x de Fontbuffeau ; et 1/4 du xme d'Ayre (St-Legier), force setiers de seigle ou quartes d'avoine à la mesure de Magnac, le fief de l'Escluze (Darnac), lieu de Beauvoir, etc.

Aussi Jacq. Sornin est-il qualifié d'éc^r, s^r de la Jarrige, Martineix, Villemort, la Counillère, époux dès 1622 de F^{oise} Deaux, avec laquelle il habitait encore au château de la Jarrige en 1642, tandis qu'à la même date (31 mars 42 et 54) son fils Claude Sornin, éc^r, s^r de la Counellière, résidait en leur dit logis de la Coulinière (Croumax, pays de Poictou). Son autre frère, P^{re} Sornin du Martinet (partiellement vendu par eux cependant 1623 à Mathurine Lester, v^{ve} de P^{re} Sornin, représentée par m^e J^n Maurs, son beau-frère) fut aussi 16 juil. 1636, assesseur criminel en l'élection de Limoges, ce qui, avec la multiplicité des Sornin et quelques inexactitudes de copistes anciens n'embrouille pas peu les branches de leur arbre.

(1) Arch. dép^{les} de la V^{ne}, série C, liasse 327. — Voir aussi t. 45 de dom Fonteneau, p. 781, roole du départ^t de 4,120 l. à lever sur les nobles de B.-Marche, 4 janv. 1620, notam^t noble Jacq. Sornin, s^r du Martinès en la châtellenie du Dorat.

VII. Pierre III DE St-MARTIN de Bagnac

Vers 1700, en sa déclaration pour le vingtième, il affirma au fisc royal, posséder son chât. de Bagnac, composé d'un corps de logis, cours, avant-cour, granges, étables et jardin à légumes, contenant 4 sétérées mesure de Bellac ; plus les préclôtures à sa main, en vertu de ses privilèges, soit 4 sétérées de terre, 15 en vigne, 4 de garenne, 18 en pré (à 350 quintᵡ de foin) et 3 de pacage ; — et 20 domaines, dont il détaille le cheptel : bœufs, junches, vaches, cochons et brebis ; savoir : Chez-le-Belle, Chez-Patois, Cros, Barauderie, Breuil, Corbinerie, bordⁱᵉ à la Rochette, mⁱⁿˢ : du Breuil-Ferrand et des Prades ; le tout (Sᵗ-Bonet) et domⁿᵉˢ de Chez-Pelliaud et 2 à Bezeaux, 2 à Villialet, 1 à Villemexant (tous Pont-Sᵗ-Martin) et le mⁱⁿ de Gringallet, sur Gardampe, affermé 30 escus à Jⁿ Bichon ; plus la gᵈᵉ métⁱᵉ, plus le domⁿᵉ de Logère (tous 2, parˢˢᵉ Sᵗ-Martial) et le domⁿᵉ de Chez-Chaput et celui du Pin (tous 2, d'Azat-le-Ris) avec 2 jumᵗˢ poulinières. A Villemexant, étaient tenanciers en 1722. Jⁿ de Launay, sgr dud. avec le sʳ et dame de Boslinard et x. Thaveau, sʳ de la Vigerie, 24 7ᵇʳᵉ.

Le 19 mai 1705, Pʳᵉ Sᵗ-M. majeur, donne à ferme à mᵉ Jⁿ Matel, mᵈ du Dorat, sad. métⁱᵉ du Pin avec l'étang de la Gasne, empoissonné de 600 carpes et celle du Chiron (Oradʳ-Sᵗ-Genest), plus une rente sur le prieuré de Voullon, etc. Quant à Chez-Chaput, il s'en disait foncier en 1748, comme ayant droit de feu Jʰ Durieux, écʳ, sʳ de Roche, malgré la prétention de Fᵒⁱˢ de Reymond, chevʳ, sgr

c^{te} de Montmort, maréchal de camp, qui a titre d'ép^x de J^{ne} Vi-
deaud, ailleurs dite Marie-Genev^{ve}, donataire universelle de feu
J.-B. Vidaud, chev^r, sgr c^{te} du Doignon, b^{on} du Ris (dont vivait v^{ve}
en 1751 Marie Chauvet) disait que ce village de Chez-Chaput était
de sa b^{onie}.

P^{re} était prop^{re} d'un dom^{ne} à Fauras en 1711, et du fief de Thoveyrat (Blond) 1713, percevait rentes sur Lesparzeaux (St-Barbant)
en co-directité avec le sgr prieur de Châtain et le sgr de Vérinas,
en 1706, sur les possesseurs utiles : 1° P^{re} du Chiron, éc^r, s^r de
Piosset, parent et homonyme de Mathieu du Ch., chev^r de l'ordre
du roy, sgr de Fruminy et de S.-Barb^t, cap^{ne} des grenadiers, représenté le 14 avr. 1706 pour la reconnaissance féodale: par Simon
Mallebay, s^r du Monteil, bach^r en théol. curé de S.-Barb^t. 2° Mallebay, aîné, n^{re} de St-Barb. et enclave ; 3° l'archer P^{re} Michelet, s^r
du Vilard ; 4° Gilbert de Sauzé, éc^r, s^r Disant. P^{re} S.-Martin y acquit rentes le 6 janv. 1750 de Louis-Simon du Chiron, éc^r, s^r de
Lage, y d^t (St-Barb^t) et en acheta 27 8bre 1747 sur la Sornine (S.-
Martial) de Jⁿ Moreau, s^r d'Izot (ailleurs Yzop) d^t à Roche (S.-
Martial).

Le même eut par achat 4 juin 1712, de m^e Ld Chadenier, une
rente noble sur le Cervaix ; et le 15 juil. suiv. des s^{rs} de La Coste,
celle de Puis-Chemin. M. de Bagnac reçut hommage le 18 7bre 1732
de Jⁿ Faure, s^r de Beauvais, pour le fief de Beauvais (S.-Hil^{re})
avoué au même suzerain le 14 août 1752 par le Doratois Ant^{ne} Bu-
taud, s^r de Maison-Seulle.

Il plaidait 28 may 1729 contre Anne Guyot, v^{ve} à défunt Marc
Guyot, éc^r, s^r de La Mothe-Villognon, fille et unique hérit^{re} de feu
Marc Guyot, éc^r, s^r de S.-Marc.

Sa nommée ensuite d'hommage au roi, le 8 mars 1730, porte
sur sa sgie de Bellenesse, soit: bâtim^{ts}, courtillages, vignes et 120
sétérées, 11 sols de rente, etc. (Louis-Benoît de S.-Martin acquit
le surplus, savoir : maison de maître, préclôtures, 3 mét^{ies} et x^{mes}
le 29 8bre 1762 de Jⁿ et Jⁿ Mondot, s^{rs} de la Grange et de Beaujour).
Plus énumère ledit P^{re} de Bagnac, son fief de Baignac (mouv^t de
Bellenesse) soit : « château contenant 3 corps de logis mis en quar-
» ré, couvert à tire-point, une tour à chaque coing, renfermé de
» fossés; » son exploit en les forêts du roi ; le mⁱⁿ des Prades,
mét^{ie} de La Porte ou de La G^{ge}, etc., x^{mes} de Bag^c ; la vassalité due
à son fief du Breuil-Ferrand, pour des tenues de La Mothe-Ratier,
apparten^t au proc^r du roi à Bellac, le s^r Mallebay et à Jⁿ Pouillot,
s^r de Bord, hérit^r de Gayaud ; plus force rentes ès par. S.-Martial,
S.-Sornin ; S.-Barb^t, notamm^t à Lesparzeuil acquis du s^r Dupin de

Joncherolles, par c. du 2 juil. 1718, outre le m^{in} de Jaugeas (1) (Peyrat) et la terre de Villemaizant (S.-Martial), soit : m^{on} noble en masures, garenne, x^{mes} et rentes : enfin des x^{mes} générales en blés gros ou menus, vertes x^{mes}, vin, raves, millet, potages (légumes), fèves, pois, en la par. S.-Martial, avec poules de feu en la dîmerie ; lods et ventes à 5 sols par écu en pays écrit, et à 10 sols par écu en pays de droit coutumier.

P^{re} susd. obtint cession moy^t 899 liv. par Jacq. Marsanges, écr, sgr de Berneuil, La Corre, y d^t (S.-Sauveur) ép^x de Marg^{te} Pinaud, des rentes sur le village nommé du Vieux-Bagnac, autrement Chezle-Texier (S. Bonet) avec taille aux 4 cas, etc. Il en acquit le 5 7bre 1740 d'Et^{ne} Audebert, s^r de la Borde, c^{ller} au siège royal et proc^r du roi en sa police de Bellac, et Gervais Aud. s^r de Fonmaubert, son fils, sur le Mas (S.-Bonet) acquise par led. père des conjoints Joachim de Chamborand et Anne de Couhé, le 1er juil. 1711, plus sur le tènem^t appelé de Montagrier sis dans Fauras (S.-Bonet) acquise par F^{ois} Audebert, leur auteur, d'Anne Estourneau, v^{ve} de n. F^{ois} La Touche et de J^n La T. son fils, le 13 avr. 1599.

Haras de Bagnac. — « En 1740, M. le marquis de Bagnac avait haras au chât. de Bag^c près Bellac. Il y entretenait plus de 30 juments, de race limousine de 1er choix, qu'il croisait avec des étalons barbes ou des genets d'Espagne. Il vendit à plusieurs reprises des chevaux pour l'académie des chevau-légers. En 1762, le 8 mai, il prie l'intend^t de Limoges de lui faire venir pour son haras, un étalon de Pologne, promettant de payer la 1/2 du prix, qui pourra varier entre 1,000 et 2,000 l. Il y dit avoir élevé et vendu le cheval de bataille du maréchal de Richelieu. » [Extrait de l'ouvrage récent de M. de St-Orent, sur la question du cheval en Lim^n, p. 351]. Voy. C, n° 22, arch. H.-V^{ne}, fonds de l'intendance du Limousin.

F^{ois} Nicaut, s^r de *Villeron*, chan^{ne} du Dorat et sa sœur Madel^{ne} firent vente 14 9bre 1740 au sgr qui nous occupe, de 5 sétérées des garennes, de Lescluze et *Villeron* (Arnac-la-Poste). Avant le 19 juil. 1741, il avait été constitué par M. de Bag^c 70 liv. de rente au capital de 1,400 l. en faveur de l'hôpital (2).

P^{re} de Bagnac adjoignit à sa terre, par c. du 30 août 1742 une place d'étang (étg rompu) dit de Peyrat, dans les landes et fief de la Brethonière, de J^h Claveau, de Bellac, s^r en partie de la Bretonière à la suite de feu J^n son père qui en était cosgr.

Notre chev^r de Bag^c rendit hommage à genoux, tête nue, 17 7bre

---

(1) Nous écrivons les noms de lieux et personnes avec les variantes qu'on leur trouve dans les actes, sans égards pour la sottise moderne, trop surprise de ce défaut d'unité ancienne dans l'orthographe.

(2) Arch. hospitalières du Dorat, E, cote 3e.

1746 « à dom Georges de Ste-Marie, religieux feuillant de l'ordre N.-D. ordre de Cîteaux, en l'abbaye S.-Martin lès Limoges, pour le tènement (1) et mas des Brugères », dans les attenances du village de la Rochette (S.-Bonnet) au devoir d'une maille d'or, à mutation, et de 2 sols 6 deniers de prestation annuelle à l'abbaye. Bagnac avait droit acquis depuis l'avant-veille, de n. J^n de Mallevaud, éc^r, président trésorier de France. Mais il reçut hommage lige 5 janv. 1748 de Simon Mallebay, s^r de La Mothe (-Ratier, très probab^t) avocat au siège de Bellac, y dem^t, comme success^r de feu m^e Guil^{me} M., d^r en méd^{ne}, son père, pour 2 tènem^{ts} sis au village de Chez-Fiaud (S.-Martial) relevant du Breuil-Ferrant, en arrière fief ; présents J^h et Et^{ne}-F^{ois} Bigaud de Magnac, avoc^t, et clerc tonsuré.

P^{re} S.-M., sgr. de Bag^e, Belenesse, Breuil-Ferrant, Villemessent, fils h^r d'Alex. s^r des mêmes lieux, déclare au roi, c^{te} de B.-Marche s. d. v. 1750, fief de Bellenesse, fief de Bag^e « en 3 corps de logis, mis en carret, couverts à tirres poin, une tour à chasque coin, etc. exploit et chaufage ès forets du roi, même d'y prendre bois pour bâtir à Bag^e et de construire en m^{on} forte, avec tours, crenos, canonière, fuie, garenne, etc. m^{in} des Prades, avec droit de bâteau, de filleix et pesche, la terre à l'abordage du bâteau du côté du bg de La Croix, etc., xme de l'enclos de Bag^e; plus le Breuil-Ferrant : soit m^{on} etc., son dom^{ne} et ses m^{ins} a blé et mil, à 3 roues, près la Sénelière, avec passage, péage, droit d'escluze, bateaux, propriété de la Gartampe et du ruisseau de la G^d Planche ; led. m^{in} banal pour les fiefs de Château-Neuf, Rochette, bg de S.-Bonet, Bretonière et 5 villages, etc.

Marie de La Salle-Gallicher, fille majeure de défunt P^{re} de La S., s^r de Juniac, d^t Bellac vend 3 juin 1750 au présent sgr de Villemessant, Martinet, 32 quartes de grain de rente sur la Rissanderie (Pont-St-Martin) aliénées le 8 janv. 1617 par Louise du Chastaing, dame de Villemaixant au d^r méd^n J^n Moulin et à Louise de La S. Gallicher, conjoints. L'état du revenu de *Martinet*, par. de Darnacla-Poste, *sic*, v. 1760 y inclut 2 dom^{nes}, 2 m^{ins}, x^{mes} du Braule, etc. à partir avec le curé du Dorat comme chapelain de N.-D. de paix ; x^{mes} des Brosses et du Martinet, rentes nobles sur le Cervaix, Ville-Cour, etc., total 60 set. seigle, 170 quartons av^{ne}, 15 volailles, 6 vinades, et 23 l. 14 sols. Il en fit hommage à genoux, mains jointes, nud tête, sans épée ni éperons, le baizer réservé à

(1) Pour nous, le secret de cet acte de vasselage est dans ce fait que l'endroit hommagé avait été un lieu noble, un point fortifié, et avait droit maintenu de redevenir assiette castrale.

la venue du marquis, à Guy-André-P^{re}, marquis de. Laval,
maréch¹ des camps, comme marquis de Magnac, 1re b^{onie} de la
Marche, sgr b^{on} aussi d'Arnac et du Soulier, le 8 x^{bre} 1572, devant
F^{ois} de Rabilhac, s^r de Pontallier, sénéchal desd. terres et son
proc^r fiscal, l'avoc^t J^h Chadenier. Il agit de même les dits jour et
an, pour ses p^{ts} fiefs 1° du Puichemin (Darnac) relev^t de Magnac,
et 2° des Thomas, sis au Servaix (St-Amand).

P^{re} S.-M., éc^r, s^r de Martinest, majeur de droit (fils à Guil^{me} représenté par Ld Moras, chev^r, sgr de Chamborand, y d^t en Poictou,
et à feue Marie Sornin) fit ses lettres de mar. reçues Dubois et
Besson, le 8 8bre 1706, avec Cath^{ne} de Bonneval, fille d'Ant^{tte} de
La Croix, v^{ve} de Melchior Bonneval, éc^r, sgr des Roches, demeu-
rantes au chât. de La Salle (Vieure, au duché de Bourbonnais ?
dotée de 12,000 l., présents : Paul de Bridiers, chev^r, b^{on} de S.-
Julien, y dem^t où il y a paroisse, en h^{te} Marche, Gab^l Mestre, éc^r,
sgr du Max, y d^t (Le Teillet, en Bourbonnais) et Gilbert Seguin,
éc^r, sgr de Chauderoche, y dem^t (Chambelet), parents des parties.
Ailleurs il est expliqué que la future ne fut point apanée suivant
la coutume bourbonnaise, mais réservée à toutes successions, et
que son père Melchior était chev^r, sgr de Chastain (Arfeuille-
Châtain, Creuse), du Vousset, La Salle del Vieure et chastellenie
de La Chaussier ou Chanselier et fief du Puis. Ces 3 dern^{res} terres
titraient le 5 mai 1722 F^{ois} de Barbançois, chev^r, marquis de Sarzay, demeur^t en sa maison de Toussie ? près Chasteaufort, ép^x de
Cath^{ne} Chaspon de Verneüil, car il les avait eues pour 98,000 l. de
lad. Lacroix, v^{ve} Melchior, par sous-seing privé du 15 mars
1721.

Le 21 8bre 1723, partage eut lieu des succ^{ns} de Melchior et d'Ant^{te}
entre leurs enfants : 1° Jⁿ-Louis, aîné ; 2° Gab^l, puîné, chev^{rs}, sgrs
de Chastaing, y dem^{ts} par. dud. ; 3° Marie, d^{lle} de Chastaing ; 4°
Cath^{ne}, †, représentée par P^{re} S.-Martin, ainsi veuf et leurs enfants;
témoins : Paul-Philipe de La Roche-Eymon, chev^r, sgr c^{te} dudit,
sgr de Mainsat, marquis de Chastelut ; Louis de Verdalle, chev^r,
sgr de Lourroux, y dem^t (Le Trompt) et F^{ois} Mourellon, prieur-
curé d'Arpheuille et Chastaing. Il y est mis en l'actif, notamm^t, une
créance sur Jacq. S.-Julien, chev^r, sgr de Beauregard, La Rochette,
marquis de S.-Julⁿ, sgr, b^{on} de Croc, sgr de S.-Martial, Les Farges,
et du Vivier en partie, dem^t à La Rochette, lequel avec très h^{te}
Marie Chauvigny-Blot, vend 126,000 l. à P^{re} Mage, m^d bgs de Paris,
les chât^x de Chezotte et Cassière (Ahun) relev^t du Château-Rocher
en la châtell^{ie} d'Ahun, h^{te} Marche, comme en jouissaient n. L^d
Barton-Montbas et Eléonore Chauvigny-Blot, conj^{ts}, précéd^{ts} propr^{es}.
Les vend^{rs} qui allaient acheter le fief de Bruel du duc de La Feuil-

lade, avaient ces terres, selon délaissement à eux fait par retrait lignager par J^n Bertin, chev^r, sgr de St-Géran, c^{ller} au parl^t de Bordeaux, du 21 8bre 1720, et Bertin les avait acquises de P^{re}-F^{ois} Chauv.-Blot, abbé de Cellefrouin, comme mand^{re} dud. Montbas, sgr de Massenon, le 12 janv. 1720.

Nadaud, t. I, p. 206 et 585, dérive ces Boneval de Chastaing, sgrs de Jurigny et Langle v. 1460, de ceux de Coussac-Bonneval et Blanchefort. Aussi la branche de Chastaing s'alliant aux St-Martin apporta-t-elle dans le chartrier de Bagnac, les titres authent. suiv. concernant leur souche de Coussac :

Gab^l Boneval, chev^r de l'ordre du roi, sgr de Boneval, Coussat, Blanchefort, testa devant du Burguet et Plantadis, n^{res}, le 26 aoust 1589, léguant à J^{ne}, une de ses filles et de J^{ne} d'Anglars, son épouse, 3,333 écus 1/3, revenantz à 10,000 francz, avec ses habill^{ts} et ornem^{ts} nuptiaux ; et il ajouta par codicille du 6 août suiv. que si J^{ne} d'Anglars trouvait parti honorable et de quallité pour marier icelle J^{ne} Boneval, elle put augmenter la dot de 5,000 l. ts en sorte qu'aujourd'hui 23 janv. 1593, la v^{ve} entend qu'Henri Boneval, éc^r, s^r dud. fils h^r du testat^r, donne les 5,000 l. Signé : Marcoulx, n^{re}.

Le 18 janv. 1593, Gilles des Falgières, laboureur, dem^t aux Falgières (Lavaud ?) donne pour agréables services, un journault de pré, etc. joignant au ch^{in} tirant des Falgières à Lubignat, à Diane de Boneval, épouse de F^{ois} Barthon, éc^r, s^r de Lubignat, y dem^t en B.-Marche. — 20 janv. aud. an, J^{ne} Boneval susd. lègue à Diane B. sa sœur, tous ses biens et le legs que lui ont fait ses père et mère ; et elle lègue à ses frères, sœur et niepce ; F^{ois} et Henri, et Yzabeau et Marie Boneval, 5 sols à chacun, et elle fait exécuteurs : Gab^l Chovet, éc^r, s^r de Fredeygue, et lègue 50 écus sols à J^{ne} d'Anglars, sa mère. Signé : *Jane de Boneval* et Marcoulz.

Cath^{ne} de Bonneval, par testam^t en date à Bagnac du 1er avril 1718, reçu Savard, n^{re} à S.-Bonet, demanda d'être ensevelie en l'égl. de S.-Bonet, ès tomb[x] et monument de ses feus parents ; légua l'usufruit à son mari P[re] S.-M., nomma exéc[r] F[ois] Ragaud, sous-chantre et chan[ne] de S.-P[re] du Dorat, et fit ses hérit[rs] partic[rs] leurs 7 enfants ci-après :

a. Guil[me]-Alexandre II *bis*, aîné, mort sans postérité le 28 juillet 1722. *b.* Louis-Benoit, puîné, devenu aîné, et héritier universel de son aîné Guil[me]-Alex. et de sa mère. *c.* F[ois], né en 1716, + sans enfants, promu lieutenant 28 8bre 1734 ; nommé le 10 juin 1743 capitaine au même rég[t] de Picardie (tué à la guerre en 1761 ?). *d.* Jean, mort comme le 1er né et comme F[ois] avant le 13 janv. 1749. *é.* Antoinette, née en 1708, baptisée le 1er août 1709 à S.-P[re] du Dorat, tenue par J[n] de S.-M., chev[r], sgr de Sarzé (1). C'est apparemment celle que sa mère au test[t] ne nomme que Marie. *f.* Marie-*Michelle* qui par test[t] olog. à Bagnac 13 janv. 1749 fit hérit[re] univ[lle] sa sœur. *g.* Louise. Ailleurs on dit Marie-Michelle morte le 1er x[bre] 1782, sans dispositions.

On insinua en 1749, le contrat de mariage de cette Louise, majeure (2), avec F[ois] de Larye, éc[r], sgr de Château-Tizon, La Berge et autres lieux, ancien officier au rég[t] de Beauce, fils de feu J[n], chev[r], sgr de Montagrier et de feue dame Antoinette Pigné ; le dit contrat portant diverses donations par d[lle] Louise de La Rye, d[lle] de Fresny et d[lle] J[ne] de La Rye, en faveur de leur d. neveu F[ois]. Il naquit de ce dit s[r] de Lauberge (Pont-S.-Martin) : 1° Robert, baptisé au Pont en 1750. 2° Jacq. de La Rye, s[r] de La Berge, baptisé en 1752, que nous trouvons au 3 janv. 1792 époux de Mlle X. Pasquet de La Roumazière.

L'inventaire du chât. de Bagnac du 18 fév. 1717 nous initie à la vie des seigneurs ruraux, durant le g[d] siècle, car M. de Laporte a noté, non sans l'avoir trouvé relaté quelque part, que P[re] S.-Martin, dont 2 ascendants s'étaient isolés aussi de la cour, « tint rancune à Louis XIV », et mena la vie de province, sans cependant négliger de pousser ses fils vers la carrière des armes. Ne pourrait-on conjecturer que ce retrait de la cour, si profitable au pays, eut pour cause leur héréditaire sénéchalat d'épée de la B.-Marche, reporté dans une autre maison, chez les Nollet de Leypaud ? Parcourant au hasard des yeux et de notre promenade intérieure, nous apercevons en l'antique demeure :

Dans *la salle* : une table carrée, se relevant par 4 pieds, en rond, de noyer, à son tapis d'Aubusson à gros point, fort uzée ; 17 chaizes de bois,

(1) Arch. H.-V[ne], GG 3.

(2) Mariage célébrée à S.-Porchaire de Poitiers, 18 juin 1749. Ils vivaient époux 5 fév. 1771. [Reg. de la mairie de St-Bonnet].

PLAN DU CHATEAU DE BAGNAC ANCIEN (1780-1860)

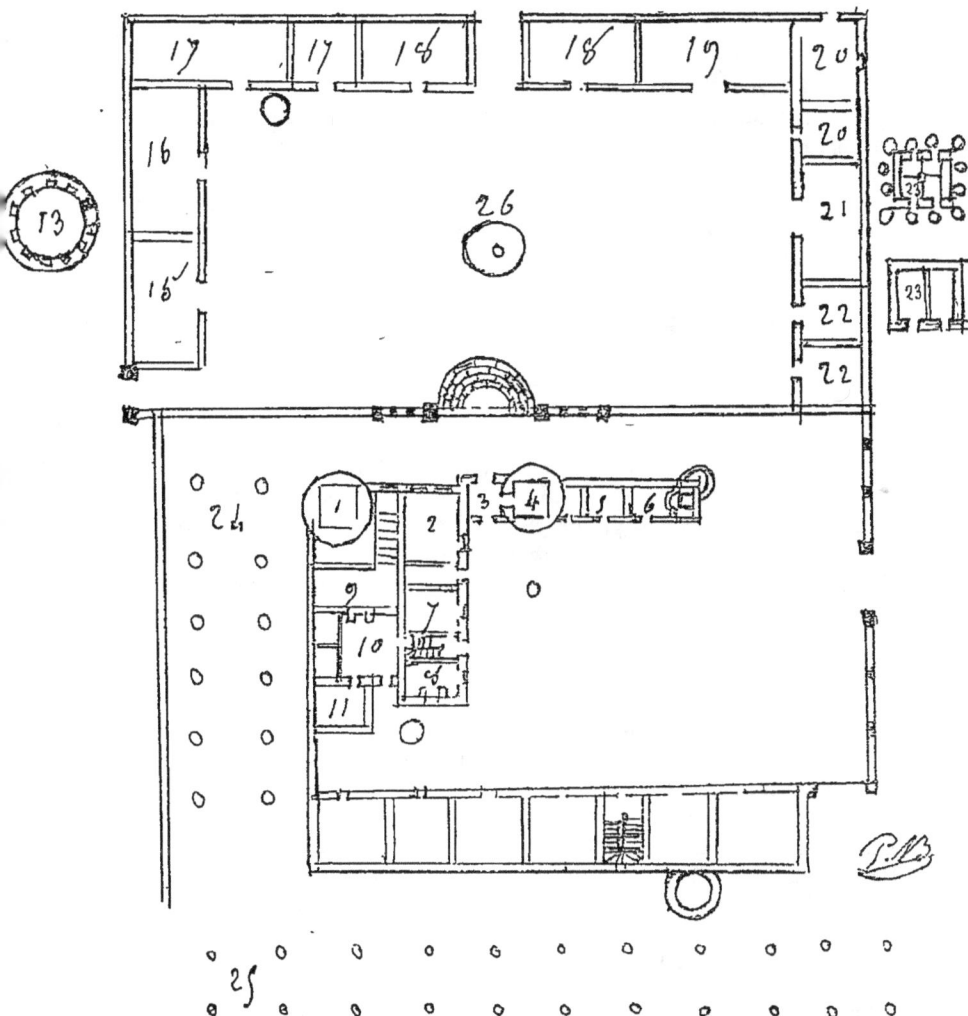

CHATEAU		COMMUNS	
1	Tour nord, cave.	15	Grange à blés.
2	Salon.	16	Grange à foin.
3	Vestibule.	17	Étables.
4	Ancienne chapelle.	18	Écuries.
5	Chambre.	19	Menuiserie.
6	Chapelle.	20	Maison, métairie.
7	Salle à manger.	21	Remise.
8	Cuisine.	22	Serre-bois.
9	Cour intérieure.	23	Chenils.
10	Vieille cuisine.	24	Maronniers.
11	Tour, office.	25	Tilleuls.
12	Puits.	26	Orme, taillé à 4 rotondes.
13	Fuie.		

couvertes de petite sargette rouge ; 2 miroirs composés de chacun 9 glaces, dont celle du milieu est large et haute d'un pied en carré et les autres fort petites ; un cadre en cuivre doré en sable ; 2 tab^x en cadre doré, étant la représentat^n du sgr et dame de St-Martin ; 9 représentations de personages de cour en taille douce, encadré doré, dont 4 carrés, 5 ovales, chacun d'1 pied de circonfér^{ce} ; une tenture tapiss^{ie} de Bergame, 7 pans ; une cuvette cuivre rouge et sa font^{ne} pesant 16 liv.

Cuisine : 2 fuzils à canon, longs de 4 pieds et 1/2.

Office : 2 idières (probab^t pour éguières), 1 sallière, 1 vinegrin, 1 p^{te} tasse et 1 g^d bassin ; le tout d'argent ; plus 1 sucrier, 4 chandeliers, 1 g^{de} cuillère, 20 p^{tes} et 20 fourchettes, 1 bassin ; le tout d'argent ; 1 vinégrier de cristal avec de p^{ts} cercles d'argent.

Chambre à coucher du m^e de léans : 12 chaises et 2 tabourets, garnies d'estamine couleur gris de lin, et 2 fauteuils, 2 g^{ds} miroirs avec leur glace, et cadre doré ; 2 p^{ts} miroirs de même ; 7 tableaux, petits, à cadre doré ; et 2 en peinture dorée, des dames de cour, à cadre doré. Une paire de cabinet à la dernière mode, ayant pardessus, l'ornem^t doré. Une toillette de tafetas satiné couleur verte avec une dentelle d'argent autour et une toille fine avec une dantelle de fil autour, valant 18 liv. Une p^{te} tabatière, un estuit et 2 boucles d'arg^t, une p^{te} tabatière garnie de p^{ts} clous d'argent ; 1,940 l. en or et argent, en un sac, parmi les papiers de l'armoire ; 1 cabinet orné des armes de la sgie de Bagnac ; 1 bahut couvert de cuir noir ; 2 peruques du sgr ; des galons et boutons d'arg^t, etc.

P^{te} chambre à côté : 1 paire de *cabinets* à 2 battants (*armoire*); puis sommes entrés en un *cabinet* (= *chambrette*). — *Chambre* au-dessus de la salle, tendue comme celle sur la cuisine, en tapiss^{ie} de Bergame. — *Chambre* ci-dev^t occupée par F^{ois} Du Troux, éc^r, s^r de Beaulieu (*sic*). — *Chambre basse.* — Autre basse dite la *boulangerie.* — *Office :* linge abondant, épée, pistolets et cannes du défunt (Guil.-Al.). — *Chapelle :* devant d'autel de velours roux (ornem^{ts} à l'ordin^{re}). *Cellier :* 15 barriq. vin, crû du pays, à 10 l. — *Saloir :* le lard de 5 couchons g^{ds} et p^{ts} prisés 150 l. — *Écurie :* 3 chev^x estimés 280 l. — *Grenier* g^d et p^t. — *Grange* où est la vaisselle de bois pour faire le vin du logis et des bordiers faisant valoir les vignes : 3 g^{ds} touneaux ou cuves, 1 touneau, 14 p^{tes} cuves, 6 futs de pipe, 4 bussards d'Angoumois.

P^{re} de St-Martin, que nous voyons tuteur de ses enfants, au 18 mai 1720, acheta le 26 avr. 1726 de J^h Durieux le fief de Chez-Chaput [Azat (le Ris)] et mourut veuf « et âgé d'env. 80 ans, le 16 9bre 1756, après avoir reçu les sacrements de pénitence et d'eucharistie par les mains de messire Reix, curé de Blanzat. » On l'inhuma le 17 en l'égl. (nef) de St-Bonnet.

VII. Pierre III, de St-Martin, † 16 novembre 1756, veuf et à 80 ans.
et Catherine de Bonneval.

Guillaume-Alexandre s^r de Beseau, Villialet, etc., 1717; †célibataire 28 juillet 1722.

François, capitaine.

VIII. Louis-Benoit † 1765 *marquis* de Bagnac, et Marie-Anne Blondeau de Laurière.

Dit M. de Sarzey, cadet.

Marie-Michelle, † 1782.

Louise, épouse Larye.

IX. Jean III, et Marie de Lévis.

Michel, chanoine, curé.

Jean-Baptiste, capitaine de dragons.

Marie-Michelle, épouse Genty de la Borderie.

Marie, épouse Lacouture-Renon.

Marie-Anne.

X. Gaston et Angèle de Barberin.

Michel-Victor, commandant du génie, 1814.

Guy-Henry-Joseph-Marie-Auguste.

Elisa.

XI. Jean-Baptiste-Anthony de St-Martin, dernier marquis de Bagnac, † sans postérité, laissant veuve Marie-B.-A.-Elise de Preaulx.

Louis.

VIII. Louis-Benoit DE St-MARTIN de Bagnac

Ce fils de défunte Cath. de Boneval fit dresser le 7 fév. 1749, au
chât. de Laurière (St-Michel de Laurière, en Limn) son c. de mar.
reçu Thévenot, avec Marie Blondeau de Venteau, fille de Madelne
Moulinier de Puymaud, vve de Gabl Blond., chevr, sgr de Venteau,
demtes à Limoges, rue Croix-Neuve (S.-Michel-des-Lions). Elle était
assistée de Martial Blondeau, leur fils et frère de la future, chevr,
sgr marquis de Laurière, bon de Nouhailles et de Beauvais, sgr de
Venteau, La Linguaine, Marliaguet, le Chambon. Sur la dot de
30,000 l., 5,000 provenaient de la succession de Michel Blond., son
frère, gd chantre de l'égl. cathéd. de Montauban. 13,000 étaient
déléguées sur messire de La Rapidie de Tisseul, demt à Tisseul,
en Angoumois, qui les devait comme reste du prix de vente de sa
charge de trésorier de Fr. en la généralté de Limoges, à lui consentie par lad. dame. La sœur de la future s'unit à M. de La Lande
de St-Etne de Lavaud, d'où naquirent : le bon de St-Etienne, le victe
de La Lande, Elisabeth épouse de M. de Labiche, etc.

Blondeau porte : *d'azur à un lion d'or.*
Louis-Benoit de St-Martin, chevr de St-Louis, d'abord page du
roi à la gde écurie le 1er avril 1724 ; cornette au régimt de Luynes-
Chevreuse le 1er avril 1728 ; capne de cavie au régt de Chevreuse
1734 ; l'un des 200 chevau-légers de la garde du roi 1737-38 ; fut
blessé à la batlle de Dettinghen le 27 juin 1743. En effet nous avons
en original l'attestation ici copiée :

« *Le duc de Chaulnes*, 25 avril 1748, certifie que Louis Benoits de St-
Martin, chevr, sgr de Baignac, l'un des 200 chevau-légers de la cie des 200
de la garde ordinaire du roi.

A bien et exactement servi depuis le 15 mai 1738 jusqu'au 1er janv. 1746,
qu'il a eu brevet de relégué (retiré du service et pensionné).

Il a fait la campagne en 1742.

En 1743 il s'est trouvé au combat de Dettingen où il a été blessé d'un coup de feu dans le genoüil, et y a eu 2 chevaux tués sous lui.

Auparavant, il a servi 3 ans et 3 mois en qualité de page de la g^de écurie du roi, selon réception du 3 avril 1727 ; et ensuite de cornette dans le rég^t de Luynes-cav^ie 8 ans. » Né le 4 avr. 1711.

D'un mémoire judiciaire imprimé, s. d., il résulte que Louis-Benoit de St-M., chev^r de St-Louis, capit^ne de caval^ie à la suite de sa c^ie, tiers opposant à un arrêt du 28 avr. 1751, développe ses motifs de procès contre Anne Nouhalier, v^ve d'Amable-J^n-B^te Sègue de Buxerolle, et P^re Sèg. de la Valette, son fils. Mr de Bagnac fit hommage le 5 x^bre 1752, du fief de Puichemin (Arnac) — et Serveix (St-Amand) au marquis de Magnac.

Le 3 mars 1757, par double entre lui Louis-Benoit et F^ois de La Rie et Louise de St-Martin, conjoints, le 1er se déporte de la révocation faite par P^re St-M. leur père, de la constitution de 20,000 l. faite à Louise (1) et lui délaisse 2 mét^ies à Bezeaux, et celle de Chez-Peillau, avec le m^in de Gringallet (Pont-St-Martin) sur la Gartempe, et la xme sur chez Marcou.

Louis-Benoit, céda encore à sa sœur MARIE-MICHELLE de St-Martin, le 14 mai 1757, ses biens situés au Pin et à Chez-Chaput (Azat). Celle ci, fille majeure (célib^re) demeur^t au Dorat, pays régi par la coutume de Poitou, testa 27 9bre 1782, à La Berge, durant sa résidence et maladie au susdit chât. de Lauberge, sic, par. du Pont-St-Martin, en la sénéch^e de b. Marche, sous le ressort du parlem^t de Paris. Elle institua hér^ univ^l, son neveu, Jacq. de Larye, chev^r, sgr de Laberge, Château-Tison. Elle gratifia par donation testam^re, d^lle Marie-Michelle de Mancier, fille mineure, sa p^te nièce et filleule, d'une rente constituée de 100 liv. au capital de 2,000 l. due à la testatrice, par la v^ve ou les hér^rs de F^ois des Monstiers, chev^r, sgr d'Aubis et de La Valette. Signé J. Lafarge, n^re et de P^re Pinet, sacristin de St-Bonnet, etc.

Louis-Benoit, sgr de Bagnac, Villemexant, etc., vendit à d^lle J^ne de St-Martin, fille majeure, d^t au bg de Morterole, sa sgie de Martineix (Darnac, pour Arnac) soit m^on de maître et 2 dom^nes à Martineix, les m^ins de Lascoux et de V^lle Cour (Arnac) des étangs, rentes et x^mes, l'homage dû à ce fief par les vassaux en la par^sse d'Arnac aud. s^r de Martineix, lui-même de ce chef sous la suzeraineté du duc de Laval. Le prix était de 49,400 l. Acte devant Despouges,

(1) Elle donna le jour à Robert de La Rye, le 8 avr. 1750 ; et elle mourut à 64 ans, le 12 7bre 1778, au chât. de Laborie (St-Romain).

passé en la ville de Laval, cy-devant Magnac, ressort de b. Marche, le 27 mars 1761.

Et voici les volontés dernières de lad. J^ne, d^lle de Sarzay, Touverat, Martineix, propre aussi à Villevaleix, près St-Martin (St-Vaury) et au Mas-Brenier, par voie olographe du 1er 8bre 1763, à Morterol, avec dépôt par ses mains le 15 du même mois, en celles du n^re Chastenet. Leur manifestation eut lieu le 11 juin 1765, jour de sa mort à Morterol.

Je veux, dit-elle, sépulture en l'église de la par. où je mourrai, et 6 services ; plus 1,000 liv. de messes dans l'année ; je lègue 100 sét^rs de seigle aux pauvres de Morterol et des environs, avec 60 aunes de toile d'étoupe ; et 20 set^rs aux pauvres des alentours de mon bien de Tauvérat ; à mes domestiques un an de gage en sus de ce qui leur sera dû sur mon livre journal.

Plus, mes hardes et linge à Anne Barbarin, épouse de Louis de La Breuille, éc^r, s^r de Chantrezac, et à Marg^te-Antoinette *(sic)* leurs filles, épouse de J^n des Roches, éc^r, s^r de Chasset. Cette dernière aura 1/3 des biens propres que j'ai du chef de J^ne Cath^ne Sornin, ma mère, sis en la coutume de Poitou, à charge d'en laisser l'usufruit à sa mère, Anne Barb^n à laquelle je laisse pension de 100 l. qui après sa mort passera à Michelle de La Breuille, sa fille aînée, sa vie durant.

Je lègue la sgie de Martinet, à J^n St-Martin et Michel St-M., ce dernier mon filleul, tous 2 fils de Louis-Ben^t, s^r de Bag^e, lequel aura l'usufruit. Je lègue mes vignes de Villarnout (Chaumont, en Berry, proche Argenton) à Marie-Anne leur sœur et fille.

Je laisse mon *fief de Lacous*, soit la mét^ie dudit et rente noble sur Lacoux et Pelle-Chavant *(St-Bonet)*, à Louise S.-M., épouse Larie (susd.) à charge de payer 300 l. en viager à ma sœur Marie S.-M., fille de N.-D. à Limoges.

Je lègue à Louis-Benoit, Marie-Michelle et Louise de `St-M., épouse Larye, à eux 3, mes propres sis en Poitou, venant de mon père, avec rente sur m^ins du Brezaux (Bessines) et mét^ies de La Porte et du Breuil (Morterol) et celles de La Roche (Fromental).

Je lègue mon fief de Toverat, en *usufruit*, et rentes et x^mes, à Guil^me-Alexandre Barbarin, sgr du Bost, mon cousin ; et en *propriété* à Charles-Henri-Alex^dre Barb^n, off^r de marine, 2e fils de Guil^me-Alex^dre, lui substituant P^re-Louis-Alex^dre Barb^n son frère, off^r d'artill^ie. Je lègue mes meubles et acquets, sauf Martinet, aud. Guil^me-Alex. Barb^n du Bost, et fais exécut^r J.-B. Satène de Fromental, proc^r d'office de Morterol. »

Louis-Benoit dicta le 5 7bre 1765, au not^re Sénémaud, ses dispositions funèbres et mourut, le 8 7bre 1765, âgé d'env. 55 ans, muni des sacrem^ts de la Ste-Égl., inhumé le 9 en l'égl. de St-Bonnet.

Le 9 8bre suiv., Marie-Anne Blondeau, sa v^ve, donnait à ferme pour 7 ans, à J^n Riffaud, m^d meunier au Breuil-Ferand, son m^in dud., consistant en 2 roues, une à froment, une meulle épaisse de 6 pouces, et une roue à seigle, meulle de 11 pouces d'épaiss^r, plus 1 m^{in} à huille, 1 pille-mille (pile-mil) — et droit de passage de bateau (qu'elle réserve gratuit pour elle et ses gens). A la tutelle de leurs mineurs, 23 9bre 1765, comparurent : F^{ois} de La Rie, susd. oncle paternel ; F^{ois} de Couhet de Lusignant, chev, sgr de La Besge, y dem^t (Maysière), J.-B^{te} de La Lande, chev^r, sgr de Lavaud, S^t-Et^{ne}, Lerignac, Nuvilard, dem^t au chât. dudit (St-Bonet-La-Rivière) neveu maternel de la v^{ve}; Charles-F^{ois} Moulinier, éc^r, s^r du Moulin-Mortait (ailleurs M^{in} Matteaud) et de la Ribière, un des 200 gendarmes de la garde de sa majesté, dem^t à Bellac.

Faute d'hommage rendu à temps de leurs fiefs de Bellenesses, Bagnac, Touveras, ceux-ci furent un moment saisis le 6 août 1767 par le roi, sur la tête des hérit^{rs} mineurs St-Martin (1) puis libérés par l'accomplissement de cette formalité. La même v^{ve} acheta 17 7bre 1771 des pièces de terre à La Peyrière (St-Barbant) confrontant aux pastureaux de la dame de Paradis (Bussière-P.), v^{ve} du s^r de La Richerie. Marie-Anne Blondeau, v^{ve} St-Martin, fit hommage lige au marquis de Magnac, 22 juin 1774, pour la tenue noble des Thomas, au Servais (St-Amand) et pour Martinet, Puischemin, Feux (St-Amand). Les tenanciers de Feux, selon l'aveu de F^{ois} Moreau, d'Arnac, devaient un plein panier de choux. La même v^{ve} tutrice, adressa en 1777, supplique à l'intend^t du Lim^n pour être déchargée de sa capitation noble, l'inondation de l'hiver dernier, dit-elle, ayant emporté la chaussée de l'étang de Lacoux, partie du m^{in}, ce qui la met en dépense de 1,800 l. pour rebâtir ou pour poisson perdu et non. Elle vivait, toujours en même veuvage, le 17 janv. 1784, date d'un règlement pour le Martinet (Arnac-la-P.) avec son fils Michel.

Enfants du mariage St-Martin et de Marie Anne Blondeau, morte au Dorat, le 30 mai 1795 :

1° *Jean III*, aîné, dont l'article suivra les paragraphes détaillés relatifs à chacun de ses frères et sœurs ; 2° Michel, d'abord officier de cavalerie, ensuite devenu curé ; 3° *Jean-Baptiste*, cadet ; 4° Marie-Michelle, épouse Genty de Laborderie ; 5° Marie, unie aux de La Couture-Renon ; 6° Marie-Anne.

(1) Archives du château de La Planche (St-Hil.-Bonneval) à nous hospitalièrement communiquées par M^r le général Dufaure du Bessol, gendre De Voyon de La Planche.

2° *Michel de Sᵗ-Martin*

Naquit le 13 xᵇʳᵉ 1754, et eut pour parrain le 15 à Sᵗ-Bonet, Michel Blondeau, vicaire général de Mgr de Montauban, qui le fit porter sur les fonts baptismaux par messire Fᵒⁱˢ de Couhé(-Lusignan) ; et dˡˡᵉ Jⁿᵉ de Sᵗ-M.

« Page du roi en sa pᵗᵉ écurie depuis le 1ʳ aoust 1771, jusqu'à ce jour 1ᵉʳ avr. 1775 », d'après le certificat signé à cette dernière date par le duc de Coigny, « colonel général de dragon, 1ᵉʳ écuyer du roi, maréchal de ses camps et armées, » etc., attestant que Michel de Sᵗ-Martin de Bagnac, s'y est fort bien comporté pendant tout ce temps, nous voyons led. chevalʳ, sous-lieutᵗ de cavⁱᵉ au régᵗ de Bourgogne, sgr du Martinet pour 1/2, en 1784. Cette année-là, en effet, par sous-seing privé du 17 janv., il règle avec Marie Blondeau sa mère, vᵛᵉ Bagnac, leurs comptes du Martinet. Il est signalé le 28 août 1787, comme étant officier de cavalⁱᵉ au régᵗ de Bourgogne, à Sᵗ-Avolᵈ ; ainsi qu'en 1789 et le 12 janv. 1791. Il fit ensuite les guerres de l'émigration, durant lesquelles ses idées prenant un tout autre cours, il se mit à étudier la théologie sous la tente, aux rares intervalles des combats. Un de ses pieux manuscrits est daté du 6 juin 1796, d'Erfurt en Thuringe. Il reçut bientôt les ordres de prêtrise, desservit quelque temps, v. 1809, la paroisse de Lubersac (Corrèze), ancien siège d'archiprêtré, puis exerça le sᵗ ministère comme curé de Sᵗ-Bonnet, sa paroisse natale, de 1810 à 1821.

Le testament olographe de ce digne ecclésiastique, chevalʳ de Sᵗ-Louis, chanoine honoraire de Limoges, achève de le peindre. Nous ne résistons pas au plaisir de mettre en vue cette âme, sacerdotale s'il en fut.

20 août 1815. — J'institue hérⁱᵗʳ univˡ, Jⁿ-Bᵗᵉ de Sᵗ-M., mon frère le plus jeune ; à charge de donner aux paroissiens pauvres, les plus infirmes, 400 fr. et de faire dire pour 400 fr. de messes, non compris les obits d'usage ; de donner 100 fr. de messes pour mes défunts père et mère, et 100 fr. pour le repos de l'âme de ma sœur Marie-Anne.

Je lègue 2 messes pour moi, par an, durant la vie de mon hérⁱᵗʳ. Je quitte Jⁿ Sᵗ-M., mon frère aîné de ma légitime et de tout recours contre lui. Je donne 3 set. de rente à vie à ma servante.

Si le gouvernᵗ accorde indemnité pour bien nationˣ vendus, je double les legs de messes ou aumônes ci-dessus. Je lègue 72 fr. à donner à un ecclésiastique zélé qui voudra bien, par charité pour moi, se charger d'articuler mon nom, MICHEL, au 2ᵉ memento, chaque fois qu'il célébrera les sᵗˢ mystères.

Je prescris l'aumône d'1 set^r blé à mes enterr^t et quarantaine. Je veux qu'on habille à neuf et chaudement, l'an de mon décès, 2 personnes indigentes âgées et un enfant de 4 à 8 ans. Je lègue au curé de Bellac, 24 fr. pour les prisonniers.

Ce testament remis au président du trib^l de Bellac, sous « enveloppe cachettée avec une pastille », fut ouvert par lui le 23 août 1820, et déposé à F^{ois} Bastier, n^{re} en la même ville ; attendu le décès dud. curé de St-Bonnet du 20 août, amené par une fluxion de poitrine après les ostensions du Dorat.

3° *Jean-Baptiste*

Né le 4, et rené spirituellement (baptisé) le 5 janv. 1758, à St-Bonet, entre les bras de J.-B. Blondeau, colonel au rég^t de Viennecaval^{io}, et de Louise St-M., épouse Larye. Il fut nommé capitaine dans le régim^t de Lorraine-dragons, en 1784, et notre Jⁿ-B^{te} puîné, dépose le 11 mai 1784, 7,000 l. sur le prix de lad. place. L'année 1791, le trouve au même poste militaire. La canaille, peu avant le départ habituel de la famille pour les eaux minérales d'Aix-La-Chapelle (1), commença de se faire la main en brisant leur banc à l'église. Nos trois frères qui auraient eu si facile, comme on le voit, le maniement de leur vaillante épée contre ces quelques turbulents soudoyés, aimèrent mieux pardonner que de réprimer cette incartade. Jⁿ-Baptiste, plus connu sous le nom de *chevalier de St-Martin*, dut réprimer tout particulièrement le bouillonnement de son sang, à la nouvelle d'une si insolente rébellion ; car nous savons ce hardi suspect, tour à tour émigré, rentré, sorti des frontières, revenu, emprisonné à Saumur, échappant à 3 condamnations à mort, durant cette odyssée, qui ne rappelle que trop ce trait d'un martyr de l'honneur :

Le comte de Larye (2), d'abord émigré de Montagrier, pris de nostalgie en exil, ayant osé s'aventurer dans sa région natale aux doux paysages de la basse Gartempe, mais au plus fort de la terreur, trouva son petit manoir de La Berge pillé à fond, sa femme et ses filles mortes de frayeur ou de mauvais traitements. Ivre de douleur, il ne chercha plus dès lors à dissimuler sa présence au pays. Arrêté et traîné en prison à Limoges, où on appela du même coup plu-

---

(1) Ce départ de St-Bonnet pour les bords du Rhin s'effectua le 21 juin 1791.

(2) Jac. Larie-Château-Tison décapité 8 messid. an IV, place de la Révolⁿ, à Limog. [Arch. H.-V.; L, 893, p. 105, v°]. Note de M. l'abbé Lecler.

sieurs habitants pour les quest^r à son sujet, il fut charitablement
méconnu par eux. Mais on eut beau le supplier de taire lui aussi
son nom. Il s'écria dès le début de son interrogatoire : Non ! je ne
déshonorerai pas mes cheveux blancs par un mensonge ! je suis le
c^{te} de Larye, émigré Limousin. Condamné à mort, il refusa de
même l'évasion qu'on lui offrait, et fut presque la seule victime
immolée à Limoges par la Révolution.

Quant à son voisin et parent, Jⁿ-B^{te} St-M., il rentra à Bagnac,
d'où il fit à pied le voyage de Paris, pour y tenter toutes les dé-
marches possibles en vue de délivrer le prisonnier Larye. Il obtint
sa grâce, dit-on, mais n'ayant pu revenir de même en Limousin
qu'à petites journées, il ne serait arrivé à Limoges que le lendemain de la décapitation ; il trouva ses biens confisqués, parvint à
racheter le château et à reprendre quelques bribes du patrimoine, sur lesquelles il lui fallut d'entrée faire de l'agriculture
active pour vivre, chaussé de gros sabots et en pantalon de toile
d'étouppes. Il y vivait propriétaire, en 1824, un peu remis du
naufrage matériel, puisqu'il était chargé d'une cote de 808 fr.,
auprès de son neveu, ingénieur à Tulle (taxé pour 1,025 fr.) qu'il
fit son légat^{re} univ^l, le 27 mai 1826 ; à charge de distribuer d'accord
avec le curé de l'endroit 400 fr. aux pauvres de St-Bonnet, pour
leur logement. Il laissait encore sur la recommandation du chan^{ne}
son frère, 1,000 fr. en vue d'une école de frères de la doctrine chr. à
établir sinon à Bellac, du moins au Dorat. Il mourut, sans mariage,
chev^r de St-Louis, à Bagnac, le 2 janv. 1828, âgé de 68 ans, et son
testam^t fut rendu public à 5 jours de là.

4° *Marie-Michelle* St-Martin

Epousa par c. du 25 avr. 1774 (de Gab^l Senemaud, n^{re} royal à
Bellac), messire F^{ois}-Xav^r Genty, sgr de La Borderie (Peyrat), officier au rég^t de Belzunce-dragons, fils de défunts Guil^{me} G. sgr de
Lab., avoc^t, et de Marie-Berthe de Verdilhac, procédant sous l'au-
torité de F^{ois} Guyot, éc^r, sgr du Doignon, cap^{ne} de grenad^{rs} au
rég^t provincial de Poitou, chev^r de St-Louis, curateur aux causes,
dem^t le futur à Bellac et Guyot à Chapterie (St-Sauv^r). Dot
16,000 l. Jⁿ-J^h de Verdilhac, éc^r, sgr de Jou et des Plats, c^{ller} sec^{re}
du roy, présid^t, lieut^t général au siège royal de Bellac, y d^t, inter-
vint pour s'engager à la ratification par les futurs mineurs. Leur
bénédiction se fit en la chapelle castrale de Bagnac, le lendemain
en présence de F^{ois} de La Rie, éc^r, sgr de Châteautizon, Loberge, y
dem^t, oncle de la marié (1). Il y eut ratificⁿ des engag^{ts} pécuniaires,

(1) Regist. de Cathol^{té} du Pont-St-Martin, à la mairie de St-Bonnet.

le 1ᵉʳ fév. 1779. L'époux est alors qualifié d'écʳ, cˡⁱᵉʳ secʳᵉ du roy, présidᵗ, trésorier de France au bureau des finances de la générᵗᵉ de Limoges.

Trois ans plus tard, au 12 xᵇʳᵉ et en 1786, il est dit écʳ, etc., présidᵗ, lieutᵗ général du siège sénéchal de Bellac, y demᵗ en son hôtel. [*Registres des mairies de S.-Bonnet et de Darnac.*] Les de La Borderie, alliés notamment aux Lepelletier de Montigny, de Lauzon, de La Minière, au vicᵗᵉ de Tisseuil, etc., sont aujourd'hui représentés par le comte Julien de La Borderie, au château de La Glayolle (Lesterps), et par son fils. Ce dernier a été volontaire de l'Ouest en 1870, dans l'armée de Charrette, ainsi que son frère Alfred, ancien lieutenant des zouaves pontificaux. L'aîné des 3 frères, Hubert, prit aussi part très honorablement, dans l'infanterie de ligne, à l'inoubliable campagne de 1870-71.

5° *Marie de Saint-Martin*

Fit bénir son union, en la chapelle domestique et castrale de Bagnac, le 29 9ᵇʳᵉ 1774, avec noble Jⁿ-Bᵗᵉ-Antoine de La Couture-Renon, fils d'Antⁿᵉ, chevʳ, sgr de Bereix, et de dame Marie Pasquet de Lugé, demeurant au chât. de Bereix (Blond), en présence des oncle et cousin du marié ; Foⁱˢ Pasquet, écʳ, sgr de La Roumazière, officʳ au régᵗ provincial de Limoges, et noble Pʳᵉ de Mascureau, et du frère de la mariée J.-Bᵗᵉ Sᵗ-M. de Sarzay (1). L'époux Jⁿ de La C. fit à Beireix son testᵗ olog. 20 fév. 1791, faisant lad. Marie de Sᵗ-M. son exécutrice et usufruitière jusqu'à majorité de leurs enfants : Marie-Anne, légataire de 20,000 l., et Jⁿ, son hérʳ univˡ.

Les de La Couture-Renon, gentilshommes dès env. 1320 par filiation prouvée, mais remontant probabᵗ à 2 siècles plus haut, surtout avec l'opinion étymologique que nous avons, dérivant *Renon* de *Ranulphe*, tandis que M. Beauchet le tire de *Regnonis*, forme peu ou point usitée autour de Bellac : les La Couture, disons-nous, actuellement qualifiés bᵒⁿˢ de Beireix, portent : *d'or fretté de gueules*.

Les 3 générations qui suivirent l'alliance Sᵗ Martin en firent à leur tour avec mesdˡˡᵉˢ Du Rieux, de Coustin, de Roffignac et de Lostende. C'est de ce dernier mariage que naquirent : Georges et René et Marie, le 1ᵉʳ, zouave pontifical, puis lieutenant au 74ᵉ mobiles de la Hᵗᵉ-Vⁿᵉ en 1870, et le 2ᵉ (René, bᵒⁿ de Beireix, a épousé l'année suivante Marie de La Mairie. Marie épousa Conrad de La Salinière.

(1) Cahiers d'état civil ancⁿ à la mairie de Sᵗ-Bonnet. — Nadaud, III, 696.

6° *Marie-Anne de Saint-Martin*

Qui par test^t fait à l'étranger, à Liège, le 6 juin 1792, et déposé 30 mai 1825 à m^e Bastier, n^{re} à Bellac, prit pour hér^r son frère Michel. Elle mourut célibat^{re} à Bagnac, le 22 7bre 1812, et avait reçu l'eau sainte le 5 x^{bre} 1756, lendemain de sa venue au monde, sous le patronage du sgr de Sarzay, lieut^t-colonel, remplacé par M. J^n Junien de la Saumagne, et de Marianne Blondeau de Neuvic (H.-V.).

IX. JEAN III *de St Martin*, marquis de Bagnac, né le 26 et baptisé en l'égl. de S.-Bonnet-la-Marche, le 30 juil. 1753 ; il reçut pour parrain son g^d oncle, J^n St-M., éc^r, sgr de Sarzay, et marraine Louise Blondeau.

Sous le prénom de J^n-B^{te} qui parfois lui était donné à tort, outre que cela accroit les occasions de confusion de ses faits et gestes avec ceux de son cadet J^n-B^{te}, notre chef de nom et armes, Jean III, servit 3 ans dans les pages de la g^{de} écurie du roi, où il entra en juil. 1771, et de là fut reçu mousquetaire le 5 mai 1774, en la 2e c^{ie} du c^{te} de Montboissier dont il eut certificat très flatteur, pour y avoir servi « depuis 1774 jusqu'au licenciement de la c^{ie}, 23 x^{bre} 1775, avec honneur et exactitude ».

Il est prouvé que cela s'applique à lui J^n, quoique ici nommé J^n-B^{te}, et non au vrai J^n-B^{te} puîné, par la requête suivante :

J^n de St M. de Bag^c, chev^r, s^r dud., ancien page et de là mousquetaire, expose à l'intendant de Limoges, que n'ayant pas assès d'étendue pour la nourriture de ses chevaux (se souvenir du haras de Bagnac et de ce fait que l'élève du cheval limousin était vue avec faveur par le roi), il a été obligé de démembrer une terre de son dom^{ne} de Chès-le-Beille, contenant 9 arpents, mesure de Paris, confrontant à ses écuries et préclôtures. Et comme cette pièce de terre est quotisée à la taille d'exploitation de cette mét^{ie}, ayant intérêt de la faire distraire de cette imposition, d'autant mieux que sa *préclôture n'est pas remplie* (on passait en effet en franchise le vol du chapon, vraie zone milit^{re}, en effet, donc sujette à être improductive), il demande cette disjonction de la mét^{ie} (taillée, celle-là) et qu'elle soit annexée aux préclôt^{res}, s. d. — Le 14 août 1779, D'Aine, intend^t, renvoya le suppliant (pétition^{re}) à l'élection pour y remplir les formalités prescrites par les réglem^{ts}.

Il fut vers le même temps exécut^r testam^{re} avec Gaspard de Triollon, de feu Louis de Triollon, éc^r, s^r de La Brosse, frère de Gaspard, par test^t entériné à Civray. « J^n de St Martin, marquis de Bagnac », acheta le 15 juin 1784, du bgs F^{ois} Lafleur-de-Thoveyrat, un dom^{ne} à la Nigonerie (étymologie, *la terre de messire* (*N^r*) *Hugon*), pour 3,400 l. et lui provenant de s^r P^{re} Charreyron. Mais notre chev^r avait vendu par acte de Vidard et Lherbon, n^{res} au Dorat, du 29 x^{bre} 1782 (ailleurs 81, prob^t à tort), à maître Louis Jacquiaud, avoc^t, dem^t au Petit-Serzet (Mairé-l'Evescaut), acqué-reur pour lui et d^{lles} Madel^{ne} Tribert, sa mère, et Madel^{ne} Jacq., sa sœur, la sgie du G^d Serzet et la mét^{ie} d'Arteron, situées au village du G^d Serzet, ensemble la xme dite d'Arteron, le tout sis ès par. de Caunay, Mairé-l'Ev. et Pliboux (2 Sèvres). [*Chartrier de Bagnac et inv^{re} somm^{re} de la sénéch.de Civray,* pp. 111, 114.]

Le G^d Sarzet et lad. mét^{ie} relevaient du roi, comme châtelain de Civray, à homage lige, au devoir de 10 sols à mutation de sgr et d'homme ; et la x^{merie} d'Arteron de la sgie du P^t Sarzet, relev^t à homage plain et devoir de 5 sols à même mutation. Le prix en était de 18,500 l. de principal, plus 600 l.; et une cheminée de mar-bre, cintrée, avec un foyer, valant 200 l. arg^t, rendue au port de Salle, en deçça (deça), aux frais de Jacquiaud, comme épingles.

Le même St M. avait aliéné au 25 août 1781, à J^n Peyraud, un p^t dom^{ne} à La Rochette pour 4,000 l.; et pour 6,000 l. son fief des Mazeras (Folles), en pays coutumier le 13 8bre 1788 en faveur de Louis-J^h Desmarais qui émigra de son chât. du Chambon, possé-dant encore ces rentes à lui vendues.

Le 22 juin 1784, haut et puissant J^n St M., *sgr marquis de Baignac,* Bellenesse, Morterolle, Mazérat, Villemexand, Breuil-Ferrand, La Rochette, Logère, etc., anc^n page du roi, et l'un des 200 anciens mousquetaires noirs de Sa Majesté, fait hommage au roi, pour Bellenesse, Bagnac, Breuil-F^d, Villemaixent, Martineix, x^{mes} de St-Martial, mét^{ie} de Logère (St-Martial) et nomme rentes situées à Chez-le-Texier, *alias* v^x Bagnac, acquises en 1732 de M. de Berneuil ; rentes acquises en 1747 de J^n Moreau, s^r d'Izot ; de M. de Mallevaud, trésor^r en 1746 ; de J^n Guiot, s^r du P^t Champ, époux de Marie Taveau et de Ld Taveau, s^r de la Vigerie, etc., près Chez-Peru et Villemexant, s. d.

Il acheta 11 7bre 1788, de J^n Crouzaud, avoc^t à Bellac, sa mét^{ie} de Fouras (St-Bonnet) ; près du fief de Chez-Plument, aujourd'hui possédé par Mme la marquise d'Aligre, comme cohéritière avec son frère le marquis Gilbert de Préaulx, et sa sœur, la c^{tesse} Le Veneur de Tillières, de leur oncle le c^{te} Fernand de Preaulx, † 21 9bre 1891. Led. marquis figurant encore avec les mêmes qualific^{ns}, pro-tocole et énoncé de terres, en un acte reçu Léobardy, n^{re} à Morte-rol, le 6 avril 1785 (1) ; céda par échange du 12 avr. 1791 aux

---

(1) Et dans le tome VI des *Archives parlementaires,* p. 640, liste de la noblesse convoquée en 1789 en la sénéch. du Dorat.

conjoints Élie Gaïn, chirurg[n], et Marie Lherbon, du Dorat, ses domaines du Pin et de Chez-Chaput (Azat) et en reçut une maison de maître, *précloture,* enclos et corps de mét[ie], sis au bg de Lacroix, acquis par Charles-Ant[ne] Lherbon, n[re], selon c. reçu Vettelay de Bort, et ses confrères, n[res] au Dorat.

IX. Jean III DE S[t]-MARTIN de Bagnac

Alliance Lévis

« Haut et puissant J[n]-B[te] (*J[n] III*) *de S[t] Martin*, éc[r], chev[r], sgr *marquis de Bagnac*, Villemessant, Sarzai, etc. (comme dessus), fils à feu h[t] et puiss[t] Louis-Ben[t], etc., et de Marie-Anne de Blondeau, marquise de Bag[c], représentée par son cousin F[ois] Blondeau de Laurière, chev[r] de S[t] Louis, command[t] pour le roy à Barèges, Luz et S[t] Sauveur, habit[t] du chât. de Laurière en (h[t]) Limousin, *épousa* par c. du 23 avr. 1782, *Marie-Anne de* LÉVIS-GAUDIÈS, *fille de* feu h[t] et p[t] J[n]-Chrisante, *marquis de Lévis*, sgr baron *de Gaudiès, maréchal de la foy,* chev[r] de S.-Louis, command[t] la c[ie] des gardes de l'étendart réal, *et de Louise*-Elisab.-Vict[re] de LÉVIS-LERAN, marquise de Lévis-Gaudiès, à ce présente.

La future est assistée par son g[d] oncle Henry-Gaston *de Lévis, évéque* et sgr (temporel) *de Pamiès,* c[ller] du roi en tous ses conseils, président-né des Etats de la province de Foix, et par Marie de Lévis, sœur de la future marquise de Bagnac, dotée de 34,398 liv. 17 sols 8 deniers, et de plus avec la substitution (non évaluée) en sa faveur contenue au test[t] de Mme de Baillon, c[tesse] de La Tournelle, sa g[d] tante maternelle, en date du 21 mars 1779.

Témoins : Charl.-F[ois] de Monteils, archidiacre de l'égl. de Pamiès, abbé de S[t]-Uzès, vic[re] g[l] de Pamiès, y résid[t] ; Ciprien de Bellissen de Durba, sgr de Pradiers, résid[t] à La Bastide de Seron, et J[n] César (entendez Césaire, nom du s[t] évêq. d'Arles) de Lecomte de Saman, b[on] du Vernet, Chantereine et Bajoune, cosgr de Banjac, d[t] à Pamiès. Passé au palais épiscop[l] de Pam. Reçu Gardebost, n[re].

La future était née le 7 x[bre] 1754 : et à sa sœur née le 10 juil. 1753 à Pamiers, on suppléa les cérém[ies] du bapt[me] le 2 mai 1754. Il s'agit là probab[t] d'Adélaïde de Lévis (à coup sûr belle-sœur de notre marquis), laquelle perdit en 1790 son fils unique, ayant encore alors 2 filles. Elle mourut l'an VI, à Toulouse, v[ve] d'Henri-Bern[d]-Emman[l] Timbrune de Valence, laissant 1/6 de ses biens à M. de Palamini, son cousin germ[n], dem[t] à Loubère, près Tarbes.

On sait que la maison de Lévis-Mirepoix, maréchaux héréditaires de la foi (1), ducs de Lévis (près Versailles), ducs de Ventadour (Corrèze), de Dampville et de San Fernando, Luis, g^{ds} d'Espagne de 1re classe, *marquis* de Mirepoix, de Gaudiez, de Léran, de Poligny, de Château-Morand, c^{tes} de Villars, La Voûte (en Vivarais), de Châlus, de Quélus, b^{ons} de Coussau, etc., porte : *d'or, à 3 chevrons de sable.* Couronne ducale. Supports : *2 lions ;* et a pour devise : « *Aide Dieu* (Dieu aide) *au second chrétien* Lévis ! »

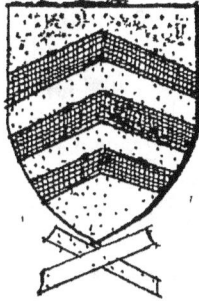

Cette illustre maison, divisée en 11 branches, a eu pour principaux personnages politiques : 1 vice-roi d'Amérique, 2 maréch^x de France, 3 lieut^{ts} gén^x, 8 chev^{rs} des ordres du roi, des ambassadeurs, 1 g^d m^e des eaux et forêts, 1 cardinal, 6 archevêq., 5 évêq., etc.

A une date non indiquée, mais à l'ouverture du branle-bas révolutionnaire, satanique et maçonnique dans ses agents, diabolique dans son but comme dans tous ses actes de division, férocité, corruption, vol officiel, suppression de tout lien entre les hommes, J^n et Michel de St Martin frères exposent aux offic^{rs} municip^x d'Arnac-la-Poste qu'ils ont une xme de 45 sét^{rs} seigle au Martineix, y compris le dixmerot de Commargnac, et 46 set. sur Le Braule, etc., plus plus un charnage de 24 agneaux et 8 cochons de lait;

(1) Le général de l'armée des Croisés, dite *Armée de la Foi,* s'adjoignit un puissant auxiliaire, Guy I de Lévis, que Simon de Montfort nomma, pour ses exploits 1212 contre les hérétiques albigeois, infectés de vices et d'erreurs antisociaux, maréchal de ces vaillantes troupes catholiques, en le gratifiant de considérables domaines confisqués sur les infidèles, et de la baronnie de Mirepoix, que le donataire hommagea 1226, à St-Louis. Voy. sur la maison deux fois ducale des Lévis, quantité d'ouvrages, mais plus simplement les *Vies des grands capitaines français du Moyen âge,* par Mazas. — Paris, Lecoffre, in-8, 1845.

et 2 dom^nes au Martineix, dîmés par autres qu'eux-mêmes cosgrs. Ils leur demandent donc l'estimation de cette xme pour la rapporter aux administrat^rs du district du Dorat et se faire liquider. La comptabilité du régisseur séquestre des biens de l'émigré J^n St Martin établit qu'au 24 janv. 1793, 22 pauvres vivaient à Bagnac, à raison d'1 liv. 1/2 de pain par jour. La Nation franc-maçonne, le 12 pluviôse an 2, jeta en pâture à ses adeptes, à bas prix, moy^t 22,000 l. en moyenne par domaine) mais selon un prix en papier-monnaie de singe, fictive et si variable qu'on ne saurait fixer ici aucune évaluation), les domaines suivants, adjugés à l'enchère simulée, sous la pique homicide coiffée de l'ignoble bonnet phrygien d'esclave ivre. Qu'on se rassure ! nous tairons les noms des acquéreurs, dont quelques-uns d'ailleurs, grâce à Dieu, restituèrent ou compensèrent plus tard. Domaines de Chez-Patois, Cros, St-Bonnet 2, Nigounerie, 2 mét^ies ; Barauderie, Bellenesse 2, Foras 2, Corbinerie, Chez-le-Baille, Laugère, Villemessant 2 et 1 tuilerie ; Villalet 2 et 1 borderie ; la Peyrière et Coudert (Arnac), Lacroix 2 ; le Breuil 1 et le m^in et celui des Prades ; La Porte à Bag^c et son étang, plus autre étg à la Bretonière ; m^in de Chez Nicaud ; le tout en les c^nes de St-Bonet, St-Martial, Arnac-la-P., Pont-St-M. et La Croix.

Jean III, sorti du royaume comme nous l'avons dit, fit la campagne de 1792 dans les mousquetaires noirs, 2e c^ie, à l'armée des princes. Rentré en France en 1799, il s'enrôla volontaire dans l'armée de M. de Frotté, division de Comarque, puis division d'Evreux, ainsi qu'il résulte d'un certificat émané de M. Hingant de St Maur, du 9 fructidor an VIII. Sa remise d'armes eut lieu le 28 mai 1800 entre les mains du général Champeaux, au chef-lieu du dép^t de l'Eure, après que son chef eut été fusillé à Verneuil. Plusieurs fois blessé, condamné à mort, J^n de St-Martin subit l'incarcération au Temple à Paris, du 24 janv. 1801 au 5 juin suiv^t. Il esquiva la mort par la bienveillance d'un soldat de garde du parti républicain, en faction à la porte d'une église où on avait enfermé le s^r de Bagnac avec d'autres victimes destinées à périr. Au moment où partie de ses co-détenus défilait par une porte, comme il voulut suivre ce mouvement de sortie, le factionnaire contrefaisant le bourru, le prit brusquement par les épaules avec une apparente brutalité et le repoussa vers une autre porte, celle du salut, en lui criant : « Passe à l'autre, b.... ! d'aristo ! » L'instant d'après, l'heureux bousculé comprit à la fusillade qui éclata de l'autre côté de la funeste porte qu'il avait pris la bonne issue grâce à un sauveur anonyme, quelque obscur compatriote ou tenancier peut-être.

Reçu maréchal des logis en pied (grade équivalent à celui d'offic^r supé^r) à la 2e c^ie des mousquetaires de la garde du roi, le 22 juill.

1814, le marquis de Bagnac créé cheval^r de St-Louis à 2 mois de là, eut l'an d'après son brevet de garde-major (1) pour tenir rang cependant, du 10 mai 1798, et fut retraité lieut^t-colonel, au 29 x^{bre} 1815.

S. d. v. 1814 *Reçu* du marquis de Bag^c, maréch^l des log. des mousq^{res} : 2 brevets provisoires de MM. de Bag^c et de Rofignac, concernant la garde nat^{le} à cheval, que je joindrai à leurs états de service pour la décoration *du Lys*, avec liseret, lorsqu'ils me les auront envoyés.

Ch. de LAGUÉE

Adjudant-major du 1er escadron de la garde à cheval,
b^d Poissonnière, 22, Paris.

Son brevet de la fleur de lys fut signé 24 août 1814.

J^n St-Martin, acheta en 1812 le dom^{ne} de Bellenesse de J^h Lafaye.

Nous avons certificat de Badou, sous-préfet de Bellac, daté du 10 fév. an X, attestant que la citoy^{ne} Marie-Anne Lévis-Gaudiés, (dont un extrait d'état-civil défigure authentiquement le nom en La Rigaudie !) a été rayée définitivem^t de la liste des émigrés, par arrêté du ministre de la police générale, du 6 messidor an IX. Elle mourut le 12 janv. 1818. et son mari le 30 juin 1824, propriét^{re} de par la marquise, de la terre de Cuq, avec ses mét^{ies}, m^{ins} à vent et à eau, près Astafort (Lot-et-Gar^{ne} à propos desquels biens, partage était intervenu entre ces ép^x et Mr J^h Thérèse de Lévis, habitant à Long-pré (Varilles, Ariège).

Si nos épouvantables persécutions intestines de la fin du siècle dernier avaient appauvri les marquis et marquise de Bagnac, en minant pour jamais leur santé, elles ne purent affaiblir leur vaillance d'âme, trempée par le malheur même. Et l'on eut ce fortifiant spectacle d'une Lévis, forcée 2 fois de recourir le front haut à des certificats d'indigence pour les eaux minérales, tandis que d'autre part, le marquis, adonné sur le tard à la médecine, 1/2 par besoin à prévoir, 1/2 par bienfaisance et assistance ancienne des nécessiteux, obtenait certificats le 19 ventose an 12, des maires de La Croix, St-Sornin, Darnac, Peyrat, St-Bonnet, et du c^{on} de Bellac, et du d^r Teylaud, de Bellac, attestant qu'il avait, lui J^n St-Martin, obtenu d'éclatants succès, durant 3 ans de consultations gratuites, au cours d'épidémie dyssentérique en ces c^{nes}. Dumas, professeur-

---

(1) « Louis, roi, etc., prenant entière confiance dans les talens, valeur, bonne conduite, fidélité et affection à notre service du marquis de Bagnac (J^n St-Martin), maréchal, etc., aux mousquetaires de notre garde, lui avons conféré et conférons le grade de major, etc., 22 août 1816, signé Louis. Par le roi, le ministre de la guerre : *Gouvion-St-Cyr.*

commiss^re de l'école de méd^ne de Montpellier, présid^t du jury médical de la H^te-V^ne, l'avait d'ailleurs, comme il va sans dire, autorisé le 2 brumaire an 13, à continuer de donner comme off^r de santé, des secours aux malades de son arrond^t.

Du mariage de J^n III et de Marie de Lévis, provinrent :

1° Henry-Gaston-F^ois de St-Martin, dont l'article suivra au § X.

2° *Michel-Victor*, né à Bagnac et baptisé le 29 juil. 1785, en présence de son père, reçut pour parrain Michel de St-M., cheval^r de Bagnac, offic^r de cav^ie, et pour marraine, Mme Louise-Elizabeth-Victoire de Lévis-Lérand, marquise de Lévis-Gaudier, son ayeulle maternelle ; — « pour et au nom desquels l'enfant a été tenu sur les fonts de baptesme, par Guy-Henry, marquis de Lévis, maréchal héréd^re de la foy », ci-après et par d^lle Marie-Anne de St-M. de Bagnac. Acte à la mairie de St-Bonnet, cahier des actes baptistaires, mortuaires et de mariage de la par. de St-B^t du dit an, 9e feuillet, verso, signé du vic^te de Nollet, du marquis de Lévis, de Marie-Anne et du curé Aubugeois. Elevé dans l'exil, au duché de Brunswick, Michel-Victor, rentré avec ses parents en 1799 ; reçu chevalier de Malte, avec dispense de minorité, le 13 mars 1786, par Emmanuel de Rohan et Louis d'Almeyda, g^ds m^es de l'ordre ; il était élève à l'école polytechnique le 2 frim^re an IX, sous-lieut^t du génie, 25 frim. an XII, lieut^t 1808, eut 2 chev^x tués sous lui à Eylau. Blessé au siège de Saragosse, il était cap^ne en second du génie, le 17 7bre 1812, à l'état-major du 1er corps de l'armée d'Espagne, capitaine en 1er, le 24 juil. 1813 (1), chef de bat^on du génie, employé à l'armée d'Espagne, au 4 janv. 1814. Michel-Victor, eut la tête emportée par un boulet de canon à la sortie du village de Cazères, H^te-Gar^ne, le 2 mars 1814. Johane N..., son fidèle suivant d'outre-Rhin, vint achever ses jours en dévoué service à Bagnac, après avoir ramené les chevaux et rapporté les armes glorieuses du cadet de Bagnac. On a de Michel-Victor, cette fière réponse à son ancien camarade de régiment, à Bernadotte, qui devenu roi de Suède, le conviait à le suivre avec le grade de général : « *Je te remercie, Bernadotte, je veux vivre et mourir au service de mon pays !* »

3° Guy-Henry-Joseph-Marie-Auguste, né à Bagnac le 7, baptisé le 8 8bre 1786, auquel servit de parrain, Guy-Henry-J^h-Thérèse, marquis de Lévis-Gaudiès, maréchal de la foi, mestre de camp au régi-

---

(1) Eut ordre du général de div^n, b^on de Héré, pour mettre à l'abri d'un coup de main les c^nes de St-Palais, Mauléon et Oloron, d'y fermer les issues, établir des barricades et créneler les maisons ou murs de clôture au débouché des routes.

ment du Maine, oncle maternel du baptisé, mais qui n'ayant pù venir à St-Bonnet, se fit représenter par l'infortunée victime de 93 dont nous avons parlé, messire Jacq. de La Rye, chev^r sgr de Château-Tison, Loberge, Peytaveau ; Lascoux (St-Bonet) et autres places, l'un des chevau-légers de la garde ordinaire du roi. L'enfant eut pour mère spirituelle sa tante paternelle, Marie-Anne de St-M., mais s'éteignit en nourrice à Bellenesse, âgé de 2 mois à peine, le 2 x^{bre}, et eut sépulture le 3. [Mairie de St-Bonnet].

4° Elisa de St-M., née 7 août 1794, baptisée le 8, à N.-D. de Dusseldorf ; † à 11 ans au chât. de Bagnac.

X. Henry-Gaston-F^{ois} DE St-MARTIN, marquis de Bagnac

Porté au baptême, le 12 may 1784, après naissance du 11, en l'église de St-Maurice de la cité, à Limoges, par « Mgr Henry-
» Gaston de Lévis-Leiran, évesque de Pamiers, remplacé par F^{ois}
» Blondeau, etc. et par d^{lle} Marie-Anne de St-Martin, toutes fois
» comme représent^t dame Marie-Anne de Blondeau, v^{ve} de mes-
» sire Louis-Benoit de St-Martin, marquis de Bagnac, signé : Péti-
» niaud, curé. — Transcrit au cahier de catholicité de St-Bonnet
» de 1784, 6e feuillet et son annexe ».

Cet enfant fut mis en traitement de 1793 à 97 pour atrophie d'une jambe. De retour en France avec sa famille, il aborda fermement avec 200 fr. ses études à Paris, donna des leçons tout en s'instruisant lui-même et rendit ainsi profitable à son esprit cette pauvreté de ressources matérielles, dont l'abondance annule la vie luxueuse et molle de tel et tel châtelain, ici et là. Sorti avec le n° 2 de l'école polytechnique 1803, il dût opter, par suite de lad. persistante infirmité (paralysie, claudication) pour les ponts et chaussées ; en sorte qu'il y était ingénieur à St-Omer et Montreuil-sur-Mer (Pas-de-Calais), le 20 janv^r 1810-1812 ; ingénieur en chef des p. et ch^{ées} de la Corrèze, à Tulle, 1816-1826, Limoges, Angoulême, Poitiers, de 1827 au 22 août 1834, date de sa mise dans la réserve par le dir^r général.

Gaston, marquis de Bagnac, obtint le 31 août 1827, sur sa demande du 2 juin 1825, pour dépossession de Jⁿ son père † le 29 juin précédent, dont il était alors fils unique et hér^r, une indemnité nationale de 242, 978 fr. 86. Parmi les indemnisés du voisinage, notons Lafleur de Toveyras, X. Texier, X. Fayaud pour filature de coton, etc. Jⁿ III, n'était en effet, au retour en France, rentré en possession que de quelques hectares de landes invendues, tandis que le cheval[r] son frère, leur hôte à tous, avait utilement revendiqué du gouvern[t] pour sa légitime, le château de Bagnac, à peu près nu, quelques bribes de terres à méteil au voisinage, 2 m[ins] et le p[t] dom[ne] de Lacroix, nommé La Borde.

Grand et de taille assez fournie, Gaston de St-Martin avait une figure distinguée, un profil accentué, de grands beaux yeux noirs. Une pleurésie de 3 jours emporta à 55 ans, le 16 mars 1841, ce charitable et sincère chrétien, homme de devoir et de travail. Il avait pris pour compagne, par mariage effectué selon c. reçu Pinard, n[re] à Vraigues, près Sancerre, le 17 8bre 1820, Angèle de Barberin, sa cousine, fille majeure de feu Marie-Antoine, c[te] de Barb[n], anc[n] cap[ne] ds cav[ie], chambellan du roi de Prusse, et de Agathe-Marie-Ferdinande Viney, demeur[t] toutes 2 à Vesoul, mais en résidence au chât. de Crésancy. Des deux enfants issus de cette union, le cadet Louis, mourut à 11 mois, le 10 8bre 1828, et J.-B. Antony, né (à 7 mois de gestation) et baptisé le 6 avril 1826, demeura ainsi leur unique fils. Leur mère mourut à 37 ans, le 8 8bre 1837, après test[t] olog. en faveur de son mari, du 30 7bre précédent.

Par ces dispositions la marquise déclara que son mari avait payé la terre de Juniat de ses deniers à lui, provenant de ses indemnités nationales de confiscation.

Juniat, en Poitou, par. d'Asnières, est un fief composé d'un logis avec préclôtures, 4 mét[ies] et une borderie, avec les x[mes] de la Brunetière et diverses rentes, mouvant principal[t] de La Mothe d'Autefac, et en partie du marquisat de L'Isle-Jourdain ou des sgies des Plats, La Mondie et du prieur du Theil. Cette terre de Juniat, constituée par les domaines du logis, de Laporte, La G[ge]-N[ve], La Châtillonne, du Barillaud ou Chez-Bourliaud, et de la Borderie, fut aliénée à toujours, pour 55,086 fr. meubles inclus, le 29 9bre 1778, par Phil. Pastoureau, éc[r], sgr de La Brandière et du Puinode, y d[t] (Ambernac), mand[re] de Louis Pastoureau, éc[r], sgr de La Boulandière, ancien garde du corps du roi, chev[r] de St-Louis, major de la place d'Amiens, et de Marie-Madel[ne]-Marg[te] Du Rieux, conj[ts], d[ts] à Amiens, rue des Sergents, par. S.-Martin, à Radeg[de] de Marcillac, v[ve] de J[n] Marie de La Broue, chev[r], sgr, c[te] de Vareilles, maréch[l] des camps, etc., d[t] au chât. de Var[les] (Availles), reçu Pascaud, et passé à Confolens, en la m[on] de Thibaud de Marcillac d'Oradour, éc[r], — et les coh[rs] Labroue de Vareilles et les vic[tes] de Crémoux, de Périgueux (Augustin de C., représenté par P[re] *Bourbeau, jeune,* n[re]), venants comme h[rs] de leur mère, Anne-J[ne] Labroue, partagent le 26 fructidor an VII, et Juniat « départ[t] de la *basse* V[ne] » et d'autres biens. Or Juniat, échu en lotissement aux Crémoux, fut vendu par eux 90,000 fr., le 4 9bre 1828, à Gaston de Bagnac. La famille

Mairine a gardé en ferme plus de 50 ans Juniat, encore possédé par la succession du marquis Anthony de Bagnac.

La très bonne (1) et pieuse mère de ce dernier ajoutait dans son test^t la demande d'une messe par semaine, le samedi, 3 ans durant, priant le vénérable g^d vic^{re} de Poitiers, Mr Chalvet de Rochemonteix (Cantal) de s'en charger, ainsi que de faire faire à son très cher fils Anthony, bientôt doublement orphelin, sa 1ère communion. Elle laissait à l'enfant le soin de continuer la pension dont Mr de Rochemonteix alimentait par elle un vieux pauvre. Suivaient d'autres legs d'aumônes et ce souci trop disparu d'assurer ou améliorer le sort de fidèles domestiques.

On nous pardonnera de feuilleter indiscrètement encore, en public, cet autre édifiant cahier funèbre et vrai livre de vie cependant du marquis Gaston, quoiqu'il date presque de nos jours, 15 mars 1841. Par ce test^t mystique, déposé dans les minutes de Me Vacherie, n^{re} à St-Bonnet, par ordonnance du présid^t de Bellac, du 23 mars, même année, le de cujus demande au conseil de famille de nommer tuteur d'Antony, Mr de Charpentier, de Blanzac (2), et subrogé tuteur, M^r le c^{te} Auguste de Montbron. Sans oublier ses serviteurs qui vieillissaient immuables au foyer, comme ses fermiers autour de lui, il lègue 800 fr. à l'hôpital de Bellac; et 1,500 fr. à lad. ville dans le cas seulem^t où elle aurait des frères ou des religieuses tenant école. Il engage son fils à donner 15 hectol. de méture par an à sa c^{ne} de St-Bonnet, et lègue 100 fr. par an à celle de Brillac, 100 fr. à celle d'Esse, 50 fr. à celle de Luchapt, 40 fr. à celle de Cuq (Lot-et-G.), le tout pour de pauvres gens. Il donne un souvenir amical à M. Henri de Labiche, 1,500 fr. à l'hôpital du Dorat, dont 1/3 sera destiné aux religieuses qui allaient alors s'établir à St-Bonnet. Il exprime enfin le vœu que Mr de Charpentier s'adjoigne pour gérer la fortune d'Antony, Mr Eutrope de Plaisance, dont il fixe les honor^{res} à 1,200 fr. par an, n'ayant pu lui en faire accepter 3,000, outre ses frais de voyage comme mentor de son fils.

(1) Quelques traits pour achever la démonstration d'ailleurs inutile ici même. Mme de Bagnac, n'hésita point durant l'épidémie de 1832, à visiter une famille amie de Bellac, atteinte pourtant du choléra. Elle ramena même de cette ville auprès du sien les enfants de cette maison. — On raconte encore après 60 ans, qu'on la surprit un jour, comme ma pauvre mère, donnant à une pauvresse, l'un de ses jupons qu'elle avait dépouillé dans un chemin creux. — Elle accueillit la nouvelle de l'héritage du Bost, terre d'un revenu de 11,000 l., par cet élan de cœur: « *Enfin, nous allons pouvoir faire l'aumône à notre aise !* »

(2) Notons un J.-B. Charpentier, c^{ller} du roi, rapporteur du point d'honneur, hab^t Lesterps 1767-87. [Arch. H.-V., b. 5].

Un mot sur M. de Plaisance

M. Félix-Eutrope du Fénieux de Plaisance, dem* à Ralais 1841 ; ailleurs chez Ralaud (Darnat) en 1845, prit donc la gestion des biens de la maison de Bagnac, et y habita jusqu'à son décès survenu à 80 ans, le 25 juin 1885. Ce gentilhomme aussi désintéressé qu'entendu aux affaires, portait : *d'azur au* PHÉNIX *(parlant), essorant d'or, becqué et membré de gueules, posé sur la corne dextre d'un croissant d'argent, au chef cousu de gueules, chargé de trois étoiles d'or* (1). Ses ancêtres furent sgrs de Bourgneuf et de Bioussat (Châteauponsac) 1675, de Plaisance (Vienne), de Lalanne 1808; de l'Age (Saulgé) 1829, etc. La révolution avait aussi fait ressentir son contre-coup dans la maison de son père, Gaspard-Joachim du Fénieux de Plaisance (Moulismes) dont était v^ve avec nombreux enfants au 19 mai 1829 (4 garçons et 3 filles) Marg^te-Julie de Verrines de La Valette.

XI. J.-B^te-Anthony DE St-MARTIN, *marquis* de Bagnac

renonça à la carrière militaire à cause de la révolution de 1830 et de ses tristes conséquences, et cependant une place aux pages avait été promise pour lui en 1829 à ses parents. On l'émancipa à 18 ans, le 10 juil. 1844, en conseil de famille, sur délibération de M. P^re-Alex^dre de Charpentier, prop^re à Blanzac, et de ses parents au 6e degré, savoir : Jacq.-J^n-Justin Genty de La Borderie, prop^re à Bellac, 33 ans ; F^ois Xav^r Genty de Labord^ie, prop^re à La Glayolle (Lesterps) ; J^h-Charles-Gédéon-Albéric de Roffignac, du chât. de Sannat (St-Junien-les-Combes) appelé au lieu et place d'Alex^dre de La Couture-Renon de Beir^x d^t à Beir^x (Blond) malade. Le c^te Aug^te de Montbron y fut nommé curateur.

Majeur, le marquis J.-B.-An^ne de Bag^c épousa selon cont^t reçu Cloquemin, n^re à Buzançais (Indre), d^lle Marie-Bathilde-Anna-Bella de Preaulx, demeur^t au château de Gratin (Chezelles), fille majeure de M. Charles-J^h, c^te de Preaulx, anc^n cap^ne aux cuirassiers de la garde royale, chev^r de la Lég^n d'hon^r et d'Anne-Alexandrine-Elise Guilloteau de Grandeffe, décédés. La future s'y constitua sa terre de Gratin, château, réserve, domaine et bois de 109 hectares ; une rente sur la succession d'Anne du Mesnil, v^ve du c^te de Baillivy, du

(1) *Généalogie du Breuil,* par M. l'abbé Lecler, p. 35.

chât. de Pierrefitte (Auzouer, Indre-et-L.), des créances et meubles, etc. L'époux apportait des inscriptions de rente, fonds d'état, etc. lad. terre de Juniat en 5 dom^nes; la borderie de Chez-Peyraud (Mézières); la terre de Bagnac soit : chât. réserve, 3 dom^nes et 2 m^ins; plus les dom^ne et m^in de Lacroix ; le domaine des Fosses et des Bois-du-Mas (Mézières) acquis par lui en mars 1848 devant Vacherie ; — plus la terre du Bóst (Esse) en 13 dom^nes, héritée par lui de sa tante maternelle, la c^tesse de Préville, dont il fut légat^re univ^l par le moyen d'Angèle de Barberin, mère d'Antony. Pour détailler par le menu les dernières transmissions relatives au Bost, il faut expliquer au lecteur que Marie-Ant^ne de Barberin, décoré de la † de St-Louis, domicilié à Paris, rue du Bac, fit donation pour provision de corps, devant Gondoin, n^re à Paris, le 18 juil. 1792, à Ant^te-Marie-Guil^me de Barb^n, sa fille, épouse de L. Cl., c^te de Préville (Voyez au chapitre spécial de la *généal. Barb^n*) demeurants en la terre dud. Préville, appelée Touche-Noire (c^ne de Gehée, Indre, district de Châtillon-sur-Indre), la terre du Bost (ès par. d'Esse, Brillat, S.-Germ^n S. V. et voisines) à charge par elle de satisfaire ses créanciers, de se déclarer duement apportionnée, et de lui servir pension viagère de 3,000 l. par provision de corps. Les époux Terrier de Montciel intervinrent pour approbation. La c^tesse de Préville, en suite de ce, testa 2 fois et à Paris avec dépôt chez Gondoin en 1835, 1° le 6 7bre 1833, 2° 22 août 34, par lesquels elle institua Angèle Barb^n, épouse Bag^c, sa lég^re univ. lui léguant la nue-propriété du Bost, et léguant à M. de Bridieu les biens du Berry. L'invent^re de Mme de Préville est du 18 mai 1835; car elle était morte sa v^ve, à Paris le 21 avr. précéd^t. Lad. c^tesse Prév. avait donné de son vivant, mais payable après sa mort, 1° à lad. marq^se Angèle, 40 000 fr. en son c. mar. avec Gaston de Bag^c, reçu Pinard, n^re à Vorgues (Cher), 17 8bre 1820. 2° 10,000 fr. à Amélie de Lemon, épouse de Louis-Edouard de Salvaing de Boissieu, c^ller auditeur à la cour royale de Paris, en leur c. mar., reçu Vavin, n^re à Paris, 18 avr. 1832. 3° 20.000 fr. à Mme de Bridieu.

Revenons au c. de mar. du marquis Antony avec Mlle de Préaux, passé à Gratin (Chezelles, Indre) le 24 mai 1852 (bénédiction du 26). Il eut pour témoins : de l'ép^x, ses amis : le c^te Auguste-Théodore de Montbron, propriét^re au château de Chauffaille (Coussac-Bonneval) et Jacq.-Gust. de Perlat, dem^t au chât. de Sarailhac, H.-V. Furent présents du côté de l'épouse : 1° le c^te Raoul Guilloteau de Grandeffe, oncle maternel, d^t Paris, rue S.-Honoré, 373. 2° Marie-Charlotte-Bathilde de Guilloteau de Grandeffe, épouse de M. Bouchet de Grandmay, propr^e au chât. de G^d May (Aiffre, 2 Sèv.), tante maternelle. 3° Mme Marie-Louise-Aurore Guilloteau de Grandeffe, épouse du vic^{te} du Fay, dem^{ts} au chât. de La Taillée (Echiré, près Niort), tante maternelle. 4° le c^{te} Gaston de Preaulx, dem^t à Gratin. 5° le vic^{te} Fernand de Pr., ses frères germains. 6° d^{lle} Marie-Elisab. du Fay. 7° Armand-Raoul-Arthur de Grandeffe, ses cousins germ^{ns}.

Le 11 janv. 1850 il fut donné quittance par M. J.-B.-Théodore Dumonthé de Lambertie, veuf de Louise de-Larye de Château-Tison, prop^{re} à Roumazières, Char^{te}, et ses enfants : Charles-Aimé, et Marie, épouse de M. Aubin Barbot d'H^{te} Claire, prop^{re} à La Rochefoucaud, tous comme h^{rs} de Marie de Larye, décédée, épouse de M. X. Chemison de Recoudert, à Antony de Bag^c de somme due par son père, comme détenteur d'immeubles provenant des des Monstiers d'Auby, sur lesquels les Dumonthé, ailleurs du Monter de l'Amb^{ie}, avaient une rente dès 1833.

Le 24 juillet 1865, par acte de m^e Constancin, n^{re} et maire de Mézières, s^r J^h Marcoux et sa femme, prop^{res} à Ste-Anne, c^{ne} de Mézières, vendirent à Bathilde de Preaux, marquise de Bagnac, autorisée de son mari, etc. la chapelle de Ste-Anne, sise aud. lieu, siège d'une ancienne commanderie de Malte, ce qui explique la présence et la position de ce lieu de dévotion en plein bois, à portée des routes cependant dont ces chevaliers avaient la protection séculaire. Le prix en était de 3.100 fr. Ce pieux édifice provenait à Marcoux, de P^{re} M., son père, qui l'avait acquis avec le dom^{ne}, de P^{re}-Aimé d'Anglard, négoc^t à Eymoutiers, moy^t 13,000 fr. le 26 fév. 1841. Ce dernier le tenait de son père P^{re} (gendre Lafleur), acquéreur le 9 mai 1811 de Martial Guilhaud, avoc^t d'Orad^r-s.-Glane, lui-même ayant droit par achat du 23 8bre 1810 du s^r P^{re} Labuze, prop^{re} de ces immeub. selon partage de ses père et mère du 23 floréal an IV.

Cette chapelle Ste-Anne-de-*Taniers*, surnom ancien dû aux abondantes tanières à blaireaux (taissons) de ces g^{ds} taillis (1) est l'objet d'un pèlerinage très couru, avec frairie le dimanche qui suit le 26 juillet. La dévotion populaire s'y exerce particulièrement en immersions à la fontaine de la s^{te}, en procession aux croix de carrefour du bois contigu, s'y traduit en ex-voto naïfs. Les protestants avaient menacé de faire de ce rendez-vous catholique, un temple. Ce fut pour parer à ce péril que M. de Bagnac s'empressa de faire sien cet édifice, délabré à l'égal d'une grange de paysan, et qu'il le restaura aussitôt pour une somme équivalente au prix d'achat. La fête y fut célébrée par une affluence inusitée. Un ministre protes-

(1) Voyez ma carte féodale du Limⁿ, Marche, etc., dessinée par M. le b^{on} Marc de Maynard de Chaussenège, 1889.

tant accouru de son côté pour y tenter une réunion avec prêche, échoua complètement et se rabattit sur Bezeaux dont l'ex-chapelle prieurale faillit devenir pour l'hérésie un noyau, après un an d'efforts calvinistes. En 1867, Mgr Fruchaud s'étant rendu à Ste-Anne, la fête attira plusieurs milliers de pèlerins. Chaque anniversaire y ramenait ainsi M. de Bagnac et ses pieux invités. Dévotions faites on mangeait gaiement sur l'herbe, après avoir devisé de ses espérances ; heureux contrepoids aux soucis du présent, puis on se reprenait aux vêpres, terminées de bon cœur par le fameux psaume du roi David : *Exaudiat !* dont le dernier chaleureux verset : *domine, salvum fac regem !* n'était pas négligé. On l'avait chanté annuellement sous l'Empire, on l'entonna de même sous la République. Mais en 1879, le député bellacois Labuze, ancⁿ élève des Jésuites, *horresco referens !* veillait pour le salut de Marianne. D'où procès retentissant devant les juges de Bellac, avec auditoire de choix, contre des accusés peu contrits : le marquis de Bagnac, M. Génébrias de Gouttepaguon, et le vicaire de Peyrat qui avait officié, tous trois assistés d'orateurs qu'il suffira de nommer : m^{es} Ernoul, l'ancien ministre; M. de Monvallier; — et d'un vétéran du barreau, m^r de Gouttepagnon. Plus fiers sur leur sellette que les juges dans leur fauteuil, nos inculpés refusèrent d'échanger ce siège d'honneur contre les places qu'on offrit avec insistance à ces MM. sur le banc des avocats. On condamna chacun des 2 premiers à 100 fr. d'amende pour cris séditieux, et M. l'abbé fut acquitté. M. de Bagnac endossa ce verdict républicain aussi gaiement que les 2 sentences de Bellac et de la cour de Limoges, du 12 août 1848, lors de son refus de payer l'impôt de 45 centimes. Celles-ci avec les saisies fiscales de ses bestiaux, lui concilièrent la faveur générale, et si cette leçon au pouvoir lui coûta 500 fr., il y gagna d'avoir triomphé de l'injustice.

D'acclamation, les gens de S.-Bonnet le nommèrent capitaine de leur garde nationale en 1848, ne sachant comment lui témoigner autrement leur gratitude de taillables dégrevés par son énergie. Non content de céder annuellement au simple vœu de son père, en servant des rentes aux bureaux de bienfaisance de Brillac et de 4 autres c^{nes} (comme en témoigne une lettre de remercîm^{ts} de M. Durier, maire charentais, du 34 8bre 1886, etc.) le marquis Antony de Bagnac établit chez lui, aussi bien qu'en Angoumois, un grenier de secours. Par ce prêt de céréales, où se vérifia une fois de plus, comme on peut le penser, ce charmant dicton retourné : *Qui prête au pauvre, donne à Dieu !* une foule de petites gens purent passer, sinon sans alarmes, du moins sans trop de privations les années 1847 et 1855. Nous avons eu sous les yeux cet émouvant défilé de noms, cette comptabilité pour la forme, dont les têtes de colonnes portent : 1º *Liste de gens pauvres du Mas-du-Bos*, d'ici, de là ; 2º colonne : *Nombre d'enfants* ; 3º *Observations* ; 4º *Gens ayant besoin de bled*, etc. Céleste litanie, en vérité, où la voix des infirmes : *secourez-nous, sauvez-nous !* semble encore aujourd'hui faire écho au cri joyeux de l'enfance rassasiée, comme à l'incessante réponse de notre miséricordieux couple chrétien : *de la part de Dieu, ainsi soit-il !*

Il faisait bon, d'ailleurs, demander au « bon marquis » même de loin et pour toutes œuvres. Sur la fin il dédoublait les morceaux, attristé et confus, plutôt que de refuser à quelqu'un.

Au 1ᵉʳ jour de l'an, c'était bien une autre affaire. Dès son petit lever, M. de Bagnac faisait comparaître tous ses domestiques, donnant à chacun son étrenne, enveloppée d'un bon conseil. On partait en groupe familial après cela pour la messe de S.-Bonnet, et prières faites avec vœux à Dieu ou aux ancêtres, les sous, les douceurs étaient distribués sur place aux enfants du bourg. On revenait déjeuner au vieux manoir, puis recommençait la foire aux bonbons, revue pacifique des fermiers et métayers à grandes embrassades et avec trocs cordiaux, qui portant de gras chapons blancs, qui un gros lièvre, celui-ci poulet ou perdrix et recevant sa pièce ronde, celle-là des œufs, des prunes, voire des noisettes, en échange d'un fichu éclatant, d'un sac de pralines, d'oranges et que sais-je ? Lui observait-on affectueusement que cette belle coutume menaçait de tourner en dépense inutile, exagérée tout au moins ? — « *Je tiens beaucoup à mon vieux 1ᵉʳ de l'an ; c'est le dernier de mes droits féodaux. Je n'y veux rien changer.* »

Il est un autre souvenir à consigner ; car nous voulons saisir librement cette seule dernière occasion de parler sous le coup des secrets enfin déroulés de cette âme d'élite, qui, si elle ne se laissait pas connaître à tout venant, ne saurait maintenant nous empêcher de la révéler. N'alla-t-elle pas, en effet, jusqu'à se faire scrupule et à prendre pour péché d'orgueil de nous avoir occupé à la présente notice et recherche de ses nobles aïeux, dont elle vient hélas ! de terminer si chrétiennement la longue chaîne, trempée de façon vraiment valeureuse ?

Le fait en question ci-après, où il ne faut voir ni exercice quelconque de bienfaisante hospitalité à vie, ni obligation de conscience du pupille, ne prend place ici que comme mention d'un simple acte de parfaite délicatesse et de gratitude courtoise de M. de Bagnac, envers M. de Plaisance, son tendre mentor et vieil ami et second père.

Trouvant donc son protecteur insuffisamment rémunéré de ses

Château de Bagnac, façade est.

bienveillants offices et n'ayant pu durant leur longue vie commune lui faire accepter aucun complément des honoraires fixés jadis par Gaston de Bag^e, leur père et ami, dans son testam^t de 1841, Antony en pur don volontaire et gracieux, mit à la disposition des héritiers de M. de Plaisance une importante somme complémentaire, acquittant, en outre de ses libéralités ultérieures posthumes, tous autres frais, y compris ceux de dernière maladie, durant laquelle un médecin fut mandé de Paris. Il inhuma filialement son bon vieillard au caveau de famille, pour y dormir son dernier sommeil avec lui, côte à côte de ses devanciers, nos de St-Martin, et des corps de trois dignes pasteurs de la paroisse, dont deux volontairement enrôlés ainsi, à titre de chapelains, pour cette souterraine veillée d'armes spirituelle.

D'accord avec ses alliés, les enfants et petits-enfants de la c^{tesse} de Grandeffe, aïeule et seconde mère de la marquise de Bagnac, née de Preaulx, M. Antony de St-Martin a tenu à remplir largement semblables pieux devoirs vis-à-vis des parents décédés de sa dite femme, en contribuant généreusement à la construction en 1879, d'une chapelle funèbre, incorporée à l'église en même temps qu'au cimetière de Chézelles (Indre) en suite de la concession du 4 7bre 1856, au c^{te} Raoul de Grandeffe, son oncle par alliance.

L'un des porte-drapeau du parti légitimiste dans la région et cofondateur : soit du *Limousin et Quercy* (1) à Tulle, soit de la *Gazette du Centre* à Limoges, pour la cause du Roi qui avait fait à M. de Bagnac le rare honneur d'audiences spéciales, même d'accueils de la plus gracieuse intimité, ledit marquis, son fidèle tenant, eût donné de son sang, ou mieux, bourse et vie entières, pour le triomphe de celui qu'il appelait à juste titre, comme l'événement l'a trop prouvé, *l'homme nécessaire*, « l'unique sauveur possible de la France. »

Le château

, Le jardin de Bagnac a été dessiné par M. de Choulot.

Quant au château, sa restauration, d'abord entreprise d'une façon restreinte, tourna presque aussitôt en reconstruction totale, d'après les propres plans généraux (car ceux de réfection partielle de M. de Choulot furent écartés), croquis particuliers,

(1) Vaillamment rédigé par un ferme catholique, M. Léonard Gorse, avocat, disciple d'Ozanam pour la fondation de l'œuvre de St-Vincent Depaule, etc.

épures, modèles, coupes de panneaux, etc., du propriétaire lui-même. Il s'en fit, d'ailleurs, une occupation passionnée de 1859 à 1871, avec reprise de 1875 à 1886 pour l'aile méridionale et la chapelle. La « guette » ou haute tourelle donjonnée, avec les travaux qui suivirent, fut confiée aux soins d'un habile entrepreneur-appareilleur, le s^r Granger, de St-Savin-*sur-Gartempe*, dirigé de près du reste, par M. de Bagnac. Le marquis avait eu à lutter pour l'ensemble : contre un sol d'argile visqueuse, rebelle aux fondations, contre l'éloignement du calcaire, du bon moellon, et surtout de la pierre de taille, ce granit amphibolique ici employé, aussi décoratif qu'il est dur au ciseau et hostile aux moulures.

Cette architecture de granit bleuâtre sobrement fleurie, en style du plus pur xve siècle, fit de la présente vaste demeure élégante et ajourée, fort coûteuse, il est vrai, écrasant fardeau pour une fortune moins épaulée que celle du marquis, fit de Bagnac, selon l'heureux mot de mainte châtelaine à la ronde : le vrai *joyau de la contrée !* Nul visiteur ne démentira l'à-propos de cet hommage rendu au bon goût, comme à l'exquise courtoisie des hôtes de Bagnac, presque chaque jour mise en action.

Soit que vous considériez ici, en effet, entre deux causeries, ou assauts d'aimable et attirante politique, cette double façade ensoleillée de l'est et du midi, s'ouvrant vers la Gartempe surtout, par delà les parterres en fleur, sur la verdure d'une grande prairie encadrée à souhait de futaies à vieux chênes, vous trouverez bien à sa place ce bijou de pierre dans un tel site. L'impression reste la même, si pour jouir d'un autre aspect, l'on contourne par le nord vers la longue avenue de charmes et la terrasse aux marronniers chenus, le pied même des trois grandes tours qui font au château, de ce côté, un sévère front de bataille.

Soit encore que vous en visitiez l'intérieur, car il répond abondamment aux promesses premières du dehors, depuis le bel escalier principal déroulant au long de la tour carrée centrale ses larges marches blanches comme marbre, et ses voûtes fuyantes décorées de sculptures ou de vitrages, vous sentez croître l'intérêt de la promenade, à travers les pièces d'honneur, jusqu'à ses cheminées monumentales.

Ici, le guerrier saint Martin, à cheval, (de grandeur naturelle), *sabrant son manteau pour en donner bonne moitié à un pauvre, à genoux, demi-nu dans la neige.* Bien touchante adjuration, que cette grandiose parlante image de la Charité, en pierre blanche de Poitiers, dominant un foyer (à banquettes) ouvert à tous, dans le fond du grand salon, qui a succédé avec même double haie de portraits ou médaillons d'ancêtres, à la salle de parement des âges féodaux !

PLAN DU CHATEAU DE BAGNAC ACTUEL

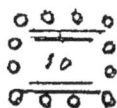

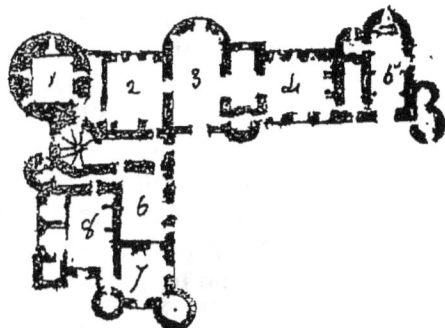

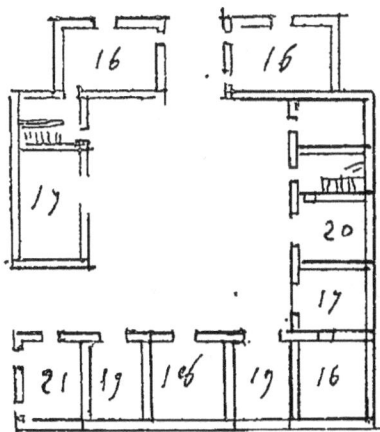

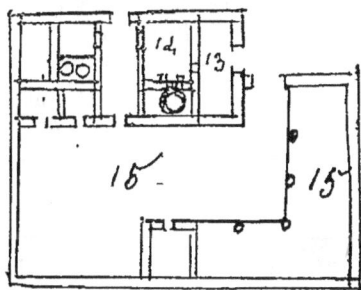

CHATEAU		COMMUNS	
1	Vieille tour nord. Cave.	11	Menuiserie.
2	Billard.	12	Chambre à outils.
3	Vestibule.	13	Orangerie.
4	Salon.	14	Boulangerie et buanderie.
5	Chapelle.	15	Cour à volailles et hangar.
6	Salle à manger.	16	Écuries.
7	Chambre.	17	Remises.
8	Cuisine.	18	Logement des domestiques.
9	Fuie.	19	Granges et serre-bois.
10	Chenils.	20	Cuvier et cellier.
		21	Vacherie.

Là, planant sur la salle des jeux, le combat de nos deux héros : le chevalier de *St-Martin en lutte à mort contre l'anglais Jⁿ Chandos, sur le pont de Lussac,* terrible corps-à-corps figé au vif dans le granit d'un manteau de cheminée, frangé des écussons de la maison et familles alliées. Les murs sont vivifiés de silhouettes de guerriers romains ; car les tapisseries représentent la *Prise de Jérusalem par Titus,* la *Rentrée de Titus vainqueur à Rome,* et divers autres sujets.

Au vestibule, divers personnages mélancoliquement appendus à la muraille, aussi muets que *la Belle au bois dormant,* contemplent de vieille date le long canon dressé sur affût dans une embrasure. Le premier étage, réservé aux appart^{ts} privés, renouvelle la série des g^{des} chambres à tapisserie tantôt flamandes et de Beauvais, tantôt en verdures d'Aubusson, ailleurs revêtues d'élégantes boiseries avec ciel de poutrelles ou de caissons.

Le précédent manoir, tout aussi vaste dans son récent mais bien ancien état, constituait un édifice plus large dans œuvre, moins haut d'étage pourtant, bâti en équerre sur même plan. L'entrée de service, marquée par un portail d'avant-cour close de hauts murs comme la plupart des logis poitevins, et d'un fossé circulaire en guise de 1re enceinte défendable, donnait vers l'étang. Cette nappe d'eau jouait là aussi le rôle de douve protectrice. Sa chaussée servit originairement d'avenue pour accéder soit à St-Bonnet, soit à la g^{de} voie de Poitiers à Limoges par Bellac, qui renouvelée sous Turgot en maîtresse route, fut refaite, rectifiée et un peu adoucie par l'ingénieur en chef Gaston de Bag^c lui-même.

Une 2e entrée, de maître celle-là, aboutissait à la galerie d'attente régnant alors à peu près sur l'emplacement du vestibule actuel, par le côté du levant.

Les nombreux communs sont refoulés à l'ouest et s'alignent en rectangle de caserne, depuis 1854 autour d'une cour intérieure, en arrière de la contre-avenue des tilleuls disposée en terrasse ombreuse. Antérieurement, ces bâtiments de servitude et d'exploitation s'ajoutaient aux deux ailes du château proprement dit, de façon à fermer le carré militairement et à nécessiter l'escalade.

La chapelle

La chapelle domestique, rectangulaire, à 3 travées de nef, qui a remplacé plus au sud, l'ancienne dont le vocable demeure inconnu, a été édifiée sur le plan réduit et modèle ogival du xiiie siècle, de la s^te chapelle de St-Louis, à Paris. Achevée, le 5 x^bre 1886, et dédiée au Sacré-Cœur de Jésus en même temps qu'à N.-D. des 7 douleurs (1) et à St-Martin de Tours, elle a été *bénite* le lendemain 6 x^bre par un vieil et vénérable ami de la maison, M. d'Issandes de Bosgenet, vic^re gén^l, délégué de Mgr Blanger. Honorée, par un privilège exceptionnel réservé aux églises paroissiales, de la *consécration*, faite le 29 8bre 1891 par Mgr Renouard, évêque de Limoges. Le même jour, M. de Bosgenet y érigea le *chemin de croix*.

L'*autel* en est *privilégié*, ayant reçu par bref du 3 avril 1892 la concession de l'indulgence plénière pour les morts. On y a l'insigne faveur de la réserve eucharistique. Aussi y célèbre-t-on la s^te messe au moins une fois par semaine, et l'on y donne une ou deux bénédictions *solennelles* du très s^t sacrem^t durant le mois. On s'y réunit chaque soir, maîtres et domestiques, pour la prière en commun, ainsi que pour les mois de Marie et du Rosaire.

Le rétable original et antique s'ouvre en coquette armoire, discrète et nourricière, de bois sculpté, revêtue qu'elle est ou plutôt tapissée de gravures encadrées ou d'émaux scintillants. Ce dyptique bleu d'une disposition peu commune ouvrant ses 2 volets en éventail sur l'avant d'un tabernacle carré, garni aussi de pieux sujets dorés, est surmonté d'un fronton où se détachent, tendues par 2 anges, 2 couronnes enlacées, avec cette devise ou cri jaculatoire de sainte aspiration : *de l'une en l'autre !* De la couronne de marquis, ou d'épines noires, si l'on veut, des vains honneurs terrestres, à la couronne d'étoiles d'or des élus. Ce meuble non daté, mais qui semble dans le goût du temps de Henri IV (1600), quoiqu'il fût dans l'anc^ne chapelle, pourrait provenir de celle du Bost, et être sorti des mains des moines de Lesterps.

M. de Bagnac, après avoir contribué de son mieux à la réorganisation de l'artillerie pontificale, reçut de Pie IX, en récompense, la décoration de chev^r de St-Silvestre, par bref du 4 mars 1870, adressé *ad dilectum filium de Bagnac, marchionem gallum.* Léon XIII le fit chev^r de St-Grégoire-le-G^d le 21 9bre 1890. Depuis l'année de la guerre jusqu'à sa mort, sachant le St Père appauvri, il versa à l'œuvre filiale du denier de St-Pierre 2,000 fr. par an, souvent pris

---

(1) Une rue pittoresque du Puy-en-Velay, près de la place du Martroy (du *martyr* par excellence, le Christ), tire son nom de *rue des 7 épées*, d'un ex-voto de carrefour où est peinte N.-D. des 7 douleurs sur un vieux tableau de bois.

sur son capital. Son agissante sympathie pour la cause carliste lui valut d'être, par décret du 17 xbre 1874, de don Carlos VII, roy des Espagnes, nommé *caballero comendador de la real y distinguida orden Espanhola de Carlos III*.

Comme tout besoin trouvait ouvert ce cœur de patriote à la fibre ardente il envoya son obole (3,000 fr.) dès l'ouverture de la guerre franco-allemande à la *Caisse de secours aux blessés*.

En 1881, sachant les Jésuites menacés à bref délai, il se porta de sa personne à Poitiers, tout valétudinaire qu'il était, et assista profondément indigné, quoique impassible au dehors, à l'expulsion brutale de ces bons pères de leur maison de *la résidence*, en cette ville.

Vers 1886, le besoin d'un vicaire s'étant fait impérieus' sentir dans la par^{sse}, M. de Bagnac n'hésita pas à s'offrir à Mgr pour en faire les frais ; et les choses s'exécutèrent ainsi.

J.-B. Antony de Bagnac, petit de taille comme sa mère, avait l'âme *grande, bonne et droite*, l'air parfaitement distingué, une grande finesse de traits et de sourire, le front découvert, le nez très proéminent aussi, mais de grands yeux bleus d'une expression vive, pénétrante et douce. La bouche, gracieusement dessinée, se laissait encadrer comme eux et comme ses joues au teint mat, légèrement rosé, par une barbe et des cheveux blonds faiblement ondulés.

Ses contemporains l'ont connu franc et ouvert, doué d'une très heureuse mémoire, au service d'un esprit prompt et de *sa* ferme volonté. Grand visiteur d'autrui, passionné pour la chasse à courre (1), infatigable cavalier, avant les lamentables périodes du déclin. Son automne s'annonça tristement par des rhumatismes, prélude d'alarmes des médecins et de précautions pour lesquelles sa nature ardente n'était point faite. Survinrent diverses bronchites, dont les rechûtes, acceptées au fond avec une complète résignation, n'en mirent pas moins à la torture morale ce patient malgré lui, dont le sang bouillait à la pensée d'une telle vie confinée. C'est ainsi que d'année en année se resserra le cercle dans lequel les souffrances, sur la fin, le murèrent sans relâche, lui si actif

---

(1) A tel point qu'il n'hésita pas, dans l'entraînement d'une de ces équipées, pour donner bon premier sur messire loup, à franchir à cheval un chemin creux, et précisément par dessus un char de foin qu'on ramenait alors au fenil. Mieux secondé par les circonstances, avec cette haute volonté de briser les obstacles, il aurait pu beaucoup servir, la santé aidant, au triomphe des nobles causes : Dieu et son Roi, auxquelles il s'était donné tout entier.

naguère, et même si vivant encore par l'esprit, les saillies, par son complet désir de demeurer jusqu'au bout par vouloir résolu, largement hospitalier, causeur attirant, cordial et gai convive, comme il l'avait été de nature.

Sa foi qui, certes, ne s'était jamais laissée entamer, même en ces jours de sève ardente où le cœur du jeune homme pris de floraison, et comme enivré de sa propre fermentation, jetterait volontiers son défi aux quatre vents du ciel, sa foi, dis-je, s'affina bientôt au contact d'une âme sœur que Dieu lui réservait comme compensation de leurs tristesses réciproques d'orphelins. Dès lors, son attrait naturel vers la prière ne fit que se fortifier par l'épreuve. Le dieu qui envoie la maladie ne cessa point pour Antony d'être le bon Dieu.

Très réfléchi et discipliné parce qu'il savait la valeur et le but du commandement en ce monde, cet esprit toujours conscient et soucieux de l'honneur ne fut que plus hautement respectueux de la loi de Dieu, à mesure qu'il vit nos prétendus hommes politiques s'acharner davantage à la combattre.

Nous voudrions bien qu'on nous permît d'en venir ici à demi-mot, à deux scènes déchirantes d'étroite intimité, s'il en fut, mais où se reflète et ne se laisse que mieux saisir jusque dans ses plus discrètes nuances le tendre coloris de cette fleur d'âme rare.

Mais il vaut mieux s'en taire ici.....

Deux jours à peine après ces menaces de cruelle séparation qui s'affirmaient par bien des reprises d'étouffements, Mᵣ de Bagnac, battu sur un premier stratagème, se reprit à une meilleure quoique insuffisante ruse de tendresse, car elle est cousue d'un fil auquel jamais ni mère ni épouse ne se laissa prendre.

Une nuit, au sortir d'une crise violente qui venait de mettre tous ses gens sur pied dans cette pauvre chambre devenue comme la seule pièce du château, et qui avait jeté tout le monde dans la plus vive angoisse, Mᵣ le curé Bessonneaud, avec son pieux vicaire, M. l'abbé Verger, le tout dévoué et si distingué et regretté Dᵣ Vételay, la bonne sœur Delphine (1), supérieure des garde-malades

(1) Dans les derniers mois de sa vie, M. de Bagnac témoigna verbalement du grand désir, d'ailleurs manifesté par écrit bien auparavant, de voir, en souvenir de lui, se fonder à Sᵗ-Bonnet, une maison de sœurs garde-malades. Comme il avait pu apprécier le zèle modeste des petites sœurs (instituées par « le bon père », M. l'abbé Serres, de Mauriac), qui en robe de bure marron et cornette blanche l'avaient assisté avec tant de sollicitude, son choix se trouva fixé par là. Cette fondation déjà commencée, recevra, s'il plaît à Dieu, prochainement sa complète exécution, empêchée

du Dorat, le personnel entier de la maison, après cette crise, disons-nous, que le marquis regardait comme l'avant-dernière, il eut quelque instants de calme. Il mit alors à profit ce répit simulé peut-être, et alla presque au delà des instances possibles pour que sa femme exténuée d'émotion et de veilles en effet, allât prendre ailleurs, puis du moins en un recoin de la chambre, quelque repos tout habillée. Qui ne voit qu'à la faveur du sommeil qu'il entendait lui imposer du même coup, il avait compté lui esquiver le déchirement suprême, l'horrible vue de cet amer repas solitaire, dans lequel chacun de nous happe la Mort d'une bouche desséchée, avide, comme un breuvage de salut, comme un mets d'éternelle revie, qu'elle est en vérité pour nous enfants de la sainte Eglise.

Il s'attacha étroitement à ses devoirs sociaux, les remplit sans faiblesse, et quand l'heure fut venue, envisagea la mort face à face, s'entretenant avec elle ; car il savait que la vie reprend allégrement par delà le sépulcre, si l'on a connu, aimé et servi le Maître éternel. Aussi l'agonie lui laissa-t-elle son calme courageux, jusqu'à cette fleur de politesse attentive et discrète qu'on lui connaissait de naissance. « Je ne suis pas encore au bout de mes souffrances, reposez-vous, mes amis, je vous avertirai quand *le moment* arrivera ». Tantôt priant, tantôt demandant pardon aux assistants pour ses vivacités ou autres fautes, il s'endormit enfin éternellement dans le seigneur, muni à la dernière limite d'une absolution par lui sollicitée de son vieux pasteur qui la lui avait plusieurs fois donnée les jours précédents. Ainsi s'éteignit, vers 3 heures et demie du matin, le samedi 9 avril 1892, âgé de 66 ans, plein de soumission confiante et d'amour envers Jésus et Marie, le dernier marquis de St-Martin de Bagnac. Une telle fin achevait de révéler le trésor de ce preux des souffrances, qui l'avaient épuré durant six années consécutives.

Il est à peine besoin d'ajouter que les dernières dispositions écrites de M. de Bagnac, ne le cèdent en rien aux pieux testaments de ses prédécesseurs. Comme ses parents, il y débute par une ample profession de foi catholique. Sa propre fondation, unie à

jusqu'ici par le manque de sujets recrutés à la maison-mère de St-Projet (Neuvic, Corrèze) eu égard à ses nombreux essaims nouveaux.

Le marquis ayant semé aussi et fait lever plusieurs germes de vocation ecclésiastique, ne saurait manquer, comme le rappelait Mgr Pie, son éminent ami, dans son allocution p. 915 relative à un autre défunt, d'en recueillir la moisson, parce que, selon le mot de saint Paul, « *celui qui nourrit l'apôtre, aura la récompense de l'apôtre* » !

celle dudit chanoine son oncle, a porté à 110 le nombre des messes perpétuelles à acquitter, savoir : une par semaine en la chapelle de Bagnac, une messe hebdomadaire aussi soit dans l'église, soit en ladite chapelle du cimet^{re} de St-Bonnet.

La messe d'enterrement fut célébrée par M^r le curé de St-Bonnet, qui, de l'autel, d'une voix très émue parla ainsi à l'assistance :

« Mes frères, le 26 avril, nous ferons encore un service solennel pour l'âme du marquis de Bagnac, très regretté ici et dans nos lointains alentours, de tous ceux qui ont eu le bonheur de le connaître de près ou d'entendre parler de sa bienfaisance peu commune, de cette générosité qu'il avait « dans le sang ».

» Antony de St-Martin, était grand par la naissance, mais bien plus grand encore devant Dieu, par ses vertus, par ses nombreuses bonnes œuvres. Il a été la providence des pauvres du pays, un modèle de vertu et l'homme de prière. Il nous a donné l'exemple, marchons sur ses traces, et arrivés à la fin de notre carrière, comme lui pleins de mérites, nous paraîtrons devant Dieu avec confiance. »

M. l'abbé Chambon, archiprêtre de Bellac, délégué au dernier moment par Mgr de Limoges, retenu en sa cathédrale par la fin de la semaine sainte, donna l'absoute pour sa grandeur, monta en chaire et s'exprima à peu près en ces termes :

[Après avoir envisagé comme gentilhomme le noble défunt dont la perte devenait un deuil public pour la contrée..... il le considère comme chrétien poussant l'obéissance aux lois divines jusqu'à l'accomplissement des simples conseils évangéliques, ayant reçu de la Providence, pour l'élever à ce degré, une compagne.....]

« De quels édifiants spectacles n'étaient pas les heureux témoins, » ceux qui étaient admis sous ce toit si hospitalier ! Là tout était » réglé comme dans une paroisse, je serais tenté de dire une communauté. Prière générale en commun, communions fréquentes » de ce couple et de plusieurs de leurs serviteurs, s^t sacrifice célébré souvent avec édification et pompe à Bagnac, cette petite » succursale luxueuse de St-Bonnet.....

» La charité du marquis était si grande et ses libéralités si » abondantes, qu'on eût pu dire parfois que lui-même était » pauvre.

» Bienfaiteur assidu de Bellac, il fut l'un des fondateurs de son » cercle catholique d'ouvriers, qui s'est fait un devoir de faire » cortège à sa dépouille..... »

Aux funérailles de M. le marquis de Bagnac

Voici les paroles d'adieu prononcées par M. de Montvallier aux funérailles de M. le marquis de Bagnac, au cimetière, en présence d'une foule énorme, recueillie et sincèrement attristée :

« Messieurs,

» Les vraies douleurs sont muettes. Pour pleurer et prier elles ont besoin de recueillement.

» Devant la tombe que nous entourons la parole humaine devrait donc se taire. Plus que personne j'aurais voulu garder le silence.

» Pourquoi venir en effet disputer vos âmes aux douloureuses méditations de leur souvenir et de leurs regrets ?... Pourquoi troubler par un adieu stérile la noble et saisissante simplicité de ces funérailles, où tous nos cœurs s'unissent et se confondent pour rendre un dernier hommage à l'homme de bien, de caractère et d'honneur dont notre contrée tout entière est en deuil ?...

» Permettez-moi cependant, Messieurs, d'élever la voix, non pas en mon nom, mais au nom de la génération à laquelle j'appartiens. Ceux de mes contemporains qui m'entendent n'ont pas oublié qu'à l'heure sombre et cruellement troublée de nos grands désastres, — c'était l'heure où s'ouvrait pour nous la jeunesse, — en face des incertitudes et des angoisses de l'avenir nous cherchions une lumière, un guide, qui nous montrât la route du devoir. Pour trouver un modèle, nous n'eûmes qu'à tourner les yeux vers le marquis de Bagnac. Voilà pourquoi nous acquittons une dette, en déposant aujourd'hui, sur ce cercueil, l'humble tribut de notre reconnaissance et de notre vénération.

» D'autres ont déjà dit, d'autres rediront, bien mieux que je ne saurais le faire, et avec une autorité que je n'ai pas, la vie si belle et si généreuse d'Antony de St-Martin, marquis de Bagnac. Je ne chercherai point à vous en retracer le tableau. J'y serais impuissant. Mais au moment où la main de la mort vient coucher dans la paix du tombeau ce dernier descendant d'une vieille et glorieuse race, laissez-moi contempler une fois encore sa fière et chevaleresque figure, et saluer les hautes et fortes vertus qui donnaient à sa personnalité un relief si expressif et si rare, je veux dire la loyauté, le désintéressement, la libéralité, la courtoisie, la vaillance des anciens preux, unis à la foi du chrétien.

» Dieu me garde d'oublier ici la majesté de la mort et de descendre aux controverses des opinions et des partis !

» Mais ce ne sera blesser aucune convenance ni offenser personne, que de rappeler avec quelle fermeté le marquis de Bagnac resta inébranlablement attaché aux convictions politiques dont son cœur était animé.

» A notre génération sans cesse ballottée par la tempête révolutionnaire, il apparaissait comme l'homme ou plutôt comme le soldat d'un principe, gardant avec un soin jaloux le dépôt des vieilles traditions, inflexible vis-à-vis des préjugés ou de l'erreur, et refusant de confondre jamais l'expédient avec la vérité, la légalité avec la justice, le fait avec le droit.

» Tout pénétré de cette doctrine il aima son pays comme bien peu savent l'aimer. Il l'aima, — c'est vrai, — comme l'avaient aimé ses pères, en identifiant, en incarnant pour ainsi dire l'âme de la patrie dans cette royale maison de France qui, pendant tant de siècles, abrita notre fortune nationale et lui donna une incomparable grandeur. A quelle hauteur sa foi de royaliste avait élevé son patriotisme de Français, aucun de vous ne l'ignorez, Messieurs ; dans son amour pour son pays il apportait non-seulement l'ardeur et l'enthousiasme, mais encore cette générosité, cette abnégation, cet oubli de soi même que ceux-là seuls connaissent qui ont placé leur idéal dans une région supérieure à toutes les convoitises et à toutes les pusillanimités.

» C'est que, dans ce corps aux apparences si frêles et si délicates, battait un cœur passionné pour toutes les nobles causes, avide de dévouement, ce n'est pas assez dire, et j'irai jusqu'au bout de ma pensée, prêt à tous les sacrifices du plus pur héroïsme.

» Le cœur était chez M. de Bagnac la qualité maîtresse, ou plutôt la flamme qui inspirait, animait tous ses actes. C'est le cœur qui a donné à sa vie ce cachet de sincérité, d'unité et d'élévation morale qui constitue la plus haute de toutes les noblesses, la plus solide de toutes les grandeurs.

» Dans notre siècle incrédule qui ne prend au sérieux que l'égoïsme et se raille de tout le reste, M. de Bagnac fut un convaincu, un croyant. Au milieu des lâchetés, des défaillances et des abaissements de son époque. il se cantonna fièrement dans les saintes obstinations de la fidélité, et de même qu'il y avait établi sa vie tout entière, il voulut y placer sa mort.

» On dit que notre temps n'est plus capable de comprendre de pareils hommes, Messieurs, je ne puis le croire. Notre temps sait encore les comprendre, puisqu'il sait les admirer. Voyez plutôt : la foule pressée, recueillie, qui nous entoure et où l'on chercherait en vain des indifférents, ne témoigne-t-elle pas que, si l'opinion prodigue, trop souvent, à d'autres popularités, les triomphes éclatants et les ovations bruyantes, elle entend réserver aux inflexibles serviteurs du droit, de l'honneur et de la vérité, le seul hommage qui ne s'achète pas, — car il vient de la conscience, — l'hommage de l'estime et du respect?

» Quel était le foyer de cette intrépide constance et de ces nobles vertus ?..... Vous l'avez dit, Messieurs : avant tout le marquis de Bagnac fut un homme de foi, un chrétien dans le sens le plus rigoureux et le plus religieux du mot. Il aima l'Église et il la servit par ses œuvres. Il aima les pauvres, il aima les humbles, tous ceux qui souffrent, tous ceux qui pleurent, tous ceux qui ont besoin d'être consolés, et sur lesquels son cœur se penchait avec une inépuisable bonté et une générosité sans bornes.

» Personne ne pourrait ici dévoiler les touchants mystères de sa charité, personne..... si ce n'est la vaillante et fidèle compagne de sa vie, la noble femme qui, après avoir partagé ses travaux et ses vertus, est, hélas ! condamnée à lui survivre, et gardera désormais au cœur une incurable blessure.

» Oui, c'est à l'école de Jésus-Christ que M. de Bagnac avait appris, non pas ces mots vides et sonores de : progrès, démocratie, solidarité ; mais ce qui vaut mieux, la connaissance et l'amour des deux lois essentielles du monde social : la justice et la charité. Il croyait, et il faisait mieux qu'une œuvre démocratique, il faisait une œuvre chrétienne, lorsqu'il répandait libéralement autour de lui la fortune qu'il tenait de la Providence, lorsqu'entouré de nombreux ouvriers, il leur enseignait à reprendre les traditions abandonnées du grand art, et qu'il leur en ouvrait lui-même la route en leur traçant le plan de ce château qui est devenu l'ornement et le joyau du pays.

» C'est là, Messieurs, dans cette demeure hospitalière où la plus exquise courtoisie a toujours offert à tous un accueil plein de bonne grâces et de charmes ; c'est là que le marquis de Bagnac a vu venir la mort. Il l'a saluée comme la messagère des miséricordes d'en haut, avec la sérénité des forts et le sourire des justes..

» Et maintenant, cher et vénérable ami, — permettez-moi de vous donner ce nom dont vous vouliez bien m'honorer, — vous nous avez quittés, ensevelissant avec vous ce vieux nom que la reconnaissance publique entourait et ne cessera d'entourer d'une digne et respectueuse popularité. Mais votre souvenir vivra parmi nous ; il vivra dans le cœur de tous ceux qui vous ont connu, et qui, je puis bien le dire, vous ont largement aimé. Il vivra transmis aux générations à venir, par ce beau poème de pierre élevé par vos mains. Il vivra profondément gravé dans le granit de cette chapelle domestique, votre œuvre de prédilection, où respirent l'élan de votre foi et l'ardeur de votre piété. Votre dépouille mortelle vient d'y faire la veillée funèbre. Je me trompe : à l'exemple de ces chevaliers d'autrefois endormis aux pieds de Notre-Dame, vous y avez fait, vous aussi, une dernière veillée des armes, celle qui marque la fin de toutes les douleurs de la vie, et qui s'achève dans la radieuse aurore de l'éternel bonheur. »

(*Gazette du Centre* du 20 avril 1892).

Le jour du service de neuvaine, M. le chanoine Dissandes de Bosgenet, g^d vic^{re} de Limoges, prononça l'oraison funèbre suivante, dont voici la substance :

Empêché d'assister à l'imposante cérémonie de sépulture, il vient au nom de son évêque bien aimé et en son nom personnel, donner un témoignage de vif regret et d'affectueuse sympathie à la mém^{re} de ce g^d chrétien et de son honorable famille.

La mort du marquis est à la fois un deuil et un enseignement.

Deuil pour sa vertueuse et fidèle compagne, associée 40 ans à tous ses sent^{ts}, à ses joies, à ses œuvres, à ses souf^{ces}. *Deuil* pour sa famille dont il était le modèle et la gloire. *Deuil* pour ses servit^{rs} qui perdent là un père. *Deuil* pour le respectable curé son ami et confesseur depuis 46 ans.

Deuil pour la paroisse où il comptait tant d'obligés.

Deuil pour les meilleures anc^{nes} familles de la région.

Deuil pour la contrée et même pour la France, car il avait conservé les sentiments traditionnels et patriotiques de ses ancêtres ; et l'amour du pays occupait une large place dans son cœur.

Deuil pour les pauvres et les malheureux qu'il envisageait en bien-aimés du Christ.

Deuil pour tous les prêtres à la ronde, toujours si bien accueillis, eux et leurs œuvres paroissiales.

Deuil pour le diocèse et même dans une certaine mesure pour l'Église ; M. de Bagnac loin de borner son zèle aux œuvres diocésaines (*séminaires*, etc.) ayant étendu ses largesses aux principales institutions catholiques : *propagation de la foi*, œuvre de S^t-F^{ois} de Sales, denier de S^t-P^{re}, etc.

La vie du marquis a été aussi un enseignement pour tous ; il a rempli, en effet, ses devoirs envers Dieu, envers le prochain, envers lui-même, ainsi que ses obligations d'état et tous devoirs sociaux. Devoirs envers Dieu, par son ardeur à la prière et son respect du dimanche qu'il imposait fermement à ses travailleurs par son union à J.-C.

Econome de la providence, à l'égard des petits, ses aumônes dépassèrent considérab^t ses revenus. Bon, affable envers tous, etc.

M. l'abbé Pinot, chan^ne, curé de St-Michel-des-Lions, à Limoges,
le 9 avril 1893, célébra l'anniv^re et développa autrement cette même
pensée : *In memoriâ æternâ erit justus*, ajoutant que M. de Bagnac
a fondé à St-Bonnet, en union avec M. le c^te de Montbron, une
école de jeunes filles tenue par les *Sœurs de la Croix*, ordre relig^x
rétabli à Limoges, vers 1815, par un prêtre de haute et inoubliable mémoire, M. Péconnet, curé de St-Michel-des-Lions, etc.

La chapelle du cimetière

La chapelle sépulcrale est durablement assise en larges dalles
lugubres de Volvic, très appropriées à leur destination de sauvegarde contre l'inconstance des temps. Elle se compose accessoire-
ment d'un avant-corps (avec perron), large en dedans d'un mètre
10 cent. sur 5^m,50, qui lui sert de long vestibule et se dirige du sud
au nord. On y a soudé en croix latine d'heureuses proportions, un
bâtiment rectangulaire long de 9^m au dehors, sur une largeur ex-
térieure de 7 mètres, réduite à 4^m,20 et 6^m,75 dans œuvre, orienté
du levant au couchant. C'est là le corps massif, trapu à l'égal d'un
mausolée egyptien, de la chapelle proprement dite, qui orne à peu
près le milieu du cimetière de St-Bonnet. De style roman, l'édifice
bâti en 1892-93, est surmonté d'une toiture en lave d'Auvergne,
couronnée de croix ouvragées : 2 sur les pignons et une sur la
porte. Austère, nue, froide, imprégnée de cette atmosphère âcre
où l'instinct plus que jamais éveillé démêle seul le relent de la
mousse humide qui semble s'attacher aux os mêmes du pieux visiteur, elle ne lui laisse voir à mi-ténèbres entre quatre parois déso-
lées qu'un autel dans l'angle oriental, çà et là quelques noms
suivis de l'appel ordinaire de pitié inscrits sur les tombeaux. Le
développement inusité du funèbre corridor prépare bien l'esprit
aux seules pensées qui conviennent en semblable lieu. Le sol y a
pour dallage, surtout aussi dans la chapelle, les dites *pierres* tom-
bales *surélevées,* en sorte qu'embarrassé de ses pas, on s'y trouve
assailli par le plus vibrant *Memento mori.*

Nos églises, de campagne elles-mêmes, ont perdu, hélas ! leur
caractère de nécropole familiale, où morts et vivants venaient se
grouper par villages ; ceux-là classés par lettre alphabétique re-
portée sur un registre, ceux-ci ne foulant qu'à genoux les restes
vénérés des premiers. La pétrifiante période athée des soi-disant
sophistes ou sages de la fin du 18e s. qu'on pourrait qualifier d'âge
de la pierre philosophale, a proscrit jusqu'au voisinage des cime-
tières, mêlant ainsi la cendre des ancêtres aux excréments des plus

vils animaux sur nos places nouvelles. Oh ! les pieux offices cependant que ceux ainsi entendus ou suivis par les fidèles prosternés
sur le cercueil de leurs anciens, sur les os toujours attendris à ce contact d'une mère aimée, la dépouille d'une très chère épouse. On s'y
heurtait du moins d'un pied chancelant, le cœur brisé, mais la
prière aux lèvres, à ses affectionnés devanciers couchés dans la
pénombre glacée. Puis on reprenait quelque consolation en levant
les yeux sur ces vitraux brillants où l'on se découvrait et à ses parents
des intercesseurs, où chacun même croyait reconnaître les siens
transfigurés, teints du sang de l'Agneau, ainsi revivant à jamais de
cette sève infusée par tous leurs membres en doux rayons.

Ici l'épaisseur insolite des murailles du présent oratoire isole
l'orant, au plus haut point du monde extérieur, le livre en proie à
de sérieux retours sur lui-même dans ce monument de poignante
immolation conjugale, où le flot battant des rafales pluvieuses du
mois des âmes soupire discrètement mille plaintes.

En y achevant un *de profundis* ému, non sans me retourner ma-
chinalement pour aviser au moyen de quitter ce navrant cachot à
pécheurs (où germe le bon grain cependant), prison dont j'aimais
à supposer l'issue encore ouverte, j'aperçus bientôt derrière moi
une petite porte verrouillée, dans la muraille. A un pas de cette
entrée secrète, devant l'autel, au ras de mes pieds, l'œil grillagé
d'un soupirail me regardait aussi, au fond duquel tremblotte une
lueur en lutte d'agonie avec les ténèbres d'un arrière-caveau.

La porte grinça sur ses gonds d'acier, et poussé comme par châ-
timent et fascination, je me sentis entrainé de gradin en gradin,
par l'étroite spirale d'un couloir dérobé qui m'amenait à la crypte,
étrange, terrifiant rendez-vous indescriptible ! D'ici toute espérance
semblerait absente, si la veilleuse ne laissait trop clairement encore
distinguer par éclairs dans ce réduit, posée en face de l'unique
cercueil, la statuette de Notre-Dame aux 7 glaives, d'Arliquet, sur
un autel dénudé. En sorte que de la profonde arcature de cet enfeu
où repose innocemment, comme en un long berceau fleuri, la bière
de plomb, encore habillée de son suaire semé de croisettes avec de
luisantes grosses larmes, le pauvre gisant assiste invisible aux suites
du drame, directement prêt à tirer secours du divin sacrifice, par
la baie entr'ouverte aux pieds même du prêtre récitant le *confiteor*.

Ah ! la chrétienne inspiration que celle qui a conçu ce dernier
refuge à méditations trois fois salutaires ! Quel immense amour
crucifié ne suppose pas un tel asile suprême où la Douleur vivante
et saignante, toujours inconsolée, en duel réglé avec la Mort, ose
lui dire : *Prends-moi ! J'achèverai la coupe du fiel ! Mais, plutôt à
la volonté du bon Dieu, auquel je demande seulement de vivre en
moi, et de me faire mourir en lui, comme en l'absent !*

Certes, j'ai vu, le 2 9ᵇʳᵉ 1896, dans cet humble, verdoyant, fertile et gras champ sacré du repos, à Sᵗ-Bonnet, le vieillard s'avancer vers son tertre, une fiole à la main sous sa limousine rayée, bénissant sa place prochaine. J'ai entendu l'orpheline sangloter dans les hautes herbes, autour de la croix de bois à l'ombre de laquelle se laisse évoquer tendrement l'ombre de son père. J'y avais le cœur déchiré par les cris d'une veuve qui redemandait son mari, haut la voix, abîmée dans ses contorsions sur leur couche glaciale.

Mais nulle part, autant qu'en cette basse-fosse du *bon mariage* (1) aussi, ménagée en dedans et auprès du vaste sépulcre à 15 dépouilles (2), il ne m'a été donné de ressentir l'épouvantable punition du Péché, auteur de la Mort, la pleine vanité de ce monde avec notre courte vie, et le besoin des consolations de la Foi, et la vertu divine de la Prière contre l'humaine désespérance. Aussi répéterons-nous en sortant, ne fût-ce que par gratitude pour de si fortifiantes réflexions, l'invocation, cri vainqueur, vaut-il mieux dire, gravée au frontispice de la chapelle :

> SERVIS CHRISTI : *de Sᵗ-Martin de Bagnac,*
> REQUIEM ÆTERNAM, *dona* DOMINE !

(1) On connaît la légende du *bon mariage,* de la vieille sépulture si admirée au musée de Limoges. Sur le couvercle de l'auge sont sculptés, d'un ciseau chaste et délicat, deux époux endormis. La femme étant venue à mourir pèlerine au tombeau de Sᵗ-Martial, le survivant dût accomplir son vœu de visiter en outre N.-D. de Roc-Amadour, mais revint expirer de douleur à Limoges, ou plutôt prendre place finale auprès de l'épouse délaissée, qui se retourna sur sa couche à son approche.

(2) { 1° † Michel de Sᵗ-Martin, chanⁿᵉ, curé.
{ 2° † l'abbé Meynard aussi curé de Sᵗ-Bonnet, † en 1831.
3° † J.-B. de S.-M. le chevalier.
{ 4° † Marie-Anne de S.-M.
{ 5° † Cᵗᵉˢˢᵉ de Préville, née A. de Barberin.
6° † Louis de S.-M.
7° † la marquise de S.-M., née de Barberin.
8° † Gaston, marquis de Bagnac.
{ 9° † marquise de Bagnac, née Lévis.
{ 10° † Elisa S.-M.
11° † Jⁿ S.-M., marquis de B.
12° † Eutrope de Plaisance.
13° † Fernand, cᵗᵉ de Préaulx.
{ 14° † marquis Antony de B.
{ 15° et marquise de B., née de Preaulx (à décéder).

ADDITIONS

St-Martin-l'Ars. Joignez en note complémentaire des pp. 13, 20, que cette terre fut possédée 1395 par noble Hugues Boniface, gendre Feydeau ; 1429 par N. de Moussy, aussi par alliance aux Feydeau. On la trouve aux mains des de Salignac 1460-1496 ; des Moussy 1544 ; puis de leur gendre N. Vigier ; de la maison du Breuil-Hélion 1653 par suite de mariage avec une Vigier ; et Mlle du Breuil la fit passer 1718 à la maison de Lambertie. On y trouve même en 1687, 10 fév. haut et puissant Jⁿ de Lambertie, marquis du Bouchet, seig^r de St-Martin-l'Ars. [*Généal. de la maison de Lambertie*, par M. l'abbé Lecler, p. 160, in-4° illustré, Limoges, imp. Ve H. Ducourtieux].

Les de St-Martin, de Saintonge, Touraine, etc.

Les dits de St-Martin (mentionnés p. 12 ci-dessus) seigneurs du Parc, paroisse de Gay, en l'élection de Saintes, et sgrs du Puy-Certeau (Neufvic), électⁿ de S^t-Jⁿ d'Angély, maintenus nobles, lors de la vérification officielle de 1666 [*Bulletin de la Société archéol. de la Corrèze*, siège à Tulle, année 1897, p. 109, sous la signature de M. l'abbé Lecler] portaient : *d'azur, à 3 roses d'argent, 2 et 1*.

Quant aux de St-Martin, seig^{rs} des Granges, paroisse de Lubigné, ailleurs de Payzay-le-Chapt, ils eurent maintenue de noblesse en 1714, pour l'élection de Niort, et avaient pour armes : *écartelé... au lambel à 3 pendants* [*Archives historiq. du Poitou*, t. 23].

Les de St-Martin de La Vinéterie, paroi. de La Chapelle-Magenaud, électⁿ de Saintes, furent maintenus nobles en 1666, ayant pour blason : *d'azur, à la croix d'argent au lambel de 2 pendants en chaque canton de m.*

Notons encore les St-Martin, sgrs de La Font et de Pezzay 1630.

Les St-Martins, barons d'Aumagne 1781, sgrs de La Cabourne.

Les St-Martin, sgrs de La Garde, dem^t à Arfeuille (Ranville) 1622 ; — dont étaient, ceux qu'on trouve sgrs de Laugerie, 1614 habit^t St-Médard ; — et ceux qualifiés s^{rs} de La Pile (Valence) 1667 ; — ceux encore, sgrs de Puymoreau (Reignac) 1756.

Un Sᵗ-Martin, sʳ de Maison-Neuve, fut témoin d'un acte à Eymoutiers, 1650.

La Touraine revendique les de Sᵗ-Martin, sgrs 1682 de Mesne,
des Echevées.

Le fief de Puyguérault, pour d'autres Sᵗ-Martin 1571, doit être
probablemᵗ cherché dans la Gironde.

Sᵗ-Jory-Las-Bloux, Dordog. avait 1763 un château de Sᵗ-Martin,
alors propriété de la famille de Captal.

Nos de Sᵗ-Martin, *seigrs de* Rochelidoux (1).

(*Complément aux pp. 21, 25 ci-dessus*)

1° L'an 1300, vente par Jourdain de Monsac, à messire *Pierre*
de Sᵗ-Martin, chevalier, seigʳ de Rochelidoux, d'une rente de 25
sols, sur la borderie de Vrac, en la paroisse de Montrollet ; le
mercredi avant l'ascension de Notre-Seigneur.

2° Au 1ᵉʳ févʳ 1388 (ailleurs elle en est dite vᵛᵉ 1338), Catherine
de Beaufort, dᶫᶫᵉ, vᵛᵉ de *Bertrand* de Sᵗ-Martin, donzel, agissant
comme mère tutrice de leurs enfants, savoir : *a* Simon ; *b* Jean ;
c Jeanne ; *d* Ayde ; *e* Eynos de Sᵗ-Martin, icelle Catherine agissant
d'une part ; — et d'autre part, Martineto de Sᵗᵒ Martino, domicello ; — et Guitardo de La Boyssiera, domicello, pro se et Phi-
lippa de Sᵒ Martino ejus conjux.

La tutrice tenait certains biens, par succession de feu Pʳᵉ de Sᵗ-
Martin, jadis, sieur de Rochelidoux (Nouic), aïeuls desdits Martinet et Philippine, et aussi par succession et eycheyte de jadis
messire Jehan de Sᵗ-Martin, chevalier, défunt père des mêmes Martinet et Philipie.

3° *Simon* de Sᵗ-Martin, écʳ, sʳ de Rochelidˣ, en fait hommage à
Jeanne d'Angle, dame de Mortemart, 28 avril 1400 (*22 avril*,
d'après une 2ᵉ mention, où le scribe a mis *Morthomar*.

4° Sans date. — Vidimus d'une donation par *Simon* de Sᵗ-Martin,
à Guillaume Taveau, seigʳ de Morthomé et Sibille de Sᵗ-Martin.

---

(1) Tout cet article Rochelidoux nous provient d'analyses prises par
nous dans le chartrier du Fraysse, sur titres authentiques.

5° *Ayde* de St-Martin, dame de Rochelidoux, épousa Jⁿ de L'Isle, seig^r de l'Isle-Jourdain, qui rendit hommage de Rochelidoux, au sieur de Mortemart, le 20 8bre 1433 (ailleurs 28 8bre, et pour la vigerie qu'il avait en la terre de Mortemart).

6° Il y eut bail à cens, 16 9bre 1434, de La Pomarie de Mazerolles, par Jⁿ de L'Isle, s^r de L'Isle-Jourdain et de Rocholizon (Rochelidoux), se portant fort pour sa femme, *Ayde* de St-Martin. — La Pomerie (Noyc) est dite inter locum de Podio de Mousteyrou (le Puy de Montrol-Sénard) et locum de Ribary et de Malo Passu, aliàs du Verier, et domum infirmorum de Mortuomari ; plus pour locum de Mazeyrolles (Noyc) ; plus le pré appelé Pré Algier, sis entre le lieu du Courret et la garenne de Mortemar : présent Gaultier, curé de Mousterol et m^e Jordan Garnier, bachelier ès-lois, et Guy de Tizon, donzel.

Dimerie de Rochelidoux. — Selon transaction du 20 juil^t 1441 entre l'abbesse de La Règle de Limoges, comme prieure de Nouic — et Jⁿ de Lisle (ailleurs Lille), chev^r, et *Ayde* de St-Martin, conjoints, soit (établi) que ces époux à cause de Rochelid^x ont le dîme et primaux et novelains : depuis la croix du Breuil, à l'osme du Bois-Chevalier, le gua du moulin de Rochelidox, le vieux chⁱⁿ allant au queiroir de La Grange de La Valette, le chⁱⁿ allant à Nohic, le pont de Rochelid^x, l'étang Vieil de Rochelid^x, puis la croix du Breuil. Ailleurs, ce dîme est dit suivre le chⁱⁿ de Nohic à Brilhac, le village et mⁱⁿ de Coux, le bois des Borderies, chⁱⁿ de Bussière à Aubis, ruisseau de l'estang du s^r de Rochelid^x, *la Bastide* française, voy. ma carte), et chⁱⁿ de Nohic à Brilhac, la tenue de la Tronchette.

Il y a baillette, 29 juin 1447, de la tenue des Fraux (terr^{ns} incultes) de Pousinières (Noyc), confrontant au mas de Champs-Vernheys, consentie par noble Jⁿ de L'Isle, chev^r, s^r de l'Isle-Jourdⁿ et *Ayde* de S.-M., dame de Rochelid^x, conj^{ts}.

On est certifié aussi que le 23 juil. 1448, la dame de Rochelid^x effectua son acte de vasselage au seig^r de Montbas, pour son exploit et usage en la forêt de Montbas. [Le fief de Montbas est de la c^{ne} de Gajoubert].

S. d. (v. 1450), est aussi relatée, par inventaire, comme existant par copie informe, une transaction par *Ayde* S.-M., dame de Rochelid^x, v^{ve} de Jⁿ de L'Isle, chev^r, s^r de L'Isle-Jourdⁿ, Rochelid^x, avec les hérit^{rs} de Guilhaume Du Bois, sur la tenue de la Pomarie de Mazeyrolles.

(1) Pour ces Combarel du Gibanel, voy. LE BAS-LIMOUSIN *seigneurial et relig. ou Géog. historiq. abrégée de la Corrèze*, par J.-B. CHAMPEVAL de Vyers. t. I, arrond^t de *Tulle*, pp. 15, 72, 76, 110, 112, 125, 132, 148, 176 ; et t. II, arr^t d'Ussel, p. 289 et passim. *Anbasmas*, voy. c^{ne} Lacroix, (H.-V.) *Rohet*, partition actuelle de L'Isle-Jourdⁿ (V^{ne}).

« Transaction entre noble Mathieu Anbasmat, chev^r, et *Ayde* de St-Martin, sa femme, dame de Rochelid^x, avec P^{re} Combarel, chev^r (1) et Huguéte de L'Isle, sa femme. Ayde était v^{ve} en 1res noces de Jⁿ de L'Isle, chev^r. Elle était fille de Marg^{te} de Columbiers, dame dudit et de Rohet. — 1452, 22 avril, noble dame *Ayde* de S.-Martin, dame de Rochelid^x, femme de noble messire Mathieu Anbasmat, chev^r, ratifie la transactⁿ entre led. Mathieu et noble P^{re} Combarel, chev^r, sgr de l'Isle-Jourdⁿ, ép^x de Huguette de L'Isle (Ayde n'eurent (*sic*) pas d'enfants ?). »

« Transaction est du 20 avr. 1452, entre P^{re} de Combarel et Huguette susdite, avec Marguerite de Lage-Hélie, d^{lle}, et *Guil^{me}* de S.-Martin, son fils, éc^r, d'une part — et noble Mathieu Ambasmat, chev^r, et dame *Ayde* de S.-M., sa femme, sgr de Rochelid^x. »

---

31 x^{bre} 1453, fondation par noble *Pierre* de S.-Martin, chev^r, sgr de Rochelid^x, au couvent des religieux mineurs de S.-François, à S.-Junien, a raison d'un florin de rente : et payée par *Ayde* de S.-M. dame de Rochelid^x, épouse de Mathieu Anbasmas, chev^r.

P^{re} Combarel, sgr de Rochelidoux, en rend hommage au s^r de Mortemar, 30 juin 1457.

Huguette de L'Isle, dame de Rochelid^x et de L'Isle-Jourdⁿ, épousa P^{re} de Combarel, qui fit hommage au s^r de Mortemar, 31 juin 1473.

Néomaye de Combarel, dame de Rochelidoux et de L'Isle-Jourdⁿ, épousa en 1463, Jⁿ de la Béraudière, chev^r, seig^r de Sourches, qui au 29 mars 1528, porta sa foi pour la terre de Rochelidoux, au seig^r de Mortemart. (Ailleurs cet hommage « du sgr de la Béraudière » apparemment le même, n'est daté, et plus vraisemblablement, que du 29 mars 1508).

Le 1er févr 1500, noble messire P^{re} Faitinaud, mandataire de noble et puissante Françoise Coutète, dame de Rouhet et de Rochelidoux (entendez Cotet), achète le pré des Lices (Nouic).

Jean de La Béraudière, vend Rochelidoux, le 26 7bre 1520, à noble Guillaume de Laveau, éc^r, conseiller au parlement de Bordeaux, seig^r de Drouille, Château-Neuf, époux de J^{ne} Joviond. 6 juil. 1542, *Léonarde* (*sic*) de Jouviond, v^{ve} de Guil^{me} de Lavaux, sgr de Rochelidoux, c^{ller} au parl^t de Bord^x, confirme la donation par elle faite à Martial de Laveaux, éc^r, s^r de Drouilles, son fils.

La nommée par Guil^{me} de Lavaud, pour Rochelid^x au sgr de Mortemar, est du 16 8bre 1520.

« Investison est faite par le sgr de Mortemar, du contrat d'achat de Rochelid^x acquis par André des Montiers, de Martial et Jacques de Lavaud, du 23 avril 1537. » Ces mêmes Mart^l et Jacq. s. d. (v. 1540) vendirent la seigneurie de Bournaseau (Nouic) aud. André des Monstiers, sgr de Rochelidoux, etc. — 6 mars 1570, hommage est fait au s^r de Mortemar, par Euzèbe des Montiers, pour les terres de Rochelid^x et du Fresse (Nouic). — Une transaction était intervenue 28 juil. 1565 entre les sgrs de Mortemar et de Rochelid^x, relativement au fief de Roche.

Faisons maintenant connaître l'importance de cette châtellenie de Rochelidoux, forteresse considérable, puisqu'elle justifia la construction d'une bastide destinée de la part des rois de France à faciliter à nos troupes le siège avec reprise aux Anglais, de ladite châtellenie. On verra par là que dès la fin du xiiie siècle nos de St-Martin, nantis d'une telle puissance féodale, tenaient haut rang déjà parmi la noblesse de la province, n'en eussions-nous d'autre preuve que l'élévation de leurs alliances.

ROCHELIDOUX

Confrontation de la justice de Rochelidoux, en 1453, à comencer au chemin allant à la chaussée de l'étang rompu d'Auby, au chemin du Pradeau, chⁱⁿ tendant au gué de la forêt de Jehan, et dudit ruisseau gagnant la borde de l'étang des *Forges*, suivant icelui ruisseau, passant au gué Chevalier, au carefour de La Tavelle, et va à l'ormeau sis au-dessus le village des Bordaries, et se rend à l'ormeau du Bos-Chevalier, puis au gué de St-Gaultier, et comme l'eau coule de ce gué au pont de Sigouny, et comme ledit ruisseau conduit dud. pont de S. a l'étang d'Auby susdit [c'est-à-dire, longeant ce cours d'eau], et arrivant au carefour de la Solade, puis à celui de La Bussière, et de là à la *bastide Françoise*, et de là à l'ormeau de Juniat, puis au gué du Breuil, à l'ormeau de Goutte-Chose, au Gué du Rioux, à l'étang des Farges, enfin aud. queyroy de La Tavelle.

Mais remontons à meilleure date, vers le début du xive s. avec le dénombrement du seigneur de La Côte (Mézières), venue postérieurement aux de Lary et par ces derniers aux comtes de Montbron. Aussi bien les terres du Fresse et de La Côte sont-elles contiguës à celle de Rochelidoux.

Par acte sans date, mais qui se place entre 1305 et 1330, nobilis Johannes de Fraisse, scutifer, dominus de Costa (in paroch. de Mazeriis) confessus fuit tenere,

à nobili et potenti domino Johanne, domino de Monterocherii, in feudum ligium cum juramento fidelitatis, cum Johanne de Latart, Johanne Vergnaud, juniore, albergamentum de *La Couste*, prout est inclusus de ponte A Brandre et recté tendit ad crucem de Beaucheraud et exindé auge de la Saumières, et exinde ad quadruvium Borelly, et exinde ad quadruvium de Brossis, et exinde ad terras Elie, Sancti Martini, et exinde ad fluvium de la Dessiere (aujourd. la Dissoire, Disseure) ad pontem de Bramont : le tout valant 30 liv. de rente.

Plus le four de Mazières (situé dans le bg actuellem¹ dit Mézières) d'un rendement de 8 liv. Plus les dîmes et prémices au bg et paroi. de Mazières = 7ˣˣ setiers de blé à la mesure de Mazières, et 80 gélines et 30 agneaux ; et 30 sols de rente. (On voit que *La Côte-Mézières* ainsi nommée en raison de ce, tout autant que pour différencier cette sgie de ses homonymes, emportait cosgie de son clocher). Plus 1/3 d'un quartier de la gᵈᵉ dîme de Mazières ; et 1/6 de manso Sancti Petri, quam tenet dicto scutifero Johanne du Fraysse, sub homagio ligio et renda duorum sextariorum siliginis, etc.; plus la bordaria au Jourdanet, prope Bonefont et bordaria Caux et bordaria de Malopecoux et bordaria de manso de Marsello, etc. [Pièce incomplète].

Fiefs

relevant de la ☉ de Rochelidˣ (Nouic) avec moyenne et basse justice :

- La Vergne-Meillaud.
- La Valette.
- Tenue de la Puelle (Nouic).
- Id. de Boyac.
- Id. des Ebrets (Buxière-Boffy).
- Auby (Nouic).
- Châteaubrun.
- Une gᵈᵉ partie du bg de Nouic.
- de Champeau (paroi. dud.).
- de Lavergne (Gajoubert).
- du Clou (Champeaux) selon hommage pour Le Clou, par dˡˡᵉ Louise du Masvallier, 1ᵉʳ 9ᵇʳᵉ 1626.
- du Chaslet, tenue (Blond, comme les 2 tenues suiv.).
- des Ramades.
- de Beaufort.

Etc.

Le tout relevant de la baronnie, puis devenue duché, de Mortemar.

Rochelidˣ avait droit de xᵐᵉ; primaux et nouvailles (prémices, apparemment ; et sûrem¹ nouvelains, défrichem¹ˢ) croissants de la croix du Breuil, etc. *ut supra*. Bref sa xᵐᵉ s'exerçait sur les villages de Coux, La Bastide, — celui de La Valette en partie, — ceux de Boucheron, Bussière et Juniat.

Rochelid[x] avait justice à 2 piliers et droit de condamner à mort homme et femme ; château entouré d'eau de tout côté. Le donjon flanqué de 4 poivrières était à 5 ou 6 étages, et séparé du château par un large fossé. Ainsi s'exprime un document antérieur du moins au siècle présent.

Les seig[rs] de Rochelid[x] avaient, en 1691, honorifique en l'église de Nouic.

Autres fiefs en relev[t] : ⊣ Exempt. ⊣ Chez Seinaud et ⊣ Champsigaud (St-Martial) en 1559. Il fut rendu hommage, au vic[te] de Mérinville, en Beauce, comme sgr de Rochelid[x], pour diverses rentes, par le juge de Morthemar, Gui de Verdillac, au 18 fév. 1630.

Un aveu de Rochelid[x], fâcheusement écourté de tête et queue, devenu en outre presque illisible, datant du 13 juil. 1434, assigne pour limites de sa juridiction, celles-ci :

..... du ch[in] allant ad vadum de Brolio, stagnum de Las Forges, ulmum de Bosco, *Bastida Françoise;* — et le sgr a pleine justice et pleine vigerie en toute la paroisse de Mosterou (Montrol-Sénard), excepta terra domini de Monterocherii et excepto burgo de Mosterou.

Et il a pleine vigerie, totam libertatem, vigeriam, recognitionem in omnibus mansis parochiarum de Mosteroleto (Monterollet), de S[to] Christoforo, de Busseria Boufi et de Noyco, et burgo Noyci ; et en ladite vigerie, droit d'amende et connaissance à 7 sous et 1/2 ; et le reste jusqu'à 60 sols.

Et je tiens à l'hommage susdit, ajoute le vassal dénombrant, de mon susdit suzerain, une tenue située à Nouic, que tenaient feu Gérald Pochard, *sic;* et j'ai rentes sur campo de Sancto Germano ; et rente supra ascerin (*sic*) Sancti Genesii de Noyco, plus sur tenutam Rabeschon, et plusieurs maisons ou parcelles de terrain à Nouic ; plus le mas de La Bussiera, et en outre sur le vieux étang de Castro-Moly (Châteaumoulin), plus le mas de Brolhio prope Beissaguet.

Et sur Noilhaguet ; et 1 pré au mas du Ponh, et sur le mansus de Nozilhaco, et parvas pradas sitas super viam per quam itur de cruce de Boschaud ad quadrivium de La Variceta ; plus au Champ redond sous la Vergne-Meilhaud ; plus sur la terre de la Loubiere, le tenementum et tenutam de Bellosole ; et 1/3 de las Laydonias ; et le mas de La Valleta ; plus boscum Bardum ? supra viam de quadrivio de La Valada.

Plus in manso de Las Coux ; et nemora de Landis et de Agiis du Ponhet, sita et assignata inter iter de Noyco ad Planchias et rivo currente de Planchiis ad prata de novem fontibus ; plus nemus de La Borgada, item mansus de Las Bordas ; et in parrochiis *de Morterou et de Mortuomari :* in clausis de La Reymade, in bordaria de Podio Morier ; item in domo ante magnam portam magne eclesie de Mortuomari.

Item in uno furno à Nouic, cum juribus, portagiis 1 (droit sur l'apport 1, et cuisson 2) et furnagiis 2, deveriis, libertatibus consuetudinum.

Item 1/2 arbergamenti (= repaire, petit point fortifié, noble) de Bornazelo, c'est la 1/2 dud. vers l'étang ; plus 2 étangs y attouchant ; item m (m = mansus) de Dedairet, M. de La Audière, M. de Favola (Mosterou) ; M. de La Charlerie, M. de Feynelo Vertur Deissubras (prob¹ *versus*) ; item M. Chassangy ; bordaria de Bras, M. de Podio Berengier inter Frynellum ? et Villam Flayous ; item apud brossiam pascher ; amplius tenuta de Forgia de Brolhio, bordaria de Agia prope *lo Mouter* (dont Monterol est le diminutif) ; item amplius unum pratum juxta vilagia Montisburgi et Las Chaissagnas, etc.....

Le 27 fév. 1491, Antᵐᵉ des Monstier homagea le Fresse au sgr de Mortemar. En juil. 1668, Roch des Montiers, ᵉgr de Rochelidˣ, obtint lettres d'abolition touchant l'affaire de Fᵒⁱˢ Bureau, procureur fiscal de Restigny. En 1409, le village du Montet (Monterol-Sanard), figure comme justiciable de Mortemar, mais en la fondalité de Rochelidˣ.

Enfin la nommée par messire X. des Monstiers au sʳ de Mortemar, pour le fief de Rochelidˣ, mentionne Phelippes... bachelier ès loix, procurʳ d'office de la juridiction... et indique force rentes sur M. de Villa-Beurtain et de Coux, M. de Vernia Meilhaud, parle d'un iter tendens ad stagnum corruptum (rompu) d'Aubi ; et cite comme biens du déclarant : stagnum de Forges ; tenutam Rabaschon, etc..., tenutam de Bellosole, M. de Valeta, M. de Bedoiret, M. de La Cridière, M. de Femoa (Mosterou), M. de Charlerie, bordaria de Brat ; villagium de Brat confrontatum au magnum iter de Lemovicensi ad Pictavensem ; plus villa Flayous, La Porcherie, bordaria de la Capcheria, M. de Ponte du Teilh, bordaria de La Liver-teix ?

Vidimé ou enregistré ès assises de Morthemar y tenues par Josias ? de Denizon ?, conseiller avocat du roi, sénéchal dud. lieu. 2 8ᵇʳᵉ 1536.

Supplément à la p. 51 des BAGNAC DE RICOUX

Seigneurie de La Grandroche :

Clémence de Paulin, dˡˡᵉ vᵛᵉ de Mᵉ Jⁿ Chardebeuf, licᵉ en loix, lieutenant et chancellier de la Marche, tutrice de Jⁿ, Guillaume, Pʳ et Jⁿ Chardebeuf, leurs enfants, fait aveu, au roi, comme châtelain baron de Montmorillon, le 10 xᵇʳᵉ 1494, pour le lieu et héritage de La Gᵈ Roche (paroi. de Tersannes, H.-V.), lequel champ peut valoir 10 liv. par an de rente (donc alors l'emplacement de ce castel en était démuni, mais n'en restait pas moins noble, comme toujours apte à servir d'assiette à un nouveau refuge); en présence de M⁰ Gilles de Fontbusseau, licᵉ en loix. [Arch. de La Vⁿᵉ, source pour les pièces ci-après, relatives à Ricoux ou GᵈRoche, série C. n° 388].

Le 5 juil. 1515, aveu fut fait par Jⁿ Chardebeuf, le jeune, licᵉ ès lois, écʳ, sgr de la Gᵈᵉ Roche. pour GᵈRoche. Le dit avouant, fils à feu Mᵉ Jⁿ en son vivant lieutᵗ et chancelier de basse-Marche, était représenté par son frère, honorable et saige maître, Jⁿ Chardebeufz, chastelain du Chastel du Dorat, advocat de Madame en la basse-Marche.

Gᵈ-Roche fit l'objet d'hommage, 23 juin 1692, de la part de Margᵗᵉ Richard, vᵛᵉ de Fᵒⁱˢ Bagnac, écʳ, sʳ de Ricoux ; et le 30 janvʳ 1719, de la part de Fᵒⁱˢ Bagnac, capitaine au régimᵗ de Navarre, agissant pour lui et pour Jⁿ de Bagnac, sʳ de Ricoux, son frère, fils de lad. Margᵗᵉ R., et dud. Fᵒⁱˢ. Ce capⁿᵉ épousa vers août 1728, Jⁿᵉ de La Chassaigne, vᵛᵉ dès 1719, de noble Charles Goudon, seigneur de Jeu (1).

Fief de **Ricoux** :

21 xᵇʳᵉ 1498, l'écʳ Fᵒⁱˢ de Ricoux, sgr dud., portait sa foi à son suzerain, pour 1/3 du pasquage à la Sᵗ-Jⁿ-Baptiste, à Tersannes ; et il avait pour vassal, le sʳ de Bourg-Archambaud, quant au Gué-Salomon.

L'aveu de Ricou par Fᵒⁱˢ de Ricou, écʳ est du 24 juin 1515.

Antⁿᵉ de Ricoux, écʳ, seigʳ dud. et du fief de La Gᵈ-Roche (Tersancs) déclare au roi, son château de Ricoux, avec la pleine justice de Tersanes et de Ricoux ; plus des rentes sur La Chastre, etc., plus l'hommage dû par le sʳ du Bourg-Archambaud, pour le Gua-Salomon ; item la foi due par le seigʳ de Best ? (ou Besse)-Arnier, à cause du lieu de Rabaud ; plus l'homage des héritiers de feu Pʳᵉ Vachier pour la Gᵈʳoche ; l'homage du sʳ de La Vareille, aussi pour Gᵈroche ; 2 août 1561.

En 1661, Jⁿ de Baignac, écʳ, sʳ de Ricoux, qui avait rang de châtellenie, rendait hommage lige pour le château de Ricoux, et 1/2 xᵐᵉ de charnage du gᵈ xᵐᵉ de Tersanes ; plus droit de banc et plassage ès 2 foires de Tersannes : à Sᵗᵉ-Croix de mai et 7ᵇʳᵉ ; plus l'hommage dû par le seigʳ de Montjouan pour le fief du Guay-Salomont et le Mas-Cournil en la justice de Tersanes ; l'hommage dû

---

(1) *Généal. de Goudon,* par de Chergé ; plaquette in-8° et *Diction. des familles du Poitou,* par MM. Beauchet-Filleau, t. II., p. 265, col. 2, § 2. Ce 1ᵉʳ auteur dit à tort : que ce « Fᵒⁱˢ (était) *sgr* de Bagnac ».

par le s^r de l'Age-Bernard, pour le fief du Bois-de-Ricoux; l'hommage dû par le seig^r de La Mothe-Tersanes, plus la Basse-Roche; plus celui dont est tenu le s^r de La Vareille. [Arch. H.-V., série A provisoire, liasse 4682].

Le même J^n de Baignac, éc^r, sgr de Ricoux, le 11e may 1661, hommagea au roi, pour Ric^x, et la pleine justice de Ricoux et Tersannes en communauté avec les seig^{rs} de Tersannes, savoir est 2/3 de cette justice; — plus sa métairie de Ricoux, etc., franche de dîmes.

Il énumère comme ses vassaux : 1° le sgr de Mont-Jouant, pour le Gay-Salomont et Malcornil, relevant de la châtellenie de Ricoux; 2° le sgr de La Mothe-Tersanes; 3° le sgr de l'Age-Bernard, pour le Bois de Ricoux; 4° d^{lle} Marthe Davidou, pour une rente sur le village de La Basse-Roche; 5° le seig^r de La Vareilhe remplacé vers 1750 par le c^{te} de Bourzolles).

Claude Richard, éc^r, s^r de La Vallade, en qualité de curateur des enfants mineurs de feu Baltazar de Baignac, éc^r, s^r de Richou (sic), offre de fournir son hommage lige pour fiefs de Richou et de G^d Roche, le 6 juil. 1671.

16 juin 1674, J^n de Baignac, éc^r, s^r de Ricoux, y demeur^t, parois. de Tersanes en Poitou, déclare au roi les mêmes choses que dessus, avec mêmes vassaux : Marthe Davidou, etc.

Extrayons à son tour de date, 17 août 1680, d'un original en vélin, à double feuillet, la substance ci après :

Sachent tous, que je François de Baignac, escuyer, seig^r de Ricoux, connois, confesse et avouhe tenir à foy et hommage lige avec le serment de féauté, du roy nostre sire, à cause de sa baronnie de Mommorillon, les choses qui s'ensuivent :

Et premièrement mon *hostel* et esbergement de Ricoux, et la *justice* h^{te}, moy^{ne} et basse du dit Ricoux et Tersanes, à moy appartenant en communaulté avec les seigneures (sic) dud. Tersanes, scavoir est les 2/3 d'icelle avec toutes ses appartenances et dépendances.

Item la *mestairie* dud. Ric^x, franche de tous dismes; item les bois prez, pasturaux, guerenne et coulombier appartenant aud. lieu de Ric^x, lesquelles choses dessus nommées, à estimation et coustume du pays peuvent bien valloir vingt livres de rente.

Item quatre *estangts*, scavoir : le g^d estang du Plantadis, qui peut bien valloir 5 liv. de rente.

Item le p^t estangt du Plantadis du Bois, qui peut bien valloir 50 solz de rente.

Item l'estang de La Porte, dud. Ric^x, qui peut bien valoir 100 solz de rente.

Item l'estang nommé Pescher, qui peut bien valloir 100 solz de rente.

Item je confesse et avouhe tenir du roy nostre sire, les *rentes* qui s'ensuivent : et premièrement sur le vge (= village) des Brunetz prèz Ricoux, seigle 5 ceptiers, arg^t 28 solz, gellines 2 ; le tout de rente noble féodalle et foncière.

Plus sur le vge de la Boutinerye et appartenances d'icelluy : froment 2 septiers, 2 quartes ; seigle sept septiers ; avoyne 6 quartes ; arg^t 30 sols, gellines 3, en fondalité directié.

Plus sur vges : La Mosnerie, etc., La G^d Roche, la tenue des Chinaulx de La Chastre ;

Plus le vge de la Jallemouche, en seigle 3 quartes ; arg^t 3 s. de rente seconde fontière seullement ; plus la tenue des Marotteries ;

Plus 1/2 d'un disme, appelé le p^t xme de Ric^x, situé près led. lieu de Ric^x, en la paroi. de Tersanes, vallant de présent par communes années 6 sept^{rs} seigle.

Toutes ces rentes payables à la mezure de Mommorillon, dont le septier est compozé de 4 boiceaux ;

Plus 1/3 du droit de dîme de charnage du g^d dîme de Tersannes, rendant 50 sols.

Item le droit de banée et plassage au lieu et justice de Tersanes, qui se lève 2 fois l'an, scavoir ès fêtes de Ste-Croix de may et de 7bre, qui m'appartient pour les 2/3, ainsy que la justice.

Item confesse et avouhe tenir du roy nostre sire un hommage que me doit et est tenu faire le seig^r de Monjoüant à cause de son fief du Gué Salomond et du Mas Cornil, scittuez au dedans de la justice dudit Tersanes : le dit homage au debvoir d'un paire d'esperons blanctz de la valeur de 5 sols, à mutation de seig^r et d'homme, à cause de mon dit chasteau et châtellenie de Ricoux.

Item avoue tenir du roy un autre homage que me doit le seig^r de La Mothe Tersanes, au debvoir d'un gan blanc, du prix de 10 deniers, à cause de mon chât. et châtel^{nie} de Ric^x.

Plus avouhe un homage que me doit le sgr de Lage-Bernard, pour raison du fief, appellé le bois de Ric^x.

Plus j'avouhe un homage que me doit le s^r Hesbray, pour raison d'une quarte froment et 2 septiers seigle de rente noble féodalle et fontière deüe sur le vge de La Basse-Roche, et la paroi. et justice de Tersanes ; de laquelle rente le dit s^r jouit à présent.

Item le seig^r de la Vareille, tient en parage de moy, la mestairie, estangts, rentes exprimés par le contrat de partage du 26 août 1597, reçu Davidière et Payen, n^{res} : lesquelles choses sont tenues à présent et possédées par le sgr c^{te} de Bourzolle [paroisse du Lot, près Souillac].

Lesquelles choses je dois hommager au roi, comme assizes en la paroisse et justice de Tersannes.

---

23 juin 1692, homage de Ric^x au même b^{on} de Montmorilⁿ, par d^{lle} Marg^{te} Richard, v^{ve} à F^{ois} de Bagnac, éc^r, sgr de Ric^x, et cela par procureur (Louis Bourguignon, d^t au chât. de Ric^x), selon pouvoir

reçu Goudon. Elle était tutrice de leurs enf^ts : F^ois et J^n qu'on trouve ci-avant en 1719 rendant même devoir féodal.

J^n Malevault, conseiller au siège royal de la basse-Marche, au Dorat, ayant acquis suivant contrat du 2 x^bre 1732 la terre de Ric^x (paroi. Ters^nes en la sénéchaussée de Montmoril^n) passé devant Cuisinier et Bourbeau, demande le 23 des mêmes mois et an, d'en faire hommage lige, et y est admis. Il l'avait acheté de J^n de Baignac, éc^r, sgr de Ricoux, et de F^ois de Bagnac, éc^r capit^ne à la suitte du régim^t de Navarre, avec les droits de pleine justice pour les 2/3 seulement.

4 juil. 1776, Louis-Jacq. Estourneau, chev^r, sgr de Pinateau, Ricou, dem^t au Dorat, paroi. S^t-P^re, fait hommage de Ricou.

Seigneurie de Tersannes

Ant^ne Estourneau, seign^r de Tersannes, 21 x^bre 1498, rendit hommage lige, au roi, pour son fief de Ters^nes ; plus les x^mes de blés gros et menus, laines, veaux, goretz, chanvres, en la justice de Ters^nes ; plus 1/3 de la pleine justice de la ville et paroi. de Ters^nes ; plus droits de vigerie et sergentise de lad. ville et parois., visitation des mesures, etc., plus des rentes en lad. parois. (1) et d'autres sur l'Estrade (Oradour).

22 juin 1515, Ant^ne Estourneau, sgr de Tersanes en fait vasselage.

De même fit et pour rentes au vge de Chez-Rochier, par nommée, datée du 17 août 1557, émanant de d^lle Anne d'Aubusson, v^ve P^re Estourneau ; et qu'elle réitéra 14 juil. 1561.

Mais au 12 9bre 1583, l'aveu de d^lle F^oise de Montrochier, v^ve de René Estourneau, éc^r, tutrice de leurs enfants, comprend des redevances à prendre sur tenanciers du Nougier (Tersanes), confront^t aux vges du Mas Torni et de La Chabrerie ; plus sur le lieu aux Esmars, près le vge de Lesmarière (Verneuil), confrontant au vge de la Buxière.

Et en outre 1/3 du xme des menus blez que le curé de Tersanes lève en la terre de la comanderie de La Plaigne ; plus des bians sur le bg de Tersanes ; item sur les Maréchaux de Fouffarye, partition de Tersanes ; item au vge La Robinière (Tersanes) près celui des Coulx-Cheuvrier ; plus à Chez-Rochier (Tersanes) tenant au mas de La Garde, au vge de Roiret, à l'estang à l'asne, aux terres de Roche, montant au g^d bois de Tersanes ;

(1) Arch. V^ne, série C., n° 389.

rentes acquittées à la mesure de Tersanes; plus au vge du Fouillou (Tersanes), près le chⁱⁿ de La Trémouille au Dorat.

Plus le vge de Lage, près vge de Champguioux, vge de Losmaillerie; plus le v. du Pouyaud (Tersanes), conf^t au Mas Cornilh, Gorses, la Girauderie.

Plus au vge *La Chastre* (Ters^{nes}), près chⁱⁿ de La Trimouille à Maignac; plus Lesmarière, Buxière et les Monceaux (Verneuil), conf^t vges de Cruyer, de Champguioux.

Item sur le vge de Flavary (Azac), touchant aux Gorses et Fouillou; plus sur les Gorses (Azac, aujourd. Azat-le-Ris) avec sa tenue du Mas-Chinaud Leglie, près du Pouyaud. Plus Champguion pour sa tenue de Fremigou; plus le gué de Concise, des parcelles (paroi. de Concise), etc. Passé au Dorat, maison de Neymon.

10 juin 1671 *homage* par Jacq. Estourneau, sgr de Tersanes; 12 juin 1698 pour Tersanes, par dame Martine de Pelevoysin, v^{ve} de Charles Estourneau, chev^r, sgr de Ters^{nes}, mère tutrice de leurs enfants : Jacques-Louis Estour., âgé de 17 ans, et Gilles Estour ; et le 11 juin 1719, par Jac. Estour., éc^r, s^r de Ters^{nes} — et 23 août 1740, par Et^{ne} Estour, éc^r, s^r de Ters^{nes}.

Description du château et consistance de la seigneurie de Rochechouard

[Archiv. de Bagnac, et série B. 277, fonds de la sénéchaussée du Dorat, arch. H.-V.]

13 avril 1761, nous, F^{ois} Boutinau de La Gorce, marchand, d^t au bg de Biénac et F^{ois} Besse, m^d, d^t au lieu de La Négrerie (Pressignac).

Arbitres pour estimer la terre de Rochechouard en Poitou,

Avec Jacques-Martial de Léonard, chev^r, sgr de St-Laurent de Gorre et de St-Circ, d^t à Limoges, pour arbitre surnumér^{re},

Nommés en vertu de sent^{ce} contradict^{re}, rendue à la prévoté, vic^{té} et parc civil du Châtelet à Paris, 6 mars 1754.

Entre Olivier-Izaac Péry, marquis de St-Auvent, Louis-Benjamin-Anne Perry de St-Auvent, Jⁿ-Olivier et F^{ois} Perry, chev^{rs} de St-Auvent, Marie-Anne Perry de St-Auvent, majeure,

Isaac Joumart, marquis de Chaban,

Charle-Annet de Gains, marquis de Linard, et la dame Péry, son épouse.

F^{ois} et Jⁿ Perry, marquis et chevalier de Nieül, frères,

Ld Dusollier, chev^r, sgr de Vissac, cap^{ne} de cav^{ie}; d'une part,

Et les s^{rs} et dame Du Pin,

Et le s^r vic^{te} de Rochechouard ; — d'autre part.....

Château de Rochech^d (paroisse St-Sauveur).

« Premièr^t étant dans une avant cour dudit château, nous avons trouvé sur la droite un bâtim^t en équaire qui (se) compose dans le bas:

1° L'endroit où se tient la justice et parquet du dit lieu, ensuite à côté dud. auditoire, sur main droite est un endroit à mettre les futs vuides, et au-dessous à la même main est le pressoir et cellier à mettre vin; et le bâtiment qui forme la poterne est composé d'une p^{te} chambre pour les palfreniers, et 1 écurie attenante, pouvant contenir environ 18 chevaux.

Ensuite de quoy, il y a 1 porche qui conduit dans les allées; et au-dessus est une p^{te} écurie pouvant contenir env^{on} 6 chev^x; et au-dessus du cellier à mettre futs est un grenier dont on se sert à mettre l'avoine; et au-dessus dud. parquet, du pressoir et cellier à vin, sont 2 greniers l'1 sur l'autre pavés en carreaux, et sur les 2 écuries et porche est un autre grenier planché, plus la g^{ge} qui est au-dessous du pont, qui sert à mettre le foin dud. château.

Lesd. bât^{ts} estimés 10,000 l. par l'un, 6,000 l. par l'autre; et vu la disparité entre ces 2 arbitres, moi tiers (expert), ayant examiné les dits bât^{ts} et la ruine prochaine dont ils menacent par les lézardes qui se sont faites, et le mur du côté des allées, ayant surplombé considérab^t, la charpente s'étant déjetée du côté de l'entrée de ladite avant-cour, j'ai estimé 6,000 l.

Et pour entrer dans led. château, avons trouvé 1 pont-levis sur 1 fossé; au devant du château est un donjon qui forme l'entrée du dit château.

A côté d'iceluy, et proche la porte sur la main droite, est un petit réduit entouré de planches où couche le portier.

Et encore sous led. donjon, sur la même main, est une porte par laquelle on monte dans la prison voûtée dessus et dessous, et formant le haut dud. donjon.

Et sur la gauche dud. donjon est une tour, appellée *la tour vieille*.

Plus avons trouvé une *tour triangulaire*, avec une galerie à main gauche, et avec un mur qui sépare led. château de l'avant-cour et qui va joindre la tour appellée *du lion*; sur la main droite, est une autre *galerie*, composée de 5 *arcades*, et non finie, qui va aboutir à la *tour des Cubes*, dont 2 desdittes arcades forment 2 remises pour equippages; couvertes à thuiles courbes, lès 3 autres étant vuides et n'ayant aucunes couvertures, le dessous entre la *tour vieille* et la *tour du lion* est vuide.

La *tour vieille* contient une *basse fosse* et une *prison* au-dessus et lad. *galerie* conduisant à la *tour du lion*, est un petit *vestibule* dans lequel sur main droite, est un *degré en vis* et en pierre de taille qui est dans une *petite tour* qui conduit dans le haut du château; après quoy on trouve une très petite *antichambre*, faisant partie dud. vestibule, qui conduit sur la gauche avec une p^{te} *chambre* appellée des *cibiles*, et dans le fond dud. vestibule est une g^{de} *chambre* quarrée, appelée *du lion*; à côté est un petit *réduit* dans l'épaisseur du mur pour y faire coucher un domestique.

Et en revenant dans led. vestibule en entrant dans iceluy sur la main droite, est la *chambre* appellée de *monsieur le marquis*, et ensuite d'icelle est autre *chambre* appellée *des filles*, qui communique dans un petit colidor qui va dans la *chambre* appellée de *madame*; à côté de ladite chambre sur la main gauche en entrant, est un grand *cabinet de toilette* avec un *réduit* pour faire coucher une femme de chambre, et l'on entre de lad. chambre dans une grande *salle* qui sert aud. appartement, d'*antichambre*, attendu que la principale entrée est du côté de la cour et qui sert en même temps de *sallon à manger,* et de la d^te salle, il y a un p^t *colidor* qui conduit à la *tour* appellée *des nourrices,* dans laquelle est scituée la *chapelle* dud. château avec une petite *sacristie* où peut s'habiller seulement le célébrant.

Et en revenant par la dite *salle* et sortant d'icelle venant dans la *galerie* régnante depuis la d^te *tour du lion* jusqu'à la porte de la d^te salle, on entre, sur la main gauche, dans un *vestibule,* dans lequel il y a un autre *degré* de pierre de taille en vis comme le 1er, qui communique au haut du château ; à costé du degré est l'*endroit à manger* pour les femmes de chambres et officiers dud. château ; et à costé sur main droite, 1 p^t *office,* qui n'a que 10 pieds en quarré, et au bas dud. office est un *degré* qui conduit à la *çave* dud. château qui prend depuis la *tour des nourrices* jusqu'à la *tour du lion,* et sous lad^te *tour du lion* à plein pied dans le fond, et au-dessous est une *basse fosse,* et sous celle des nourrices est une espèce de *charnier* ou *salloir.*

Et revenant par led. colidor sur la main droite dud. degré est une entrée qui donne dans une g^de *cuisine* qui sert de *salle du commun* pour les gros valets, et à mettre du bois.

De là on entre dans l'endroit où on fait la cuisine, et de la, en descendant deux marches, on entre dans 1 *endroit* qui sert *à serrer* du *charbon,* et à y mettre des mûes à engraisser la volaille.

En sortant de lad. cuisine par la chambre de la *salle du commun,* on entre dans la *cour* du château, où on trouve un *pétit bâtiment* à main gauche, bâti après coup, bas et écrasé, dans lequel est un p^t *degré* pour monter dans la *chambre du cuisinier* et ressortant par la même porte, est à costé la *buandrie,* et de là, ressortant de la d^te buandrie, on entre dans autre porte qui conduit par un petit *degré* qui communique par un p^t *colidor* à main gauche, à 2 chambres, dont l'une sert à la *chambre du receveur,* et l'autre à la *chambre* où couche la *garde,* et à main droite par led. colidor, sont 2 autres *chambres,* dont 1 est celle *de la femme de charge,* l'autre où couche le *boulanger* de la ville et du château, et entre 2, 1 p^te *chambre* qui n'a aucune veüe, où couche *la servante* et au-dessous des dittes chambres est la *boulangerie.*

Et della sommes allés dans la *tour* appellée *descubes,* qui forme le triangle de la cour dans laquelle il y a un petit *degré* de pierre, fort étroit, qui conduit dans 1 p^te *chambre* basse où le boulanger met ses *farines.*

Et ensuitte plus bas est une *prison* dudit château, et dans la d^te tour, une *chambre* inhabitée, et à côté de la d^te chambre est le *trésor* dud. château.

Revenant de la d^te tour, sommes rentrés dans le *corps du logis* dud. château, et sommes montés par le *degré* étant à côté de la *tour du lion* au 2e étage dud. château ; et à main gauche avons trouvé une porte par laquelle on entre dans une espèce de *colidor* qui est sur la *galerie* qui servait autrefois de *garde meubles* et qui sert actuellement de *grenier* ; et à côté de lad^te porte, sur la même main, est une porte par laquelle on entre dans 1 *vestibule* qui conduit dans la *chambre* appellée *des Cars*, à côté de laquelle il y a une *antichambre* pour un domestique.

Et dans le même vestibule, sur la main gauche, en revenant de la dite *chambre des Cars*, est la *chambre* de *Monsieur* du *Rosé* (probab^t Rozier) à côté de laquelle dans le fond il y a 2 *antichambres* ; et sortant dud. vestibule sur la main gauche, est une porte qui conduit dans un *colidor* qui donne sur la cour ; et sur la main gauche est une porte par laquelle on entre dans 1 *chambre* qui est au-dessus de celle appellée *de madame*, à côté de laquelle il y a une *antichambre* qui servait autrefois à mettre les farines.

Et sortant dud. colidor, est une porte à la main gauche, par laquelle on entre dans une *chambre appellée* du *théâtre ;* sortant de la d^te chambre, nous avons trouvé une autre porte aussy sur la main gauche, qui entre dans une *chambre appellée* des *nourrices*, à côté de laquelle en entrant sur la main droite il y a une autre *chambre*, appellée du *père aumonier*, et au fond de la d^te chambre des nourrices est une autre porte qui conduit dans une autre *chambre* ; et à côté d'icelle sont des petits *vestibules* et des *lieux communs*.

Sortant de lad^te *chambre des nourrices*, sommes montés par le *degré* qui est dans la *tour des nourrices*, avons trouvé une porte par laquelle nous sommes entrés dans 1 *chambre* appelée de *M. le vicomte*, et à côté d'icelle sur la main droite est une *antichambre* et des *lieux communs* ; à côté sur la main droite de ladite chambre est un *cabinet* ; et sortant de lad. chambre avons continué de monter par led. degré et trouvé à main gauche une porte par laquelle nous sommes entrés dans une *chambre* appelée du *fruitier* ; sommes sortis de lad^te chambre et continué de monter par led. degré avons trouvé à la même main une porte par laquelle nous sommes entrés dans 1 *chambre* appelée du *garde meuble*, n'y ayant au-dessus que la charpente et avons trouvé tous les susdits appartements dudit château en bon état.

Sommes ensuitte descendus par led. degré et passé par led. colidor qui donne sur la cour ; étant au bout d'iceluy, sommes montés par led. degré de lad^te *tour du lion*, au 3e *étage* dud. château, et ayant parcouru tous les appart^ts d'iceluy, nous les avons trouvés inhabitables ; et au-dessus dud. étage est la charpente du corps du logis dud. château, laquelle nous avons trouvé en bon état, lequel château avons estimé 40,000 liv.

Et nous sommes transportés au *jardin potager* qui est en entrant dans l'*avant-cour* dud. château sur la gauche, qui consiste en *3 terrasses*, les unes plus élevées que les autres, et qui est séparé de l'avant-cour par un mur à hauteur d'appuis surmonté d'une *balustrade* en bois. Led. potager contient 2 septerées 1, boisselée ; la septerée composant 800 toises quarrées et la boisselée 200 et la coupée 50 ; estimé 1,600 l.

Plus le *pré neuf* sous le chât. et potager ; 8 septerées, 3 coupées = 1,500 l.

De là estant passés sous le *portail* qui conduit à une *allée* qui est plantée en *tillieuil* sauvage, en rocher, broussaille, chemin qui mène à la p^te riv^re et au portail qui sort de l'*enclos* contenant 11 septerées, 3 coupées = 640 l.

Plus le *pré* dit *de la vigne* et *allée* plantée en *noyers*, qui conduit jusqu'au portail par lequel on sort d'icelle allée et communique à la ville ; plus 1 p^t *toit à brebis*, en l'allée = 800 l.

Pré dit *de la fuye*, à cause que la *fuye* est dedans, 5 septer. 3 boisselées = 2,000 l.

Tous les susdits biens renfermés par 1 mur de 8 à 9 pieds de haut^r, form^t le *renclos* du château de Rochech^d.

Plus un g^d pré, dit le *g^d pré*, dépend^t des *réserves* du château, renfermé d'1 buisson tout autour, 11 septerées, 3 quartelées = 6,000 l.

Plus pré, dit *pré Thibault*, joig^t aud. *pont* de p^re par le dessous, 3 septerées, 3 coupées = 3,000 l.

Plus 1 pré dit le *pré de S.* (sic) joig^t à lad. riv^re et à la *garenne* du château, 12 septerées, 2 coupées = 2,000 l.

Plus pré dit *pré Martin* et de *la chapelle* joig^t au *pont* du m^in *de la Coste* et à l'écluze de la Maillerie au gué appellé de *La Planche au trou*, 7 septerées, 3 boisselées = 2,000 l.

Plus pièce de terre près rivière de Graine et la po^rte de l'*enclos* du château, 7 coupées = 60 l.

Plus métairie de *Bachenu* (Vaire) = 7,000 l.

Plus métairie de *Villenve* (Bienac) tenue en ferme consist^t en m^on, g^ge et jardin de réserve, m^on de métayer, ou de coulon, grange, clidier, jardin potager, chenev^re, prés patureaux, terres labourables, autres terres en friche, et bois chataignier = 5,000 l.

Plus une métairie à Saurette (Bienat) = 6,000 l.

Plus 1 pressoir à huile au fg du Châtenet = 3,000 l.

Plus 1 pressoir à huile près le château, estimé = 1,637 l.

Plus fourg banal, dit le *fourg neuf*, affermé 150 l. puis 180 l. = 3,000 l.

Plus fourg banal de Vaire, affermé 24 l. = 480 l.

Plus m^in de la Coste, près du château, à 3 roues sur ruisseau de Graine.

Plus m^in de *Bachenu* sur r. de Graine (Vaire).

Plus m^in des Sangles (Vaire) sur la Graine, les 2 pilles de l'élassier sont à remonter de 9 pieds de long, sur 8 de hauteur ; il faut paver et remettre un achenau au pille mil.

Plus m^in de l'*étang*, sis sur r. de Graine (Bienac).

Plus m^in de *la Guynaudie*, sur même rivière (Vaire).

Plus m^in de *Chez-Combard*, sur rivière de Vienne (Biennat), tournant à 1 roue, m^in à bled et à pille mil.

Plus le m^in Brulaud (Bienal) sur riv. de Gorre, tournant à 2 roues.

Plus m^in du Pont de Gorre (Bienal), sur r. de Gorre, tenu en ferme, tournant à 2 roues.

Plus m^in de Champagnac (Bienac) sur Gore ; il faut 1 glacis de madriers devant l'empalement, refaire le couroir de l'arche de l'empal^t.

Plus m^in de Pont Boulau (Chéronnat), sur riv. de Tardoire ; faut 1 meule neuve au m^in à seigle, etc.

Le s^r Gouneau, recev^r du château, nous ayant produit ses comptes, nous y avons vu que ces m^{ins} sont affermés en grain : le 1er pour 30 setiers froment, 90 set. seigle, 6 chapons, le tout = 521 l. Le m^{in} vaut donc = 6,994 l. 13 sols : le 2e affermé 30 set. from^t, 77 seigle, 6 chapons = 5,932 l. ; le 3e des Sangles = 2,252 liv. ; celui de l'étang = 3,940 l. ; de Guinandie 5,476 l. ; chez Combard 1,094 l. ; Brulard 2,400 l. ; Pont de Gorre 4,562 l. ; Champagnac 4,280 l. ; Pont Boulan 2,597 l.

Plus l'étang de Puy Joyeux = 15 l. par an ; vaut 300 l.

Plus dîmes de bled des cantons dits du Terroir situé en la prés^{te} ville ; et c^{on} de Vaire, au bg dudit ; et canton de Babauduc, la Pouge, Bois, Jaudran, l'Age Puyjean, Nouaillas, Pauchas Nouaillas (tous Vayre).

Ceux de la Cour et Montazeau (Bienac), valent 87 sept^{rs} from^t par an, en form^t une année comune, et 641 sept^{rs} seigle, déduct^n faite de 12 set. de redev^{ce} au curé de Vayre ; et 87 setiers av^{ne} et 2 boisseaux et 1,855 p^{tes} bottes de paille à 56 sols le cent de bottes, le tout montant : from^t à 5 liv. 15 s. 4 den. le setier, celui de seigle 4 l. 6 s. 8 d. ; d'av^{ne} à 3 l. 1 s. à la somme de 3,604 liv. 19 sols, qui estimés au capital à raison du denier vingt, donnent 72,099 l.

Plus x^{mes} laine ès parois. Vaire, Bienat, valant année com^{ne}, formée sur 12 années = 176 l. 18 s.

Plus 'lins et chanvres des susd. c^{ons} rendent 254 aulnes et 1/2 toille de brin ; en fil retord 6 liv. et 1/2 ; et en argent 10 liv. ; laquelle toile et fil à 20 sols l'aune ; et la livre de fil retord à 20 s. = 5,420 l.

Plus les greffes de Rochech^d et Chaillac = 145 l. par an, au capital de 2,900 l.

Plus greffe de St-Auvent = 60 l. par an (moy^{ne} prise sur 12 ans), au capital 1,200 l.

Plus fermes du guet et minage produisant 100 l. par an, estimées au principal 2,000 l.

Plus *fief* de *Prun* consist^t en x^{mes} et rentes (S^t-J^n et S^t-P^{re} de Vaire) affermé 380 l. au capital de 10,000 l.

Plus xme des vins sur vignes dépend^t de la ville de Rochech^d, et canton du Terroir, Puits-du-Moulin, les Perrieres, les Chaumeils, les Boirelles et Cheyrou, et sur le bg de Vaire et villages situés en lad. paroisse = revenu 320 l., au denier 20 au capital 6,400 l.

Suit la liève de la seigneurie de Rochechouard ainsi établie : 1° sur le bourg de Biénac, argent 2 liv. 10 sols ; froment 5 boisseaux ; seigle, 1 boisseau ; avoine, 2 boisseaux ; gélines..... 2° sur la tenue des 4 noyers aud. bourg..... 3° etc., rente servie par le s^r Gourseaud de Bonefont et le s^r Goursaud de Laumont, etc.; plus rentes sur 7 ou 8 tenues du bourg de Bienac, autres multiples en cette paroisse, plus sur 6 villages ; — rentes dans la ville de Rochech^d et clos voisins ; — sur le bg de Vaire, 6 de ses villages et de nombreux mas ; — rentes sur 6 à 8 villages de la paroisse St-Auvent et son fief de l'Age ; enfin quelques villages des paroisses de Chaillac, Pressignac, Chassenon ; avec 1 de Chéronnac, 1 de Verneuil, 1 de St-Gervais.

Total en rentes et cens 254 setiers froment (le setier ayant 4 boisseaux pour tous grains) ; à 5 liv. 6 sols 4 deniers le setier ; 407 set. seigle à 4 l. 17 s. 8 den.; 251 set. avoine à 3. l. 2 s.; 15 chapons à 18 sols pièce ; 137 liv. en espèces et 18 s. 9 d.; 240 *gélines* à 8 s. (même mutilation qu'au chapon, en vue de l'engraissement) ; 64 poulets à 4 sous ; 4 liv. 1/2 de cire à 20 s. la livre ; 1 chevreau, 15 s.; 1 agneau, 15 s.; 1 hareng saur, 3 s.; 1 perdrix, 20 s.; 1 bécasse, 10 s.; huile, 10 pintes à 10 sols chacune.

Estimant le tout comme il a été dit, et l'argent (cens en deniers) pour l'argent, avons trouvé que le tout monte à 3,949 liv. 1 sol 9 den. de revenu, que nous évaluons en principal, au denier 25, compris les lods et ventes, seuls émoluments, attendu qu'en Poitou les rachats ny reliefs n'ont lieu, 98,727 liv. 3 sols. Le droit de ban et corvée (prestations) dû par gens tenant des biens en roture, vaut ici, en outre, 300 liv., soit au principal 6,000 liv.

Il y faut joindre : 1º la forêt de Rochechouard avec ses cantons du Sénéchal, l'Age, la Motte, l'Abbaye ; en tout 485 arpents, 116 perches, tant plein que vide ; 2º le taillis de Villeneuve (Biennac) 58 arpents, confrontant à lad. forêt, et âgé de 28 ans, estimé le taillis plein à 70 liv. et le vuide à 12 l. l'arpent. 3º *Garennes* de Bachenu 60 arpents et des Lapins 6 arpents, cette dernière en fougère et ajoncs. L'ensemble desd. bois vaut 162,830 liv. arg^t.

La seigneurie de St-Auvent et 1/4 de celle de St-Circ sont tenues en appanage de la vicomté de Rochechouard.

Fiefs relevants de lad. vicomté :

- Cognac (c^{ne} Cognac).
- Greine.
- Moulin-Paute.
- La Brosse.
- Chéronnac (Chéronac).
- Montbrun.
- Pensol (Pensol).
- Lambertie.
- Cromières (Cussac).
- Le Mas du Roule.
- Lascoux.
- La forêt de Lusson.
- Le Haut Bruzac (Dord.).
- L'enclave de Pressignac, située en Poitou.
- Id. de Chassenon, sise id.

— BARBERIN —

[B. 298, Arch. H.-V.]

Procès-verbal du dépôt de la *visitte de la terre du Bost* (Esse), 5 août 1786, appart^t au c^{te} de Barbarin ; — faite 26 juin, close 19 juil. 1786 ;

Par Jⁿ Blanchon, architecte de la ville de Confolens, y dᵗ (Sᵗ-Maxime) ; Jⁿ-Fᵒⁱˢ Duchiron, mᵉ maçon du bg d'Ansac, y demᵗ, experts.

LE CHATEAU

Avons vu le château du Bost, dont les murs paroissent bons, composé d'un corps de logis et d'un pavillon faisant tour (sic) d'equerre, la porte d'entrée duquel nous avons trouvé sa fermeture encore de service, y manquant une targette estimée 1 l. 4 s.

Cuisine. 2 toises de pavé à refaire en pierre, 6 l. 12 s.

Office.

Evier (en la cuisine).

Salon, pavé en carreau de terre en très mauvais état ; y manquent 150 careaux à 1 sol. 11 l. 5.

Croisées, etc.

Chambre à côté.....

Cabinet du côté du jardin.

Et sommes allés à l'*escallier* et au 1ᵉʳ plafond d'icelluy y avons vu 1 croisée à réparer...

2ᵉ plafond dud. escalier, 1 croisée vers la cour. N'ayant qu'1 fenetre ferrée à 6 fiches et fermée par 1 espagnolette, etc.

Antichambre à droite.

Chambre à droite.....

Autre *id*. à côté du jardin.

Le pᵗ *colidor* et plafond de l'escalier conduisᵗ aux *chambres du corps de logis* : y avons vu à une partie du *colidor* qui est pris en un demi tour qui fait demi cercle assis sur des *corbeaux en pierre* saillans, au dessus duquel il y a un mur du parpin en pierre de 6 pouces d'epaisseur, dont il y en a 4 pieds qui sont détachés de l'autre, qui menace de chûte prochⁿᵉ sur 7 pieds 6 pouces d'hauteur. Estimée à 12 l. chaux, sable et façon.

Du dit mur suporté par des corbaux est une *gallerie* donnant sur la cour soutenue par des solivaux. Le plancher d'icelle est hors de service.

Au dessus de lad. gallerie est une *rampe* à hauteur d'appuy en bois, garnie de *balustres* dont il n'y en reste que 2 et la traverse, le tout étant hors de service.

Colidor du coté de la cour qui conduit aux chambres du corps de logis aud. colidor.

Chambre au bout du colidor.

Autre *id*. attenant.

4ᵉ plafond (palier) de l'escallier.

P^t *escallier* conduisant à 1 *chambre* au dessus d'iceluy et dans le *pavillon* de laquelle chambre y avons vu 1 croizée à réparer, etc.

Plus le plancher h^t de la susdite chambre, sur lequel la charpente du pavillon est assise.

Plus *grenier* du corps de logis attenant aud. pavillon.

Couverture du corps de logis, à réparer.

Autre corps de logis à coté du précédent. Porte à refaire.

Vestibule.

Chapelle, croizée garnie d'1 chassis à verre, à garnir de 3 carreaux.

Il y a un autel avec ses marches.

Chambre serv^t de *cuisine.*

Remettre en plomb panneaux de vitres.

L'escallier au 1er etage, plafond pouri.

Chambre à gauche.

Autre *id. à droite.*

En la *cour* du château :

1 *fournioux* serv^t de *buanderie.*

Four.

Grange.

Etable attenant.

Escalier de p^{re} du grenier menace.

Portail de la cour, la clef de voute menace.

M^{on} *du Bordier.*

Etc...

Jardin, *pressoir.*

Mét^{ies} de *Laporte.*

Etc.

ADDITION

au récit de la Ligue en Basse-Marche et Poitou, p. 76 ci-dessus.

Nous ne résistons pas au plaisir de faire connaître ces autres détails sur ce sujet limousin trop peu étudié, regrettant seulement de n'avoir pu les emprunter aux sources directes, durant notre rapide investigation dans les archives de M. le marquis des Monstiers, grâce auquel cependant nous avons eu sous les yeux ses propres notes ci-après. Avant de les transcrire à cette place, nous avons vainement cherché quelques indications de plus dans les

Lettres de Catherine de Médicis (et du roi), publiées celles-ci par le comte Hector de La Ferrière (1).

Eusèbe des Monstiers, vic^te de Mérinville, b^on de St-Père, s^r d'Angerville-la-Gaste, Villen^ve-le-Bœuf, Autruy en Beauce, b^on d'Ozilhac en Saintonge, de Belabre en Berry, de Monterollet, s^r du Fraisse, de Rochelidoux, Bournazeau, d'Auby, Roches, vic^te en partie de Brigueil en Poitou, s^r de Mons, Argis, et Noizé en Artois, etc. Gentilhomme ordinaire de la chambre du roy, cap^ne de 50 hommes d'armes d'ordonnances, chev^r de l'ordre de St-Michel, chev^r nommé mais non reçu de l'ordre du St-Esprit 1548-1605, né au Fraisse ou au château de Rochelidoux (Nouic) 1548,

Correspondit activement avec Henri III en 1575, pour le mettre au courant des événements qui survenaient autour de lui soit en Poitou, soit en Marche. Le roi le charge tantôt de surveiller les rebelles et de s'opposer à leurs desseins, tantôt d'aider les gouverneurs (ou leurs lieut^ts) de provinces :

Lettres du roy des 25 mai 1575, 29 août 1575, 6 9bre 1575. Une autre missive du 7 fév. 1577, mais signée Catherine, porte :

« Monsieur de Mérinville, j'ai reçu votre lettre du dernier du passé, par laquelle et par celle que vous avez escripte au roy monsieur mon fils ; j'ai entendu ce que vous avez faict par delà, *touchant l'association ;* et ce que vous escrivez là dessus, au dict seigneur qui vous fait si au long entendre son intention, qu'il n'est besoin que je vous en fasse redicte par la présente qui sera pour vous assurer du content^t que ledit sgr et moi avons de votre service et vous prier de continuer comme vous avez très bien fait et comme nous en avons parfaite confiance en vous ; et ou il se présentera occasion de vous reconnaître par........ et de faire pour vous, je m'y emploierai toujours........ et je prie Dieu, Monsieur Mérinville, vous avoir en sa garde. Ecript de Blois, le 7e jour de febv^r 1577.

CATHERINE.
CHANTEREAU.

(1) A ce propos, consignons ici que le *Recueil des lettres missives de Henri IV,* publié par Berger de Xivrey (Imprimerie Royale, in-4°), contient plusieurs lettres du roi, qui sont à l'honneur du s^r DE PREAULX, gouverneur de Châtellerault 1591, etc... qui sera traité ailleurs, à raison d'homonymie et d'étroite contiguïté de pays, quand nous viendrons à parler de la famille (alliée présentement aux de Bagnac) p. 202 des de Preaulx, du Berry, Maine, Anjou, etc. : une très ancienne et fort considérable maison, dont nous préparons activement la notice historique très étendue.

Autre lettre :

« Monsr de Mérinville, ce m'a été très grand plaisir de entendre par ce porteur et la lettre que vous m'avez escrite du dernier du mois passé : que si bon nombre de gentilhommes vos voisins et amis, se soient inscrits avec vous en l'*association* que je désire qui soit faicte entre mes bons sujets pour la conservation et défence non seulement de mon autorité, mais aussi de leurs personnes, maisons, biens et familles ; connaissant par là ainsi que j'ai fait en maintes occasions, qu'elle est votre dévotion et fidélité à l'endroit de mon service dont j'aurai très bonne souvenance, vous priant de croire et faire entendre à vos dits voisins et amis, que vous me ferez tous, service très agréable, d'entrer en ladite association sur les articles que le s^r de La Vauguyon vous exhibera, lui ayant donné charge de l'effectuer et dresser en mon pays de Lymousin Mais il ne faut seulement se inscrire en ladite association dedans le papier, car les occasions qui se présentent vous doivent inciter à le faire en effet et à monter à cheval pour vous joindre audit s^r de La Vauguyon et vous employer courrageusement pour résister à ceux qui ont prins les armes pour troubler mon royaume et ruyner mes bons sujets. Au moyen de quoi je vous prie, admonestez vos dits voisins et amis de s'évertuer et se montrer par effet aussi prompts et affectionnés au bien de mon service, et à leur particulière conservation comme je le serai toujours de reconnaître envers vous et eux les services que vous me ferez en ces affaires comme vous fera plus amplement entendre ce dit porteur ; priant Dieu qu'il vous ait, Mr de Mérinville, en sa s^e garde.

» Ecrit à Blois, le 8e jour de fév^r 1577.

Henry.

» Contresigné : Fires. »

En 1577, le vic^{te} de Mérinville réunit les gentilh. de sa suite et se mit en mesure d'aller rejoindre l'armée royale à Braage sous les ordres du duc de Mayenne.

St-Martin

Guil^{me}-Alexandre de St-Martin, seigneur de Bagnac, Tauverat, Beseau ; *Villialet* (près le Pont-St-Martin) 1717.

— Les Archives de la préfecture, à Limoges, ont dans la série B, de nombreuses pièces sur notre maison de St-Martin, sous les cotes 230, 244, etc. notamment du 30 juillet 1764, un procès-verbal de visite, à la requête de Louis-Benoit de St-M., des meubles, coffres, etc. de d^{lle} Marie-Michelle de St-M. au Dorat, dressé par les officiers de lad. sénéchaussée.

A Versailles, le 25 x^{bre} 1774.

Le roy, M^r, très content de vos services et de la manière dont vous vous etes conduit pendant que vous avés esté dans les pages de sa p^{te} écurie, m'a chargé de vous ecrire que Sa Majesté vous fait présent d'une épée, comme une marque de sa satisf^{on}, elle est persuadée que cette distinction ne servira qu'à exciter votre zelle pour son service et celuy de la patrie.

On ne peut vous être, M^r, plus parfait^t dévoué que je le suis.

Le duc de La Vrillière.

A M^r de St-Martin de Bagnac de St-Sarzay. [Il † v. 1758 et fit h^{re} J^{ne} sa sœur].

[Pièce orig. conservée à Bagnac].

Procès-verbal d'assemblée de parents de la d^{lle} de Vic. 21 févr 1786.

« Pardev^t J.-B. Silvin Coussaud, s^r du Bost, c^{ller} du roy, président seul lieut^t général au 1er et principal siège de la sénéchaussée de la Basse-Marche, séant et établi en la ville du Dorat, capitale de la province, 10 h. du matin, en présence de m^e Jⁿ-F^{ois} Pertat du Vignaud, avocat encien, faisant fonction de procureur du roy, par l'absence de M. l'officier (1).

» S'est présenté m^e Benoist Lesterpt de Beauvais, avocat constitué de m^{re} Adrien-Alexandre-Estienne de Chérade, *comte de Montberon, seigneur du marquisat de Clervaud* et autres lieux, tuteur testamentaire et confirmé et décerné à la personne et aux biens de Louise-Antoinette, d^{lle} de Calignon, fille mineure de feu m^{re} Claude-Agniès (Annet) de Calignon, chev^r, sgr de Vic et de feue dame Jeanne de Larye, demeurant ordinairement en son château de Clerveau, paroisse d'Escorbé en Poitou,

» Lequel a dit avoir fait assigner à comparaître ce jourd'hui.

» Mre Louis de Calignon, sgr de Vic, d^t ordin^t en son château de Bonneval (Coussac-B.).

» M^{re} Jⁿ de St-Martin, chev^r, marquis de Bagnac, d^t en son ⊣ de Bagnac (St-Bonnet).

---

(1) On trouve aussi des Pertat, s^{rs} du Taillis.

» Mre Louis-Jacq. Estourneau, chev^r, sgr de Pinateau, d^t au Dorat (S^t-P^re).

» Mre Jacq. de Larye, chev^r, sgr de Lauberge, chevau-léger de la garde ord^re du roy, d^t en son chât. de Lauberge (Pont-St-Martin) avec Louis-Robert de Larye de La Coste, chev^r, garde du corps de Sa Majesté, dem^t au château de Beissac (Peyrat).

» Me F^ois de Mansié, chev^r, sgr de la Borie, d^t en son ⌐ de la Borie (St-Romain, en Poitou).

» Me P^re Chérade de Montberont, chev^r, sgr de Drouille, d^t en son ⌐ dud. (Blond).

» Me J.-B. Igniasse de Malledant, chev^r, sgr de Feytiat, La Chabrouilie, etc. d^t à Limog. (St-Michel-des-Lions).

» Me Pré-Thibaut-Marie Barthon, chev^r, c^te de Montbas, d^t Bellac (N.-D.).

» Mre Ant^ne de St-Martin, chev^r, sgr de la Goutte-Bernard, d^t en son ⌐ dudit (Chézeaux).

» Tous parents paternels, maternels, voisins et amis de la dite d^lle, etc. »

[Arch. H.-V., B. 298.]

Page 202. Du Fénieu. — Vers 1708, on trouve Gaspard de Feynieux, s^r de Bioussac. — B. 244 — Messire Joachim-Gaspard de Fénieux, seigneur de la Maronière (lieu prob^t disparu de la H.-V., ceux de la V^ne ne satisfaisant pas), curé de Château-Ponsac en 1755. — B. 246. Arch. H.-V., un de Fénieu était aussi v. 1785, seig^t de Vaubourdolle (Château-Ponsac). Gaspard l'était 1606. [G. 18. arch. Indre].

P. 202. Charpentier. — F^ois C., s^r du Repaire (Vaulry ??) bgs, à une date qui se place entre 1699 et 1708. — B. 244 et B. 5. Me J.-B. Charp., conseiller du roi, rapporteur du point d'honneur (devant les maréchaux de France), demeurant à Lesterps, 1767-87.

- P. 213. Vételay. — Ils eurent v. 1770, des branches dont les membres se qualifièrent s^rs de Montgomard (Dinsac), de la Valette (vers Magnac-Laval), de Bord (probab^t St-Hil^re-la-Tr.) et de Rebérolles (probab^t c^ne de Lacroix). F^ois Vet. de Bord, lieut^t g^t du Dorat 1789.

P. 69. Bermondet. — *D'azur, à 3 mains appaumées d'argent,* armes parlantes (doigt, *degt* ; *ber, bel,* beau) encore peintes sur un vitrail de l'église de Panazol, et en l'église de Folles ; furent seigneurs des baronnies de Fromental — et du Boucheron 1679 ; — de la Quintaine (Panazol), de St-Laurent-sur-Gorre, de Pennevayres (Verneuil-S.-V^ne). c^tes d'Oradour, sgrs de St-Bazile, H.-V., marquis de Cromières (Cussac), 1770 ; seigneurs de Cussac, Moye, du Mas, de la Fougeraie, etc., alliés aux de Selve, de Galard de Béarn.

P. 184. BLONDEAU. — *D'or, au chevron d'azur, chargé en pointe d'un croissant d'argent, accompagné de 3 œuillets de gueules, feuillés et soutenus de sinople, 2 en chef et 1 en pointe,* furent seigneurs du Chapuis, du Chambon (Condat), de Ventoux (Solignac), de Combas, et marquis de Laurière. [*Mémoires* de la Société des Sciences naturelles et archéolog. de la Creuse, article signé : Zénon Toumieux, p. 249, d'après le *Diction^re héraldique* de Grand-Maison, en Touraine]. — Ces œillets, plutôt *bluets* (en patois *blaü*), peut-être à l'origine, semblent s'inspirer de la 1ère partie du nom *blon.* Les Blondeau néanmoins s'étaient fixés plus tard, et portaient seulement : *d'azur, au lion d'or,* selon le plan de Limoges dit des trésoriers qui est bonne preuve pour cette date, et la monographie de Notre-Dame de Beaufort en Vallée (Anjou), par M. Denais, p. 282

L'*Armorial général* de D'Hozier, édité pour la généralité de Limoges, par J. Moreau de Pravieux (in-8°, Paris 1894), qui a publié sans notes, ce ms fourmillant d'erreurs abominables, attribue à Gabriel Blondeau de Vanteaux : d'azur au lion d'or, les pattes de devant posées en sautoir, la queue passée entre les jambes et remontant sur son dos.

Dans sa charmante plaquette, intitulée : *Les ex-libris Limousins* (1), M. A. Fray-Fournier décrit celui de J.-B. Blondeau, vic^re général de Rodez, fils de Martial et de Marie Moulinier de Valette, tonsuré 1764, qui blasonnait : *de gueules au lion d'or,* avec, pour supports, 2 hercules armés de massues.

ADDITION SORNIN

communiquée après coup par M. l'abbé Leclerc, aumônier de Naugeat

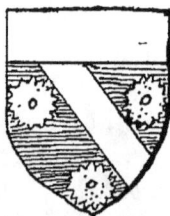

Jean Sornin épousa Catherine Philippon, dont Anne Sornin, qui épousa le 22 février 1598, Etienne Laurens, sieur de Lorange, près Morterol. (*Nobil.* Nadaud et Leclerc, III, 483).

(1) Limoges, Ducourtieux, 1895, petit in-8°, p. 46.

⇥ *La Plagne.* -- Lettre écrite de Limoges, le 21 octobre 1605, par Henri IV, à M. Sornin de Morterolles, seigneur de La Croix-du-Breuil :

« Mon cher Sornin,

» Je me rendrai chez toi après-demain, préviens-en Chamborant de Droux et les autres gentilshommes du pays, qu'ils amènent leurs chiens ; nous ferons ensemble une partie de chasse. Que personne ne manque à l'appel (1) ».

Le roi partit de Limoges, le 23, dîna à Compreignac, dans la maison presbytérale proche l'église, et vint coucher à la Croix-du-Breuil. Avant d'en partir, le 24 octobre 1605, il écrivait à la reine :

« Mon cœur, je m'en vais coucher à Saint-Germain, chez Beaupré, et seroy, s'il plaît à Dieu, demain à Argenton..... Le cœur commence à relever à tout le monde, de sentir le visage tourné vers la douce France. Ce xxiiii octobre ». (*Les Foucaud,* par G. Berthomier, p. 10).

Tableau *Datum amici Sornin de La Plagne.* (Ratier, Saint-Germain-Beaupré, p. 191). Simon Sornin, seigneur de Morterolles, enterré à La Souterraine, le 27 avril 1696. (Tableau Arbellot) — 1648 (Ratier) — 1640 (Daulin).

⇥⇥ *La Plagne et La Jarrige.* — Le manoir de la Croix du Breuil, à la famille Sornin, seigneur de La Plagne et de La Jarrige (Morel de Fromental : *Voyage d'un Vieux Touriste,* p. 12)

Jacques Sornin, écuyer, sieur de La Jarrige, paroisse de Saint-Maurice près La Souterraine, mourut en 1652 (*Nobil.,* IV, 166).

André Sornin, du bourg de Morterolles, élu en l'élection du Blanc, épousa à Vareilles, le 29 novembre 1637, Claudine Baron, veuve de Gui Simonet, écuyer, sieur de Montlebeau (*Nobil.,* IV, 164, 166).

François Sornin, est nommé maître de poste à Morterolles, le 5 septembre 1650, remplaçant son père, André Sornin. (Voir : *Lettre de nomination. — Archives historiques du Limousin* IV, 107).

Pierre Sornin, démissionne de l'office de Conseiller du roi, assesseur et premier élu en l'élection de Limoges, en janvier 1656 ; et à sa place est nommé François Verneuil, pour la somme de 660 livres. (*Archives historiques du Limousin,* IV, 135).

⇥ *La Bussière.* — Pierre Sornin de La Bussière, était mort avant le 16 mai 1695.

Il avait épousé dᵈˡᵉ Anne Audebert (née vers 1623), qui fut enter-

---

(1) Ce dernier membre de phrase est dans la lettre publiée par M. Morel de Fromental, mais non dans celle publiée par M. Daulin.

rée dans l'église de Morterolles, à l'âge de 84 ans, le 13 août 1711 (Reg. par. Morterolles).

Dont : Barbe Sornin qui épousa à Morterolles, le 16 mai 1695, François Dubrac, sieur de Fraisse, fils d'honorable Claude Dubrac, sieur de Feux, et de défunte demoiselle Marie Aubugeois, de la ville de Magnac. (Reg. par. Morterolles).

⊣ *Lavaud.* — Jean Sornin, écuyer, sieur de Lavaud (né vers 1650), était parrain de son petit-fils, Mathurin, à Morterolles, le 30 avril 1710. Il était maître de poste, habitait à Morterolles, et y mourut le 20 avril 1715, âgé d'environ 65 ans, et fut inhumé dans l'église. (Reg. par.)

Il avait épousé N..., dont Catherine (*aliàs* Jeanne) Sornin (née vers 1683), qui épousa le 1er septembre 1708, Jean de Saint-Martin, était marraine à Morterolles, le 19 août 1707), chevr, seigneur de Sarzay et de Touverat, fils de Guillaume de Saint-Martin de Bagnac et de Marie Sornin (*Nobiliaire*, IV, 340). Ils habitèrent Morterolles. Elle mourut le 7 août 1721, âgée d'environ 38 ans, et fut inhumée dans l'église. (Reg. par. de Morterolles).

Jean Sornin, docteur en médecine, mort le 26 janvier 1717, à l'âge de 56 ans (né vers 1661), fut inhumé dans l'église de Morterolles. (Reg. par.)

⊣ *Leysat.* — Jean Sornin, sieur de Leysat, est parrain à Morterolles en 1692 et 1697.

Il épousa à Morterolles, le 25 février 1710, dlle Anne Sornin, habitant le bourg, dont : 1° Jean, né le 14 décembre 1710, baptisé le 18, ayant pour marraine, Anne Sornin, veuve, de Bellac ;

2° François, né le 28 avril 1712, baptisé le 1er mai ; son parrain est François Sornin, sieur des Fougères ;

3° François, baptisé le 28 mars 1714 ;

4° Marie, baptisée le 17 mai 1716 ;

5° Léonard, baptisé le 20 décembre 1718 ; Jean Sornin son frère est parrain ;

6° Martial, baptisé le 14 mai 1721. (Reg. par. de Morterolles).

⊣⊣ *Martinet et La Roche.* — Noble Jacques Sornin, seigneur du Martinet et de La Roche. (Un Jacques Sornin, sieur de La Roche, conseiller du roi, était receveur des Domaines de la Basse-Marche en 1683) ; épousa Madeleine Fayard.

Dont : Marie Sornin, qui épousa par contrat du 18 février 1678, Guillaume-Alexandre de Saint-Martin, chevalier, seigneur de Bagnac, fils de Jean et de Marguerite Papon (*Nobil.*, IV, 338). Elle était marraine à Morterolles en 1693. (Reg. par.)

N. B. Le Martiné, château près le bourg de Blanzac, appartenait aux Saint-Martin de Bagnac à la fin du siècle dernier, a passé aux de Charpentier.

◄ *La Soumagne*. — Messire Jacques Sornin, seigneur de La Soumagne, épousa N...

Dont : 1° Anne Sornin, qui est marraine de Marie de Saint-Martin de Bagnac, à Morterolles, le 9 août 1699, et marraine de nouveau en 1707. (Reg. par.) ;

2° François Sornin, qui est parrain à Morterolles en 1700. (Reg. par.)

◄ *Vaugelade*. — Robert Sornin, sieur de Vaugelade, est inhumé à Morterolles, le 26 avril 1716. (Reg. par.)

◄ *Saint-Amand*. — Jean Sornin, sieur de Saint-Amand, épousa Marguerite Lafleur.

Dont : Marie Sornin, baptisée à Châteauponsac, le 27 avril 1670. (Registres paroissiaux de Châteauponsac).

◄ *Fougères*. — Jean Sornin, sieur des Fougères, est parrain de la cloche de Fromental en 1642. (Inscription de la cloche) ; il est aussi parrain dans l'église de Châteauponsac en 1666.

Il épousa damoiselle Madelaine Ladmiral.

Dont : Anne-Madeleine Sornin, baptisée à Châteauponsac, le 7 mars 1655, ayant pour parrain André Sornin, sieur du Cheix. (Registre paroissiaux de Châteauponsac).

Léonard Sornin, décédé aux Fougères, paroisse de Châteauponsac, est inhumé à Morterolles, le 30 mai 1693, en présence de Jean Sornin, et de Louis Laurens. (Reg. par. de Morterolles).

François Sornin, sieur des Fougères, est parrain à Morterolles, le 28 avril 1712, de François Sornin de Leysat.

◄ *L'Age-Malcouronne*. — Guillaume Sornin, avocat du Roi au siège du Dorat, possède en 1627 la terre de L'Age-Malcouronne. Il a plusieurs enfants, dont l'aîné est vivant à cette date. (Jouilletton. *Histoire de la Marche*, II, 280).

Mathurine Sornin, religieuse au couvent du Dorat, est marraine à Morterolles, le 30 avril 1710, de Mathieu, fils de Jean de Saint-Martin et de Catherine Sornin. (Registres paroissiaux de Morterolles).

Jean Dumonteil, écuyer, sieur du Puy-Moucher, épousa Mathurine Sornin, dont Jeanne Dumonteil, qui épousa en secondes noces, le 19 novembre 1656, Pierre Laurens, seig. de Lascour. (*Nobiliaire Lim.*, III, 483).

Mathurine Sornin est marraine d'une cloche à Châteauponsac en 1643. (Inscription de cette cloche).

Pierre Dumonteil, seigneur de la Valade, épousa d^{lle} Catherine Sornin. Dont Mathurin Dumonteil, baptisé à Châteauponsac, le 30 octobre 1669. (Reg. par. de Châteauponsac).

Gaspard Laboris, sieur de Berberide (par. de Châteauponsac), épousa d^{lle} Catherine Sornin, dont Joseph Laboris, baptisé à Châteauponsac, le 28 août 1651. (Reg. par. de Châteauponsac).

Antoine-Charles Genty, avocat au siège de Bellac, épousa d^lle Charlotte Sornin, qui fut marraine à Rancon, le 5 avril 1739, et le 12 août 1731. (Reg. par. de Rancon).

Clément Gosquet, maître chirurgien, en 1693 est époux de Catherine Sornin. (Reg. par. de Morterolles).

⇥ *La Croix-du-Breuil* (Bessines). Manoir situé sur la route de Limoges à Paris, à l'angle de celle de Châteauponsac. — Une lettre inédite de Henri IV, datée de Limoges, le 21 octobre 1605, et rapportée à l'article : *Morterolles*, nous fait connaître le passage de ce roi, qui vint chasser à la Croix-du-Breuil, propriété de M. Sornin, seigneur de Morterolles. Le roi quitta Limoges le 25, et vint coucher à la Croix du-Breuil ; il y fut reçu par la noblesse et la bourgeoisie des environs, et harangué par le chevalier Sornin de la Plagne, auquel il répondit de la manière la plus gracieuse ; il accepta chez lui l'hospitalité. Un tableau, envoyé quelque temps après, a conservé ce souvenir si glorieux pour la famille. C'est une peinture sur bois ayant environ un mètre de largeur : elle resta longtemps placée dans le donjon, à la tête du lit où coucha Henri IV. A droite on voit le blason des Sornin de la Plagne : *d'argent à la bande de sable accompagnée de trois étoiles à dix rais* (1) *posées 1, 2, au chef cousu d'or et de gueules.* Le Christ occupe le tiers du tableau. Sur la table même où se trouvent les restes du repas, est ouvert le *Missel* du roi, dans lequel il lit ses prières, agenouillé et les mains jointes. Le carreau dont il se sert est tellement élevé, qu'il paraît presque debout. Sornin de la Plagne, derrière lui, tient de la main droite une épée de combat, nue et haute. Sa main gauche, appuyée sur le siège royal, touche presque Sa Majesté. On lit dans ses yeux, qui brillent d'un éclat extraordinaire, le bonheur qu'il éprouve d'héberger son maître bien-aimé. Il porte le manteau d'écarlate. De la bouche du roi part une bande qui s'élève jusqu'au haut du tableau, sur laquelle on lit : *Filius redemptor mundi, Deus, miserere nobis.* Un peu au-dessous : *Datum amici Sornin de la Plagne;* et sous les pieds du chevalier : *Adieu éternel!* Dans un coin du tableau est écrit : *Enterré à La Souterraine, avril 1640.* Une longue inscription basque est écrite au bas du tableau, en caractères romains blancs sur fond noir. Nous ignorons comment ce tableau passa entre les mains d'un brocanteur, qui le céda à M. Charpentier de Blanzac. Ce dernier le conserva précieusement dans son château. A sa mort, son gendre, M. Genty de la Borderie, l'a transporté à La Glayolle, où il est aujourd'hui.

Le Fénieu. — C'est probablement ici le lieu d'origine de la famille du Fénieu, qui a longtemps habité Châteauponsac.

---

(1) *Posées une à senestre en chef et deux à dextre en pointe.* — La Plagne (Château-Ponsac?)

Gallia, t. XII, p. 315.

ECCLESIA AUTISSIODORENSIS

LXVIII. PETRUS IV. (de Mortemar)

E vico Mortuimaris, in finibus Lemovicum et Pictonum, genere quidem mediocri ortus Petrus, sororem tamen habuit quæ Petrum de Banhaco cardinalem genuit. Ipse vero acutissimi vir ingenii, ac juris utriusque professor solennis et inter consiliarios regios strenuissimus, necnon cantor Bituricensis, nuncius cum aliis missus est ad Johannem XXII. Papam à Carolo IV. Rege, pro dissolvendo ejus cum Blancha de Burgundia matrimonio, cujus negotii pro rege procurator erat Petrus Galvani, memoratus in eadem bulla Johannis XXII, data xiv calend. junii, pontificatus 6, apud Baluzium collect. Act. veter., tome II, col. 440. Unde patet Petrum Galvani diversum esse a Petro de Mortuomari. Factus hic episcopus Vivariensis anno eodem 1322 (1), triennio post concessa à Carolo Pulcro, die 5 oct. cogendi sacra comitia facultate, omnium Sancti Stephani canonicorum Autissiodorensis præsul designatus, accedente diplomate Johannis XXII, sedem adiit dominica 2 novembris 1325 magno apparatu exceptus, et à quatuor baronibus, quorum id muneris est, ad primariam ædem delatus, ex quibus Ludovicus, Flandriæ Comes, et Donziensis baro, pontificium annulum, in obsequii impertiti pignus irrito conatu ex episcopi digito nisus est extrahere.

Fuerat prius ad S. Germanum exceptus totis sex diebus iis sumtibus quos Bonifacius VIII rescripto expresserat. Solitum quoque ecclesiæ Senonensi præstitit obsequium Cameræ apostolicæ promisit mense jan. 1326. Cum Petro Carnotensi episcopo a Carolo rege legatus fuit 1 aprilis 1326, qui 1327 ad tractandum de pace inter reges Franciæ et Angliæ. Interfuit 2 maii 1327 Lutetiæ solenni translationi digiti S. Jacobi. Canonicis, eodem anno facultatem impetravit centum jugera e Varziensi Silva in urgentem ecclesiæ necessitatem distrahendi, ea lege tamen ut tantumdem in Regennensi nemore servarentur integra ad Regennensis castelli usum et prædiorum suorum sarta tecta instauranda. Actis in pontificio regimine duobus annis, Johannes XXII hunc in sacrum senatum legit xv calend. januarii 1327 presbyterum cardinalem tituli S. Stephani in Cœlio-Monte, et anno sequenti contulit ei archidiaconatum Constantini in ecclesiâ Constantiensi. Defunctus 14 aprilis 1335, ubi natus sepultus est in ecclesia de Mortuomari. Reliqua videsis in cardinalibus.

----

(1) En marge : *Hist. Autiss.,* tome II, prob. p. 100.

Gallia purpurata, par Frizonius

(Paris 1638, p. 385.)

Petrus, Montis-Majoris abbas, cardinalis ; Urbano V, 1368.

Petrum de Banihato, Lemovicensem, prætermisit Ciaconius ; meminit tamen illius auctor appendicis Bernardi Guidonis, in Urbano V. Virtus hunc cardinalem adeo nobilitavit, ut etiam virum dignissimum ad honoris cardinalitii fastigium extulerit.

> *Tota licet veteres exornent undique ceræ.*
> *Atria, Nobilitas sola est atque unica virtus.*

Montis-majoris Archimandrita prope Arelatem, Ordinis divi Benedicti, fuit calculis monachorum electus.

Purpuram cardinalitiam ab Urbano V obtinuit vigesimo secundo decembris, anno m. ccc. lxviii. et in câ lectione, quæ fuit sex cardinalium, recensetur. (Armes : un lion.)

———

Extrait de l'Histoire de tous les cardinaux François, par F^ois Duchesne. — (Paris, in-f°, 1660).

Page 431 des preuves : « P^re de *Banac* ou *Banhac*, vulgairement appellé *de Baignat*, cardinal prestre du tiltre de St Laurens in Damaso (1). Et il renvoie à son texte du chapitre 127 où l'auteur l'a omis, ne parlant que de P^rr de Lestang.

Plus loin, aux dites preuves du livre II, Duchesne édite le testament dudit P^re de Bagnac, tiré du chartrier du couvent des Augustins de Mortemar.

Voici ses variantes d'avec notre copie ci-dessus de la p. 37 à laquelle il suffira de se reporter pour compléter et rectifier, à l'aide des additions ou redressements considérables ci-après :

Ea quæ, *sunt per evidentem* essentiam, tendunt *insensibiliter*, ad non esse. Quod.

Ban*h*aco — considerans *eidem* morti.

Avant testamentariam, biffez *et*; écrivez signa*t*us. Ajoutez après nostrum *in Christo patrem et* dominum Urb.

Infrascriptas ejus — more Romanæ curiæ bulla*tas* — mandato *sive vivæ* vocis oraculo *ipsi facto*, quod.

(1) Le c^te de Maslatrie, en son *Trésor de chronologie*, très utile, malgré de nombreuses fausses désignations que nous y relevons pour notre Limousin, appelle notre cardinal de St Damase ou St Laurent et St Damase (église aujourd'hui diaconie); « P^re de Chinac (Benac ?) 1368; m. 1369 ou 1370. (Succéda à Hugues Roger, évêque de Tulle m. 1363, nommé en 1342.) »

Abbatia *quondam sua* Montis. — Voluit et *mandavit* et ordinavit. — De ejusmodi. — Mori contingat quod ejus corpus *tradatur* in et.

Infrascriptis, ipsum corpus tradant et restituant *dictis* exe. — Dum *requisiti* — eorum alterum prout.

Ordinavit, quod eo casu quo, ut *præmittitur,* — crastinum, — ordinationem et *cognitionem* dictorum. — Scriptorum : — Robæ.

Relici, — tot presbiteros *habere* qui pro, — quod omn*ia ejus debita exsolvantur et specialiter,* — de *Fetussia* et de *Tegetto,* — si quæ eis*dem* per ipsum.

Voluit quod cuicu*mque,* de ipso — debita, — modicis *rebus aut* debitis — non poss*it,* fiat — taliter, — testatoris cardinalis.

Pro *ejus* anima — petant, — occasione *commodæ prædictæ* — per*mittant* executoribus, p. 38.

Quadringentos *francos* — uxorabi*tur* — uxore*tur* — Battalonis came*rarii* — ant *Amelii* de Brolio, clerici.

Gaude, monaco, et operario — S*i-Orientii* — *septuaginta* - non *valeret,* convertendos — oneravit, — successorem. *Item* pro.

Fiat *quia* — cognomen — est, ad locum — quibus *portari* poterit.

De Tegetto — Hospitii convertendos : — reparatione *antedicta.*

Suit ce legs mis en renvoi par notre copie si fautive :

Item legavit monasterio S*ti* Oriencii Auxitani (1), pro ejus animâ, centum florenos semel solvendos pro uno obitu perpetuo annuali in redditibus annualibus perpetuo pro eodem convertendis.

Arnaldo de Scano, magistro — non. Et si ambo — fratris, vel amborum, — testatoris, Christi (les mots hujus legatum manquant ici jusqu'à 'Christi).

Aynelli — possit. Quibus — fecit *fundari* — capellam, amortisatam — sufficientes *perpetui* capellani — p. 39, habeant *ibidem* missas.

— Florenos *auri* — *venduales* (falso) — capella, seu ad eam, pervoluerint præcantare. Sin etiam, alios et idoneos sufficientes præsentent ad eam qui in ea instituantur, præcantent, etc.

— Neque *ex eis* poterat — serviliis *respectu* — servitori *pro vita, tempore et qualitate.*

— Joanni, Boni-Viri, servitori *suo* (ajoutez des virgules en ce §) — reliquorum *nomine* quovismodo.

Batalhonis — Bornasello, — nihil *legavit* : sed prædicto.

P. 40, Fouriaudi. Ce legs est suivi de celui de Bascon omis dans notre ms : Item legavit Petro Basconis, cubiculario suo, centum florenos auri semel solvendos.

Garrig'æ (mal Gar*tige*) — *Besanchis* libros — Baronselli — fratre, *et* etiam de debitis *audiantur* domini — Labo*ris* (mal) — Mari *et dominus* — Basconis — cubicularius : et relationi *debitis* — restantibus *ad* solvendum — ipsorum de pensione — annatas.

Etiam *octoginta* florenos — Baronselli, — vocato Comtepalati, — testatoris *tunc abbatis* Montis Majoris *Avenionem,* pro quo.

(1) D'Auch. (Gers).

Testator, — dumtaxat, — etiam de capello si alia — et quod cuilibet legatariorum — contentetur et quod *nihil aliud* de dicta executione petere possit. Ad quæ. — Videlicet *venerandum* in Christo patrem, Raymondum *de Ralhaco*, abbatem *monasterii Conchensis* (1) — dioccsis ac — Fourgandi — sacristam *ecclesiæ Adurensis* — Geraldi — solidum. Quibusquidem. — P. 41, complendi, *solvendi et* perficiendi.

Realiter — quibuscumque *persistant*, sive in *pecuniis* — equitatu — restam etiam debitam.

Tradendi et *alias* quomodo*libet* — prout — data explicata sunt.

— Testatoris, ac ampliandi, et ad utilitatem et commodum secundum — testatoris et sine eorum voluntate, quæ — interpretata et *declarata* — testatoris. Dans et — *plenam et liberam voluntatem* et speciale mandatum — *de more* — recipiendi, taciendi, et exigendi.

Les deux derniers alinéas de notre page 41 et les quelques lignes précédentes font ici défaut.

— Executorum *ac* testamenti — consi*derans* et attendens — Belli*fortis* — Hugo de S*to*-*Martiali*, sacræ p. 42.

Ierosolimita*nus* — pictatem et misericordi*am* — afficieb*atur* — in ea et *circa eam* — depuis *et quod non* jusqu'à *de aliis* lacune ici.

— Dicta *illa* bona — omission des mots : et per quoscumque detineantur — pertinere etiam de - fecit *ex* meliori — quibus *melius* potuit — conven*tuum* — restam au lieu de restarum — Clausu*ra* — ut m*elius* poterit ac — ccnvertantur, etc. Le reste manque.

Liber sit *stylus*, et liberum quod iterum — p. 43, bonis *ære* alieno et *tis* quæ *pro* reparandis.

Tuorum procuratorum destructis — beneficiorum ex culpa vel negligentia supradictis fuerint opportuna, deductis, plenam et — liceat *hanc* pagine — vel *et* ausu — hoc contraire præsumpserit attentare.

— Acta *fuerunt* — vigesima *sexta* — priore de *Redonio, Carpentoracensis* dioccsis — baccalario — Boni-Viri.

Bernasdus Gerardi, clericus Ruthenensis d'occsis publicus, — ea que *percepi*.

Suit l'épitaphe :

Epitaphe du cardinal de Baignac, qui se lit en une chapelle de l'église du couvent des Augustins de Mortemar, où il est enterré sous l'autel de ladite chapelle :

Hîc jacet Dominus Dominus Petrus de Bagnaco, Sanc'æ Romanæ Ecclesiæ Cardinalis, qui obiit die 28 mensis septembris, anno Domini 1369. Anima ejus requicscat in pace, Amen. [Duchesne].

NOTA. — Hugues de S*t*-Martial, cardinal limousin de S*t*-Maric in Porticu 1361 à † 1403 — Donius d'Attichy Cardinaux français, Paris, Cramoisy 1660 (2 vol. in-f*o*), contient l'éloge de J*n* de Broniac, sic pour Bagnac, archevêque d'Arles, 3034.

(2) Conques, c*na* de l'Aveyron.

Vitæ paparum Avenionensium (1305 à 1394), par Stephano Baluzio, t. 1, (Paris, Muguet, 1693) in-4°.

· *Notæ* col. 1030.

Petrum de Banhaco

Sic dictum à loco originis, sito in Marchia Lemovicensi, haud procul Belaco. Patrem habuit nomine Petrum, matrem sororem Petri cardinalis de Mortuomari. Vide supra, pag. 761.

Studiis operam dedit in academia Tolosana, ut fidem facit Ægidius Bellamera in cap. *Cum sit generale* de foro compet. et in cap. *Cum ecclesiastica.* de exceptionibus. Qua tempestate mutuo accepit opera Tullii ab Hugone, cardinale de Sᵗᵒ-Martiale, quæ illi testamento restitui jussit : *item voluit... restitui... Tullium,* etc. Eodem tempore, juvenili petulantia, furatus est quasdam arbores ; quarum pretium restitui voluit pauperibus Tolosæ : *item pro quibusdam arboribus, etc...*

Abbatem Montismajoris prope Arelatem fuisse ab anno mcccxlv. usque ad annum mccclxviii scribit Joannes Guesnæus in Cassiano illustrato. Sed istud falsum est, constat quippe ex monumentis ejusdem abbatiæ Jaubertum de Livrono, nobilem Lemovicensem fuisse abbatem ejusdem monasterii ab anno mcccliii. usque ad annum millesimum ccclxi. ut supra, pag. 227, dictum est. Melius igitur Sammarthani, qui licèt illum falso vocent Petrum de Canillaco et episcopum Magalonensem, tradunt evasisse abbatem Montismajoris anno mccclxvii. Erat autem referendarius Urbani V. ut docet idem Bellamera in cap. *Ignarus* de libelli oblatione.

Anno 1368, die 22 7ᵇʳⁱˢ Urbanus V fecit unam creationem octo cardinalium, omnium absentium præter hunc Petrum, quem fecit Presbyterum Cardinalem tituli Sancti Laurentii in Damaso. Sed heic insurgit gravis difficultas. Etenim in libro obligacionum et apud continuatorem Gallicum Nangii tum viventem vocatur episcopus Castrensis. Præterea Joannes de Lignano (ut legimus apud Ægidium Bellameram in cap. *Quod sicut.* de elect.) *fuit tempore Domini Urbani V. in Monteflascone interrogatus à Domino tunc Abbate Montismajoris, qui tunc consecrabatur, ad ecclesiam Castrensem, et statim fuit creatus Cardinalis.* Itaque certum est illum fuisse episcopum Castrensem.

Et tamen ille vocatus non est Cardinalis Castrensis, ut tum solebant, sed cardinalis Montismajoris. Præterea ipse nullam Castrensis episcopatus mentionem facit in suo testamento.

Adde quod Raymundus de sancta Gemma Decanus Ecclesiæ de Burlacio (1), quem ex registro Urbani V., factum fuisse episcopum Castrensem constat anno 1364, 17 kalend. junii, eam cathedram usque ad annum 1374, sedisse reperitur in Necrologio Carthusiæ Castrensis, relato in tomo II. Galliæ Christianæ. Planè difficilem esse rem video.

Obiit Viterbii anno 1369, die vii octobris, ibidemque sepultus in ecclesia fratrum Minorum. Sed postea corpus ejus, uti ipse vivens testamento

_____

(1) Elu 31 mai 1364, † 1374. Burlats, commune du Tarn.

jusserat, translatum est apud Mortuummare in eadem Marchia Lemovicensi, ubi jacet in ecclesia fratrum Augustinensium cum epitaphio quod editum est à Sammarthanis in catalogo Episcoporum Autissiodorensium et inter probationes historiæ Cardinalium gallorum, pag. 435.

Ejus testamentum editum quoque est inter easdem probationes, pag. 453.

Baluze au même ouvrage, mentionne brièvement led. Pro de Bagnac, p. 384, 761, 1019

Gams : dit : que Petrus (de Benhac, Begnaco), Card. 22. ix. 1368, † Viterbi. Aliis videtur Cardinalis non fuisse et decessise ante 1364 ; mais il se met dans une erreur grossière, en accueillant ce dire, même à titre d'on-dit.

BARBARIN, page 127, Guil^me-Alexandre Barb^n, chev^r, sgr du Bost, Crézancy, La Lande, La Rochette, donne à Etienne Lesage, ses provisions de procureur postulant en la justice de sa châtellenie de Crézancy, paroisse dudit.

[Arch. du Cher, B. 4032, à une date indiquée dans la pièce, et qui se place entre 1754 et 1789.]

Même source, c. n° 699, « l'ancienne porte de Barbarin, à Mehun-sur-Yèvre » n'a rien à faire avec nos alliés ci-dessus, tout comme il n'y a de commun, probablement que le nom entre eux et François et Jean Barbarin, éc^rs, sgrs de Meslon, 1507, terre qui relevait de St-Amand-Montrond.

[St-*Amand*, par Dumonteil, p. 257, apud *Mémoires de la Société historique du Cher*.]

St-MARTIN p. 138, 140, 153. 12 8bre 1656, baptême à Bellac, de Guil^mr de St-M., fils de noble F^ois de S.-M., sr de Bagnac et de défunte Marg^te Papon, né le 26 7bre précédent.

Charlotte de St-Martin, femme de Jacques de Couhé, s. d. v. 1650; mss. catal. de bib. Poitiers, par Lièvre, p. 15.

P 222, une belle épitaphe trouverait ici son application, si la note plus chrétienne d'entière résignation à la Providence y résonnait davantage, c'est l'inscription funèbre mise par dame Claude Ragueau en sa chapelle de l'église de Vorly (Cher) en Haut-Berry, à la mémoire d'Esme de Tollet, vivant éc^r, seig^r de la ☉ du Bois-Sire-Amé, † le xxe x^bre 1632, la 45e année de son âge :

EPITAPHE

Les richesses l'honnevr, la vertv, la noblesse,
Ne l'ont jamais qvitté qv'en ce fvneste liev,
Et mesme, à levr départ, accablés de tristesse,
Ce fvt avec regret qu'ils lui dirent adiev.

Les cievx, jalovx de voir un si parfaict ovvrage
Estre aillevrs admiré que dans levr firmament,
Rivavlx de mon bonhevr ont pris l'âme en partage,
Et m'ont laissé le corps dedans ce monvment.
Rigovrevx ennemis de nos fidelles flames,
Tovs vos efforts sont vains povr séparer nos âmes,
Nostre foy novs oblige à sovffrir mesme sort ;
Et si sa mort n'est pas de la mienne svivie,
Je prends dans son tombeav la 1/2 de sa mort,
Il (re)prend dans mon cœvr la 1/2 de ma vie.

[*Histoire et statist. monumentales du Cher*, illustrées, par Buhot de Kerser]

P. 84 *Montvy*, seigneurie en Bourbonnais, d'une branche de nos St-Martin, appartint aux de St-Yrieix, puis aux de Vellars, à ce que nous conforme M. le comte Ferdinand de Maussabré, dont nous avons vu d'ailleurs le chartrier si judicieusement approvisionné en livres, titres ou notes généalogiques relatives aux familles Berruyères, Marchoises, Bourbonnaises.

P. 207 (jolie) chapelle, ajoutez gothique, dans le chœur du côté de l'évangile (d'après la *Revue du Centre*, t. VI, de 1884, p. 431, article : *Chézelles* (sur la Trégonce), *Souvenirs historiques*, par Jules Ciret et Adrien de Barral).

P. 184, *de Laurière*, seigneurs dud. (H.-Vne) — et de Lanmary, Ferrand ; Fontanelles (St-Méard-de-Dronne) et d'Issigeac, en Périgord, , portaient, selon un nobiliaire rédigé à la moderne, par conséquent délicat à consulter : *d'azur, à 3 tours d'argent, maçonnées de sable, et en chef un lion léopardé d'or, lampassé et armé de gueules.* Supports : *2 léopards lionnés.* L'écu timbré d'un casque taré de profil, orné de ses lambrequins, — etc.

Sornin : voy. Monographie du canton de Bessines, par M. Lecler, *apud Bulletin de la Société archéol. du Limousin*, t. XXI. — *Armorial du Bourbonnais*, par le cte de Soultrait, Moulins, Desrosiers, gd 8°, 1857, p. 246.

Papon, seigneurs des Places, des Guillets, des Angles, de La Maignée, de Beaurepaire, des Rioux.

Dans les châtellenies de La Palice, de Gannat.

D'azur, au chevron d'or, surmonté d'une étoile d'argent, accompagné de 3 losanges de même, 2 en chef et 1 en pointe, et 2 étoiles aussi d'argent rangées en pointe (Voy. planche XX).

[Noms féodaux. — Arch. de l'Allier. — Arm. de la génté de Moulins. — Preuves de chapelain conventuel de Malte, aux archiv. du Rhône]. Voy. ma p. 149.

Jn Papon, sr de Macours, lieutt gl de forêts et me des requêtes de la reine, anobli en 1577, fo 321.

D'or à la croix d'azur cantonnée de 8 langues d'azur à chaque canton.

[*Dict^re des ennoblis^ts* ou Recueil des Lettres de Noblesse, tiré des reg. de la Chambre des Comptes et de la Cour des Aides de Paris].

————

Le Sarladais 1729 a eu des Papon de la Giscardie, f° f. m. |2282.

— De St-Martin, sgrs de St-Martin-des-Laids, de Sorbiers.

En les châtellenies de Chaveroche, de Billy, *de..... à la croix* (Voy. planche 23e).

D. Bétancourt. — Gaignières, *Recueil d'épitaphes de Bourgogne.* Dalle funèb. d'égl. Sept.-Fonts, de Reynald de St-Martin, 1320.

De St-Martin, sgrs de G^dval, en la ⊙ Vichy.

D'azur, à 3 bandes d'hermine.

Voy. planche XXIII. [Arch. de l'Allier; — Arm. de gén^té de Moulins].

P. 288 de l'*Armorial Bourbon.* Du Taux, seig^rs de Chassignat, de Bunleix, de la Chasseigne, en la châtellenie de Bourbon. Armoiries inconnues. Regist. de Maintenue de la géné. de Moulins. — Applicable à mes pp. 91, 123, 140.

— Barbarin *de la Rainière*, p. 107, à « Cath^ne de Ste Marthe » ajoutez « fille puisnée de Louys de Ste Marthe, 3e du nom, chev^r, sgr de Boisure, lieutenant général de Poictou, et de Claude Grignon, et joignons que led. Mathieu Barb^n était aussi maire de Poitiers.

Dont 8 René Barb^n † en jeunesse. 8 Louis Barb^n éc^r, s^r de La Rain. † sans mariage, lieut^t d'une c^ie de gens de pied. 8 Jean Barb^n, advocat en la cour de parlem^t. 8 Louise Barb^n, femme de J^n Pavin, s^r de Beaumont, esleu maire et capt^ne de la ville de Poitiers 1647. Elle y mourut en 1652.

9 Jean. 9 P^re. 9 Cath^ne. 8 J^n Barb^n de ma p. 108 a épousé 1649 Marie Sapinaut de l'Ebergement, fille de René S. chev^r, sgr de l'Ebergement et de Hélène Jarnaut du Pont.

9 Louis-François Barb^n. 9 Marie. 9 Hélène [Tiré des *fonds français* vol. m^s. 20257 de la Bib. Nat^le, p. 234.— Ancien *fonds St Magloire.* Généalog. diverses de France.]

————

ERRATA :

P. 9, écrivez Lèvis-Gaudiés, au lieu de « Lèvis; — Gaudiès. » Ajoutez Gentil de La Borderie aux alliances.

P. 36, note 1. Après Arbellot, ajoutez : *Semaine religieuse du diocèse de Limoges*, p. 214, année 1868.

P. 53, Bonneau, lisèz Bonnin.

P. 81, Preàu, dites Preaux, souvent Preaulx.

P. 84, changez St Martin, sgr de la Goutte-Bernard en *Martin* simplement et comme non patronymique.

P. 94, qu'elles, rectifiez *quelles.*

P. 164, voy. *Nobil.* Nadaud, IV, 340.

P. 167, note 1, ajoutez : « et III, p. 257 et 483. »

————

Barberin. La seigneurie du Fau, jadis dite de Bonis, ou Brie, sur l'Indre, relevant de Loches, en Touraine, près Cormery, fut érigée en terre titrée marquisat sous l'appellation de *Reignac,* en souvenir du fief Saintongeais du nom, au profit de Louis Barberin, en l'an 1711. [Mss de dom Housseau, t. xiv. n° 283 ; cote 1400]. — Louis XIV, qui se permit en vérité beaucoup trop de licences, au grand dam de ses successeurs comme de ses sujets, traitait cavalièrement féodalité, géographie, etc.

La Bibl. Nat. sous les formats et n^os in-4°, 33 793 et Thoisy 440, feuillet 160, conserve 2 factums, dont le 1er est relatif au procès d'*entre* J^n Laurens, s^r de Gorces, avec m^e Isaac Barbarin, c^ller à Poitiers, et Madel^ne Clavelier, hérit^rs de feu F^ois Commin, d'une part, *contre* Luc de Covignac et F^oise Charpentier, sa femme, en 1637.

Le 2e (voy. ci-dessus p. 109, 136) est *pour* F^ois Poumel, s^r de Trapes, père et administrat^r des biens de ses enfants et de feue d^lle Marg^te Barbarin, son épouse, *contre* Casimir Barb^n, s^r de Fonteroux, frère de Marg^te en 1665 ; appelant le dit Casimir, du jug^t du 4 x^bre 1662, émané du lieutenant général d'Angoulême. [*Calogue des factums,* 3 gros vol. 8° parus, le 4e sous presse, très judicieusement dressés par le zélé Mr Corda, attaché à la Bibl. Nat. Les tables de ce jeune auteur témoignent d'un soin et d'une sagacité vraiment en rapport avec les services incessants que vont enfin rendre au public ces mines à trouvailles juridiques et historiques, car il y a de tout dans ces factums : de profondes discussions sur l'alleu, etc., y dorment ignorées côte à côte des plus réjouissantes scènes de haute comédie en divers débats de médecins contre apothicaires, etc.]

Des Barbarin eurent leurs armes à la cathédrale de Bourges, puis remplacées par celles des d'Haranguier de Quincerot; [*Rev. du centre,* t. II, 369.] D'autres encore hommageaient en 1540, leur fief de la Grange-Gilbert [*Arch. Nat.,* série P ; duché de Châteauroux.]

Le factum in-4° Thoisy 387, feuillet 65, de l'an 1671, *Bagnac,* expose que Marguerite Chauvet, † le 18 août 1637 (voy. ma p. 145, 146) demeurant à Bellac, eut de Gaspard La Couture-Renom, Charles La Cout., chev^r sg^r dud. et de Richemont en pays de droit écrit; et convola 1632 avec N... Papon dem^t à La Lande, en Poitou, pays coutumier, et en eut un fils et les deux d^lles Papon de Virat.

FIN

I. — TABLE DES NOMS DE LIEUX

N. B. — Destinée à faciliter simplement les recherches, elle n'emporte pas identification (loin de là) des noms groupés ici sous une même désignation, et orthographe unique.

N

O

S

Y

W

II. — TABLE DES NOMS DE PERSONNES

(J'omets la particule, et souvent l'article, et les formes rares, en groupant les homonymes, sans identifier par là)

S

III. — TABLE DES SOURCES, PAR NOMS D'AUTEURS

(Pour le titre complet et le vol. voy. à la p. de renvoi.)

IV. — TABLE DES CARTES, DESSINS
PLANS OU GRAVURES

V. — TABLE PAR ORDRE DE MATIÈRES

ADDITION

Carré de Busserolles, dans son *Armorial de Touraine*, mentionne deux familles de St-Martin, sans rapport avec la nôtre. De la 1re, il dit qu'elle fut anoblie en 7bre 1672, en la personne de Jn de St-Martin, seignr de La Borie et du Buisson et qu'elle a fourni des maires d'Amboise au xviiie siècle Elle portait : *d'azur, au lion naissant d'or, coupé de gueules, à une fasce ondée d'argent.*

Quant à la 2e, celle qu'il fait originaire de l'Agenais, et qui s'est alliée aux maisons Deschaux, Haren ; — et Ouvrard de Martigny en 1867, elle avait alors pour représentant Denis-Félix de St-M., ancn officr à Tours, fils de Jacq.-Louis de St-Martin, maréchal de camp, ancn députe d'Indre-et-Loire, ayant pour armes : *d'azur, à un chevron d'or, accompagné de 2 étoiles d'argent en chef et d'un lion rampant d'or en pointe.* SUPPORTS : *2 lions.* Page 883.

Pour Charles de St-Martin, sgr de Mesme, dont la fille Charlotte épousa en 1641 Jacques de Coué, sgr de Loubressay, etc. Voy. *Dict. des familles* par Beauchet, t. II. p. 649, col. 1, et pour les de St-Martin, sgrs de Lugré, La Barre, v. 1500, [série H. n° 62, Arch. d'Indre-et-L.]

Dans l'*Armorial général* de France, si négligemment dressé, mais plutôt en vue du fisc battant monnaie, d'Hozier enregistre ainsi le blason de notre Alexandre de St-Martin, écr, sgr de Bagnac: *d'hermines à 3 bandes de gueules,* p. 136 (cf. notre p. 8) et inscrit celui des Barbarin, savoir: pour Fois Barbn des Chambons, écr, sgr de Chambre (corrig. Chambes) et de Lapleau, et pour feu Fois Barbn, écr, sr de Pouteil (rectif. Ponteil), suivant la déclaration de Marie Guyot, sa vve, taxée aussi à 20 liv. en raison de ce: *d'azur, à 3 barbeaux d'argent, posés en fasce l'un sur l'autre.* Quant à Fois Barbn, écr de l'électn d'Angoulesme, même généralité de Limoges, on a mis: *d'argent, à 3 bandes d'or.* Et le susdit Carré de Bus. (cf. ma p. 119) qui entre autres variantes inexactes écrit à tort « sgr de Bord » pour du Bost, attribue pour écu à ces Barbn : *d'azur, à 3 barbeaux d'argent en fasce, celui du milieu regardant à senestre et les 2 autres à dextre:*

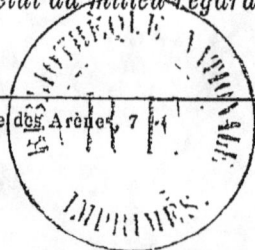